Natürliche und politische Grenzen als soziale und wirtschaftliche Herausforderung

D1867453

BEST SABEL
Hochschule
Rolandufer 13, 10179 Berlin
Bibliotheks-Nummer
B0074

VSWG

Vierteljahrschrift für
Sozial- und Wirtschaftsgeschichte

Beihefte · Nr. 166

Herausgegeben von
Günther Schulz,
Christoph Buchheim,
Gerhard Fouquet,
Rainer Gömmel,
Friedrich-Wilhelm Henning,
Karl Heinrich Kaufhold,
Hans Pohl

V 22

Jürgen Schneider (Hrsg.)

Natürliche und politische Grenzen als soziale und wirtschaftliche Herausforderung

Referate der 19. Arbeitstagung der Gesellschaft für Sozial- und Wirtschaftsgeschichte vom 18. bis 20. April 2001 in Aachen

QF
000
1

Franz Steiner Verlag

Bibliografische Information der Deutschen Bibliothek
Die Deutsche Bibliothek verzeichnet diese Publikation in der Deutschen Nationalbibliografie; detaillierte bibliografische Daten sind im Internet über <http://dnb.ddb.de> abrufbar.

ISBN 3-515-08254-9

ISO 9706

Jede Verwertung des Werkes außerhalb der Grenzen des Urheberrechtsgesetzes ist unzulässig und strafbar. Dies gilt insbesondere für Übersetzung, Nachdruck, Mikroverfilmung oder vergleichbare Verfahren sowie für die Speicherung in Datenverarbeitungsanlagen.
Gedruckt auf säurefreiem, alterungsbeständigem Papier.
© 2003 by Franz Steiner Verlag Wiesbaden GmbH, Sitz Stuttgart.
Druck: Rheinhessische Druckwerkstätte, Alzey
Printed in Germany

INHALTSVERZEICHNIS

Jürgen Schneider

Zum Geleit

Ein erster Zugriff zur Thematik der 19. Arbeitstagung der Gesellschaft für Sozial- und Wirtschaftsgeschichte „Natürliche und politische Grenzen als soziale und wirtschaftliche Herausforderung" wird erlangt, wenn man der Herkunft und Geschichte des Wortes „Grenze" und seiner Bedeutung nachgeht.[1] „Das Wort Grenze ist im Mittelalter zunächst unbekannt und als polnisches Lehnwort zuerst in ostdeutschen Territorien üblich. Das althochdeutsche Wort für grenze war *marca*[2] (Ende, Land, Gebiet), ähnlich mittelhochdeutsch. Feste Grenzen sind zunächst unbekannt."[3] Einhard beschreibt die fränkisch-sächsische Grenze vor den Sachsenkriegen so: „Suberant et causae, quae cotidie pacem conturbare poterant, *termini* videlicet nostri et illorum poene ubique in plano contigui, praeter pauca loca, in quibus vel silvae maiores vel montium iuga interiecta utrorumque agros certo *limite* disterminant, in quibus caedes et rapinae et incendia vicissim fieri non cessabant."[4]

Im Mittelalter und in die Neuzeit hinein bezeichnete man Grenzen durch eine Fülle von Begriffen. „Natürlich nutzte man die lateinische Terminologie (finis, terminus,

---

1 Friedrich Kluge, Etymologisches Wörterbuch der deutschen Sprache, 21. unveränderte Auflage, Berlin 1975, S. 269; Etymologisches Wörterbuch des Deutschen. Erarbeitet unter Leitung von Wolfgang Pfeifer, 1995, S. 474f.; Grenze, in: Deutsches Rechtswörterbuch. (Wörterbuch der älteren deutschen Rechtssprache). Hrsg. von der Deutschen Akademie der Wissenschaften zu Berlin, 4. Bd., 1939-1951, Sp. 1096f.

2 Mark, in: Deutsches Rechtswörterbuch. Wörterbuch der älteren deutschen Rechtssprache. Hrsg. von der Heidelberger Akademie der Wissenschaften, 9. Bd., Weimar 1992-1996, Sp. 191-196; Johannes Kramer, Bezeichnungen für „Grenze" in den europäischen Sprachen, in: Diagonal. Zeitschrift der Universität-Gesamthochschule Siegen. Zum Thema: Grenzen. Jg. 1993, Heft 2, S. 21; Im Brief des Bonifatius an den Abt Fulrad von St. Denis (752) heißt es: „Propterea hoc maxime autem fieri peto, quia presbiteri mei prope *marcam* paganorum pauperculam vitam habeant. Panem ad manducandum adquirere possunt, sed vestimenta invenire ibi non possunt, nisi aliunde consilium at adiutorem habeant, ut sustinere et indurare in illis locis ad ministerium populi possint, eodem modo sicut ego illos adiuvavi." (Um dies alles bitte ich Euch vor allem deshalb, weil meine Priester nahe an der Mark an der Heiden ein recht armseliges Leben führen. Brot zum Essen können sie sich zur Not noch verschaffen, aber Kleidung lässt sich dort nicht finden; es sei denn, dass sie von anderer Seite – ganz so wie ich sie unterstützte – Beistand und Hilfe haben, um an ihren Plätzen im Dienst des Volkes aushalten und bestehen zu können.), in: August Nitschke, Frühe christliche Reiche, in: Golo Mann, August Nitschke (Hrsg.), Propyläen Weltgeschichte, Eine Universalgeschichte, 5. Bd., Berlin, Frankfurt, Wien 1963, S: 288f.

3 H.-J. Schmidt, Grenze, in: Lexikon des Mittelalters, Bd. IV, München, Zürich 1989, Sp 1700

4 Einhard, Vita Karoli Magni. Das Leben Karls des Großen. Lateinisch/Deutsch. Übersetzung, Anmerkungen und Nachwort von Evelyn Scherabon Firchow, Stuttgart 1997, S. 19: „Dazu kamen noch weiter Umstände, die beitrugen, den Frieden täglich zu gefährden: die Grenzen zwischen unserem und ihrem Gebiet verliefen fast ausschließlich durch flaches Land. Nur an einigen Stellen bildeten große Wälder oder dazwischenliegenden Berge deutliche Grenzlinien. Mord, Raub und Brandstiftungen nahmen daher auf beiden Seiten kein Ende."

limes), die gelegentlich in den Lehnworten ,konfin' oder ,limiten' im Kontext deutschsprachiger Quellen begegnet – eine vorübergehende Erscheinung. Unter den deutschen Begriffen, mit denen sich erstmals Jakob Grimm 1843 systematisch beschäftigte, rangieren ,Mark' (got. und althochdeutsch ,marka') und ,Rain' eindeutig vor Ausdrücken wie ,ende, gewande, stirne, gescheid' usw."[5]

Der Worttyp „Mark" wurde in allen germanischen Sprachen seit der Mitte des 13. Jahrhunderts immer stärker zurückgedrängt und durch das slawische Wort granica ersetzt. „Granica" erscheint bereits 1238 in einem Vertrag des Herzogs von Pommerellen mit dem Deutschen Orden, bevor dieser es 1258 zum erstenmal in einer eigenen Urkunde gebrauchte."[6] Hans-Jürgen Karp hat in seiner grundlegenden Studie „Grenzen in Ostmitteleuropa während des Mittelalters" (1971) detailliert aufgezeigt, wie das slawische Wort „granica" vom Deutschen Orden entlehnt und von dort seit Anfang des 14. Jahrhunderts nach Schlesien und Böhmen und im 15. Jahrhundert weiter nach Westen gelangte.[7] Im Laufe des 16. Jahrhunderts hat sich „grenze" eine allgemeine literarische Geltung errungen, nicht zuletzt durch den Einfluß Luthers, der „geradezu eine Vorliebe für das Wort hat."[8] Bei der allgemeinen Verbreitung seit den 30er Jahren des 16. Jahrhunderts gingen die Gebiete voran, die sich der Reformation öffneten.[9]

Im „Deutschen Wörterbuch" von Jacob und Wilhelm Grimm werden die *Bedeutungen* aufgezeigt, die das Wort „Grenze" bis ins 19. Jahrhundert erlangte:[10]

5 Franz Irsigler, Der Einfluß politischer Grenzen auf die Siedlungs- und Kulturlandschaftsentwicklung, in: Siedlungsforschung. Archäologie – Geschichte – Geographie, Bd. 9, hrsg. von Klaus Fehn u.a., Bonn 1991, S. 10

6 Winfried Schich, Die „Grenze" im östlichen Mitteleuropa im hohen Mittelalter, in: Siedlungsforschung. Archäologie – Geschichte – Geographie, Bd. 9. Schwerpunktthema: Der Einfluß politischer Grenzen auf die Siedlungs- und Kulturlandschaftsentwicklung, Bonn 1991, S. 137; Johannes Kramer nimmt an, dass kaschubische und westpolnische Varietäten (mit g- und Anfangsbetonung) die Ausgangsbasis für deutsch *Grenze* darstellen. „Es handelt sich um eine mit dem Suffix *-ica* (sprich: *-itsa*) gebildete Diminutivform zum Substantiv *granb*, dessen Grundbedeutung ,Spitze' ist und das mit deutsch *Granne* in Urverwandtschaft steht. Die semantische Entwicklung im Slawischen dürfte über ,Spitze' → ,Ecke' → ,Kante' → ,Rand' → ,Grenze' verlaufen sein und muß zum Zeitpunkt der Ausgliederung des Urslawischen in Einzelsprachen gegen Ende des ersten Jahrtausends n. Chr. bereits abgeschlossen gewesen sein". (Bezeichnungen für „Grenze", S. 23)

7 Hans-Jürgen Karp, Grenzen in Ostmitteleuropa während des Mittelalters. Ein Beitrag zur Entstehungsgeschichte der Grenzlinie an den Grenzauen, Köln, Wien 1972, S. 137ff. „Das slawische Wort „granica" und seine Entlehnung durch den Deutschen Orden."

8 Jacob und Wilhelm Grimm, Deutsche Wörterbuch, 4. Bd., Leipzig 1935, Sp. 125

9 Johannes Kramer, Bezeichnungen für „Grenze", S. 22: „Aus dem Deutschen drang *Grenze* in die übrigen festlandgermanischen Sprachen, sicherlich gestützt vom hohen Ansehen, das das Lutherdeutsch bei den Protestanten Skandinaviens und der Niederlande genoß: Seit 1573 findet man im Niederländischen Varianten des Wortes, das heute *grens* lautet, und am Anfang des siebzehnten Jahrhunderts ziehen die skandinavischen Sprachen nach (dänisch *grænse*, norwegisch *grense*, schwedisch *gräns*)."

10 Jacob und Wilhelm Grimm, Deutsche Wörterbuch, 4. Bd., Leipzig 1935, Sp. 124ff.

(1) Im eigentlichen Sinne bezeichnet Grenze die gedachte Linie, die zur Scheidung von Gebieten der Erdoberfläche dient; der Sprachgebrauch vergröbert vielfach den Begriff, indem er ihn überträgt auf die äußeren Merkmale, denen die Grenze folgt, z.B.: Wälle, Wasserläufe, Gebirgszüge.

- Bei privatem Besitz, vielleicht der ursprünglichste Gebrauch des Wortes. Der Begriff Grenze ist eng mit dem des Eigentums verknüpft.
- Bei politischen Gebilden. Diese Verwendung gewinnt allmählich die Herrschaft. Weil die Bedeutung der politischen Grenze die herrschende ist, wird das Wort frühzeitig ohne weiteren Zusatz prägnant für Landesgrenze gebraucht.
- Auch ohne den Begriff des Eigentums von lokalen Bezirken jeder Art (Beispiel „hynden in Africa, uff der frontyer oder grenitz gegen Ethiopia" Eppendorf, Plinius, 1543.)
- Im 16. Jh. bilden sich die Bedeutungen „Grenzgebiet" und „Gebiet" schlechthin.
- Aus dem Lokalen in jüngerer Zeit ins Temporale übertragen (Beispiel: Grenze der verschiedenen Lebensalter)
- Auch sonst vielfach in der Sphäre des Abstrakten, doch breitet sich dieser Gebrauch erst seit dem 18. Jahrhundert aus, im Sinne von „Grenzlinie".
- Adjektiva neben Grenze (z.B. natürliche oder künstliche Grenze)

(2) Während der Begriff der Grenze im ursprünglichen Sinne auf die Vorstellung einen Raumes diesseits und jenseits der Scheidelinie fußt, entwickelt sich wesentlich erst seit dem 18. Jahrhundert ein Gebrauch, der von dem Raum jenseits der Grenze mehr oder weniger absieht und das Wort so den Bedeutungen „Schranke", „Abschluß", „Ziel", „Ende" nähert.

Der „echte Begriff" ist noch in Kants Definition: „Grenzen (bei ausgedehnten Wesen) setzen immer einen Raum voraus, der außerhalb einem gewissen Platze angetroffen wird und ihn einschließt."

(3) Die ungewöhnlichen zahlreichen verbalen Verbindungen, in denen Grenze erscheint, zeigen ein starkes Verfließen der verschiedenen Bedeutungen, selbst innerhalb derselben Formel, und zwar besonders bei uneigentlichem Gebrauch.

(4) Grenzen in der Composition

In Johann Heinrich Zedlers „Großes vollständiges Universallexikon" von 1735 wird Grenze politisch definiert:[11] „*Grentze*, Lateinisch *Limites*, *Fines*, *Termini*, ist nicht zu verstehen von denen Marck-Steinen derer *privat-* Personen, sondern wenn von denen Gerechtsamen grosser Herren und ihren grentzen Streitigkeit entstehet."

---

11 Johann Heinrich Zedler, Großes vollständiges Universal-Lexikon, Bd. 11, Halle und Leipzig 1735, Sp. 828

In dem Artikel „Gränze“ in der „Oeconomischen Encyclopädie“ von Krünitz[12] (1780) werden zwei Bedeutungen von Grenze angegeben:

(1) Überhaupt, das Letzte an einem Dinge, dasjenige, wo ein Ding aufhört, in welchem weitesten Verstande es im Plural am häufigsten ist; die Schranken

(2) in engerer Bedeutung, das Ende eines Gebietes, wo ein Gebiet aufhört (Grenze eines Hauses, Feldes, Dorfes, Landes).

„Die Gränzen werden in die Landes Gränzen, in die Landesherrlichen und in die Privat-Gränzen eingeteilt. --- Die Privatgränzen sind diejenigen, welche die Güter und Gerechtigkeiten der Privatpersonen, nämlich der Bürger und Untertanen, voneinander absondern. --- Die Landes- oder Territorial-Gränzen werden entweder durch eine ausdrückliche Einwilligung der benachbarten und an einander gränzenden Staaten, nämlich durch Verträge, oder durch einen stillschweigenden Consens, d.h. durch einen langen und ruhigen Besitz und durch die Verjährung (Präscription), bestimmt und festgesetzt.“[13]

In Meyers Konversations-Lexikon von 1876 spricht man im Rechtswesen zuvörderst von den Grenzen des Grundeigentums. Dem öffentlichen Recht gehört die Begrenzung der Ortsfluren, der Gerichts- und Verwaltungsbezirke und die des Staatsgebietes an.[14]

Nach dem Frieden von Versailles 1919 und insbesondere nach 1933 kamen Begriffe wie „deutsche Grenzlande“, „Grenzdeutschland“ und „Grenzlanddeutsche“ auf.[15]

Im realen Sozialismus der DDR wurde ein neues Stichwort in *Meyers Neues Lexikon* (1973) aufgenommen: „*Grenzdelikte*: Straftaten gegen die staatliche Ordnung des grenzüberschreitenden Verkehrs, die nach dem StGB als *ungesetzlicher Grenzübertritt* strafrechtliche Verantwortlichkeit nach sich ziehen. G. begeht, wer widerrechtlich in das Gebiet der DDR eindringt oder sich darin aufhält, wer die gesetzlichen Bestimmungen oder erteilte Auflagen über Ein- und Ausreise, Reisewege, Fristen und Aufenthalt verletzt, wer durch falsche Angaben für sich oder andere eine Genehmigung

---

12 Johann Georg Krünitz, Oeconomische Encyclopädie, 19. Til, Berlin 1780, S. 618ff.

13 Ebd., S. 623f.

14 Grenze, in: Meyers Konversations-Lexikon. Eine Encyclopädie des allgemeinen Wissens. Dritte gänzlich umgearbeitete Auflage, 8. Bd., Leipzig 1876, S. 92

15 „**Grenzlanddeutsche**, Grenzdeutsche, die bodenständigen Deutschen an und nahe den Grenzen des geschlossenen deutschen Sprachgebiets in Mitteleuropa, im Unterschied von den als Binnendeutsch bezeichneten Deutschen des Reichs, Österreichs, der deutschen Schweiz und Luxemburgs. Die G. sind ein Teil der Auslanddeutschen insbesondere gehören zu ihnen die deutschen Bewohner derjenigen geschlossenen deutschen Sprachgebiete, die durch die Verträge von Versailles und St=Germain vom Deutschen Reich und von Österreich abgetrennt worden sind: Nordschleswig, Eupen=Malmedy, Elsaß=Lothringen, Südtirol, Südsteiermark, Westungarn, die sudetendeutschen Gebiete, Ostoberschlesien, der Weichselkorridor, Danzig und das Memelland mit insgesamt und 6½ Mill. Deutschen; z. T. haben die G. um die Erhaltung ihres Deutschtums schwer zu ringen.“ In: Der Neue Brockhaus. Allbuch in vier Bänden und einem Atlas. Zweiter Band F-K, Leipzig 1937. S. 278

zum Betreten oder Verlassen der DDR erschleicht, wer ohne Genehmigung das Gebiet der DDR verläßt oder wer dahin widerrechtlich nicht zurückkehrt."[16]

Als Folge des verlorenen zweiten Weltkrieges wurde Deutschland in vier Besatzungszonen aufgeteilt und damit faktisch in zwei unterschiedlich Wirtschaftsgebiete, die 1949 zur Bundesrepublik Deutschland und zur Deutschen Demokratischen Republik wurden. Die politische Grenze zwischen den beiden deutschen Teilstaaten war gleichzeitig eine Grenze zwischen Demokratie und totalitärer Diktatur.

Mit der Gründung der Europäischen Wirtschaftsgemeinschaft am 1.1.1958 werden vom 1.1.1959 bis zum 1.7.1968 die Zölle kontinuierlich gesenkt und zum 31.12.1969 ein gemeinsamer Außenzoll eingeführt. Das Entstehen des Wirtschaftsraums Europa bedeutete gleichzeitig das Ende der Nationalökonomien.[17] Der Wissenschaftliche Beirat beim Bundesministerium für Wirtschaft hatte in seinem Gutachten vom 1. Mai 1953 den Typus der Integration sehr zutreffend beschrieben:[18] „Die Integration Europas zu einem einheitlichen Wirtschaftsgebilde erfordert die Schaffung eines europäischen Binnenmarktes. Je größer dieser sein wird, um so größer werden die Vorteile der Integration sein. Die Binnenmärkte der einzelnen Volkswirtschaften sind gegenwärtig charakterisiert durch Freizügigkeit der Menschen, zoll- und kontingentsfreie Beweglichkeit der Güter und Kapitalien, einheitliche Währung, relativ einheitliche Verkehrstarife und eine einheitliche Wirtschafts- und Sozialpolitik, außerdem durch im ganzen einheitliche Rechtsnormen und einen höheren Grad von Sicherheit beim Bezug von dauerhaften Gütern und Ersatzteilen. Unter Schaffung eines gemeinsamen Marktes sollte nur die Herstellung eines so gearteten Binnenmarktes verstanden werden. Andere Vorstellungen vom künftigen europäischen Markt sind abwegig."

Die Erweiterung der Europäischen Union in Richtung Osten bedeutet, dass die politischen Grenzen der potentiellen Beitrittsländer eine veränderte Funktion erhalten.[19] Für die Länder der EU bedeutet dies ein wirtschaftliche und soziale Herausforderung. Das langfristige Ziel ist ein befriedetes und stabiles Europa, in dem Hunger und Armut überwunden sind.

Die 19. Arbeitstagung der Gesellschaft für Sozial- und Wirtschaftsgeschichte, die vom 18. bis 20. April 2001 in Aachen stattfand, war eine wissenschaftliche ertragreiche Tagung. Für die Beiträge insgesamt gilt immer noch die Feststellung, die Johann-Bernhard Haversath 1991 traf: „Politische Grenzen haben in ihrer Raumwirksamkeit unterschiedliches Gewicht. Nach den verschiedenen Ebenen der politischen Macht sind Staatsgrenzen und administrative innerstaatliche Grenzen zu trennen. Trotz zahlreicher Arbeiten zu den einzelnen Grenztypen liegt bislang jedoch kein umfassendes theoretisches Konzept vor, aus dem eine schlüssige Grenzterminologie ableitbar wäre.

16 Meyers Neues Lexikon, Bd. 5, Leipzig 1973, S. 602f.

17 Gerold Ambrosius, Wirtschaftsraum Europa. Vom Ende der Nationalökonomien, Frankfurt am Main 1996.

18 Bundesministerium für Wirtschaft (Hg.), Der Wissenschaftliche Beirat beim Bundesministerium für Wirtschaft. Sammelband der Gutachten von 1948 bis 1972, Göttingen 1973, S. 180.

19 Helga Schulze, Alan Nothnagle (Hrsg.), Grenze der Hoffnung. Geschichte und Perspektiven der Grenzregion an der Oder. 2. überarbeitete Auflage, Berlin 1999.

Zu viele Disziplinen (Geographie, Geschichte, Rechtswissenschaft, Ethnologie u.a.) beschäftigen sich hiermit, zu groß ist die Fülle der Sonderfälle, als dass ein integrierendes theoretisches Konzept bis heute entwickelt worden wäre. Selbst partielle Ansätze (z.B. für die Raumplanung: Heigl 1978) stehen noch in den Anfängen."[20]

Der Dank der Mitglieder der Gesellschaft für Sozial- und Wirtschaftsgeschichte gilt Prof. Dr. Paul Thomes, der für den glänzenden Rahmen der Arbeitstagung gesorgt hatte.

Finanziell und ideell halfen:

- Förderverein Wirtschaftswissenschaften der Fakultät für Wirtschaftswissenschaften der RWTH Aachen
- Handwerkskammer Aachen
- Industrie- und Handelskammer Aachen.

Die Stadt Aachen und Herr Oberbürgermeister Dr. Jürgen Linden stellten den Tagungsraum und die Tagungslogistik und waren für die Ausrichtung des Abendempfangs und die Rathausführung verantwortlich.

Persönlich haben sich engagiert die Mitarbeiterinnen und Mitarbeiter des Lehr- und Forschungsgebietes Wirtschafts- und Sozialgeschichte Frau Berenice Ahr, Frau Hanny Bruders, Herr Marc Engels, M.A., Frau Juliane Kern, Herr Thorsten Kurth, Herr René Maubach, Frau Silke Raab, M.A., Herr Dr. rer. pol. Christoph Rass.

Allen, die zum Gelingen der Arbeitstagung beitrugen danke ich nochmals im Namen aller Tagungsteilnehmer. Die Aachener Tagung wird uns sicher in schöner Erinnerung bleiben.

Mein Mitarbeiter, Herr Christian M. Kestel, M.A., besorgte die Drucklegung des Tagungsbandes. Dafür danke ich ihm herzlich.

Bamberg, im Oktober 2002

Jürgen Schneider

20 Johann-Bernhard Haversath, Historisch-geographische Aspekte politischer Grenzen in Mitteleuropa mit besonderer Berücksichtigung der heutigen deutsch-tschechischen Grenze, in: Siedlungsforschung. Archäologie – Geschichte – Geographie, Bd. 9, hrsg. von Klaus Fehn u.a., Bonn 1991, S. 174

Rudolf Palme

Grenzüberschreitende Salzgewinnung im Mittelalter

1. Die Erschließung der Salzbergwerke in Berchtesgaden und in Hallein

Im Jahr 1156 bestätigte Kaiser Friedrich I. Barbarossa, als er die Augustiner-Chorherrenpropstei Berchtesgaden in seinen Schutz nahm, deren Besitzungen – vor allem die Waldungen, die ihm von Berengar von Sulzbach, dem Stifter des Klosters, übergeben worden waren. Eine Kopie dieser Besitzbestätigung nennt ausdrücklich auch das Salzregal[1], doch fehlt im Original just dieser ansprechende Passus[2]. Erst nachdem um das Jahr 1180 das Salzrecht für die Propstei Berchtesgaden interessant geworden war, entstand mit Datum 13. Juni 1156 eine Fälschung, die das *ius salis* erwähnte.[3] Kaiser Heinrich VI. bestätigte im Jahr 1194 diese Besitzungen einschließlich des ius salis.[4] Das Salzburger Domkapitel reagierte unverzüglich und nahm Waldungen für sich in Anspruch, wobei es sich zur Untermauerung seines Begehrens einer vor dem Jahr 1196 entstandenen Fälschung bediente. In der mit 1123 datierten Urkunde machte Erzbischof Konrad I. von Salzburg dem Salzburger Domkapitel eine Schenkung, wobei er darauf verwies, daß die Kirche von Salzburg durch die Autorität der kaiserlichen Privilegien zwischen den Flüssen Salzach und Saalach und in anderen Orten zum Nutzen des Bischofs Gold und Salz erhalte.[5] Diese Schenkung bedeutete

---

1 Monumenta Boica, 29/1, München 1831, S. 321-323, Nr. 490; die Urkunden Friedrichs I. 1152-58, bearb. v. Appelt, Heinrich (Monumenta Germaniae historica, Diplomata, 10. Bd., 1. Teil), Hannover 1975, S. 234-236, Nr. 140 (1156 Juni 13); vgl. Palme, Rudolf, Rechts-, Wirtschafts- und Sozialgeschichte der inner-alpinen Salzwerke bis zu deren Monopolisierung (Rechtshistorische Reihe, 25. Bd.), Frankfurt a. Main/Bern 1983, S. 56; Dopsch, Heinz, Von der Existenzkrise zur Landesbildung – Berchtesgaden im Hochmittelalter, in: Brugger, Walter/Dopsch, Heinz/Kramml, Peter F. (Hg.), Geschichte von Berchtesgaden. Stift – Markt – Land, 1. Bd.: Zwischen Salzburg und Bayern (bis 1594), Berchtesgaden 1991, S. 270.

2 MGH DD X,1 S. 234, Nr. 140 (Vorbemerkung); vgl. Koller, Fritz, Die Salinen in der Umgebung der Stadt Salzburg um das Jahr 1200, in: Österreich in Geschichte und Literatur mit Geographie, 22. Jg. (1979), S. 260.

3 Vgl. Mayer, Theodor, Analekten zum Problem der Entstehung der Landeshoheit vornehmlich in Süddeutschland, in: Blätter für deutsche Landesgeschiche, 89. Bd. (1952), S. 102 ff.

4 Monumenta Boica, 29/1, S. 481-484, Nr. 560 (1194 März 22); vgl. Koller, Fritz, Hallein im frühen und hohen Mittelalter, in: Mitteilungen der Gesellschaft für Salzburger Landeskunde, 116. Bd. (1977), S. 24; ders., Das Salzwesen, in: Brugger, Walter/Dopsch, Heinz/Kramml, Peter F. (Hg.), Geschichte von Berchtesgaden. Stift – Markt – Land. 1. Bd.: Zwischen Salzburg und Bayern (bis 1594), Berchtesgaden 1991, S. 741 f.

5 Salzburger Urkundenbuch II, bearbeitet v. Hauthaler, Willibald /Martin, Franz (SUB II), Salzburg 1916, S. 194 f., Nr. 127; vgl. Zillner, F. V., Zur Geschichte des salzburgischen Salzwesens. Volkswirtschaftliche Rückblicke und ortsgeschichtliche Erläuterungen, in: Mitteilungen der Gesellschaft für Salzburger Landeskunde, 20. Bd. (1880), S. 35; Fichtenau, Heinrich, Das Urkun-

eine Regalerlaubnis, weil der Wald, in dem man das Salz fand, ohnehin der Augustiner-Propstei Berchtesgaden gehörte, das Regal also zusätzlich verliehen wurde.[6] Obgleich der Terminus *Regal* in der Urkunde nicht vorkommt, darf angenommen werden, daß es sich dem Sinne nach um ein solches handelt – insbesondere, weil zu Zeiten der Hohenstaufen für Urkundenempfänger nördlich der Alpen der Ausdruck *Regal* nur sehr selten Verwendung fand.[7] Mit dieser Regalver-leihung erfolgte gleichzeitig die erste urkundliche Nennung der Saline Berchtes-gaden.

Nach dem Jahr 1194 häufen sich deren Nennungen.[8] So verfügte Erzbischof Adalbert III. von Salzburg im Jahr 1198, daß der Ertrag des neuentdeckten Salzwerks *circa locum Tuval*, das sich entlang der Grenze zwischen dem Erzbistum Salzburg und dem Territorium des Augustiner-Chorherrenstift Berchtesgaden befand, zwischen dem Salzburger Erzbischof, dem Salzburger Domkapitel und dem Stift Berchtesgaden gleichmäßig geteilt werden sollte.[9]

Noch im selben Jahr 1198 verlieh der genannte Erzbischof dem Benediktinerinnenkloster Nonnberg die Einkünfte aus einer Pfanne *in loco Mvolpach*[10], womit erstmals eine Salzpfanne im nachmaligen Hallein angesprochen wird. Mit der Entdeckung des Mühlbacher Salzlagers, das sich gleichfalls an der Grenze zum Stift Berchtesgaden – nämlich am Durrnberg – befand erwuchs den Reichenhaller Salz eine erhebliche Konkurrenz. In der Folge nannten die Reichenhaller ihr Salz das *reichere* – deshalb auch der Name Reichenhall – gegenüber dem angeblich ärmeren Salz, das man in Mühlbach fand. Der Ortschaft Mühlbach gab man wegen der Salzlager den Namen Hallein, offensichtlich ein Diminutiv zu Hall.[11] Möglicherweise aber ging der

---

denwesen in Österreich vom 8. bis zum frühen 13. Jahrhuzndert (Mitteilungen des Instituts für österreichische Geschichtsforschung, Erg.-Bd. 23), Wien/Köln/Graz 1971, S. 186, Anm. 105.

6 Monumenta Boica 29/1, S. 481, Nr. 560: Specialiter autem et nominatim forestum quod circa cellam undique tenditur, et ea que intra terminos ipsius foresti que iuris erant imperii. In uenationibus pascuis. Cultis et incultis, et que in salis uel in cuiuslibet metalli uensis subterraneis. Inueniri aut elaborari potuerint. Vgl. dazu auch: Palme (wie Anm. 1), S. 56.

7 Vgl. Appelt, Heinrich, Der Vorbehalt kaiserlicher Rechte in den Diplomen Friedrich Barbarossas, in: Mit-teilungen des Instituts für Österreichische Geschichtsforschung, 68. Bd. (1960), S. 81-97; hier zit. nach Wiederabdruck, in: Wolf, Gunther (Hg.), Friedrich Barbarossa (Wege der Forschung, 390 Bd.), Darmstadt 1975, S. 33 ff.; ders., Friedrich Barbarossa und die italienischen Kommunen, in: Mitteilungen des Instituts für Österreichische Geschichtsforschung, 72. Bd. (1964), S. 33 ff.; hier zit. nach Wiederabdruck, in: Wolf, Gunther (Hg.), Friedrich Barbarossa (Wege der Forschung, 390. Bd.) Darmstadt 1975, S. 87 f.

8 Vgl. Koller 1977 (wie Anm. 4), S. 25.

9 SUB II, S. 706 f., Nr. 520 (1180) Jänner-Oktober); vgl. Klein, Herbert, Zur älteren Geschichte der Salinen Hallein und Reichenhall, in: Vierteljahrschrift für Sozial- und Wirtschaftsgeschichte, 38. Bd. (1952), S. 306-333; Wiederabdruck, in: Beiträge zur Siedlungs-, Verfassungs- und Wirtschaftsgeschichte von Salzburg. Gesammelte Aufsätze von Klein, Herbert. Festschrift zum 65. Geburtstag von Herbert Klein, mit einem Vorwort von Theodor Mayer (Mitteilungen der Gesellschaft für Salzburger Landeskunde, Erg.-Bd. 5), Salzburg 1965, S. 390.

10 SUB II, S. 710 f., Nr. 522 (1198 November – Dezember): vgl. Koller 1977 (wie Anm. 4), S. 36.

11 Ausführliche Belege hierzu bei Klein (wie Anm. 9), S. 407 f. u. Anm. 102; vgl. Widmann, Hans, Geschichte Salzburgs, 1. Bd. (Allgemeine Staatengeschichte, 3. Abt., Deutsche Landesgeschichten, hg. v. Tille, Armin, 7. Bd.) Gotha 1909, S. 332; Zycha, Adolf. Aus dem alten Reichenhall, in:

Salzpfanne in Mühlbach bereits ein Salzwerk am Dürrnberg, jenem jetzt meist Gutratsberg genannten Ausläufer des dem Göll vorgelagerten Mittelgebirgszugs, dem eben auch der Dürrnberg und nördlich davon der Tuval angehörten, voraus[12]. Fritz Koller vermutet, daß das Salzburger Benediktinerstift St. Peter bereits am 6. Mai 1191 im Raum des späteren Hallein einen Salzbergbau unterhielt[13]. An diesem Tag schenkte Erzbischof Adalbert III. dem Stift, dessen Vermögen im Jahr 987 von dem des Erzbischofs rechtlich getrennt worden war, auf Bitten des Abtes Wichboto u. a. *silvam que inter fluvium Swaerzinbach et lapidem Drischuovil conluditur cum locis salinariis ...*[14]. Es muß allerdings offenbleiben, wo dieser *Drischuovil* liegt, wenngleich manches dafür spricht, daß er ober dem Dürrnberg zu suchen ist[15]. Vorsicht scheint deshalb geboten, weil man in der Umgebung von Salzburg nicht nur in Reichenhall und am Tuval Salz fand, sondern an allen möglichen Stellen nach Salz suchte und unbedeutende Mengen auch fand[16].

Man dürfte die Salzvorkommen am Dürrnberg und am Tuval ungefähr gleichzeitig entdeckt und eröffnet haben. Während die Salzvorkommen am Tuval von Anfang an vom Augustiner-Chorherrenstift Berchtesgaden abgebaut wurden, lag die Initiative beim Abbau der Lagerstätten am Dürrnberg bei der Salzburger Benediktinerabtei St. Peter[17]. In einer Bestätigung der Rechte und Besitzungen des Erzbischofs von Salzburg durch König Philipp von Schwaben vom Jahr 1199 wurde dem Salzburger Erzbischof auch das Berg- und Salzregal verliehen: ... *et quecumque utilitas in huiusmodi catmis seu fondinis salis vel metallorum in quibuslibet fundis ecclesie ... possideatur*[18]. Trotzdem brach der Streit zwischen Salzburger Erzstift bzw. dem Domkapitel einerseits und Berchtesgaden andererseits im Jahr 1205 neuerdings aus[19]. Papst Innozenz III. befahl den Äbten von St. Peter und des Zisterzienserklosters Raitenhaslach sowie dem Propst des Augustiner Chorherrenstifts Ranshofen, den zwischen dem Salzburger Domkapitel und dem Stift Berchtesgaden wegen der Saline Tuval ausgebrochenen Streit zu untersuchen und zu entscheiden[20]. Im Jahr 1211 verglichen sich

---

Festschrift des k. k. Erzherzog-Rainer-Realgymnasiums in Wien aus Anlaß seines fünfzig Jahre andauernden Bestandes, Wien 1914, S. 145; ders., Zur neuesten Literatur über die Wirtschafts- und Rechtsgeschichte der deutschen Salinen, in: Vierteljahrschrift für Sozial- und Wirtschaftsgeschichte, 31. Bd. (1938), S. 93; Koller 1977 (wie Anm. 4), S. 68.

12 Vgl. Klein (wie Anm. 9), S. 390; Palme (wie Anm. 1), S. 57.

13 Koller 1977 (wie Anm. 4), S. 39.

14 SUB II, S. 654-656, bes. S. 655, Nr. 482; zur rechtlichen Lösung des Benediktinerklosters St. Peter vom Erzbistum Salzburg und auch zur neu entstehenden Eigenständigkeit des Benediktinerinnenklosters Nonnberg im Jahr 987 vgl. Widmann (wie Anm. 11), S. 187.

15 Vgl. das Kopfregest zur Urk. Nr. 482 auf S. 654 des SUB II.

16 Vgl. Palme (wie Anm. 1), S. 57.

17 Während Klein (wie Anm. 9), S. 390 noch an eine zeitliche Priorität der Saline Berchtesgaden glaubte, konnten die Forschungen von Koller 1977 (wie Anm. 4), S. 40 ff., eindeutig klarstellen, daß beide Salinen ihren Betrieb ungefähr gleichzeitig aufnahmen.

18 SUB II, S. 724, Nr. 531 (1199 September 29).

19 Vgl. Klein (wie Anm. 9), S. 390.

20 Salzburger Urkundenbuch III, bearb. v. Willibald Hauthaler/Franz Martin (SUB III), Salzburg 1918, S. 65, Nr. 585 (1205 November 17).

Berchtesgaden und das Domkapitel dahingehend, daß u. a. das Salzburger Domkapitel aus dem Berchtesgadner Forst – und zwar vom Schellenberg abwärts zu beiden Seiten der Alm[21] – Holz nur für den Salinenbetrieb beziehen sollte[22]. Anscheinend bestand die Saline am Tuval nicht mehr[23].

Wie sich das Salzburger Domkapitel durch eine Fälschung den Rechtsanspruch auf das Gebiet am Tuval verschafft hatte, suchte die Benediktinerabtei St. Peter ihren Rechtsanspruch auf die neue Saline in Hallein durch eine Fälschung zu untermauern. Im Jahr 1134, also lange vor dem 6. Mai 1191, erneuerte und bestätigte Erzbischof Konrad I. urkundlich Abt Balderich und dem Konvent von St. Peter den ihnen von Erzbischof Friedrich I. geschenkten Berg und Wald vom Schwarzenbach längs der Salzach bis zum Dürrnberg[24]. Daß der Erzbischof von Salzburg trotzdem Herr der Saline Hallein blieb, zeigt das Salz- bzw. Bergregal, das der Erzbischof im Jahr 1199 erhalten und auf Grund dessen er das Recht hatte, auf fremden Grund zu graben bzw. für die Erlaubnis, auf eigenem Grund zu graben, Abgaben zu fordern.

2. Der Salzbetrieb am Schellenberg

Nachdem das Stift Berchtesgaden das Regal im Berchtesgadner Wald verliehen bekommen und das Salzburger Domkapitel den Betrieb am Tuval dem Kloster Berchtesgaden streitig gemacht hatte, ließ (wahrscheinlich) Propst Heinrich am Goldenbach in der Nähe des Schellenbergs nach Salz graben. In der Schutz- und Bestätigungsurkunde des Jahres 1194 gewährte Kaiser Heinrich VI. dem Stift Berchtesgaden die *salinam quoque in loco qui dicitur Goldenpah*[25]. Auch ein Schutz- und Bestätigungsdiplom König Friedrichs II. vom Jahr 1212 bekräftigte dem Stift Berchtesgaden den Besitz der Saline *in loco qui dicitur Goldenbach*[26]. Dort am Westabhang des Gutratsbergs konnte das Stift innerhalb der unangefochtenen Grenzen der Propstei Berchtesgaden ungehindert und ungestört Bergbau betreiben[27]. Für die Propstei erwies sich die

---

21 SUB III, S. 151-153; Nr. 648 (1211 August 30).

22 Vgl. Klein (wie Anm. 9), S. 391; freilich ist noch nicht eindeutig geklärt, ob die Saline am Schellenberg – also in Berchtesgadner Gebiet –, die in dieser Urkunde indirekt zum ersten Mal genannt wurde, nicht doch identisch mit jener am Tuval war, vgl. Zycha 1938 (wie Anm. 11), S. 109; Koller 1977 (wie Anm. 4), S. 28; ders. (wie Anm. 2), S. 261; ders. 1991 (wie Anm. 4), S. 746 ff.

23 SUB II, S. 243 f., Nr. 162 (1134 Dezember 27); vgl. auch: Klein (wie Anm. 9), S. 391, Anm. 31; Koller 1977 (wie Anm. 4), S. 39; ders. (wie Anm. 2), S. 263.

24 Vgl. Zycha, Adolf, Das Recht des ältesten deutschen Bergbaus bis ins 13. Jahrhundert. Eine Studie aus der deutschen Rechts- und Wirtschaftsgeschichte, Berlin 1899, S. 122 ff.

25 Monumenta Boica, 29/1, S. 481 f., Nr. 560 (1194 März 22); vgl. Koller 1977 (wie Anm. 4), S. 51; ders. (wie Anm. 2), S. 262; ders. 1991 (wie Anm. 4), S. 744.

26 Ritter von Koch-Sternfeld, Joseph Ernst, Urkunden von Berchtesgaden, in: Salzburg und Berchtesgaden in historisch-statistisch-geographisch- und staatsökonomischen Beyträgen, hg. v. Joseph Ernst Ritter von Koch-Sternfeld, 2. Bd., Salzburg 1810, S. 39, Nr. 21; vgl. Zillner (wie Anm. 5), S. 34.

27 Vgl. Palme (wie Anm. 1), S. 106.

Erschließung des neuen Salzwerks als günstig, weil die Salzlagerstätten am Schellenberg ungleich länger abbauwürdig blieben als jene am Tuval[28].

Allerdings geriet auch das Salzwerk am Schellenberg indirekt unter Salzburger Kontrolle, nämlich durch seinen Salzausgang hin zur Salzach, der den Erzbischöfen von Salzburg unterstand und von diesen auch kontrolliert und kontingentiert wurde[29]. Das hieß, daß – geographisch gesehen – der einzig mögliche Weg des Schellenberger Salzes (wenn man einen Bergübergang vermeiden wollte) der Fluß *Alm* war, der nördlich von Hallein in die Salzach mündete. Zwischen Berchtesgaden und der Saline Schellenberg lag demnach ein Berg. Im Jahr 1252 wurde dem Stift Berchtesgaden die ungestörte Durchfuhr seines Salzes zu Wasser und zu Land bis an die Salzach gestattet und dem Kloster darüber hinaus an der Mündung der Alm in die Salzach ein Platz zur Erbauung eines Salzstadels eingeräumt[30]. Freilich bedeutet die Verfrachtung des in Berchtesgaden gewonnenen Salzes auf der Salzach gleichzeitig auch die Kontrolle durch den Salzburger Erzbischof, der die Salzausfuhr vom Schellenberg schon aus Konkurrenzgründen zu kontingentieren trachtete. Salzburger Erzbischof Weichart zum Beispiel ließ im Jahre 1314 durch 18 Genannte eidlich erklären, daß von alters her nur jedes zehnte Schiff und jeder zehnte Wagen Salz von Schellenberg ausführen durfte[31].

3. Streitigkeiten zwischen Reichenhall und Hallein

Die Bürger von Reichenhall sahen zunächst in der Saline Tuval einen ernsthaften Gegner heranwachsen. Sie überfielen sie daher und zerstörten die Pfannen[32]. Die eigentliche Gefahr für Reichenhall drohte aber nicht von der Berchtesgadner Saline, sondern von Hallein, das viel umfangreichere Salzvorkommen hatte. Was die Reichenhaller Bürger gegen das Salzburger Erzbischof und sein aufblühendes Salzwesen tatsächlich unternahmen, wissen wir nicht. Die Verträge der Jahre 1218/19 zwischen Herzog Ludwig I. und Erzbischof Eberhard II. von Salzburg beendeten (vorläufig) den Kriegszustand und stellten für beide Seiten den freien Salztransport und den freien Handel zu Wasser und zu Land sicher[33]. Demnach verpflichtete sich der Salzburger

---

28 Vgl. Koller 1977 (wie Anm. 4), S. 51; ders., Die innere Entwicklung, in: Geschichte Salzburgs. Stadt und Land, hg. v. Heinz Dopsch, I. Bd., Salzburg 1981. S. 638.

29 Vgl. Koller 1977 (wie Anm. 4), S. 52.

30 Koch-Sternfeld (wie Anm. 26), S. 47, Nr. 27 (ohne Tagesdatum).

31 Salzburger Urkundenbuch IV, bearb. v. Martin, Franz (SUB IV), Salzburg 1933, S. 318, Nr. 27 (1314 Mai 12); laut einer Eintragung im Berchtesgadner Kopialbuch saec. XV/2 (Cod. V 4 D 104/2 der Studienbibliothek Salzburg – heute Universitätsbilbiothek), fol. 46 war der Hintergrund für diese Urkunde folgender: Item anno 1313 habent vil erberer leut bekannt, das von alter her nicht mehr dann das zehend schef Schellenperger saltzes sull den vertigern von Passau zum stadel ausgeen und nicht mer. Zitiert nach der Vorbemerkung zur Urk. v. 1314 Mai 12 im SUB IV.

32 SUB II, S. 651 f., Nr. 480 a und b (nach 1191 April 14); vgl. Klein (wie Anm. 9), S. 402 f.

33 SUB III, S. 252, Nr. 732, und S. 270-272, Nr. 745 (1218 Oktober ca. 26 und 1219); vgl. Palme (wie Anm. 1), S. 147.

Erzbischof zur Wiedereröffnung der freien Schiffahrt die Saalach hinunter, und der bayrische Herzog erklärte, die Brücke über die Alz bei Garching wieder aufzubauen. Die Ausgangsverhältnisse waren nach diesen Verträgen nunmehr folgende: Die erzbischöfliche Position, der durch die salzburgische Salzach-Inn-schiffahrt der Salzausgang nach Norden und Osten (nämlich donauabwärts) sowie nach Nordwesten (donauaufwärts bis Regensburg und Ingolstadt) nicht zu nehmen war, stand die herzogliche Stellung gegenüber, die die Ausfuhr des Halleiner Salzes nach Westen mit Erfolg verhinderte und zu Land nach Nordwesten stark beeinträchtigte[34].

Nach neuerlichen Feindseligkeiten zwischen dem Salzburger Erzbischof und dem Herzog von Niederbayern verfaßte der erst seit kurzem im Amt befindliche Erzbischof Rudolf von Salzburg im Jahr 1285 einen Beschwerdekatalog gegen Herzog Heinrich von Niederbayern[35]. Dieser hatte demnach den Versuch unternommen, den Transport des Halleiner Salzes durch sein Gebiet zu sperren. Von Tittmoning und Burghausen gingen offenbar schon im 13. Jahrhundert drei Handelsverbindungen nach Westen und Nordwesten. Auf der Handelsstraße nach München wurde das Halleiner Salz an der Durchfahrt von Trostberg gehindert[36]. Die von Erzbischof Adalbert III. gegründete Stadt Mühldorf am Inn hielt der bayrische Herzog vom September 1285 bis Februar 1286 besetzt[37], offensichtlich um den Salztransport von Tittmoning nach Regensburg zu blockieren.

4. Organisation des Salzbergbaus am Dürrnberg

In Hallein gab es im 13. Jahrhundert außer dem Erzbischof von Salzburg eine Reihe von Mitsiedern: das schwäbische Zisterzienserkloster Salem, das bayrische Zisterzienserkloster Raitenhaslach, das Benediktinerinnenkloster Nonnberg und die Benediktinerabtei St. Peter[38]. Allerdings waren diese Mitsieder nicht gleichberechtigt mit dem Salzburger Erzbischof, sondern diesem untergeordnet, weil sie ihre Rechte an den einzelnen Sieden ja von diesem erhalten hatten[39].

Die Anteile am Sieden waren entsprechend den Losen im Dürrnberg, in denen sie selbständig Bergbau betrieben[40], abgegrenzt. Die relativ geringe Größe dieser Anteile, verbunden mit dem anfänglich sehr extensiven Betrieb, brachte es mit sich, daß die Mitsieder schon nach wenigen Jahrzehnten vielfach in Kollision gerieten, was wiederum zu Streitigkeiten und in weiterer Folge zu neuen Verträgen führte[41]. Aus verschie-

34 Vgl. Koller 1977 (wie Anm. 4), S. 83.

35 SUB IV, S. 145-147, Nr. 125a.

36 Ebd.

37 SUB IV, S. 148-151, Nr. 126, a und b (1285 Oktober 5), S.147-159, Nr. 132 (1286 Februar 2).

38 Eine Zusammenstellung findet sich bei Palme (wie Anm. 1), S. 58 f.

39 Vgl. Palme (wie Anm. 1), S. 106.

40 Vgl. ebd.

41 Vgl. Klein, Herbert, Zur Geschichte der Technik des alpinen Salzbergbaues im Mittelalter, in: Mitteilungen der Gesellschaft für Salzburger Landeskunde, 101. Bd. (1961), S. 261.

denen Quellenstellen ist zu entnehmen, daß man am Dürrnberg den aus der Vermessung im Berg gewonnenen Verlauf der Schaftrichte über Tag aussteckte, um sich über das Verhältnis der Stollen-Schaftrichte und die Lage dieser zu den über Tag vermarkten Grubengrenzen klar zu werden. Man projizierte sozusagen die Stollen auf die Erdoberfläche[42].

Wenngleich wir bezüglich dieser sogenannten Erbarbeiten – auch Eigene, Eigentümliche Arbeiten, Eigene Bergarbeiten oder Bergstücke, Urbargestücke genannt – Näheres erst in der von Erzbischof Georg im Jahr 1586 erlassenen Ordnung bezüglich der Eigenen Arbeiten[43] und in der Bergordnung des Erzbischofs Wolf Dietrich vom Jahr 1592[44] erfahren, lassen diese eigentümlichen Verhältnisse auf ein hohes Alter dieser Einrichtungen schließen. Wenn nicht alles täuscht, gab es Erbarbeiten schon bei der Erschließung des hochmittelalterlichen Salzbergbaus in Hallein[45]. Diese eigenartige Strukturierung hing auch indirekt mit der Eigentumsgliederung der Halleiner Salzproduktion zusammen.

Sämtliche der genannten Eigenen Arbeiten waren vererblich und gingen durch Vertrag von einem Besitzer auf den anderen über, durften aber nicht verpfändet werden. Eine weibliche Person durfte ebenfalls nicht in den Besitz einer Erblichkeit treten. Im Fall des Zufallens einer Erbarbeit mußte diese an einen tauglichen Mann weiterverkauft werden. Erbten mehrere Kinder, so konnten die Söhne die Erbstücke unter sich teilen, die Töchter mußten ausbezahlt werden[46]. Die wichtigsten Bergarbeiten, nämlich die der Eisenhauer, – also die eigentliche Knappenarbeit –, die des Stollenstützens und die des Säuberns, worunter man die Entfernung eines Großteils des Laists, der Rückstände aus Ton und Gips beim Laugwerk verstand, durften von Anfang von Erbberechtigten erledigt worden sein[47]. Im Jahr 1266 gab es einen (urkundlich überlieferten) Streit zwischen den Inhabern verschiedener Gruben[48], aus dem einige Details über die Salzbergorganisation entnommen werden können.

Propst und Archidiakon Friedrich und das Salzburger Domkapitel bekannten, daß in dem Streit, den sie mit dem Stift Salem gegen die Äbtissin Diemund und deren gesamten Konvent der Benediktinerinnen vom Klosser Nonnberg wegen des Dürrnberges und der Salzgrube bei Hallein führten, beide Parteien ein Schiedsgericht anerkannt

---

42 SUB IV, S. 55 f., Nr. 56 (1266 August 24); Sachverständige wurden bestimmt, ut ipsi perspectis montibus et fodinis sub terra et mensuratis intersticiis super terram litem eadem ... deciderent bona fide ...; SUB IV, S. 60 f., Nr. 61 (1268); vgl. Klein (wie Anm. 41), S. 267.

43 Salzburger Landesarchiv (SLA); Taidinge (unvollständiges Original-Konzept, verfaßt vom Pfleger Geitzkofler, mit Bergurbar); vgl. auch Palme (wie Anm. 1), S. 107.

44 SAL, Archiv XXX 12 ½ (Abschrift aus dem 17. Jh.).

45 Vgl. Klein, Herbert, Die Geschichte des Lehenschichtenwesens auf dem Dürrnberg bei Hallein, in: Mitteilungen der Gesellschaft für Salzburger Landeskunde, 94. Bd. (1954), S. 122 f.: Palme (wie Anm. 1) S. 107.

46 Nach Klein (wie Anm. 45), S. 125.

47 Vgl. Palme (wie Anm. 1), S. 108.

48 Martin, Franz (Bearb.), Die Regesten der Erzbischöfe und des Domkapitels von Salzburg 1247 – 1343, I. Bd.; 1247 – 1290, Salzburg 1928, S. 62, Nr. 466; SUB IV, S. 55 f., Nr. 56 (1266 August 24); vgl. Koller 1977 (wie Anm. 4), S. 78.

hatten. Diesem gehörten u. a. Bruder Chunradus, der Verwalter des Abtes von Raitenhaslach in der Saline Hallein, Verwalter des erwählten Erzbischofs von Salzburg Wlodislaus und die Bergmeister an. Bruder Albertus, der gemeinsame Verwalter des Salzburger Domkapitels und des Zisterzienserstifts Salmansweiler in Hallein[49], mußte sich nunmehr an besondere Vorschriften beim Graben halten, um nicht wieder in Konflikt mit dem Amtmann von Nonnberg zu geraten. Jeder Mitsieder hatte mehrere eigene Verwalter oder Amtleute in Hallein, denen offensichtlich die Sieden und die Salzgruben unterstanden. Am Berg selbst führte jeweils ein Bergmeister die Oberaufsicht. Deutlich zeigt sich die relative Dezentralisierung des Salzbergs, weil die Mitsieder die ihnen anvertrauten Berge offensichtlich selbständig betrieben.

Im Jahr 1271 überließ das Augustiner-Chorherrenstift Berchtesgaden dem Salzburger Domkapitel unter gewissen Bedingungen die Salzgrube bei dem auf Berchtesgadner Gebiet liegenden Hof *Schozris*[50]. In die zweite Hälfte des 13. Jahrhunderts fällt die erste Erwähnung der Bezeichnung „Dienstmannensieden" in Hallein. In einem Verzeichnis des Jahres 1299, in dem Heinrich von Gutrat seine erzbischöflichen Lehen aufzählt, findet sich neben anderem auch: *daz newe sieden in den Hellein*[51]. Um die Wende vom 13. zum 14. Jahrhundert löste das Ministerialengeschlecht der Goldegger die Gutrater im Besitz des Hauptteils dieser als erzbischöflichen Lehen vergebenen Sieden ab. Im Jahr 1303 schloß Otto von Goldegg mit dem Stift St. Peter eine Vereinbarung wegen gemeinsamer Bearbeitung eines Salzbergbaus[52]. In dieser Urkunde ist die Rede von *unser paider sieden*, sodaß mit hoher Wahrscheinlichkeit angenommen werden darf, daß die Goldegger über einen eigenen Siedeanteil in Hallein verfügten[53].

5. Betriebsorganisation von Berchtesgaden

Bereits im Jahr 1289 verzichtete der Ministeriale Otto von Gutrat zugunsten des Stiftes Berchtesgaden auf jedes Recht der Überwachung des Salztransports auf der Salzach und erklärte, daß ihm aus der Schirmvogtei über die Salzwerke der Augustiner-Chorherrenpropstei Berchtesgaden kein Eigentum (*proprietas*) erwachse[54]. Im Jahr 1292 taucht bei dem Versprechen des Otto von Gutrat gegenüber der Propstei Berchtesgaden, zwischen Grafengaden und dem Golserhübel (bei Morzg) das Wasser nicht mehr zu stauen, ein gewisser *Heinricus, salinarius*, als Zeuge auf[55]. Dieser war mit großer Wahrscheinlichkeit ein *salinarius* der Augustinerpropstei Berchtesgaden.

---

49 Zu frater Albertus, vgl. Klein (wie Anm. 41), S. 267, Anm. 12.

50 SUB IV; S. 71 f., Nr. 72; Martin (wie Anm. 48), S. 78 f., Nr. 605 (1271 August 4); vgl. Koller 1977 (wie Anm. 4), S. 78.

51 SUB IV; S. 268 f., Nr. 228 (1303 September 1).

52 Ebd.

53 Vgl. Koller 1977 (wie Anm. 4), S. 97 f.

54 SUB IV, S. 184, Nr. 153 (1289 August 17); vgl. Palme (wie Anm. 1), S. 276.

55 SUB IV, S. 204 f., Nr. 165 (1292 März 26).

Das Auftauchen eines *salinarius* belegt die Existenz eines Hallingeramtes, mithin der Spitzenposition einer Salzverwaltung[56]. Im Jahr 1334 verkauften die Herren von Gutrat ihre Burgrechte zu Schellenberg mit Zinsen und Gülten an das Stift Berchtesgaden. Unbekannt ist, ob unter Burgrecht auch Salinen- oder Salzbergwerksteile subsumiert waren[57].

6. Streitigkeiten zwischen Hallein und Berchtesgaden

Angesichts der kleinteiligen geographischen Lage der Salzvorkommen von Hallein und Berchtesgaden – der Dürrnberg stand direkt an der Salzburger Grenze zum Territorium der späteren Fürstpropstei Berchtesgaden[58], umgekehrt war die Salzausfuhr von der Berchtes-gadner Salinen Schellenberg infolge der geographischen Voraussetzungen nur in das Fürstbistum Salzburg möglich, wollte man das Salz nicht über einen Berg transportieren – war es kein Wunder, daß zwischen dem Erzbistum Salzburg und der Augustinerpropstei Berchtesgaden rasch Streitigkeiten ausbrachen, zumal man am Dürrnberg unter Tag bald an den Grenzen des Stiftes Berchtesgaden angelangt war.

Es hat den Anschein, als hätten Erzbischof von Salzburg und dessen Domkapitel das mächtige Ministerialgeschlecht der Gutrater absichtlich mit Grund und Boden im umstrittenen Grenzgebiet ausgestattet, um damit Kontrolle über Berchtesgaden zu haben[59]. Im Jahr 1271 überließ die Propstei Berchtesgaden dem Salzburger Domkapitel unter Bedingungen, die vor allem das volle Recht des Stiftes Berchtesgaden über der Erde enthielt, die Salzgrube bei dem auf Berchtesgadner Gebiet liegenden Hof Schozris[60]. Gleichzeitig klärt diese Urkunde über die Salzknappen des Salzburger Domkapitels auf. Demnach führten Eigenleute des Domkapitels (*homines ecclesie nostre*) die Bergarbeiten durch. Die Propstei Berchtesgaden mußte die Zustimmung zu den Eigenleuten des Salzburger Domkapitels geben, andernfalls hätte Salzburg den für den Vertrieb des Berchtesgadner Salzes wichtigen Transportweg auf dem Alm gesperrt[61]. Im Jahr 1309 erlaubte Eberhard, Propst des Stiftes Berchtesgaden, dem Zisterzienserbruder *Chuonraten dem Wienner und prouder Volschalhen* vom Stift Raitenhaslach in Bayern, zu den bewilligten 50 Klaftern zusätzlich 30 Klafter in dem auf

---

56 Vgl. Ritter von Koch-Sternfeld, Josef Ernst, Die deutschen insbesondere die bayrischen und österreichischen Salzwerke zunächst im Mittelalter, 2. Teil, Neudruck der Ausgabe München 1836, Aalen 1969, S. 311; vgl. Koller 1977 (wie Anm. 4), S. 789.

57 Koch-Sternfeld (wie Anm. 26), S. 69 f., Nr. 47 (1334 April 20); vgl. Palme (wie Anm. 1), S. 276.

58 Im Hoch- und Spätmittelalter zählte die Propstei Berchtesgaden, deren Grundbesitz das gesamte Berchtesgadner Land umfaßte, zu den reichsunmittelbaren Prälaturen, erst ab dem Jahr 1558 war es ein geistliches Reichsfürstentum, vgl. Brunner, Otto, Land und Herrschaft. Grundfragen der territorialen Verfassungsgeschiche Österreichs im Mittelalter, 5. Aufl. 1969, Reprographischer Nachdruck, Darmstadt 1990, S. 226.

59 Vgl. Klein (wie Anm. 9), S. 392; Palme (wie Anm. 1), S. 277.

60 SUB IV, S. 292 f., Nr. 251 (1308 Juli 17).

61 Vgl. Palme (wie Anm. 1), S. 277.

Berchtesgadner Terrain liegenden Teil des Dürrnberg unterirdisch zu fahren[62]. Im Jahr 1309 erteilte die Augustinerpropstei Berchtesgaden dem schwäbischen Zisterzienserstift Salmansweiler und dem Salzburger Domkapitel die Erlaubnis, auf Berchtesgadner Gebiet 60 Klafter in den Dürrnberg vorzustoßen[63]. Aus dieser Urkunde geht auch hervor, daß *pruoder Ruoprehten und pruoder Vlrichen in dem obern hof*, der dem Salzburger Domkapitel und dem Stift Salem gemeinsam gehörte, Pfleger und Verweser waren und daß offensichtlich beide *salinarii* vom Zisterzienserstift Salem bestellt wurden[64].

Am 1. Oktober 1332 sah der Salzburger Erzbischof Friedrich ausdrücklich davon ab, die Berchtesgadner Salzausfuhr zu behindern[65]. Dieser Erklärung des Salzburger Oberhirten waren tätliche Auseinandersetzungen vorausgegangen, da Berchtesgaden versucht hatte, einen Salzhandel über Land – also über den Berg – aufzubauen, was eine Umgehung der Abhängigkeit des Salzhandels von Hallein bedeutet hätte. Aufgebrachte Halleiner Knappen waren daraufhin gewalttätig über die Salzpfannen in Schellenberg hergefallen und hatten mehrere Salzwagen auf den Landstraßen umgeworfen[66]. Am 29. September 1346 stellte der Laienbruder Ott vom Zisterzienserkloster Raitenhaslach als *Hoffmaister des nidern Hofs in dem Haellein* der Augustiner-Chorherrenpropstei Berchtesgaden einen Revers aus, demzufolge das bayrische Stift Raitenhaslach das Recht verbürgt bekommen hatte, 15 Klafter in das Terrain des Stiftes Berchtesgaden zu graben[67]. Im Jahr 1389 erhöhte Erzbischof Pilgrim das Salzkontingent, das vom Stift Berchtesgaden „die Alm herunter" ausgeführt werden durfte[68]. Kurz vorher waren auf Bitten des Propstes des Augustinerstifts Berchtesgaden die Salzsiederei und das Stift gegen Bezahlung eines bestimmten Betrags in die Verwaltung des Erzbischofs von Salzburg übergeben worden; dieser Betrag war alle Jahre an die Propstei zu entrichten[69]. Die Ursache dieser Verwaltungsübertragung dürfte in der Verarmung des Stiftes Berchtesgaden – als Folge des Kriegs zwischen Bayern und Salzburg – zu suchen sein[70].

Vom 19. April 1409 datiert die Urkunde des Augustiner-Chorherrenpropstes Peter Pyenzenauer und des Kapitels des Klosters Berchtesgaden, mit dem sie das Salzwerk am Schellenberg dem Erzbischof von Salzburg verpfänden[71]. Aus der Verpfändungs-

---

62 SUB IV, S. 292 f., Nr. 251 (1308 Juli 17).

63 SUB IV, S. 297-299, Nr. 256a und b (1309 Oktober 16 und 17); vgl. Palme (wie Anm. 1), S. 277.

64 SUB IV, S. 298, Nr. 256a.

65 SUB IV, S. 401, Nr. 341.

66 Vgl. Koch-Sternfeld (wie Anm. 56), S. 312.

67 Lori, Johann Georg, Sammlungen des bairischen Bergrechts mit einer Einleitung in die bairische Bergrechtsgeschichte, München 1764, S. 12, Nr. 12; vgl. Palme (wie Anm. 1), S. 277.

68 Lori (wie Anm. 57), S. 17, Nr. 20 (1389 Dezember 7); vgl. Palme (wie Anm. 1), S. 277.

69 Vgl. Koch-Sternfeld (wie Anm. 56), S. 313; Rupert Birnbacher, Der Dürrnberger Salzbergbau, Salzburg 1925, S. 48; Schwarz, Erica/Wegner, Josef, Bayrisches Salz. Salinen, Salzschiffe und Soleleitungen, Freilassing 1976, S. 8.

70 Vgl. Koch-Sternfeld (wie Anm. 56), S. 313.

71 Lori (wie Anm. 57), S. 20-22, Nr. 24; vgl. Palme (wie Anm. 1), S. 278.

urkunde geht auch hervor, daß die Arbeiter des Salzwerks Berchtesgaden nunmehr den Hallingern des salzburgischen Halleins unterstellt waren.

Auch die niedere Jurisdiktionsgewalt über das Salzwerk Schellenberg ging offenbar während der Verpfändungszeit auf die Hallinger in Hallein über. Bei Streitigkeiten unter den einzelnen Mitsiedern oder auch zwischen einem Mitsieder von Hallein und dem Sieder in Berchtesgaden war übrigens stets der Salzburger Erzbischof Jurisdiktionsherr[72]. Im Jahr 1449 wurde ein Vertrag geschlossen, in dem neben den Grenzen gegen den Schellenberg auch über die unterirdische Bergregalienhoheit Salzburgs über den Dürrnberg abgehandelt wurde. Mit unbedeutenden Veränderungen wurde dieser Vertrag im Jahr 1458 von Kaiser III. bestätigt.[73]

7. Fortdauernde Streitigkeiten zwischen Salzburg und Berchtesgaden

Den Hauptausfuhrweg des Halleiner Salzes bildete die Salzach[74]. Die Salinen Hallein und Schellenberg belieferten Niederbayern, die Oberpfalz, Franken und Böhmen, aber auch Österreich ob und unter der Enns, Kärnten und sogar Teile der Steiermark mit Salz[75].

Zunächst versuchten die Herzöge von Bayern, den Halleiner, also den ausländischen Salzhandel, zu kontrollieren[76]. Den Anlaß dazu boten die vom Erzbischof von Salzburg erhobenen Salzaufschläge. Nachdem das Salzburger Erzstift im Jahr 1458 vom habsbur-gischen Kaiser Friedrich III. das Recht zur Erhebung eines Salzzolls erhalten hatte – und zwar *ainen, zwen oder drey phenning auf ain yedes fueder* [77] – erwirkte sich der Salzburger Oberhirte als Landesfürst des Landes Salzburg ein weiteres kaiserliches Privileg, das ihm eine Zollerhöhung von einem Pfennig je Fuder ges-

---

72 Vgl. SUB IV, S. 79 f., Nr. 77 (1272 August 24).

73 Chmel, Joseph (Hg.), Regesta chronologica-diplomatica Friderici IV. Romanorum regis (imperatoris III.). Auszug aus den im k. k. Geheimen Haus- und Hof- und Staatsarchiv zu Wien sich befindlichen Reichsregistraturbüchern vom Jahre 1440-1493. Nebst Auszügen aus Originalurkunden, Manuskripten und Büchern, Wien 1838, reprographischer Nachdruck, Hildesheim 1962, S. 362, Nr. 3636.

74 Finanz- und Hofkammerarchiv Wien (FHKA), Obderensische Salzkammergutakten, rote Nr. 51, fol. 9^r-10^r; dort ein Schreiben des Rats von Burghausen an den Erzbischof von Salzburg von 1430 Oktober 28, das die Stellung Burghausens im Salzhandel nachdrücklich betont; vgl. auch: Palme (wie Anm. 1), S. 297.

75 Vgl. Srbik, Heinrich R. von, Studien zur Geschichte des österreichischen Salzwesens (Forschungen zur inneren Geschichte Österreichs, 12. Heft), Innsbruck 1917, S. 177.

76 Vgl. Ockel, Hans, Die Entstehung des landesherrlichen Salzmonopols in Bayern und seine Verwaltung im siebzehnten Jahrhundert, in: Forschungen zur Geschichte Bayerns, 7. Bd. (1899), S. 10; Eberle, Franz Xaver, Die Organisation des Reichenhaller Salzwesens unter dem herzoglichen und kurfürstlichen Produktions- und Handels-Monopol, München 1910, S. 71 ff.; Wagner, H. F., Der Dürrnberg bei Hallein, in: Mitteilungen der Gesellschaft für Salzburger Landeskunde, 44. Bd. (1904), S. 57; Srbik (wie Anm. 69); S. 177.

77 Chmel (wie Anm. 73), S. 366, Nr. 3657 (1458 November 7).

tattete[78]. Die Verteuerung des Halleiner Salzes nahmen die Herzöge von Bayern zum Anlaß, die salzburgische Exklave Mühldorf am Inn zu besetzen. Deutlich wird dabei die lebensnotwendige Funktion des Salzes und die daraus resultierenden Erpressungsversuche des ausländischen Salzerzeugers. Erst gegen eine Geldentschädigung stimmte Georg der Reiche, Herzog von Niederbayern-Landshut, der Erhöhung des Aufschlags – doch nur zu Lebzeiten des Erzbischofs Johann Gran – zu[79]. Zur Beratung einer neuen Sudordnung für die Saline Hallein sollten auch bayrische Räte hinzugezogen werden, ferner verlangte der bayrische Herzog, daß der Salzburger Erzbischof 16 seiner Schiffe den Burghausenern zur Salzausfuhr zur Verfügung stelle[80]. Nachdem das Erzbistum Salzburg im Jahr 1508 von zwei schweren Überschwemmungen heimgesucht worden war, wollte der Salzburger Oberhirte abermals einen Salzaufschlag erheben, erneut setzte die bayrische Regierung durch, daß ihre Zustimmung eingeholt werden mußte. In der Folge hatten die Salzburger Erzbischöfe anläßlich von Salzpreiserhöhungen immer wieder Reverse auszustellen, daß die jeweilige Salzpreiserhöhung nur auf Widerruf seitens der Herzöge von Bayern und deren Nachkommen erfolgen dürfe[81].

Seit dem Ende des 14. Jahrhunderts war von einer Konkurrenz von Reichenhall nichts mehr zu spüren. Das Reichenhaller Sudwerk geriet zunehmend in Verfall[82] und war schließlich nicht mehr in der Lage, den bayrischen Salzbedarf auch nur annähernd zu befriedigen. Die bayrischen Herzöge waren daher auf das ausländische, salzburgische Salz angewiesen. Die Ursachen für den Verfall der Reichenhaller Produktion waren vielfältig: Pest und Brände, Wasserschäden und wohl auch Mängel in der bürgerlich-genossenschaftlichen Organisation[83]. Auch die übergroße Konkurrenz von Hallein beschleunigte den Niedergang von Reichenhall[84].

Der Grund weshalb die Herzöge von Bayern glaubten, beim Salzburger Salzpreis mitbestimmen zu dürfen, lag in der Ausfuhr des Halleiner Salzes durch bayrisches Territorium. Das Interesse der bayrischen Herzöge, an der Gestaltung des Halleiner Salzpreises mitzuwirken, war von der geringen Kapazität der Saline Reichenhall und von der erzwungenen Einfuhr des Halleiner Salzes nach Bayern bestimmt[85]. Noch schwerwiegender als die Mitwirkung bei der Festsetzung des Salzburger Salzpreises

---

78 Chmel (wie Anm. 73), S. 718, Nr. 7728 (1485 Februar 23).

79 Vgl. Ockel (wie Anm. 76), S. 11.

80 Vgl. ebd.; Palme (wie Anm. 1) S. 298.

81 Vgl. Lori (wie Anm. 57), S. 298.

82 Vgl. Ockel (wie Anm. 76), S. 6; Palme (wie Anm. 1), S. 490.

83 Vgl. Ockel (wie Anm. 76), S. 6; Funke, August, Die Reichenhaller Saline bis zur Begründung des herzoglichen Produktions-Monopols (ca. 1500), Meppen 1911, S. 28 ff; Schremmer, Eckart, Die Wirtschaft Bayerns, Vom hohen Mittelalter bis zum Beginn der Industrialisierung. Bergbau, Gewerbe, Handel, München 1970, S. 49. Schremmer meinte, daß es offenbar an einer längerfristigen Absatzstrategie und Finanzplanung fehlte.

84 Vgl. Schremmer (wie Anm. 83), S. 49.

85 Vgl. auch den Ausgleich zwischen dem Erzbischof von Salzburg und den Herzögen von Bayern (1525 Oktober 14), Kopie im FHKA, Oberensische Salzkammergutakten, rote Nr. 51, fol. 27^r – 44^r.

war, daß es Bayern gelang, die zur Ergänzung der Reichenhaller Produktion im Jahr 1555 eröffnete Berchtesgadner Saline Frauenreut zu zwingen, ihr ganzes Salz nach Reichenhall zu liefern, wo es als Reichenhaller Salz vertreiben wurde[86].

Im Dezember 1589 kamen schließlich, nachdem die Beteiligung Bayerns an den Salzaufschlägen Salzburgs noch umstritten war, doch zwei Verträge zustande. Bayern verzichtete auf seine Rechtsansprüche an der Halleiner Saline, deren Geltendmachung stets auf den Widerstand Salzburgs gestoßen war. Salzburg mußte jedoch eine Klausel einräumen, die den Herzögen von Bayern die Möglichkeit gab, über das Salz zu verfügen, das durch die Bürger von Burghausen ausgeführt wurde. In der Praxis bedeutete dies, daß den Bayern Gelegenheit gegeben war, bei Salzpreisaufschlägen, die ihnen gefährlich oder schädlich erschienen, ihre Interessen zu wahren. Der Herzog von Bayern erhielt damit die Freiheit, sich selbst am Halleiner Salzhandel zu beteiligen. Außerdem erhielt Bayern die Hälfte der aus diesen Preisaufschlägen fließenden Einnahmen zugesprochen[87].

Nach neuerlichen Streitigkeiten verständigte man sich am 20. November 1594 wiederum auf einen Vertrag. Herzog Wilhelm V. der Fromme veranlaßte den Salzburger Erzbischof Wolf Dietrich von Raittenau, den Handel mit Halleiner Salz zu Wasser zur Gänze ihm und seinen Nachfolgern zu übergeben[88].

8. Holzmangel in Reichenhall

Bereits die von der Vormundschaft Herzog Wilhelms IV. im Jahr 1509 erlassene Wald- und Sudordnung für Reichenhall stand im Zeichen des Produktionsmonopols der bayrischen Herzöge, die hofften, die Produktion der Saline Reichenhall durch den Kauf der bürgerlichen Siedeanteile bedeutend steigern zu können[89]. Die Aufsicht über die Salinenholzungen sollte nach der Ordnung vom Jahr 1509 ein Waldmeister ausüben; ihm zur Seite standen zwei Holzschaffer, von denen einer aus der Bürgerschaft von Reichenhall, der andere *auf dem Land* bestellt werden sollte[90].

In Reichenhall waren die Wälder, die zumeist im Saalachtal lagen[91], Pertinenzen zu den Pfannen[92]. Schon im Jahr 1228 wurden die beiden Grafschaften im Pinzgau

86 Vgl. Srbik (wie Anm. 75), S. 177; Klein (wie Anm. 9), S. 96.

87 Lori (wie Anm. 57), S. 338 f., Nr. 153 (1589 Dezember 19) und S. 341 f., Nr. 154 (1590 Dezember 20); vgl. Ockel (wie Anm. 76), S. 12 f., vgl. Palme (wie Anm. 1), S. 298.

88 Lori (wie Anm. 57), S. 359-362, Nr. 161; vgl. Ockel (wie Anm. 76), S. 13; Srbik (wie Anm. 75), S. 177.

89 Lori (wie Anm. 57), S. 133-141, Nr. 98 (1509 August 31); vgl. Schremmer (wie Anm. 83), S. 50.

90 Vgl. Ockel (wie Anm. 76), S. 8; Götz von Bülow, Die Sudwälder von Reichenhall (Mitteilungen aus der Staatsforstverwaltung Bayerns, 33. Heft), München 1962, S. 73-95.

91 Vgl. Kurtz, Heinrich, Die Soleleitung von Reichenhall nach Traunstein 1617-1619. Ein Beitrag zur Technikgeschichte Bayerns, in: Deutsches Museum. Abhandlungen und Berichte, 46. Jg. (1978), S. 31.

von Herzog Ludwig I. von Bayern dem Reich aufgesendet und mit ihnen Erzbischof Eberhard II. von Salzburg belehnt[93]. Damit kam der Pinzgau zu Salzburg, der Erzbischof wurde gleichzeitig Territorialherr über das Saalachtal. Die Bayern, die ihr Holz für die Saline Reichenhall im oberen Saalachtal holten, mußten die neuentstandene Landeshoheit des Erzbischofs von Salzburg anerkennen und in Zukunft Stockrecht zahlen, d. h. ab Stock versteuern[94]. Seit dem 15. Jahrhundert sind Verordnungen erhalten, in denen der Salzburger Erzbischof als Landesherr versucht, Mißstände abzustellen, die seine Untertanen durch Schwenden und Anlegen von Maissen (Blößen), in denen das Gaißvieh eingetrieben wurde, in den der Saline Reichenhall gewidmeten Wäldern angerichtet hatten[95]. Im Bereich der Saalforste wurden daher alle 40 bis 60 Jahre Waldverlackungen durchgeführt, d. h. die Wälder wurden von einer von beiden Seiten beschickten Kommission unter Beiziehung der Anrainer begangen, Mißstände aufgezeigt, Grenzmarken überprüft etc.[96]. Ein erster diesbezüglicher Vertrag wurde im Jahr 1412 geschlossen[97]. Im Jahr 1529 wurden eine große Waldbeschau durchgeführt und das Waldbuch angelegt. Darin wurde festgelegt, daß in Hoch- und Schwarzwäldern, die Bayern für die Saline Reichenhall verwendete, das Schwenden, Nachbrennen, Einfangen und Poschenschneiden verboten waren. Es durften in diesen Wäldern keine neuen Käser und Städel aufgerichtet werden. Was innerhalb der letzten vierzig Jahre angelegt worden war, mußte in vier Wochen entfernt werden. Wenn für die Bauern des Saalachtales nicht genug Zimmer-, Dach- und Zaunholz vorhanden war, sollten sie mit Genehmigung des erzbischöflichen Pflegers und der Salzmair in Reichenhall im Hochwald Holz fällen dürfen, waren für den Abtransport des Holzes aber selbst verantwortlich[98].

Daraus geht eindeutig hervor, daß Bayern nicht als Staat, sondern nach privatrechtlichen Grundlagen Besitzer der Schwarzwälder im Saalachtal war. Für Steuern und Jurisdiktion waren die Beamten des Erzbischofs von Salzburg zuständig. Den Erzbischöfen gebührte als Landesfürsten Forstzins und Stockrecht[99].

Die Ordnung vom Jahr 1509 brachte auch für das Reichenhaller Sieden strenge Direktiven[100]. In all diesen Maßnahmen kommt letztlich zum Ausdruck, daß sich der

---

92 Vgl. Bülow (wie Anm. 90), S. 16; Zaisberger, Friedricke, Beiträge zum Triftwesen in den Bayerischen Saalforsten, in: Kniepaß-Schriften, NF, 8./9. Heft (1978), S. 7.

93 SUB III, S. 252 f., Nr. 732 (1218 Oktober ca. 26); S. 363-365, Nr. 830 f. (1228 ca. Juli 11 und 1228 August 8).

94 Vgl. Zaisberger (wie Anm. 92), 8; dies., Geschichte Salzburgs (Geschichte der österreichischen Bundesländer), Wien/München 1998, S. 83.

95 Vgl. Kurtz (wie Anm. 91), S. 43.

96 Vgl. Bülow (wie Anm. 90), S. 141 ff.; Zaisberger (wie Anm. 92), S. 8.

97 Nach Zaisberger (wie Anm. 92), S. 8.

98 Vgl. Schremmer (wie Anm. 83), S. 50; Zaisberger (wie Anm. 92), S. 8; Kurtz (wie Anm. 91), S. 43; Palme (wie Anm. 1), S. 494.

99 Zaisberger (wie Anm. 92), S. 8 f.

100 Lori (wie Anm. 57), S. 138-141, Nr. 98.

bayrische Herzog als eigentlicher Herr der Saline Reichenhall sah. Mit Recht können wir von einem Salzproduktionsmonopol des bayrischen Herzogs sprechen[101].

Am 15. August 1554 mußte das Augustiner-Chorherrenstift Berchtesgaden, das eine neue Salzquelle und auch Steinsalz entdeckt hatte und dessen Ausfuhr auf dem Wasser vom Erzbischof von Salzburg beschränkt war, mit dem Herzog von Bayern einen Vertrag schließen. Demzufolge sollte alles Fronreuter Salz – so hieß das Berchtesgadner Salz nach seinem neu errichteten Sudhaus – durch den Hallturm, einen Engpaß zwischen Berchtes-gadner und bayrischem Gebiet, nach Reichenhall geführt werden, um dort einen Zoll zu entrichten. Das Fronreuter Salz sollte also unter der Firma des Reichenhaller Salzes vertrieben werden[102].

Hand in Hand mit der Erwerbung der Reichenhaller Saline ging eine stärkere Einmischung der bayrischen Herzöge in das Halleiner Salzwesen[103]. Bayern beanspruchte noch immer alte, nicht näher erläuterte Hoheitsrechte am Salzburger Bergwesen und forderte ein Mitspracherecht bei der Festsetzung der Preisaufschläge sowie einen Anteil aus den daraus erwachsenden Mehreinnahmen. Das dem Erzstift Salzburg von Kaiser Friedrich III. im Jahr 1485 zugestandene Aufschlagsrecht bezeichneten die Bayern als *erschlichen*[104]. In der Folge erreichte Bayern, daß das Erzstift für den Preisaufschlag die Zustimmung des bayrischen Herzogs einholen mußte[105]. Nach langwierigen Streitigkeiten und Auseinandersetzungen, die stets aktuell wurden, wenn Salzburg den Salzpreis erhöhen wollte, erhielt Bayern im Jahre 1589 schließlich 50 Prozent der von Salzburg erhobenen Aufschläge vertraglich zugesichert[106].

Friede zwischen dem Erzstift Salzburg und den bayrischen Herzögen kehrte damit jedoch keiner ein; der Streit ging jetzt um die Durchführungsbestimmungen jenes Vertragswerkes. Nach lebhaften Auseinandersetzungen, bei denen es auch zu gewalttätigen Auseinandersetzungen gekommen war, einigte man sich am 22. November 1594 auf einen neuen Vertrag.[107]

9. Die Salinenkonvention vom Jahr 1829

Trotz aller Abmachungen gab es immer wieder Differenzen, die schließlich im Salinen-Hauptvertrag vom 4. Februar 1781 beigelegt wurde[108]. Der letzte regierende

---

101 Vgl. Ockel (wie Anm. 76), S. 8; Eberle (wie Anm. 76), S. 9 ff.; Schremmer (wie Anm. 83), S. 50; Palme (wie Anm. 1), S. 494.

102 Vgl. Eberle (wie Anm. 76), Schremmer (wie Anm. 83), S. 45; Kurtz (wie Anm. 91), S. 44 f.

103 Vgl. Ockel (wie Anm. 76), S. 10 ff.; Schremmer (wie Anm. 83), S. 52 ff.

104 Vgl. vor allem Schremmer (wie Anm. 83), S. 53.

105 Vgl. Ockel (wie Anm. 76), S. 11 ff.; Palme (wie Anm. 1), S. 496.

106 Vgl. Ockel (wie Anm. 76), S. 13; Schremmer (wie Anm. 83), S. 53.

107 Vgl. auch Ockel (wie Anm. 76), S. 13; Palme (wie Anm. 1), S. 497.

108 Kroczek, Hans, Zur Geschichte der Saalforste und der Salinenkonvention, in: Mitteilungen der Gesellschaft für Salzburger Landeskunde, 104. Bd. (1964), S. 187 ff.

Erzbischof von Salzburg, Hieronymus Graf Colloredo[109], und Kurfürst Carl-Theodor von Pfalz-Bayern unterzeichneten in München diesen Vertrag. Ausgelöst durch schwere Hochwasser in den Jahren 1786 und 1787 mußte die Fürstpropstei Berchtesgaden infolge hoher Verschuldung im Jahr 1795 mit Bayern einen Salinenvertrag schließen[110]. Alle Rechte und Ansprüche der Fürstpropstei im Dürrnberg und alle im Jahr 1793 vermessenen dortigen Salinenwälder wurden an Bayern abgetreten, das somit am Salzberg Dürrnberg unmittelbarer Nachbar Salzburgs wurde[111].

Wir haben bereits gehört, daß mit Einverständnis der Grundbesitzer die Stollen am Dürrnberg unter Tag auch auf Berchtesgadner Gebiet vorgetrieben wurden. Den Bauern der Gemeinden Au, Scheffau und Schellenberg wurde dafür das Recht auf Arbeit als Knappen im Salzburger Dürrnberg zugestanden, d. h. sie erhielten vertraglich einen Anteil an den Bergschichten zugestanden, wobei 190½ Schichten auf Salzburger Knappen, 127 auf Berchtesgadner (schon seit dem Mittelalter) entfielen[112]. Dieses eigentümliche sogenannte Lehenschichtenwesen sicherte den Bergbauern im Nebenerwerb die Lebensfähigkeit. Grundbesitzer auf dem Dürrnberg – ganz gleich ob auf österreichischer oder deutscher Seite – haben selbst heute noch theoretisch, nachdem im Jahr 1989 die Saline zugesperrt worden war[113], ein Recht auf Arbeit im Salzbergwerk. Das entschied nach zweijährigem Musterprozeß das Bezirksgericht Bad Ischl am 14. Mai 2001[114]. Als im Jahr 1803 sowohl das Erzstift Salzburg als auch die Fürstpropstei Berchtesgaden säkularisiert wurden und gemeinsam an Ferdinand III. von Toscana kamen, war der Dürrnberg erstmals ganz in Salzburger Hand.[115]

Als aber als Folge des Wiener Kongresses Salzburg zu Österreich kam, und Berchtesgaden bei Bayern verblieb, duldeten die Österreicher keine weitere Holzgewinnung aus dem Saalachtal für die Saline Reichenhall. In der Folge kam es zu langwierigen Verhandlungen, bei denen Bayern die Salzgewinnung im Dürrnberg erstmals mit den Eigentumsansprüchen auf die Saalforste verband[116].

Ohne die Vorgeschichte der Salinenkonvention im Detail erörtern zu wollen, sei festgehalten, daß eine Kommission unter dem k. k. Hofrat Franz Panzenberger und unter k. b. Ministerialrat Thomas Knorr einen Entwurf vorlegte, der am 18. März 1829

---

109 Über ihn vgl. Hammermayer, Ludwig, Die letzte Epoche des Erzstiftes Salzburg. Politik und Kirchenpolitik unter Erzbischof Graf Hieronymus Colloredo (1772-1803), in: Neuzeit und Zeitgeschichte (Geschichte Salzburgs. Stadt und Land, hg. v. Dopsch, Heinz /Spatzenegger, Hans, 2. Bd., 1. Teil), Salzburg 1988, S. 453-535.

110 Vgl. dazu ausführlich: Zaisberger (wie Anm. 94), S. 261 f.

111 Ebd.

112 Vgl. dazu vor allem: Klein, Herbert, Die Geschichte des Lehenschichtenwesens auf dem Dürrnberg bei Hallein, in: Mitteilungen der Gesellschaft für Salzburger Landeskunde, 94. Bd. (1954), S. 122-152.

113 Vgl. Kurt W. Zeller, „Glück aus" – Zukunftsperspektiven einer Salzstadt, in: Salz. Salzburger Landesausstellung, Hallein, Pernerinsel, Keltenmuseum, 30. April bis 30. Oktober 1994, Salzburg 1994, S. 294-299.

114 ORF ON Salzburg, vom 04.06.2001.

115 Vgl. Zaisberger (wie Anm. 94), S. 262.

116 Vgl. Zaisberger (wie Anm. 92), S. 10; dies. (wie Anm. 94), S. 263.

als Salinenkonvention unterzeichnet wurde.[117] Die Besitzrechte an den im Grundbuch der Krone Bayerns eingetragenen und der Saline Reichenhall gewidmeten Wäldern wurden von Österreich anerkannt. Eine Reihe von Waldungen im Glemm- und Leogangtal sowie der Hundsfuß in Lofer und der vormals berchtesgadnische Zinswald Strupberg wurden ausgeschieden und an Österreich abgetreten. Für die Bauern, deren ersessene Nutzungsrechte in den Saalwäldern man anerkannte, wurden zwischen den Jahren 1829 und 1832 Liquidationsprotokolle über Holzbezugs- und Weiderechte angelegt. Der Holzbedarf, der nicht aus Eigenwaldungen gedeckt werden konnte, wurde in den bayrischen Saalwäldern zur Verfügung gestellt[118].

Die Salinenkonvention ist nicht nur der älteste, gültige Staatsvertrag Österreichs, sie war im 19. Jahrhundert auch Vorbild für Zollanschlußverträge Bayerns mit Gebieten in Tirol (Jungholz) und Vorarlberg (Kleinwalsertal)[119].

---

117 Vgl. Zaisberger (wie Anm. 92), S. 10 f.; dies. (wie Anm. 94), S. 263; Neschwara, Christian, Zur Anwendbarkeit und Vollziehung der Salinenkonvention von 1829 in der Fassung von 1957. Mögliche Rechtsfolgen einer Einstellung der Saline Hallein-Dürrnberg, in: Mitteilungen der Gesellschaft für Salzburger Landeskunde, 131. Bd. (1991), S. 305-311.

118 Vgl. Zaisberger (wie Anm. 94, S. 263).

119 Vgl. Zaisberger (wie Anm. 94, S. 263).

Franz Irsigler

Grenzen und Wirtschaftsentwicklung in Mittelalter und früher Neuzeit. Eine Skizze

Im Zuge der Ausarbeitung und Publikation des Statutenbuchs von 1593/94, mit dem die 1580 durch Erzbischof Jakob von Eltz (1567-1581) oktroyierte Stadtverfassung, die *Eltziana*, nach dem verlorenen Prozeß um die Reichsstadtqualität in die Verwaltungspraxis umgesetzt wurde, richtete der Trierer Magistrat eine dringliche Bitte an den in Koblenz-Ehrenbreitstein residierenden Stadt- und Landesherrn – inzwischen war dies Johann von Schönenberg (1581-1599) –, der Stadt und dem Obererzstift bei der Regelung der Geld- und Währungsverhältnisse entgegenzukommen[1]: Was man brauche, sei eine dauerhafte Versorgung mit Münzsorten, wie sie in Luxemburg und Lothringen, *mit denen wir stets commercia und handirung treiben*, gängig seien. In Trier könne man nicht nach der Reichsordnung und den Satzungen des Kurrheinischen Reichskreises leben, denn Trier sei *dem reich und rheinischen Kreis gar entlegen*. Eine strikte Anbindung an das rheinische Währungssystem würde für die Stadt *untergang und verderben* bedeuten. Trier brauche dringend ein Entgegenkommen bei den Land- und Scheidemünzen; der Kurfürst möge doch *nachlaß und übersehung thun*, die Kontrolle also nicht so ernst nehmen.

Bei aller Dramatisierung – die Beschreibung der mißlichen Situation der Stadt Trier und des Oberstiftes war zutreffend. Aufgrund ihrer Lage im Überschneidungsbereich lothringischer (später auch französischer), luxemburgisch-niederländischer, rheinischer und südwestdeutscher Währungen blieb die seit dem ausgehenden 14. Jahrhundert faßbare Sonderstellung des Ober- und Mittelmoselraumes[2] auch in der frühen Neuzeit bestehen. Den seit 1384 belegten Versuchen, die etwa bei Cochem verlaufende innerterritoriale Währungsgrenze im Rahmen der großräumigen, Territorien übergreifenden Währungsordnung des Rheinischen Münzvereins aufzuheben, war nur vorübergehend Erfolg beschieden. Die alten wirtschaftsräumlichen Verbindungen, die zwischen Lothringen, Luxemburg und Kurtrier auch durch Handels- und Zollverträge[3] abgesichert waren, erwiesen sich langfristig als stärker[4]. Auch im 17. und 18.

---

1 Friedrich Rudolph (Bearb.), Quellen zur Rechts- und Wirtschaftsgeschichte der rheinischen Städte. Kurtrierische Städte: Trier, Bonn 1915, S. 198; vgl. Franz Irsigler, Wirtschaftsgeschichte der Stadt Trier 1580-1794, in: 2000 Jahre Trier, Bd. 3: Trier in der Neuzeit, hg. von Kurt Düwell u. Franz Irsigler, Trier 1988, S. 99-201, bes. S. 168-170.

2 Karl Weisenstein, Das kurtrierische Münz- und Geldwesen vom Beginn des 14. bis zum Ende des 16. Jahrhunderts. Auch ein Beitrag zur Geschichte des Rheinischen Münzvereins, Koblenz 1995, S. 37, 41, 50; erst ab 1419/20 gab es Versuche der Integration des Oberstifts – ohne bleibenden Erfolg.

3 Richard Laufner, Triers Bündnis- und Schirmverträge mit den Fürsten von Luxemburg und Lothringen vom 13. bis zum ausgehenden 16. Jahrhundert. Ein Beitrag zur Geschichte der Beziehungen der Stadt mit ihren westlichen Nachbarn, in: Rheinische Vierteljahrsblätter 19, 1954, S. 104-118.

Jahrhundert blieb das Obererzstift fast immer auswärtigen Währungseinflüssen preisgegeben. Im 18. Jahrhundert beherrschten hier französische Laubtaler die schweren Sorten; im Scheidemünzenbereich dominierten zeitweise Göttinger Pfennige[5].

Das hübsche Schlaglicht auf das frühneuzeitliche Trier bietet für sich genommen natürlich keine sichere Basis für irgendwelche Verallgemeinerungen; allenfalls lassen sich diskussionswürdige Thesen ableiten. Auch wenn man prinzipiell ausgehen kann von „einer seit der frühen Neuzeit verstärkt wahrzunehmenden Tendenz der sich territorial ausbildenden Nationalstaaten, an ihren Grenzen die hoheitlichen Merkmale ihrer Differenzierung zu bündeln, so daß politische, wirtschaftliche, kulturelle und möglichst auch sprachliche Grenzen zusammenfallen“[6], wird man bei der Suche nach der Gleichgerichtetheit von politischen und wirtschaftlichen Grenzverläufen vor dem 19. Jahrhundert selten fündig werden, allenfalls bei den ‚frühvollendeten' Nationalstaaten Frankreich und England – letzteres war zusätzlich begünstigt durch die natürliche Grenze der Insellage – sowie im 16./17. Jahrhundert bei den Generalstaaten bzw. der Republik der Vereinigten Niederlande, wo den politischen Grenzen häufig ganz gezielt die Funktion einer Wirtschaftsgrenze zugewiesen worden ist[7].

Im Mittelalter ist – vorausgesetzt, daß wir Grenzverläufe überhaupt einigermaßen exakt bestimmen können[8] – noch seltener ein Zusammenfallen von Herrschafts- oder Territorialgrenzen mit Wirtschaftsgrenzen faßbar, es sei denn, wir beschränken uns auf sehr kleinräumige Strukturen, wie sie in der Grundherrschaft oder Ortsherrschaft mit Abgaben, Dienstleistungen, Zins- und Zehntzahlungen aus abgemarkten[9], individuell oder kollektiv genutzten Besitzeinheiten gegeben sind. Daß Gemarkungs- und Gemeindegrenzen auch Herrschaftsgrenzen waren und die Wirtschaftsweise innerhalb solcher Grenzmarken mehr oder weniger stark herrschaftlich dominiert sein konnte,

4 Heute bemüht man sich – mit insgesamt mäßigem Erfolg – um eine Wiederbelebung des Zusammengehörigkeitsgefühls im alten Oberlotharingien: Saar-Lor-Lux-Trier-Westpfalz-Ardennen als Euregio.

5 Friedrich Freiherr von Schrötter, Geschichte des neueren Münz- und Geldwesens im Kurfürstentum Trier 1550-1794, Berlin 1917; vgl. Franz Irsigler, Währungen im oberlothringischen Raum, 1350-1600. Ein Projektbericht, in: Geldumlauf, Währungssysteme und Zahlungsverkehr in Nordwesteuropa 1300-1800, hg. von Michael North, Köln/Wien 1989, S. 75-91.

6 Wolfgang Haubrichs, Reinhard Schneider, Einleitung, in: Grenzen und Grenzregionen / Frontières et régions frontalières / Borders and Border Regions, hg. von Dens., Saarbrücken 1994, S. 11-14, Zitat S. 11.

7 Franz Irsigler, Wirtschaftsräume und neue Grenzen. Eine Skizze der Entwicklung des Obermoselraumes vom 16. bis zum 18. Jahrhundert, in: Zwischen Gallia und Germania, Frankreich und Deutschland. Konstanz und Wandel raumbestimmender Kräfte, hg. von Alfred Heit, Trier 1987, S. 225-237, bes. S. 235-237. Die Funktion von Staatsgrenze als Wirtschaftsgrenze wird nicht selten verstärkt durch die Funktion als Konfessionsgrenze.

8 Daß man von Anfang an mit dem Nebeneinander von Grenzsäumen und linearen Grenzen rechnen muß, betont Reinhard Schneider, Lineare Grenzen. Vom frühen bis zum späten Mittelalter, in: Grenzen und Grenzregionen (wie Anm. 6), S. 51-67.

9 Einige Hinweise bei Franz Irsigler, Der Einfluß politischer Grenzen auf die Siedlungs- und Kulturlandschaftsentwicklung. Eine Einführung in die Tagungsthematik, in: Siedlungsforschung: Archäologie – Geschichte – Geographie 9, 1991, S. 9-23.

ist eine Selbstverständlichkeit und braucht nicht weiter vertieft zu werden. Interessanter sind oberhalb der grundherrschaftlichen Sphäre eine Reihe von sehr frühen, z.T. bis in die Karolingerzeit zurückreichenden Bannbereichen, vor allem Forst- oder Wildbannbezirke, die mit erstaunlich exakten, als Grenzlinien ausgewiesenen Abgrenzungen nicht nur herrschaftliche Sonderrechte bei Holznutzung, Waldweide und Jagd begründeten, sondern auch als großräumige Kerneinheiten bei der im Hochmittelalter einsetzenden Ausbildung von Landesherrschaft dienen konnten. Für das Erzstift Trier hat dies vor kurzem Friedhelm Burgard stark betont[10].

Ein auffallendes, aber nur vorübergehend faßbares Phänomen ist auch die z.T. sehr starke Annäherung der Umlaufbereiche bischöflicher Prägungen an die Grenzen der jeweiligen Bistumssprengel, wie sie für die Zeit bis 1120/50 Klaus Petry in Verdun, Metz und Trier (das kleine Toul wurde von herzoglich-lothringischen oder gräflich-barischen Prägungen beherrscht) nachgewiesen[11] und Wolfgang Heß für die mittelrheinischen Bistümer wahrscheinlich gemacht hat[12]. Diese bistumsorientierte Ordnung der Währungsräume zerbrach aber in der langen Phase der regionalen Pfennigsorten. In der Zeit der großen Münzvereine (14.-16. Jahrhundert) und nach dem 30jährigen Krieg kam es zwar zu einer deutlichen Verringerung der Sorten und damit der Währungsräume, aber an der die Wirtschaftsentwicklung im Reich insgesamt sicher belastenden Vielfalt der Nominale und Rechnungseinheiten änderte sich bis zum Ende des Alten Reiches[13] zu wenig, um den Entwicklungsvorsprung der frühen Nationalstaaten bei der Bindung von Währungsgrenzen an Staatsgrenzen aufzuholen. Für ein tieferes Verständnis der sich vielfach überlappenden Währungsraume sind weitere Forschungen und die kartographische Umsetzung der Ergebnisse ein dringendes Desiderat.

---

10 Friedhelm Burgard, Wald als Fundus. Siedlungs- und Herrschaftsräume im frühen Mittelalter, in: Lebensraum Wald – Vom Urwald zum Nutz- und Kulturwald, in: Lebendiges Rheinland-Pfalz 24/25, 1999 (Heft 1), S. 10-11; vgl. auch Schneider, Lineare Grenzen (wie Anm. 8), S. 60; zur Waldgrafschaft im niederrheinischen Raum vgl. Heinrich Kaspers, Comitatus nemoris. Die Waldgrafschaft zwischen Maas und Rhein. Untersuchungen zur Rechtsgeschichte der Forstgebiete des Aachen-Dürener Landes einschließlich der Bürge und Ville, Düren/Aachen 1957; mit einigen Korrekturen an Kaspers Ergebnissen Dietmar Flach, Das Reichsgut im Aachener Raum. Versuch einer vergleichenden Übersicht, in: Rheinische Vierteljahrsblätter 51, 1987, S. 22-51; Ders., Das Reichsgut im Düren-Vlattener Raum. Versuch einer Bestandsaufnahme, in: Rheinische Vierteljahrsblätter 52, 1988, S. 43-89, bes. S. 63-73; Heinrich Tichelbäcker. Zur Waldorganisation zwischen Zülpich und Aachen, in: Rheinische Vierteljahrsblätter 51, 1987, S. 52-80.

11 Klaus Petry, Monetäre Entwicklung, Handelsintensität und wirtschaftliche Beziehungen des oberlothringischen Raumes vom Anfang des 6. bis zur Mitte des 12. Jahrhunderts, Trier 1992, S. 158ff.

12 Wolfgang Heß, Münzstätten, Geldverkehr und Märkte am Rhein in ottonischer und salischer Zeit, in: Beiträge zum hochmittelalterlichen Städtewesen, hg. v. Bernhard Diestelkamp, Köln/Wien 1982, S. 111-133; vgl. Franz Irsigler, Währungen und Währungsräume zwischen Mittelrhein und Mosel im Mittelalter, in: Kurtrierisches Jahrbuch 37, 1997, S. 61-75, bes. S. 65-68.

13 Eine auf den rheinischen Raum begrenzte Übersicht der Entwicklung bieten Klaus Petry und Karl Weisenstein, Münzprägung und Geldumlauf in Mittelalter und früher Neuzeit, Karten VII.11 und VII.12 sowie Beiheft VII/11 u. 12 (Geschichtlicher Atlas der Rheinlande, Lief. 7, hg. v. Franz Irsigler), Köln 2000.

Man kann die erste These der häufig mangelnden Kongruenz von politischen oder Herrschaftsgrenzen mit Wirtschaftgrenzen also erweitern um folgenden Satz:

Bildung und Stabilisierung von Wirtschaftsräumen – mit grundsätzlich offenen Grenzen – erfolgten im Mittelalter und in der frühen Neuzeit bis etwa zur Mitte des 17. Jahrhunderts in den meisten Fällen nicht in Anlehnung an abgrenzbare Herrschaftsräume, sondern ausgehend von großen Wirtschaftszentren bzw. einer Ballung von bedeutenden Zentralorten bzw. Gewerbezentren oder in Anlehnung an wichtige Wirtschaftsachsen mit einer starken Bündelung von Verkehr, auf die Achse gerichteter gewerblicher Produktion und großen Brennpunkten des Austausches über den periodischen und den permanenten Markt.

Ich möchte dies kurz verdeutlichen mit Hilfe von zwei Karten zu den Hauptachsen des europäischen Handels im Hoch- und Spätmittelalter zwischen Nordwesteuropa und Oberitalien.

Allen Achsen lassen sich eine Reihe von Wirtschaftsräumen zuordnen, ausgezeichnet durch große Handelszentren oder hochproduktive, exportorientierte Gewerberegionen, die sich in der Regel nicht oder nur zum Teil mit Herrschaftsräumen deckten. Nicht selten ging der wirtschaftsräumliche Einfluß- oder Ausstrahlungsbereich weit über die jeweiligen Territorialgrenzen hinaus – ich denke hier vor allem an Flandern und die Champagne.

Die hochmittelalterliche, von England durch Frankreich und die Westalpen (Mont Cenis) oder das Rhonetal nach Genua, in die Lombardei und die Toskana führende Hauptachse (Karte 1) wird stark konturiert durch die Messesysteme in Südostengland, Flandern, der Champagne und die Messeplätze Paris/St. Denis, Chalon, Genf und St. Gilles. Im Vergleich zu der nach Osten, an den Rhein gerückten und Oberdeutschland einbeziehenden spätmittelalterlichen Achse waren im 13. Jahrhundert noch relativ wenige Transitzoll- und Geleitzollhebestellen zu passieren. Neben der Sicherheit des Reiseweges und den niedrigen Mautkosten hat zur Stabilität dieser Achse bis ins späte 13. Jahrhundert wahrscheinlich auch die Tatsache beigetragen, daß die Messestädte der Champagne[14], Flanderns[15] und Südostenglands[16], die über gut abgestimmte Mes-

---

14 Vgl. Robert-Henry Bautier, Les foires de Champagne. Recherches sur une évolution historique, in: La foire, Brüssel 1953, S. 97-147; Alexander Schönfelder, Handelsmessen und Kreditwirtschaft im Hochmittelalter – Die Champagnemessen, Saarbrücken 1988; Heinz Thomas, Die Champagne-Messen, in: Brücke zwischen den Völkern – Zur Geschichte der Frankfurter Messe. Bd. I: Frankfurt im Messenetz Europas – Erträge der Forschung, hg. v. Hans Pohl u. Monika Pohle, Frankfurt 1991, S. 13-36; in Kürze: Franz Irsigler/Winfried Reichert, Die Messen der Champagne, in: Messen, Jahrmärkte und Stadtentwicklung, hg. v. Franz Irsigler u. Michel Pauly, Trier 2002.

15 J. A. van Houtte, Les foires dans la Belgique ancienne, in: La foire, Brüssel 1953, S. 175-207; Masahiko Yamada, Le mouvement des foires en Flandre avant 1200, in: Villes et campagnes au Moyen Âge. Mélanges Georges Despy, hg. v. Jean-Marie Duvosquel u. Alain Dierkens, Lüttich 1991, S. 773-789.

16 Ellen Wedemeyer Moore, The Fairs of Medieval England. An Introductory Study, Toronto 1985; zu allen drei Systemen vgl. Franz Irsigler, Fernhandel, Märkte und Messen in vor- und frühhansischer Zeit, in: Die Hanse. Lebenswirklichkeit und Mythos, hg. v. Jörgen Bracker, Volker Henn und Rainer Postel, Lübeck ^{3}1999, S. 23-33.

sezyklen jeweils einen fast das ganze Jahr abdeckenden, also quasi permanenten Markt boten, nicht durch Herrschaftsgrenzen voneinander geschieden waren – eine Eigenschaft, deren Fehlen wohl maßgeblich dazu beigetragen hat, daß ein nach Champagne- oder Flandernvorbild konzipiertes, auf Köln, Aachen, Duisburg und wohl auch Utrecht gestütztes, frühstaufisches Messesystem am Niederrhein[17] die erste Hälfte des 13. Jahrhunderts nicht überlebte. Die Interessen des Herrschers, der Stadt und des Erzbischofs von Köln, des Bischofs von Utrecht und der flämischen Kaufleute, die ihre Tuche nicht nur in der Champagne, sondern auch nach Aachen, Duisburg und Köln bringen sollten, ließen sich nicht dauerhaft koordinieren. Hier störten Herrschaftsgrenzen wirtschaftsräumliche Intentionen; an Stelle eines offenen Messekonzepts setzte sich in Köln die Idee durch, über das Stapelrecht den größten Teil des Rheinhandels zwischen Oberland und den Niederen Landen zu kontrollieren[18].

Am Beispiel der Champagne läßt sich aber auch zeigen, daß der Wegfall von politischen Grenzen nicht notwendig positive Wirkungen haben mußte. Als einer unter vielen Gründen für den Niedergang der Champagnemessen wird in der Forschung die Integration der Champagne in den französischen Herrschaftsbereich (1284) herausgestellt[19]. Für die Könige Frankreichs erschien es sinnvoller, die Messen in der Hauptstadt Paris und im nahen St. Denis[20] zu fördern, die folglich einen guten Teil des Erbes der Champagnemessen gewannen.

17 Franz Irsigler, Jahrmärkte und Messesysteme im westlichen Reichsgebiet bis ca. 1250, in: Europäische Messen und Märktesysteme in Mittelalter und Neuzeit, hg. v. Peter Johanek u. Heinz Stoob, Köln/Weimar/Wien 1996, S. 1-33, bes. S. 15-19.

18 Vgl. Bruno Kuske, Zur Rohstoff- und Stapelpolitik der Reichsstadt Köln, in: Jahrbuch des Kölnischen Geschichtsvereins 19, 1937, S. 302-311; Ders., Der Kölner Stapel und seine Zusammenhänge als wirtschaftspolitisches Beispiel, in: ebenda 12, 1939, S. 1-46; Franz Irsigler, Zollpolitik ausgewählter Handelszentren im Mittelalter, in: Die Auswirkungen von Zöllen und anderen Handelshemmnissen auf Wirtschaft und Gesellschaft vom Mittelalter bis zur Gegenwart, hg. v. Hans Pohl, Stuttgart 1987, S. 40-58, bes. S. 52-56.

19 Vgl. Thomas, Champagne-Messen (wie Anm. 14), S. 30f.; Ders., Beiträge zur Geschichte der Champagnemessen im 14. Jahrhundert, in: VSWG 49, 1977, S. 433-467.

20 Holger Kruse, Die Messen des Pariser Raumes im Hoch- und Spätmittelalter, in: Fiere e mercati nella integrazione delle economie europee secc. XIII-XVIII, hg. v. Simonetta Cavaciocchi, Florenz 2001, S. 609-624.

Karte 1: Hauptachsen des europäischen Handels im Hoch- und Spätmittelalter

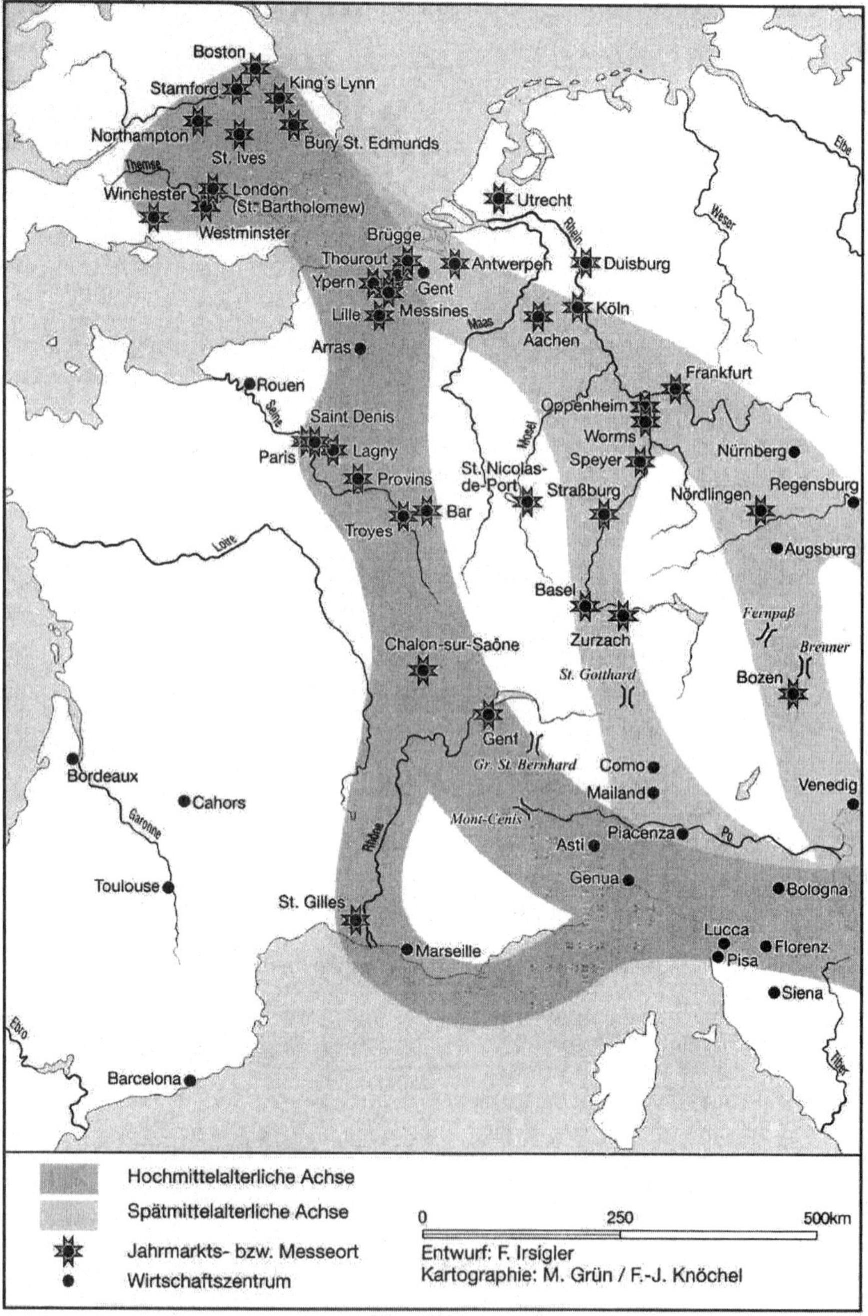

Karte 2: Die Hauptachsen des europäischen Handels im Spätmittelalter

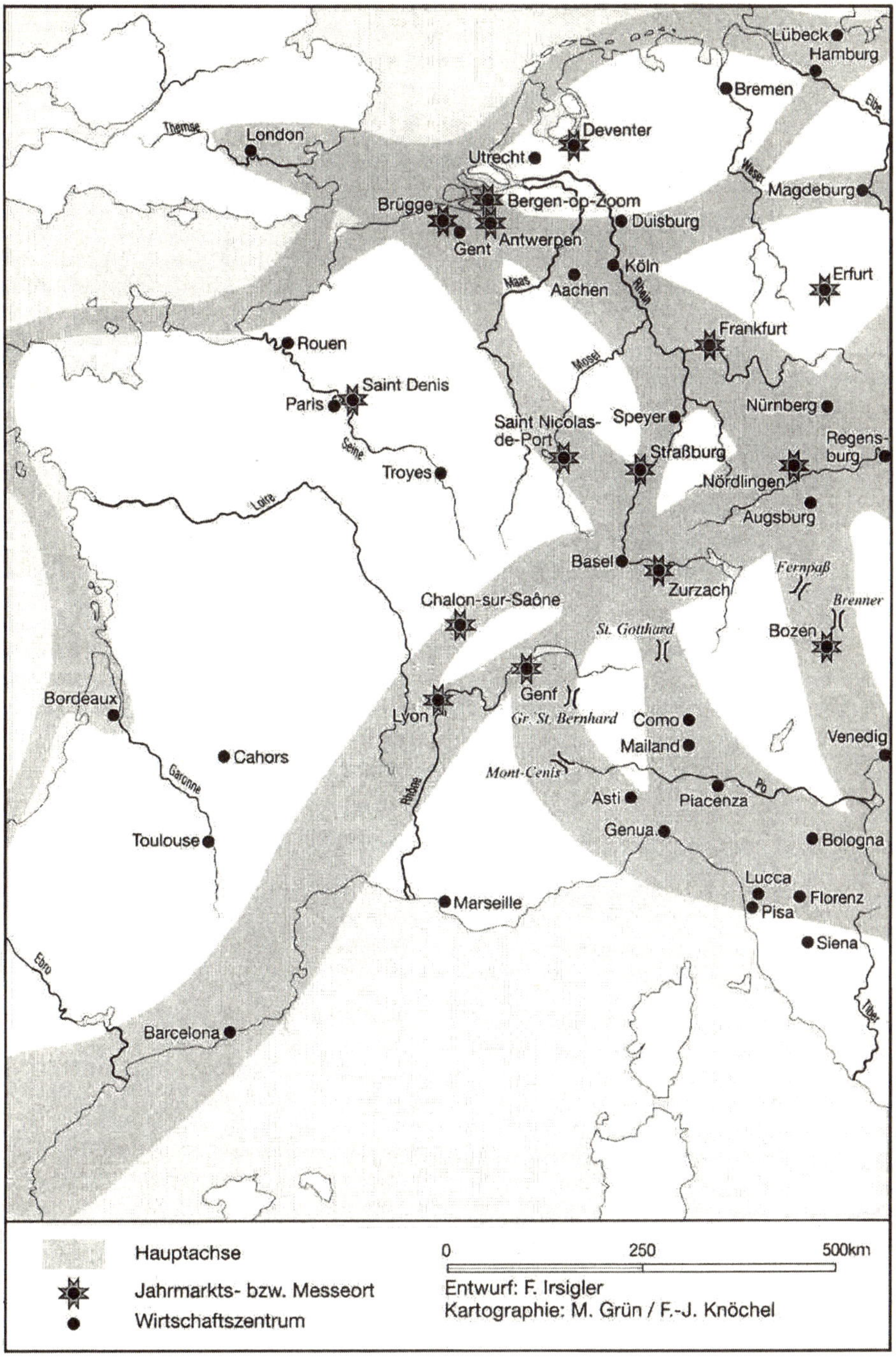

Auch in der zweiten Achsenkarte (Karte 2) markieren neben den großen Exportgewerbe- und Fernhandelsplätzen – London, Köln, Augsburg, Nürnberg (bis 1400 auch Regensburg) – vor allem Messeplätze die Streckenführung: Brügge, dann Antwerpen und Bergen op Zoom, Frankfurt, Straßburg, Nördlingen, Linz, Bozen, in West-Ost-Richtung Genf (später Lyon), Basel, Zurzach und ab 1500 Leipzig. Für die Ostverlagerung gab es viele Gründe, von denen die Öffnung des Gotthardpasses eher zu den überschätzten Faktoren gehört[21]. Beim Handel mit hochwertigen und Luxusgütern betrachtete man die Alpen nie als abschreckende natürliche Barriere, sondern eher als eine zu besonderen Leistungen bei der Erschließung von Verkehrswegen animierende wirtschaftliche Herausforderung. Ich möchte diesen Aspekt, den man großräumig vergleichend auch für die Wald- und Mittelgebirgsbarrieren untersuchen müßte, nicht weiter vertiefen. Daß in Mittel- und Westeuropa abgesehen von den hansischen Seehandelsrouten, dem in West-Ost-Richtung offenen niederländisch-niederrheinischen Raum und der in jede Himmelsrichtung als Durchgangsland genutzten Schweiz keine bedeutenden West-Ost-Handelsrouten nachweisbar sind, lag nicht an der geringen Durchlässigkeit von Ardennen (Eifel), Argonnerwald, Pfälzer Wald und Vogesen[22], sondern an der geringen Nachfrage nach Güteraustausch – die im Mittelmeerhandel führenden italienischen Städte hatten einfach mehr zu bieten. Und man darf nicht vergessen, daß den Kaufleuten immer in großen Mengen Rom- und Jerusalempilger folgten; die Infrastruktur an den Paßstraßen über die Alpen diente beiden Gruppen[23].

Es ist eine erstaunliche Tatsache, daß der Rhein trotz der bis ins 15. Jahrhundert steigenden Belastung mit Transitzöllen der mit Abstand bedeutendste Binnenwasserweg Europas und das dominante Element der spätmittelalterlichen Nord-Süd-, genauer Nordwest-Südost-Achse des europäischen Handels werden und bleiben konnte. Die enorme Ballung von Transit-, Umschlag- und Geleitzollstellen im rheinischen Raum hat vor kurzen Friedrich Pfeiffer in beeindruckender Weise herausgearbeitet[24]. Zu seinen Verdiensten zählt nicht nur die exakte Bestimmung der Inhaber des Zollregals, der Dauer der Zollerhebung und der Höhe der Zollerträge (zumindest relativ) auf den schiffbaren Flüssen, sondern auch – und dies hat er als erster für eine Großregion ver-

21 Jean-François Bergier, Le trafic à travers les Alpes et les liaisons transalpines du haut moyen âge au XVIIIe siècle, in: Le Alpi e l'Europa. Economia e transiti, Bd. 3, Bari 1975, S. 1-72; Herbert Hassinger, Die Alpenübergänge vom Mont Cenis bis zum Simplon im Spätmittelalter, in: Wirtschaftskräfte und Wirtschaftswege. Festschrift Hermann Kellenbenz, hg. v. Jürgen Schneider, Bd. 1, Stuttgart 1978, S. 313-372.

22 Vgl. Hektor Ammann, Untersuchungen zur Geschichte der Deutschen im mittelalterlichen Frankreich. Teil I: Deutschland und die Messen der Champagne, in: Deutsches Archiv für Landes- und Volksforschung 3, 1939, S. 306-333, hier S. 306f.; vgl. in Kürze Franz Irsigler, Wirtschaft, Wirtschaftsräume, Kontaktzonen, in: Deutschland und der Westen, hg. v. Joachim Ehlers, Stuttgart 2002, S. 379-405.

23 Zu den Paßhospitälern vgl. Ludwig Schmugge, Zu den Anfängen des organisierten Pilgerverkehrs und zur Unterbringung und Verpflegung von Pilgern im Mittelalter, in: Gastfreundschaft, Taverne und Gasthaus im Mittelalter, hg. v. Hans Conrad Peyer und Elisabeth Müller-Luckner, München/Wien 1983, S. 37-60, hier S. 44-46.

24 Friedrich Pfeiffer, Rheinische Transitzölle im Mittelalter, Berlin 1997.

sucht – die Untersuchung und Verortung der erstaunlich vielen Landzollstellen[25], vor allem in dem von vielen West-Ost-gerichteten Straßen nördlich der Eifel durchzogenen Raum zwischen Niederrhein und Maas.

Zölle hatten nun immer – manchmal unmittelbar, häufig aber indirekt – mit Herrschafts- oder Territorialgrenzen zu tun, abgesehen von den Rheinzollstellen bzw. Zollanteilen des Reiches, die spätestens im 15. Jahrhundert allesamt in die Verfügung der rheinischen Großterritorien übergegangen sind. Nur ausnahmsweise waren Zollstellen unmittelbar an den Territorialgrenzen plaziert; das gilt auch für Landzollstellen, die häufig verlegt, d.h. den Veränderungen der Straßenwahl durch die Kaufleute angepaßt werden mußten. Schlagbäume an den Territorial- oder Staatsgrenzen[26] wurden erst im 17. und 18. Jahrhundert zu einem echten Handelshemmnis. Grenzzeichen aus Stein oder Kupfer/Bronze[27] markierten nicht selten weniger die Territorialgrenze als die Übergangsstationen für das – zu bezahlende – Geleit der Kaufmannszüge. Dennoch: Jede Zollstelle am Rhein signalisierte eine den Fluß querende oder ihn wenigstens tangierende Herrschaftsgrenze. Die Erträge stabilisierten die landesherrlichen Finanzen und Kreditchancen jahrhundertelang stärker als Domanialerträge, Beden und Akzisen, direkte und indirekte Steuern[28]. Man geht sicher nicht fehl in der Annahme, daß einige der größeren rheinischen Territorien neben den vier Kurstaaten nur deshalb bis zum Ende des Alten Reiches überlebten, weil sie auf einem Stück Rheingrenze auch einen ertragreichen Zoll besaßen und damit Teil hatten an der belebenden Kraft von „Teutschlands hochschlagender Pulsader", wie Ernst Moritz Arndt den Rhein durchaus treffend einmal bezeichnet hat[29].

Obwohl man davon ausgehen kann, daß Handelswaren, vor allem der Wein, zwischen Straßburg und den Küstenhäfen durch die zahlreichen Zollabgaben um bis zu 60 % verteuert wurden[30], hat man keinen ernsthaften Versuch gemacht, den Transport

---

25 Ders., Transitzölle 1000-1500, Karte und Beiheft VII/10 (Geschichtlicher Atlas der Rheinlande, Lieferung 7), Köln 2000.

26 Vgl. Otto Stolz, Zur Entwicklungsgeschichte des Zollwesens innerhalb des alten Deutschen Reiches, in: VSWG 41, 1954, S. 1-41, bes. den Abschnitt „Die räumliche Verteilung der Zölle, die Wandlung vom Passier- oder Verkehrslinien- zum Grenz- oder Gebietszollsystem", S. 26-31.

27 Gute Hinweise bei Schneider, Lineare Grenzen (wie Anm. 8), S. 58ff.

28 Vgl. Georg Droege, Die finanziellen Grundlagen des Territorialstaates in West- und Ostdeutschland an der Wende vom Mittelalter zur Neuzeit, in: VSWG 53, 1966, S. 145-161; Ders., Die Ausbildung der mittelalterlichen territorialen Finanzverwaltung, in: Der deutsche Territorialstaat im 14. Jahrhundert, hg. v. Hans Patze, Bd. 1, Sigmaringen 1970, S. 325-345.

29 Ernst Moritz Arndt, Der Rhein, Deutschlands Strom, aber nicht Deutschlands Grenze (1814), hg. v. Friedrich Grimm, Leipzig 1941; vgl. Franz Irsigler, „Teutschlands hochschlagende Pulsader." Zur wirtschaftlichen Bedeutung des Rheins bis zum frühen 19. Jahrhundert, in: Vom Zauber des Rheins ergriffen ... Zur Entdeckung der Rheinlandschaft, hg. v. Klaus Honnef, Klaus Weschenfelder, Irene Haberland, München 1992, S. 67-80.

30 Vgl. z.B. Hektor Ammann, Konrad von Weinsbergs Geschäft mit Elsässer Wein nach Lübeck im Jahre 1426. Untersuchungen zur Wirtschaftsgeschichte des Oberrheinraumes I, in: Zeitschrift für die Geschichte des Oberrheins 108, 1960, S. 466-498, bes. S. 471-475. Zwischen dem Elsaß (Rappoltsweiler) und Lübeck erreichten die Zollzahlungen die Höhe des Einkaufspreises, obwohl Konrad einige Zollvergünstigungen nutzen konnte. Ulf Dirlmeier, Mittelalterliche Zoll- und Stapelrechte als Handelshemmnisse?, in: Die Auswirkungen von Zöllen (wie Anm. 18), S. 19-39, bes. S.

von schweren und Massengütern dauerhaft vom Schiff auf die Achse zu verlagern. Die Belastungen näherten sich zwar immer dem Grenzbereich des wirtschaftlich Erträglichen, aber man konnte Spitzenbelastungen abfedern durch frei auszuhandelnde Zollreduktionen einerseits und erstaunlich niedrige Frachtraten andererseits, weil die Schiffsleute in den Zollhäfen mit eigenen Waren einen schwungvollen Kleinhandel treiben konnten[31]. Auch Zolldefraudation und Schmuggel haben manche Härte ausgeglichen, so daß die in den Zöllen bzw. Zollstätten faßbaren politischen Grenzen die langfristig positive Wirtschaftsentwicklung am Rhein nicht entscheidend beeinträchtigen konnten[32].

Die Funktion von politischen Grenzen als Zollgrenzen müßte europaweit vergleichend thematisiert werden. Ich kann nur noch einige Stichworte geben: Es fällt auf, daß abgesehen von England[33] und beachtlichen Ansätzen in den Königreichen Ungarn[34] und Sizilien[35] kaum der Versuch gemacht wurde, Außenzollsysteme aufzubauen; im engeren Reichsgebiet war das – von einigen karolingerzeitlichen Ansätzen abgesehen[36] – wegen der frühen Territorialisierung des Zollregals ohnehin kaum möglich.

26ff. kritisiert die Überschätzung der Belastungen des Handels durch die Rheinzölle in der älteren Literatur mit Recht.

31 Dirlmeier, Zoll- und Stapelrechte (wie Anm. 30), S. 27-30. Zu den Zollvergünstigungen vom Adel und Klerus vgl. auch Wolf Heino Struck, Vom Zoll und Verkehr auf dem Rhein bei Burg Ehrenfels im Mittelalter. Ein bisher unediertes Verzeichnis der Ehrenfelser Zollbefreiungen aus den Jahren 1340-1342, in: Nassauische Annalen 100, 1989, S. 17-53.

32 Zahlreiche Hinweise bei Karl E. Demandt (Hg.), Das Katzenelnbogener Rheinzollerbe 1479-1584, 3 Bde., Wiesbaden 1978-81; vgl. auch Andreas Eichstaedt, Der Zöllner und seine Arbeitsweise im Mittelalter. Ein Beitrag zur Geschichte des öffentlichen Dienstrechts, Frankfurt/M. 1981, S. 103f.

33 Zum englischen Zollsystem, das überreiches Quellenmaterial hinterlassen hat, vgl. Stuart Jenks, England, die Hanse und Preußen. Handel und Diplomatie 1377-1474, 3 Bde., Köln/Wien 1992, hier Bd. I, S. 6-14.

34 Der ungarische „Dreissigst", ein Grenzzoll von 3,5 % auf den Warenwert, wurde vermutlich 1405/1407 im Zuge der Reformbestrebungen König Sigismunds erhöht; vgl. Elemér Mályusz, Die Zentralisationsbestrebungen König Sigismunds in Ungarn, Budapest 1960. Ob der 1399 und 1404-06 als *comes tricesimarum* bezeugte Nürnberger Marcus zusammen mit Ulrich Kamerer, ebenfalls aus Nürnberg, zu den geistigen Uhrhebern der Reform zählte, wie Wolfgang von Stromer annimmt, erscheint plausibel, aber kaum beweisbar; vgl. Wolfgang von Stromer, Wirtschaftspolitik im Spätmittelalter. Die Gründung der Baumwoll-Industrie in Oberungarn im Jahre 1411, in: Studi in memoria di Federigo Melis, Bd. III, Neapel 1978, S. 245-270, bes. S. 249 und 252f. – Vermutlich erfolgte die Einführung des Dreissigstzolls in der Zeit der Anjou-Herrschaft in Ungarn (1309-1382).

35 Jean-Marie Martin, Fiscalité et économie étatique dans le Royaume angevin de Sicile à la fin du XIIIe siècle, in: l'État angevin: pouvoir, culture et société entre XIIIe et XIVe siècle, Rom 1998, S. 601-648.

36 Zu verweisen wäre auf das um 840 erstellte churrätische Reichsurbar, die Raffelstettener Zollordnung von ca. 903/906 (Außenzoll gegenüber den ‚östlichen Gebieten' der Russen und Böhmen/Mährer), den alten, 1010 an das Kloster Niedernburg in Passau geschenkten „böhmischen" Zoll, die Konstanz der Funktionen von (in zeitlicher Folge) Dorestad, Tiel, Nimwegen und Kaiserswerth als Reichszollstellen gegenüber England, Flandern und Nordfrankreich, ferner die Nürnberg zugedachte und zunächst auch weitgehend ausgefüllte Rolle als Außenzollstelle für den Han-

Das Interesse der Forschung verdienen schließlich noch zwei Sonderfälle der Beziehung von politischen und eher als Wirtschaftsgrenzen deutbaren Abgrenzungen. Im ersten Fall geht es um eine vorübergehende Zweckbestimmung von Herrschafts- oder Staatsgrenzen als Wirtschaftsgrenze – mit politischer oder wirtschaftspolitischer Zielsetzung –, nämlich bei der Verhängung eines Embargos. Ich verweise nur auf das sehr frühe –vermutlich unwirksame – Waffenembargo, das zu Beginn des 9. Jahrhunderts im Diedenhofener Kapitular gegen die Slawen verhängt wurde. Auch wenn es nichts genutzt hat: Die Nennung der Grenzhandelsmärkte im Osten des Karolingerreiches von der Elbe bis zum Bayerischen Wald und zur Donau, die wohl gleichzeitig Außenzollstellen waren[37], ist für die Wirtschaftsgeschichte sehr wertvoll. Sehr wirksam und damit erfolgreich waren die Blockadepolitik der Hanse gegenüber Flandern[38] und vor allem das zu Beginn des 100jährigen Krieges auch gegen Flandern gerichtete englische Wollembargo[39], das die flämische Tuchindustrie in arge Bedrängnis brachte. Die Beispiele lassen sich in den frühneuzeitlichen Jahrhunderten vermehren; einen spektakulären, die europäischen Wirtschaftsräume zeitweise völlig neu gestaltenden Erfolg hatte schließlich die Kontinentalsperre gegen England[40].

---

del mit Böhmen; vgl. Walter Stein, Handels- und Verkehrsgeschichte der deutschen Kaiserzeit, Berlin 1922, Nachdr. Darmstadt 1977, S. 90ff., 104, 123f., 161, 255, 284ff. und 304f.; Stolz, Zur Entwicklungsgeschichte (wie Anm. 26), hat die Außenzollansätze nicht gesehen. Das Zollweistum von Raffelstetten ist am besten ediert in: Quellen zur deutschen Verfassungs-, Wirtschafts- und Sozialgeschichte bis 1250, ausgewählt u. übers. v. Lorenz Weinrich, Darmstadt 1977, Nr. 4, S. 14-19.

37 Es handelt sich um Bardowick, *Schezla*, Magdeburg, Erfurt, *Halazstat*, Forchheim, Pfreimd, Regensburg und Lorch (Donau); MGH Capitularia regum Francorum, Bd. I, hg. v. Alfred Boretius, Hannover 1881, Nr. 44, S. 123. *Schezla* ist möglicherweise Schesel a. d. Elbe, für *Halazstat* wurde Hallstadt bei Bamberg vorgeschlagen; an Stelle von Pfreimd (*Breemberga*) wird auch Premberg im bayerischen Nordgau genannt; Lorch ist heute verschwunden; vgl. Großer Historischer Weltatlas, hg. v. Bayerischen Schulbuch-Verlag, II. Teil: Mittelalter, S. 66/67: Europa beim Tode Karls d. Großen (814).

38 Vgl. Werner Friccius, Der Wirtschaftskrieg als Mittel hansischer Politik im 14. und 15. Jahrhundert, in: Hansische Geschichtsblätter 57, 1932, S. 38-77; 58, 1933, S. 52-121; Philippe Dollinger, Die Hanse, Stuttgart ^{4}1989, S.70-72 (zur Blockade Norwegens S. 72f.), S. 89-96.

39 Vgl. Fritz Trautz, Die Könige von England und das Reich 1272-1377. Mit einem Rückblick auf ihr Verhältnis zu den Staufern, Heidelberg 1961, S. 258f.; Franz Irsigler, Reinhard von Schönau – financier gentilhomme. Eine biographische Skizze, in: Hochfinanz im Westen des Reiches 1150-1500, hg. v. Friedhelm Burgard, Alfred Haverkamp, Franz Irsigler u. Winfried Reichert, Trier 1996, S. 281-305, hier S. 283f.

40 Diedrich Saalfeld, Die Kontinentalsperre, in: Die Auswirkungen von Zöllen (wie Anm. 18), S. 121-139.

Karte 3: Die räumliche Ordnung der Leinen- und Barchantweberei Ostschwabens im 15. / 16. Jahrhundert

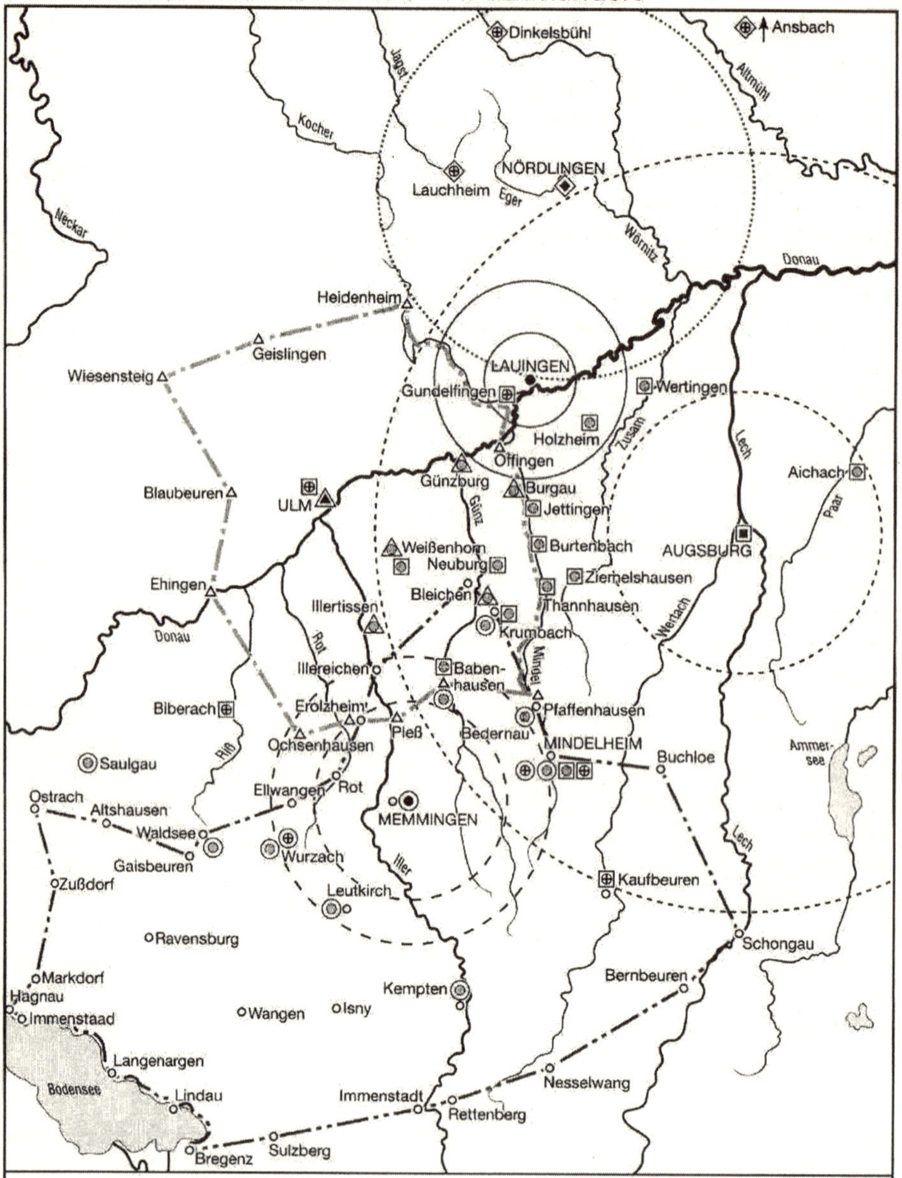

-○- - -○-	Allgäuer Leinwandbund 1532	
– – – –	Memminger 2- bzw. 3-Meilen-Zone, 1. Hälfte 16. Jh.	
- - - - - - -	Augsburger	3-Meilen-Zone, 1. Hälfte 15. Jh. 8-Meilen-Zone, 1. Hälfte 16. Jh.
————	Lauinger	1- bzw. 2-Meilen-Zone, 2. Hälfte 16. Jh.
··············	Nördlinger	4-Meilen-Zone, 2. Hälfte 15. Jh.
-△- - -△-	Ulmer Ordnung 1512	

□ Augsburg
△ Ulm
○ Memmingen
◇ Nördlingen

◉ zugeordnete Garn- und Wepfenmärkte
⊕ Verlegereinfluß

0 10 20 30 40 50km

Entwurf und Quelle: R. Kießling, Die Stadt und ihr Land (Städteforschung, A 29), Köln / Wien 1989, S. 738.

Im zweiten Sonderfall von Wirtschaftsgrenzen geht es um eher ideelle Grenzziehungen, deren Spuren man nur ausnahmsweise als Abmarkung oder Wegzeichen im Gelände findet: Bannmeilengrenzen um Städte unterschiedlicher Größe und ungleicher wirtschaftlicher Interessenlage bezüglich der wirtschaftlichen Beherrschung oder wenigstens Kontrolle des Um- und Hinterlandes. Am Beispiel Ostschwabens hat Rolf Kießling die Strukturen eindrucksvoll herausgearbeitet[41]. Ich folge seiner Analyse (Karte 3). Gewöhnlich diente die Festlegung von Bannmeilen der sicheren Versorgung eines städtischen Zentrums mit Lebensmitteln und gewerblichen Rohstoffen, der Ausschaltung des Vorkaufs (Fürkaufs), d.h. des spekulativen Aufkaufs von Produkten, zugunsten gleichmäßiger Marktchancen für alle Interessenten und der Absicherung gegenüber Konkurrenzmärkten. Die unterschiedlich weit reichenden „Grenzen" der Bannmeilenbezirke entsprachen der wirtschaftlichen Bedeutung, der politischen Durchsetzungskraft oder Unterstützung durch übergeordnete Machtträger, vor allem das Reich, und den Versorgungsbedürfnissen der Städte. „Augsburg setzte beispielsweise in der ersten Hälfte des 16. Jahrhunderts solche Zonen für Zuckerwaren, Honig, Weintrauben, Obst, Kraut und Zwiebeln auf 6 Meilen fest, für Leinengarn und Wepfen auf 8 Meilen, für Schafwolle auf 2 bzw. 6 Meilen, für Holzkohle ebenfalls 6 Meilen."[42] Lauingen kam mit einem maximal zwei Meilen reichenden Bannbereich aus. Ulm dagegen definierte, wie die Karte zeigt, 1512 das Banngebiet im Textilsektor durch die Festlegung von mit gedachten Linien verbundenen Grenzorten.

Kießling betont mit Recht: „Die in diesem Kontext auftretenden 'Grenzen' hatten einen anderen Charakter als die territorialen. Hier wurden wirtschaftliche Interessen in abgestufter Intensität abgesteckt, um primäre Versorgungsansprüche zu markieren. Ihre Fixierung ... beruhte auf der Satzungsgewalt der städtischen Autonomie – ausgeübt vom Rat, zum Teil aber auch initiiert durch die einzelnen Zünfte –, nicht aber auf konkreter Herrschaft über das abgesteckte Gebiet. Insofern waren diese Grenzen vom Mittelpunkt, d.h. von der Stadt als Zentrum eines Um- und Hinterlandes abgeleitet."[43] Dem ist kaum etwas hinzuzufügen.

Fazit: Das Thema Grenzen und Wirtschaftsentwicklung bzw. die Funktion von politischen, konfessionellen und vielleicht auch Sprachgrenzen[44] als Wirtschaftsgrenzen ist in der Forschung bisher eher stiefmütterlich behandelt worden, obwohl das

---

41 Rolf Kießling, Die Überwindung herrschaftlicher Grenzen durch regionale Zusammenarbeit. Ostschwaben im 15./16. Jahrhundert, in: Menschen und Grenzen in der Frühen Neuzeit, hg. v. Wolfgang Schmale, Reinhard Stauber, Berlin 1998, S. 155-170, bes. S. 160ff.

42 Ebenda, S. 160. Ich danke Herrn Kollegen Kießling herzlich für die Erlaubnis zum Abdruck der Karte 3.

43 Kießling, Die Überwindung (wie Anm. 41), S. 160-162.

44 Interessant ist zum Beispiel, daß vom Metzer Benediktinerkloster St. Arnulf 1348 Fernbesitz bei Trier (Biwer) und an der Obermosel (Wellen) mit der Begründung abgestoßen wurde, die Güter seien in *terra Theotonica* gelegen, *cuius linguae commercium penitus ignoramus*. Vgl. Winfried Reichert, *In lingua Guallica sive Romana pro comoditate domini*. Beobachtungen zum Aufkommen volkssprachiger Urkunden in der Grafschaft Luxemburg, in: Urkundensprachen im germanisch-romanischen Grenzgebiet, hg. v. Kurt Gärtner u. Günter Holtus, Mainz 1997, S. 369-475, hier S. 474.

Thema „Grenze“ in den letzten Jahren Konjunktur hatte[45]. Die Grenzen des Mittelalters waren – den Chancen von Raumerfahrung und Raumwahrnehmung entsprechend[46] – wohl doch etwas anderes als die Außen- und Binnengrenzen der neueren und neuesten Zeit. Im Mittelalter haben natürliche Grenzen für die wirtschaftenden Menschen sicher eine größere Herausforderung dargestellt als Herrschaftsgrenzen, die – eher indirekt als Zollgrenzen oder Steuergrenzen – die Wirtschaftskreisläufe zwar belastet und abgeschöpft haben, das Wirtschaftsleben aber höchstens vorübergehend herrschaftlichen oder staatlichen Zielen unterordnen konnten. Es ist ohnehin fraglich, wieweit man im Mittelalter von Wirtschaftspolitik[47] sprechen kann; viele Forscher lassen allenfalls frühmerkantilistische[48] Bemühungen gelten.[49]

45 Eine kleine Auswahl: Die Beiträge der Passauer Tagung 1990 zum Thema „Der Einfluß politischer Grenzen auf die Siedlungs- und Kulturlandschaftsentwicklung“, in: Siedlungsforschung: Archäologie – Geschichte – Geographie 9, 1991; Drei Saarbrücker Kolloquien: Grenzen und Grenzregionen (wie Anm. 6); „Grenzgänger“, hg. v. Reinhard Schneider, Saarbrücken 1998; Grenzkultur – Mischkultur?, hg. v. Roland Marti, Saarbrücken 2000; Migration und Grenze, hg. v. Andreas Gestrich u. Marita Krauss, Stuttgart 1998; Menschen und Grenzen (wie Anm. 39); Grenzen und Raumvorstellungen / Frontières et conceptions de l'espace, hg. v. Guy P. Marchal, Zürich 1996.

46 Franz Irsigler, Raumerfahrung und Raumkonzepte im späten Mittelalter und in der frühen Neuzeit, in: Region und Regionsbildung in Europa. Konzeptionen und empirische Befunde, hg. v. Gerhard Brunn, Baden-Baden 1996, S. 163-174; Folker Reichert, Grenzen in der Kartographie des Mittelalters, in: Migration und Grenze (wie Anm. 45), S. 15-39.

47 Vgl. etwa zur Frage einer staufischen Wirtschaftspolitik die Kontroverse zwischen Johannes Fried, Die Wirtschaftspolitik Friedrich Barbarossas in Deutschland, in: Blätter für Deutsche Landesgeschichte 120, 1984, S. 195-239, und Ulf Dirlmeier, Friedrich Barbarossa – auch ein Wirtschaftspolitiker?, in: Friedrich Barbarossa. Handlungsspielräume und Wirkungsweisen des staufischen Kaisers, hg. v. Alfred Haverkamp, Sigmaringen 1992, S. 501-518.

48 Eindeutige Zusammenhänge zwischen Politik und Wirtschaft betont in zahlreichen Arbeiten Wolfgang von Stromer. Vgl. etwa: Der kaiserliche Kaufmann. Wirtschaftspolitik unter Karl IV., in: Kaiser Karl IV., Staatsmann und Mäzen, hg. v. Ferdinand Seibt, München 1978, S. 63-73, 427, 439-440; Ders., Die Gründung der Baumwollindustrie in Mitteleuropa. Wirtschaftspolitik im Spätmittelalter, Stuttgart 1978.

49 Finley, Die antike Wirtschaft, S. 9ff.

Angelika Westermann

Das Lebertal in der frühen Neuzeit. Herrschaftsgrenzen in einer Wirtschaftsregion

Politische und natürliche Grenzen in einer Wirtschaftsregion stellen häufig eine Herausforderung an die soziale und wirtschaftliche Kompetenz aller Betroffenen dar, die im Falle von Konflikten große Flexibilität bei der Entwicklung und Durchsetzung von Lösungsstrategien erfordert. Die wirtschaftliche und menschliche Ballung von Energien in einem Wirtschaftsraum kann dabei zum Auslöser sozialen und kulturellen Wandels werden.[1] Der wirtschaftsregionbildende Charakter der Montanwirtschaft ist unbestritten. Wenig Beachtung fanden dabei bisher die Reviere vom ausgehenden Mittelalter bis ins 18. Jahrhundert, bei denen regalherrliche Ansprüche, grundherrliche Positionen und staatsrechtliche Stellung der Beteiligten kollidierten. Erstreckten sich die Salz- oder Erzvorkommen ausschließlich über ein Territorialgebiet, war im 16. Jahrhundert die Nutzung dieser Bodenschätze dem Landesherrn als Inhaber des Bergregals theoretisch aus rechtlicher Sicht problemlos möglich. Im Moment der Entdeckung konnten die potentiellen Regalinhaber ihre Ansprüche unverzüglich reklamieren und durchsetzen. Dies war im Fall der voll ausgebildeten Territorialherrschaft in einer Vielzahl kleinerer, im europäischen Vergleich wenig bedeutenden Reviere, aber auch bei großen Revieren, wie z. B. in Tirol, dem Mansfelder Revier und im sächsischen Erzgebirge möglich. Dagegen stellte das vorderösterreichische Bergbaurevier des Lebertals in den mittleren Vogesen für die in einem Montandistrikt notwendigen neuen Grenzziehungen im Gebiet der Vorkommen sowie für die unausweichlichen Begrenzungen bisher genutzter Herrschaftsrechte politisch-rechtlicher, wirtschaftlicher und sozialer Art einen wohl einmaligen, besonders anschaulichen und zugleich facettenreichen Fall dar. Die dabei entstehenden Probleme erzwangen nachgerade die Freisetzung eines kräftigen Energiepotentials um Lösungs- oder auch Verhinderungsstrategien zu entwickeln. Im Blick auf die Forschungslage zu Bergbaurevieren in der frühen Neuzeit wird dabei Neuland betreten.

1. Herrschaftsgrenzen im Lebertal

Die Frage nach der Bedeutung des Raumes als grenzbildendem Faktor[2] war für das Lebertal im 16. Jahrhundert aus politischer Sicht längst beantwortet und sollte bis

---

1 von Stromer, Wolfgang, Gewerbereviere und Protoindustrien. In: Hans Pohl (Hrsg.), Gewerbe- und Industrielandschaften vom Spätmittelalter bis ins 20. Jahrhunderts, Stuttgart 1986, S. 39 – 111, hier S. 110.

2 Walter, Rolf, Der Wirtschaftsraum in historischer Perspektive. In: Feldenkirchen, Wilfried / Schönert-Röhlk, Frauke / Schulz, Günther (Hrsg.), Wirtschaft, Gesellschaft, Unternehmen. Festschrift für Hans Pohl zum 60. Geburtstag, 1. Teilband: Wirtschaft, Stuttgart 1995, S. 500 – 515, hier S. 506f. Aus politisch-rechtlicher Sicht vgl. die grundlegende Klärung bei Sieber-Lehmann, Claudius, „Regna colore rubeo circumscripta." Überlegungen zur Geschichte weltlicher Herrschaftsgren-

zum Ende des Dreißigjährigen Krieges unangetastet bleiben.. Der Leberbach – auch Landbach genannt – bildete die natürliche Grenze zwischen dem Gebiet der Herren von Rappoltstein[3] und dem Herzogtum Lothringen. Bereits im Mittelalter erhielten die Rappoltsteiner u. a. auch die Gebiete rechts des Leberbachs als Reichslehen. Ihre Devise:

„Ich mag nicht Graf noch Herzog sein,

Ich bin der Herr von Rappoltstein“[4]

zeugte von großem Selbstbewusstsein. Dass sie in der mittelalterlichen ersten Phase der Montankonjunktur im Lebertal die Verfügungsgewalt über die Rechte an den Erzvorkommen uneingeschränkt ausüben konnten, war jedoch nicht aufgrund eben dieses starken Selbstbewusstseins möglich. Vielmehr ist hier zu berücksichtigen, dass der Begriff „regalia“ erstmals 1158 im Weistum des Reichstages von Roncaglia durch Kaiser Friedrich I. verwendet wurde. Die damit verbundenen Rechte des Königs u.a. auch an allen Silbererzgruben im Reich[5] waren dann nur langsam durchsetzbar. Für die Herren von Rappoltstein hatte dies den Vorteil, mit den beachtlichen Erträgen der ersten Abbauperiode[6] eine wesentliche finanzielle Grundlage zu schaffen, die dann auch geeignet war, die politische Position in Krisensituationen zu festigen.[7]

Von entscheidender Bedeutung war dann der Übergang dieses Regalrechts an den Landesherrn mit der Goldenen Bulle 1356, zu einem Zeitpunkt, als die Herren von Rappoltstein schon über eine gesunde wirtschaftliche Basis verfügten. Diese ließ sie selbst nicht nur die häufig als „Krisis der Montanwirtschaft des 14./15, Jahrhunderts“ bezeichnete Periode[8] unbeschadet überstehen. Es gelang ihnen vielmehr auch, ihre starke Stellung im Reich weiterhin zu behaupten.[9] Nur so ist es zu erklären, dass, als es durch verbesserte technische Möglichkeiten vor allem in der Wasserhaltung, im Laufe der zweiten Hälfte des 15. Jahrhunderts zu einer erneuten Abbautätigkeit kam, die Herren von Rappoltstein über eine starke Verhandlungsposition verfügten. Dass nach 1530 eine fast 100 Jahre dauernde, zeitweise überaus ertragreiche Periode der Erzgewinnung einsetzen würde, konnten weder Erzherzog Sigismund von Tirol noch

---

zen im Mittelalter, in: Marchal, Guy P., Grenzen und Raumvorstellungen (11. – 20. Jh.). Zürich 1996, S. 79 – 91.

3 Brieger, Rudolf, Die Herrschaft Rappoltstein. Ihre Entstehung und Entwicklung, Strasbourg 1965. Zur Stellung zum Reich insbesondere S. 69 – 76.

4 Jordan, Benoit, Les Sires de Ribeaupierre 1451 – 1585, Strasbourg 1991, S. 127.

5 Hägermann, Dieter, Deutsches Königtum und Bergregal im Spiegel der Urkunden. In: Westermann, Ekkehard / Kroker, Werner (Hrsg.), Montanwirtschaft Mitteleuropas vom 12. bis 17. Jahrhundert. Bochum 1984, S. 13 – 23, hier S. 15f.

6 Löper, Carl, Zur Geschichte der Bergwerke bei Markirch. In: Jahrbuch für Geschichte, Sprache und Literatur Elsass-Lothringen, II. Jahrgang, Strassburg 1886, S. 77 – 79. Sebastian Münster, Cosmographia oder Beschreibung aller Länder. Basel 1553.

7 Jordan, Les Sires de Ribeaupierre, S. 105 – 109.

8 Tasser, Rudolf / Westermann, Ekkehard, Der Tiroler Bergbau und die Depression der europäischen Montanwirtschaft im 14. und 15. Jahrhundert. Bozen 2002 (im Druck).

9 Jordan, Les Sires de Ribeaupierre, S. 110 – 120.

Wilhelm von Rappoltstein geahnt haben, als sie mit dem 1486 geschlossenen Vertrag[10] die Nutzungsrechte der Erträge regelten. Zwei Drittel des Reingewinns standen demnach dem Landesherren, ein Drittel dem Rappoltsteiner zu. Dabei wurde auf Fragen zur Ausübung der Berggerichtsbarkeit oder der Verwaltungsorganisation nicht näher eingegangen. Bei einer Expansion der Abbautätigkeit konnte diese Unterlassung jedoch zu erheblichen Schwierigkeiten im Hinblick auf die tatsächlichen Grenzen des Regalanspruches in seiner gesamten Dimension führen. Im Falle des Todes von Sigismund ohne leiblichen Erben sah dann die neu zu treffende vertragliche Regelung eine jeweils hälftige Nutzung der Erträge vor. Ein gesundes Misstrauen in die Zuverlässigkeit des habsburgischen Vertragspartners war sicher angebracht, denn dieser Vertrag entsprach nicht dem mittlerweile gültigen Rechtsgrundsatz, dass allein den domini terrae die Ausübung der Bergregalhoheit zustand. Daher bestand Wilhelm von Rappoltstein darauf, dass der Kaiser ihn mit diesem, seinem Anteil jeweils gesondert, d.h. zusätzlich zu dem üblichen Belehnungsvorgang, belehnen musste.[11] Der mit Maximilian I. 1496 geschlossene Vertrag[12] enthielt neben den neuen Teilungsbestimmungen dann auch Artikel zur Ausübung der regalherrlichen Rechte. Die Oberaufsicht sollte durch Österreich erfolgen, die Bergordnung musste von beiden Parteien gemeinsam erlassen, die Bergbeamten gemeinsam eingesetzt und besoldet werden. Vermutlich war es die sich abzeichnende erfolgversprechende Erzgewinnung, die Wilhelm II. von Rappoltstein veranlasste, eine Modifizierung des Vertrages 1527 zu seinen Gunsten anzustreben. Er war bereit, die Erneuerung aller Vereinbarungen zu ratifizieren mit einer Ausnahme: Die Fundgrube St. Wilhelm wollte er in Zukunft zu seiner alleinigen Nutzung betreiben und damit auch in eigener Regie verwalten.[13] Es ist zu vermuten, dass er dieser, zu seinem Vorteil, angestrebten und auch durchgesetzten Vertragsveränderung, Nachdruck verliehen hatte mit dem Hinweis auf die großen Kreditverpflichtungen in Höhe mehrerer Tausend Gulden, die seit Sigismund und Maximilian I. gegenüber dem Haus Rappoltstein bestanden und nur mühsam durch deren Nachfolger abgetragen werden konnten.[14]

Die politische und herrschaftsrechtliche Stellung des Herzog von Lothringen zum Reich war außerordentlich delikat. Die Bemühungen des Hauses Lothringen, seine reichsunabhängige Stellung zu festigen, erlitten einen schweren Rückschlag, als die Städte Metz, Toul und Verdun mit dem Passauer Vertrag von 1552 von Frankreich abhängig wurden. Im Lebertal waren das Haus Habsburg wie das Haus Lothringen jeweils bestrebt, ihren verstreut liegenden bzw. durch fremde Enklaven unterbrochenen Besitz zu arrondieren. Dabei spielte sowohl die Frage nach der herzoglichen Landeshoheit als auch nach dem Lehensverständnis beider betroffenen Parteien eine wesentliche Rolle. Mit dem Nürnberger Vertrag vom 26. August 1542 wurde das staatsrechtliche Verhältnis des Herzogtums zum Reich neu definiert. Das Herzogtum wurde

10 Stolz, Otto, Zur Geschichte des Bergbaus im Elsass im 15. und 16. Jahrhundert. In: Elsass-Lothringisches Jahrbuch Band 18, 1939, S. 116 – 171, hier S. 135f.

11 Haus-, Hof-, Staatsarchiv (HHStA) Wien, RHR 132.

12 Winkelmann, Heinrich, Bergbuch des Lebertals. Wethmar 1962, S. 53. HHStA Wien, RHR 132.

13 HHStA Wien, RHR 132.

14 Tiroler Landesarchiv (TLA) Innsbruck, Bekennen 1530, Band 120, fol. 78 – 79.

als freies Fürstentum anerkannt und unterstand nur mit den im Lehensbrief eigens aufgeführten Lehen dem Kaiser.[15] Im Gegensatz zum Lehen der Herren von Rappoltstein lagen die Bergwerke des Herzogs im Lebertal weder auf entsprechendem Lehensgebiet, noch sind bisher separate Belehnungsurkunden, wie dies im „Fall Rappoltstein" hinsichtlich der halben Nutzungsrechte an den Bergwerken der Fall war, bekannt geworden. Und doch scheint der Vogesenkamm eine inner-lothringische natürliche Grenze hinsichtlich der tatsächlichen Handhabung der Nutzungsrechte gewesen zu sein. Während die Herzöge über die Bergwerke St. Croix-aux-Mines, Thillaut und Bussang in den süd-westlichen Vogesen alleine verfügten, kann für die gesamte Dauer der Abbauperiode im Lebertal auf der welschen, d.h. der linken Seite des Leberbachs, eine Teilung aller Einnahmen und Rechte aus dem Montanwesen belegt werden. Vermutlich – und dies war im Interesse beider Kontrahenten – um rasch den Bergsegen „versilbern" zu können, verfuhr man im Hinblick auf die Nutzungsrechte nach dem Rappoltsteinschen Modell, ohne dieses Verfahren jemals durch einen von Juristen ausgearbeiteten Vertrag zwischen Lothringen und Habsburg zu legitimieren. Auslöser dieses Teilungsprocederes dürfte ein Streit über die Nutzungsrechte an der bei Markirch auf Lothringer Seite gelegenen St. Jakob-Grube gewesen sein. Der Rappoltsteiner Land- und Bergrichter Haubensack berichtete in seiner Chronik, dass nach einer langen Durststrecke Anfang des 16. Jahrhunderts in dieser Grube schönes, reiches Erz gefunden worden war.[16] Es ist bezeichnend, dass die dann 1521 geschlossene Vereinbarung zwischen Österreich und Lothringen als „Kompromiss"[17] bezeichnet wurde. Beide Parteien hatten sich in so weit geeinigt, dass jeder seine Bergwerksteile selbst verwaltete. Es ist wohl der besonderen geographischen Lage Lothringens als „Bollwerk" zwischen Frankreich und dem Reich, den engen verwandtschaftlichen Beziehungen, vor allem jedoch der viele Jahrzehnte ungeklärten staatsrechtlichen Situation zu verdanken, dass zu diesem Zeitpunkt die Teilung der Regalhoheit mit allen daran hängenden Rechten durchgeführt wurde, ohne dass Habsburg die Oberhoheit für sich beanspruchte. Die politische Stellung des Herzogs war dann nach 1552 nicht mehr so gefestigt, dass er aufgrund der Bestimmungen des Nürnberger Vertrages die Rückgängigmachung des Teilungsverfahrens hätte ohne langwierige erneute Verhandlungen durchsetzen können. Umgekehrt war wohl auch dem Haus Habsburg bewusst, dass einem Versuch, die alleinige Regalhoheit auf der Lothringer Seite des Lebertals zu beanspruchen, ein ungewisser Ausgang beschieden sein würde, zumal sich in der seit 1549 andauernden Auseinandersetzung mit dem Herzog von Lothringen um die

---

15 HHStA Wien, Lotharigia, Konv. 7, fol. 74 – 81: Vertrag zwischen dem Reich und Lothringen vom 26. August 1542. Fitte, Siegfried, Das staatsrechtliche Verhältnis des Herzogtums Lothringen zum Deutschen Reich seit dem Jahre 1542. Strassburg 1891. Winckelmann, Otto, Beiträge zur Geschichte der staatsrechtlichen Beziehungen Lothringens zum Reich im 16. Jahrhundert. In: Jahrbuch der Gesellschaft für Lothringische Geschichte und Altertumskunde 1890, S. 185 – 213. Malettke, Klaus, Frankreich, Deutschland und Europa im 17. und 18. Jahrhundert. Marburg 1994, S. 16: „Noch immer steht eine umfassende Behandlung des für den Entstehungsprozeß des neuzeitlichen Europa zentralen Problemkomplexes „Kaiser Karl V., Frankreich und das Reich" aus, obwohl Heinrich Lutz im Jahr 1968 auf dieses Desiderat der Forschung aufmerksam gemacht hat."

16 Winkelmann, Bergbuch des Lebertals, S. 69.

17 TLA Innsbruck, Pestarchiv XIV/285.

Bergwerke im Steintal und am Grafenstein bei St. Pilt, einer lothringischen Enklave im Elsass, noch kein für das Haus Habsburg befriedigendes Ergebnis abzeichnete. 1559 schlugen die Rechtsgelehrten folgende salomonische Lösung vor: Da die genannten Bergwerke eigentlich in die Oberherrschaft des Kaisers gehörten, soll dieser den Streit beenden und dann das Haus Österreich mit den Bergwerken belehnen.[18]

Die Herrschaft Weilertal mit den wirtschaftlich bedeutenden Orten Steige, Urbeis und Weiler war im 13. Jahrhundert durch Heirat Rudolfs von Habsburg mit Gertrud von Hohenberg an das Haus Habsburg gelangt. Trotz zahlreicher Verpfändungen an die Herren von Pollweiler blieb das Bergregal unangetastet. Neben den Silber- und Eisenerzvorkommen war vor allem die Straßenverbindung von Steige über Saales nach Westen wegen der Versorgung mit lothringischem Salz von großer Bedeutung.[19]

Nimmt man nun noch die zahlreichen kleinen Besitzungen und/oder Wald- und Wassernutzungsrechte der Adelsfamilien, der Stadt- und Landgemeinden, Klöster und Bistümer hinzu, so ergab sich auch für diesen Raum die für ganz Südwest-Deutschland charakteristische „Buntscheckigkeit der Territorien“ bzw. „das schier planlose Durcheinander von Territorien“[20], wie sie hinderlicher für die Entstehung einer einheitlichen, großräumigen Wirtschaftslandschaft oder Wirtschaftsregion nicht hätte sein können. Wie sollten, um ein reibungsloses Zusammenspiel aller im Bergbaurevier engagierten Personen zu ermöglichen, Produktion, Absatz und Versorgung mit Roh- oder Hilfsstoffen, mit neuen Arbeitskräften und mit Nahrungsmitteln kontinuierlich gewährleistet werden? In einem derartigen Konglomerat von Rechten auf einem eng begrenzten Raum, wie sie eine solche Herrschaftsvielfalt zwangsläufig nach sich zog, erschienen planbares Handeln und auf lange Sicht angelegte ökonomische Handlungsstrategien kaum möglich. Der Rappenmünzbund[21] versuchte zwar neben einer währungspolitischen, seit den 20er Jahren des 16. Jahrhunderts auch eine wirtschaftspolitische Antwort zu geben. Aber die Verhandlungen der Mitglieder zogen sich stets dermaßen in die Länge, dass wie immer geartete Maßnahmen, um z. B. die gleichmäßige und vor allem relativ preisstabile Versorgung der Bevölkerung im Bezirk des Rappenbundes mit Fleisch und Getreide sicher zu stellen, zu spät getroffen wurden oder generell an der Uneinigkeit der Verhandlungspartner scheiterten.[22] Eine gewisse Normierung der Handlungsalternativen aller Beteiligten nach den ersten, großen Regelungen anläßlich der Getreide- und Fleischversorgungskrise 1527/30 muss aber in Rechnung gestellt werden.

---

18 TLA Innsbruck, Embieten und Beuelch 1559, Band 267, fol. 151vs – 153.

19 Stintzi, Paul, Die Habsburger im Elsass. In: Metz, Friedrich (Hrsg.), Vorderösterreich, Freiburg 1976, S. 505 – 564, hier S. 559. Westermann, Angelika, Entwicklungsprobleme der Vorderösterreichischen Montanwirtschaft im 16. Jh. Idstein 1993, S. 24.

20 Quarthal, Franz, Zur Geschichte der habsburgischen Besitzungen in Südwestdeutschland. In: Rinker, Rainer / Setzler, Wilfried (Hrsg.), Die Geschichte Baden-Württembergs, Stuttgart 1986, S. 126 – 137. Feine, Hans Erich, Entstehung und Schicksal der vorderösterreichischen Lande. In: Metz, Friedrich, Vorderösterreich, S. 47 – 65, hier S. 47.

21 Nach wie vor grundlegend: Cahn, Julius, Der Rappenmünzbund, Heidelberg 1901.

22 Scott, Tom, Regional Identity and Economic Change. The Upper Rhine, 1450 – 1600, Oxford 1997, zur Fleischversorgung S. 201 – 243, zur Getreideversorgung S. 244 – 274.

Inwieweit bereits ein Zusammenhang bestand zwischen den Bundschuhbewegungen an der Wende vom 15. zum 16. Jahrhundert und der Versorgungsproblematik in der Phase des zur gleichen Zeit erneuten Abbaubeginns vor allem im Schwarzwald und Lebertal, in geringem Umfang aber auch bereits im Sundgau, ist eine offene Frage der Forschung. Das gilt auch für die bäuerlichen Unruhen und Aufstände der Jahre 1525 und 1526. Missernten und nachfolgende Versorgungskrisen trafen alle Personenkreise, d.h. Stadt-, Land- und Berggemeinden gleichermaßen Es ist jedoch in diesem Zusammenhang auffallend, dass die Bergarbeiter sich zu keinem Zeitpunkt an diesen Auseinandersetzungen auf Seiten der Bauern beteiligten oder auch nur eine Unterstützung der Aufständischen erwogen haben. Sie gehörten vielmehr 1525 in der Schlacht bei Kestenholz und Scherwiller den Truppen des Rappoltsteiners an. Es ist gleichermaßen auffallend, dass es während der gesamten Abbauperiode von mehr als 100 Jahren trotz einer Reihe weiterer Missernten und Versorgungsengpässen im Elsass nicht nur im Sundgau sondern auch im Lebertal zu keinen Streiks oder Arbeiterunruhen in den Berggemeinden kam. War der Montandistrikt Lebertal im Schnittpunkt politischer Grenzen als Wirtschaftsregion demnach eine Oase des sozialen Friedens? Da diese provokativ formulierte These im Grundsatz jedoch zutrifft, müssen die Gründe für diese Tatsache in den Rahmenbedingungen liegen, die einen Raum wie das Lebertal ordneten. Diese politisch geschaffenen Rahmenbedingungen zeigten sich offenbar jenen Herausforderungen gewachsen, die dadurch entstanden waren, dass die natürlichen Grenzen untertage, gebunden an den Verlauf der Erzvorkommen, tradierte politische Grenzen ignorierten und daher übertage neue Rechts- und Verwaltungsgrenzen samt einem gänzlich andersartigen Sozialgefüge erforderten.

2. Regalhoheit und Wirtschaftsregion

Im feudalen Alteuropa wurde die, wie Otto Brunner es formulierte, „Herrschaft über Land und Leute“ durch Krieg, Heirat, Kauf oder Schenkungen an Klöster und Kirchen ausgedehnt. Die so erworbenen Herrschaftsrechte erweiterten das fürstliche oder kirchliche Machtpotential, dienten dem Ausbau ihrer Stellung gegenüber Mitbewerbern um diese Rechte und erhöhte gleichzeitig das politische Ansehen. Mit derartigen Akkumulationen von Herrschaftsrechten waren dabei häufig neue Grenzbildungen oder Grenzverschiebungen verknüpft. Im Moment der Entdeckung und beginnenden Nutzung edelmetallhaltiger Bodenschätze bzw. Salzvorkommen entstand demgegenüber im ausgehenden Mittelalter eine neuartige Lage. Da nun das Berg- bzw. Salzregal die grundherrlich-bäuerliche Nutzung des Bodens aufhob, machte es damit zugleich eine eigene rechtliche Ordnung der an Erzabbau und –verhüttung bzw. an der Salzgewinnung beteiligten Gruppen notwendig. Das im Gebiet des Heiligen Römischen Reiches Deutscher Nation mit der Goldenen Bulle von 1356 voll ausgebildete landesherrliche Bergregal traf bei seiner Anwendung anlässlich neuer Vorkommen im späten 15. Jahrhundert und danach auf eine vorher nicht gekannte durchgebildetere Konzentration von Herrschaftsrechten in den Händen der Fürsten. Dies erforderte neue Lösungen bei Anwendung und Ausübung des Bergregals besonders dort, wo mehrere Fürsten und Herren Ansprüche auf die Bodenschätze geltend machten. Geradezu ein Muster dieser Art stellt das Lebertaler Revier im 16. Jahrhundert dar.

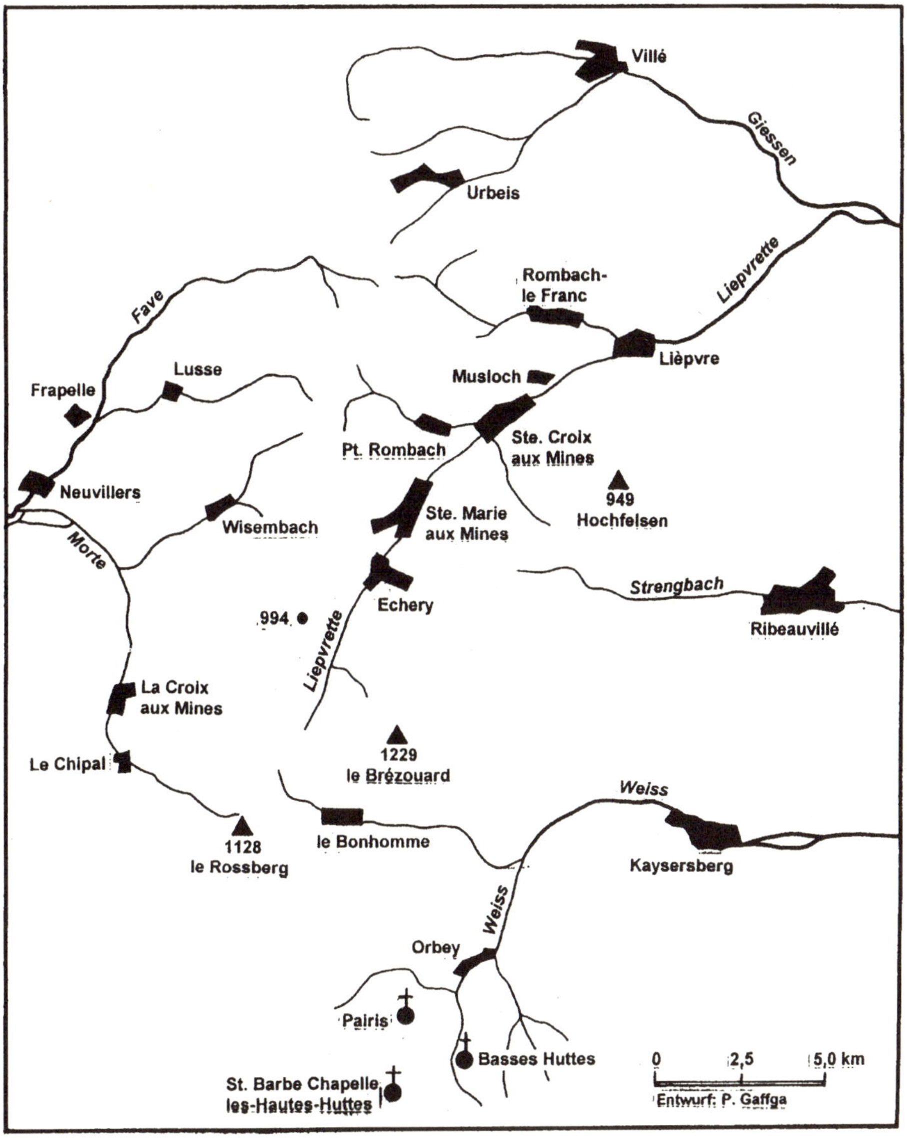

Der „begehrliche Blick“[23] auf die Bodenschätze Silber, Kupfer und Blei hat die Bereitschaft des habsburgischen Landesherrn, des Herrn von Rappoltstein und des Herzogs von Lothringen zur raschen Einigung bzw. zur stillschweigenden Akzeptanz der jeweils hälftigen Nutzungsregelung sicherlich verstärkt. Immerhin sahen sie so die Möglichkeit gegeben, die meist leeren oder als leer empfundenen Kassen mit relativ geringem Aufwand und ohne großes eigenes finanzielles Risiko zu füllen. Der habsburgisch-alpenländische Grundsatz nämlich, höchstens durch das Betreiben landesherrlicher Hütten im Schmelzwesen selbst tätig zu werden, ansonsten aber sich möglichst nicht unternehmerisch im Montanwesen zu engagieren, galt auch für die Bergbaureviere in Vorderösterreich. Sie partizipierten nur mit ihren Fron- und Eigenteilerzen direkt an Kosten, Gewinnen und Verlusten, mussten im gesamten Lebertal jedoch die Einnahmen aus Fron, Wechsel und Überwechsel mit den Rappoltsteinern wie mit dem Herzog von Lothringen teilen. Die Einhaltung dieser Teilungsbedingungen war leicht zu kontrollieren. Wesentlich schwieriger gestaltete sich die Teilung der Feinsilberproduktion. Auf die Bedeutung der Metalle als Handelsgut bzw. des Silbers zur Versorgung eigener Münzstätten wird daher noch einzugehen sein. Am Anfang galt es, andere Probleme zu lösen. Entsprechend der Nutzung der materiellen Rechte zum jeweils halben Teil, mussten folgerichtig auch die aus dem Regalrecht fließenden Herrschaftsrechte gemeinsam ausgeübt werden. Durch ein Bündel von Maßnahmen seitens des bzw. der Regalherren waren daher erst die äußeren Rahmenbedingungen zu schaffen, um einen auf Effizienz und ökonomischen Erfolg ausgelegten Wirtschaftsraum in dieser Region zu ermöglichen. Die Grundlage für das Entstehen dieser Wirtschaftsregion in Vorderösterreich im 16. Jahrhundert bildeten zwar die Erzvorkommen im Lebertal und die neuen technischen Möglichkeiten, diese auch in größerer Tiefe abzubauen und zu verhütten, aber es bedurfte erstens einer rechtlichen Normierung für die im Berg- und Hüttenwesen beteiligten Personengruppen in Form einer Bergordnung, deren Allgemeingültigkeit unumstößlich war. Dazu war es zweitens vonnöten, einen Verwaltungsapparat mit entsprechendem Amtssitz im Revier zu installieren.[24] Dass alle am Berg- und Hüttenwesen Beteiligten der Berggerichtsbarkeit unterstanden, war faktisch allgemein bekannt, schaffte aber im Lebertal eine in der Praxis äußerst problematische Situation.

Es war unvermeidlich, dass neben den unterschiedlichen Interessenlagen vor allem die machtpolitische Dimension bei der Ausübung von Herrschaftsrechten ein brisantes Konfliktpotential in sich barg. Aus den Bereichen Verwaltung, Recht und Gerichtshoheit werden im Folgenden nur die Probleme herausgegriffen, die aufgrund der traditionelle Herrschaftsgrenzen übergreifenden Entwicklung im Montanrevier des Lebertals und den damit nicht deckungsgleichen regalherrlichen Ansprüchen zu Kollisionen und Interessenkonflikten geführt haben. Es wird dann im einzelnen zu diskutieren sein, welche Ziele die beteiligten Parteien anstrebten.

---

23 Thomes, Paul, Der begehrliche Blick? Wirtschaft und Grenzen. In: Grenzenlos. Lebenswelten in der deutsch-französischen Region an Saar und Mosel seit 1840. Ausstellungskatalog, Saarbrücken 1998, S. 184 – 208.

24 Anhang I und II.

Der zentrale Sitz der Verwaltung Vorderösterreichs war Innsbruck. Die dortige Regierung und Kammer hatte auch dann die Oberaufsicht über die Montanreviere in den Gebieten „vor dem Arl", wenn die Ausübung der Landesherrschaft mit der Herrschaftsausübung der späteren Kaiser- bzw. Königswürde Maximilian I. bzw. Ferdinand I. zusammenfiel. Der Aufbau der Bergverwaltung in Markirch erfolgte nach Tiroler Vorbild. Das dazu erforderliche Gebäude drückte die landesherrliche Präsenz zusammen mit seinem großen, in Stein gehauenen Wappen für alle sichtbar aus. Der Herzog von Lothringen weigerte sich dann auch konsequent, seine Bergamtleute aufzufordern, dieses Berggerichtshaus als Dienst- und Wohnort zu nutzen.[25] Er hat allerdings in dieser Auseinandersetzung um die vereinbarte gemeinsame Nutzung des Amtssitzes in Markirch durch die Bergrichter nie offen gegen Österreich Stellung bezogen. 1572 drückte er zwar sein Erstaunen aus, dass es immer noch nicht zu einer gemeinsamen Nutzung des Berggerichtshauses gekommen sei, gestattet aber offenbar seinem Maier, dort weiterhin wohnen zu bleiben. Da ihm dieses Wohnrecht kostenlos zustand, sparte der Herzog die Kosten für die Unterkunft für einen seiner Amtleute und hatte so gleichzeitig durch seinen Maier einen guten Einblick in die Amtstätigkeiten der Rappoltsteiner und Lothringer Bergbeamten, ließ sich selber aber nicht in die Karten schauen. Der „controlleur des mines" des Herzogs führte nämlich seine Amtsgeschäfte in einem Privathaus in St. Croix-aux-Mines, bevor der Herzog 1581 dieses Haus käuflich erwarb[26]. Damit verfügte er als Gegenstück zum Berggerichtshaus in Markirch auch offiziell über ein eigenes Amtsgebäude in seinem Grubendistrikt und verwaltete von dort aus die gemeinsam genutzten Gruben im Lebertal.

Sichtbarer Ausdruck der Ausübung der gemeinsamen Rechtsetzung waren die Bergordnungen. Für das Lebertal auf der deutschen Seite wurde bereits 1527[27] eine Bergordnung publiziert. Aus der Präambel geht hervor, dass diese Ordnung gemeinsam von den beiden Bergherren, Ferdinand in seiner Eigenschaft als Erzherzog von Tirol und Wilhelm von Rappoltstein erlassen wurde. Inhaltliche Grundlage war der Text der Maximilianischen Bergordnung von 1517.[28] In diesem Zusammenhang ist interessant, dass Maximilian I. mit dieser Bergordnung im Grunde einen Rechts- bzw. Vertragsbruch beging. Als römischer Kaiser und Erzherzog von Tirol war er auch Landesherr von Vorderösterreich. Die vorgenannte Ordnung sollte in allen vorderösterreichischen Bergbaurevieren gelten, die wie folgt aufgezählt wurden: „Elsass, Sundtgaw, Preysgaw, undt dem Schwartzwald." Damit konterkarierte Maximilian den mit Bruno, Smassmann und Wilhelm von Rappoltstein 1496 selbst geschlossenen Vertrag. Für das im Elsass gelegene Lebertal konnte eine rechtsgültige Bergordnung demnach nur von beiden Herren gemeinsam verfasst werden. Dass Wilhelm von Rappoltstein diese einseitige und eigenmächtige Vorgehensweise Maximilians offensichtlich stillschweigend überging, kann auch als Indiz dafür angesehen werden, dass zu diesem Zeitpunkt im Lebertal kein erneuter Bergbauboom erwartet wurde und somit

25 Westermann, Entwicklungsprobleme. S. 41.

26 Archives de Meurthe et Moselle (ADMM) Nancy, Serie B 953 Nr. 55 – 59.

27 HHStA Wien VÖ 1, Bergordnung von 1527 und Erläuterung von 1530.

28 Generallandesarchiv (GLA) Karlsruhe 229/106.171 und 229/106.172. TLA Innsbruck, Embieten und Beuelch 1517, Band 72, fol. 446 – 460.

für den Rappoltsteiner auch kein aktueller Handlungsbedarf bestand. Dies sah 1527 hingegen gänzlich anders aus.

Dass auch der Herzog von Lothringen dieses einseitige Gesetzgebungsverfahren offensichtlich ignorierte, lag nicht nur an den um 1517 auch auf seiner Seite des Lebertals fehlenden bergbaulichen Aktivitäten. Entscheidend sind hier zwei weitere Aspekte: Erstens war noch keine schriftliche vertragliche Einigung über die Nutzungsrechte getroffen worden. Der Rappoltsteiner Landrichter Johann Haubensack bezog sich in seiner Chronik zwar auf einen Kompromiss zwischen Habsburg und Lothringen. Dieser besagte, dass „beide Fürsten empfangen und jeder seinen besonderen Bergrichter hält“[29]. Bei Haubensack findet sich jedoch weder ein Hinweis darauf, wann dieser Kompromiss beschlossen wurde, noch darauf, wie das Problem der Gewährung einer Bergordnung in Zukunft zu regeln sei. Handelte es sich bei der von Haubensack zitierten Einigung jedoch um den bekannten Kompromiss von 1521, dann hatte der Herzog 1517 keine rechtliche Handhabe, sich gegen diese einseitige Ausübung der Regalhoheit zu verwahren. Die Klärung der staatsrechtlichen Stellung war nach wie vor völlig offen und damit auch die Frage nach der territorialherrlichen Oberhoheit in den potentiellen, d. h. zu diesem Zeitpunkt ehemaligen Bergbaugebieten auf der welschen bzw. lothringischen Seite des Lebertals. Obwohl dann die Gewerken nach 1530 ständig die fehlende Bergordnung reklamierten,[30] wurde diese erst mehr als 30 Jahre später am 28. Februar 1568[31] an den damaligen Bergrichter Georg Vogel geschickt. Die Kammer in Innsbruck erteilte ihm gleichzeitig den Auftrag, diese Bergordnung höflich, aber bestimmt auch gegen die Lothringer Amtleute durchzusetzen.[32] Der zweite Aspekt ist von grundsätzlicher Natur. Es scheint stets das Bestreben des Herzogs von Lothringen gewesen zu sein, spätere Verhandlungsergebnisse über die Art und Weise der gemeinsamen Ausübung der Regalhoheit mit dem Haus Habsburg sowie über die Definition bestimmter Rechte, die für ihn nachteilige Folgen haben konnten, durch eine permanente Verzögerungstaktik zu be- und verhindern.[33] So lange keine konkreten Abmachungen Vertragsbestandteil, und deren Einhaltung damit kontrollierbar und einklagbar waren, konnte er nach seinen Vorstellungen die Berghoheit zumindest für seinen Anteil an den Bergwerken ausüben. Dabei legte er das Recht auf die Verfügung über die Feinsilberproduktion ausgesprochen extensiv in seinem Sinne aus, in dem er durch günstigere Konditionen die Silberlieferungen an seine Münze in Nancy forcierte und damit die Stellung des Rappenmünzbundes unterminierte.

Im Zuge einer starken Intensivierung des Bergbaus im Weilertal in den 50er Jahren des 16. Jahrhunderts war es auch dort dringend geboten, eine eigene Bergordnung

29 Winkelmann, Bergbuch des Lebertals, S. 70.

30 TLA Innsbruck, Embieten und Beuelch 1564, Band 296, fol. 301 – 303vs.

31 TLA Innsbruck, Bekennen 1568, Band 319, fol. 49vs – 65vs.

32 TLA Innsbruck, Embieten und Beuelch 1568, Band 318, fol. 26 – 26vs.

33 TLA Innsbruck, Pestarchiv XIV/325: Bei den Verhandlungen um Holz für die Hütten mit dem Herzog von Lothringen zwischen 1570 und 1573 wurde der Jurist Dr. Höchstätter eingeschaltet. Sein Einsatz verursachte immense Spesen, da er ständig dem Herzog zwischen Lothringen und Bayern hinterher reiste, aber ein Audienztermin nie zustande kam.

zu erlassen. Die Weilertaler Bergordnung von 1557[34] konnte der habsburgische Regalherr kraft seiner Position alleine erlassen. Sie basierte weitestgehend auf der maximilianischen Ordnung und wurde nur in den Punkten geändert, die anders gelagerten örtlichen Bedingungen Rechnung tragen mussten. Alle drei Bergordnungen verband der Anspruch, in einer „balance of power" das Verhältnis zwischen dem Streben nach Stabilität und den Erfordernissen zur Flexibilität so ausgeglichen wie möglich zu gestalten. Sie mussten dem Grundsatz der Vereinheitlichung so weit wie möglich dienen und dabei gleichzeitig regionale bzw. politische Sonderheiten berücksichtigen. Dies führte dazu, dass in einer klar durch das Bergregal abgegrenzten Wirtschaftsregion noch einmal zusätzliche Rechtsgrenzen etabliert wurden, die eine enge Zusammenarbeit zwischen Berg- und Landrichter der jeweiligen Herrschaft, wie auch zwischen den Bergrichtern erforderte. Es ist daher rational nachvollziehbar, dass es für den Österreichischen Bergherrn aus arbeitsökonomischen Gründen selbstverständlich war, dass alle drei Bergrichter, nämlich der gemeinsame rappoltstein-habsburgische Bergrichter für das Revier auf der deutschen Seite des Leberbachs, der Bergrichter des Hauses Habsburg für das Revier im Lebertal auf der Lothringer Seite des Leberbachs und der Bergrichter des Herzogs von Lothringen für eben diese Gruben, ihren Amtssitz in Markirch in einem Amtsgebäude nehmen sollten. Nur so war rasches Handeln bei Streitigkeiten innerhalb der Berg- und zwischen der Berg- und Landgemeinde möglich; wirtschaftliche und organi-satorische Probleme konnten ohne überflüssigen Zeitaufwand und ohne Reibungs-verluste geklärt werden; Berggerichtsbücher, „Verordnungen und Erfindungen" waren ohne erneutes Abschreiben allen Parteien zugänglich. Ganz abgesehen von diesen „verfahrenstechnischen" Erleichterungen hätte das Berggerichtshaus dann auch ein Chance gehabt, ein Ort der Integration in einer noch einmal in sich zersplitterten Wirtschaftsregion zu werden. Dem Herzog von Lothringen war natürlich daran gelegen, seine wirtschaftlichen Interessen zu wahren und einen Abbaustillstand aufgrund von Streitigkeiten bzw. Rechtsunsicherheit und die damit verbundenen Einnahmenverluste zu vermeiden.. Er war aber andererseits stets bemüht, auch jeden noch so kleinen „Nebenkriegsschauplatz" zu nutzen, um seine staatspolitische Gleichberechtigung mit dem Haus Habsburg auch nach außen zu unterstreichen und bis an die „Schmerzgrenze" auszureizen. Die Taktik des Herzogs von Lothringen, seinen Willen durchzusetzen, es aber nie zu einem offenen Bruch mit Österreich kommen zu lassen, ging, wie das Beispiel des Machtkampfes um die Residenzpflicht im Berggerichtshaus von Markirch zeigte, tatsächlich auf. Auch die folgenden Beispiele belegen, dass die Kooperationsbereitschaft des Herzogs eher gering war. Für seinen Kampf um die staatsrechtliche Stellung war ihm jeder Anlass willkommen, seine Position gegenüber dem Haus Habsburg nicht nur zu behaupten, sondern so weit wie möglich auszubauen; dabei war der tatsächliche finanzielle Nutzen für ihn im nun zu erörternden Bereich der Gerichtsbarkeit wohl eher gering.

Neben der Rechtssetzungsgewalt kam in jedem Montanrevier der Gerichtshoheit eine besondere Bedeutung zu. Es ist daher nur folgerichtig, dass in den Bergordnungen die Definition und Sicherung der Rechtsstellung aller Mitglieder der Berggemeinde einen breiten Raum einnahm. Mit der Gewährung des Rechts auf Freizügigkeit

---

34 TLA Innsbruck Embieten und Beuelch 1557, Band 256, fol. 456 – 474.

bildete die Berggemeinde einen völlig eigenständigen Rechtsverband in einer Wirtschaftsregion, die mit Ausnahme von Unzucht und Malefizverbrechen dem Berggerichtsstab unterstand. Nur aufgrund der Möglichkeit, sich aus der Stadt- oder Landgemeinde lösen zu können, war die enorme Nachfrage nach fachlich kompetenten Arbeitskräften zu befriedigen und ihr Einsatz bei sich ändernder Lagerstättensituation in anderen Montanrevieren möglich. Diese besondere Situation erforderte rechtliche Absicherungen, deren Garant der Regalherr war. Als Bergherr übte er durch seine Bergrichter die Gerichtshoheit aus. Diese erstreckte sich auch auf die sogen. Bergverwandten. Diesen Status konnten alle diejenigen beanspruchen, die aufgrund ihrer Tätigkeit unbedingt zum Berg- und Hüttenwesen gehörten, jedoch sich in ihrem Berufszweig auch anderweitig engagieren konnten. Bei diesen Berufsgruppen handelte es sich vor allem um Schmiede, Köhler, Fuhrleute und mit der Berggemeinde Handel treibende Personen. Dieser Grundsatz galt im Lebertal auf der rappoltsteinschen Seite uneingeschränkt und wurde dementsprechend problemlos durch den gemeinsam eingesetzten Bergrichter praktiziert. Anders dagegen im Lebertal auf der welschen Seite und, trotz eindeutig geklärter Rechtslage, auch im Weilertal. Herzog Anton von Lothringen konnte die Zuständigkeit des Berggerichts für die Bergarbeiter und Gewerken nicht anzweifeln, ohne damit gegen allgemein gültiges Recht zu verstoßen. Außerdem wäre mit Versuchen von seiner Seite, diesen Rechtsgrundsatz alleine zu seinen Gunsten zu durchbrechen, der sozialen Frieden im Revier nachhaltig gestört gewesen. Das Risiko, damit auch die wirtschaftliche Grundlage für beide Herrschaftsparteien zu zerstören, war viel zu groß. Aber es gab zwei Möglichkeiten, die Gerichtshoheit des Regalherrn zu konterkarieren. Eine Möglichkeit war, dass der Landrichter des Herzogs die Zuständigkeit des Bergrichters anzweifelte, in dem er behauptete, die Delinquenten oder Kontrahenten stünden nicht unter dem Bergstab. Oder aber er zog ohne Begründung das Verfahren an sich und fällte selber ein Urteil. Die ständigen Beschwerden der österreichischen Bergrichter an die Kammer über diese Übergriffe und Eingriffe in ihre Hoheitsrechte führten zu ebenso zahlreiche Proteste beim Herzog. Dieser wiegelte jedes Mal ab, sprach von Missverständnissen, sicherte eine rasche Klärung des tatsächlichen Sachverhalts zu – und ließ seinen Landrichter gewähren.

Waren diese Rechtsgrenzen verletzenden Vorgänge ein ständiges Ärgernis aber letztlich aus finanzieller Sicht marginal, so war die Auseinandersetzung um die Befreiung der Mitglieder der Berggemeinde von Frondiensten, Steuern und Abgaben zwischen Österreich und Lothringen von fundamentaler, weil auch finanziell relevanter Bedeutung. Auch hier schaffte der Herzog immer wieder Tatsachen, bis er mit dem 1581 vereinbarten „Abschied zwischen Österreich und dem Herzog von Lothringen“[35] eine für ihn günstige Lösung durchgesetzt hatte. Dort hieß es: Unabhängig davon, ob sie das Bürgerrecht hatten oder nicht, verheiratet oder unverheiratet waren, unterstanden Knappen, Schmelzer, Köhler, Bergleute, Zimmerleute, Hutleute, Verweser und Einfahrer samt Haus, Hausrat und Hausgesinde dem Bergstab. Sie waren von allen anderweitigen Verpflichtungen, außer der Fron, befreit. Die Arbeit am und im Berg hatte jedoch Vorrang, die Frondienste mussten dem Bergrichter rechtzeitig angezeigt werden. Gewerken, die als Kaufleute tätig waren oder einem anderen Gewerbe nach-

35 TLA Innsbruck, Embieten und Beuelch 1581, Band 398, fol. 370 – 372vs.

gingen, kamen nicht in den Genuss der Bergfreiheiten. Steuern und Abgaben mussten – wie von allen anderen Untertanen des Herzogs auch – weiterhin bezahlt werden, wenn seine Untertanen berufsbedingt in die Berggemeinde wechselten. Für Holz-, Kohl- und Erzfuhrleute setzte der Herzog eine Sonderregelung durch. Sie unterstanden nur bei Bergsachen dem Berggericht, sonst dem Landgericht. Mit diesen Regelungen erweiterte der Lothringer seine Hoheitsrechte und stärkte damit seine Position gegenüber seinen Untertanen. Gleichzeitig machte die weiter bestehende Verpflichtung, Steuern und Abgaben an ihn leisten zu müssen, einen Wechsel in die Berggemeinde weniger attraktiv.

In der Weilertaler Bergordnung von 1557 hieß es einschränkend, dass nur die Bergbautreibenden und Bergverwandten unter dem Bergstab standen, die täglich in irgendeiner Form durch Handlung und Arbeit mit dem Berg- und Hüttenwesen zu tun hatten. Über den Hintergrund dieser Einschränkung kann nur spekuliert werden. Mitverantwortlich dürfte auch die Tatsache gewesen sein, dass Personen aus dem nahen Lothringen in den Bergwerken und Hütten im Weilertal sporadisch arbeiteten, um so in den Genuss der besseren Rechtsstellung und den damit verbundenen rechtlichen wie wirtschaftlichen Vorteilen zu gelangen. Belege, dass der Herzog von Lothringen in diesem Sinne Druck auf die Kammer in Innsbruck ausgeübt hat, fehlen jedoch bisher noch. Die Kammer in Innsbruck hatte eventuell gehofft, dass diese Variante, wenn sie im Weilertal mit Erfolg angewandt wurde, auch eine Lösung in den ständigen Auseinandersetzungen mit dem Herzog von Lothringen über die Rechtsstellung der Mitglieder der Berggemeinde auf der lothringischen Seite des Lebertals bot. Der Abschied von 1581 zeigte, dass auch hier der Herzog von Lothringen konsequent seine Interessen verfolgte. Was nämlich auf dem Papier sehr erfolgversprechend aussah, war in der alltäglichen Praxis leicht zu umgehen.

Wurde bisher die grenzüberschreitende Problematik des Montanreviers im Lebertal aus der Perspektive der konkurrierenden Herrschafts- und Amtsträger untersucht, so stehen nun die Auswirkungen dieses Sachverhalts auf alle Mitglieder der Berggemeinde im Mittelpunkt.

3. Kulturelle und soziale Herausforderungen im Montanrevier Lebertal

Der Leberbach verlor seine Funktion als politische Grenze nach 1648. Seine Bedeutung als Sprachgrenze ist bis in die Gegenwart erhalten geblieben.[36] Im 16. Jahrhundert diente in Markirch wohl eher ein dialektgefärbtes Gemisch aus französisch und deutsch der Verständigung im Alltagsleben. Der die Montanwirtschaft betreffende

36 Den Zusammenhang zwischen Rechts- und Sprachgrenzen untersucht: Görgen Andreas, Rechtsgrenzen folgen Sprachgrenzen. Entwicklungstendenzen frühneuzeitlicher Gesetzessprache. In Zeitschrift der Savigny-Stiftung für Rechtsgeschichte, Wien, Köln, Weimar 1998, S. 389 – 419. Vgl. hierzu auch: Haubrichs, Wolfgang, Über die allmähliche Verfertigung von Sprachgrenzen. Das Beispiel von Germania und Romania. In: Haubrichs, Wolfgang / Schneider, Reinhard (Hrsg.), Grenzen und Grenzregionen, Frontières et régions frontalières, Borders and Border Regions, Saarbrücken 1993, S. 99 – 129, hier vor allem die Grenzformen der Sprachgrenzen S. 129.

Schriftwechsel zwischen Lothringen und Österreich sowie Lothringen und Rappoltstein wurde in der Regel in deutsch geführt; staatsrechtliche Verträge sowie Rechtsgutachten in lateinischer Sprache abgefasst. Nur selten finden sich Schreiben in französischer Sprache. Ihnen ist dann meist eine Übersetzung beigefügt. Die Verwaltungssprache in den Rappoltsteiner und Habsburger Gebieten war selbstverständlich deutsch, auf dem Gebiet des Herzogs von Lothringen französisch. Für die Bergbeamten bedeutete dies, dass sie zumindest rudimentäre Sprachkenntnisse in der jeweils fremden Sprache besitzen mussten. Im Arbeitsprozess konnten Verständigungsprobleme katastrophale Folgen haben. Hier fanden die Mitglieder der Berg- und Hüttenmannschaften offensichtlich selbst eine praktikable Lösung. Aufgrund der Zusammensetzung der Berggemeinde auf beiden Seiten des Leberbachs, in der die Bergleute aus dem gesamten deutsch-sprachigen Europa die Mehrheit bildeten, setzten sich im Lebertal die für die Arbeit untertage wichtigsten Begriffe aus der deutschen Bergmannssprache durch. Aber auch in anderen Bereichen dienten bergmännische Ausdrücke der Verständigung. Indiz dafür sind montanhistorische Quellen aus der Verwaltung des Herzogs von Lothringen.[37]

Bereich	**Aus der deutschen Sprache übernommen**
Verwaltung und Abrechnung	Anwalt, Waibel, Bruderschreiber, Uberschuss
Arbeitsprozess und Produktion	Verweser, Hutmann, Hüttenmann, Schichtmeister, Bruderschaft, Kohler, Lehenschaft, Lehen, Maß, Kübel, Mark, Pfund, Klafter, Fundgrube, Stollen, Gestäng, Durchschläg Schlacken, Halden, Glanzblei, Herdblei, Minen
Grubennamen	Notre Dames Pfennigturm, St. Jean im Lattenbach, quatorze Nothelfer

Ein weiteres Problem wird ebenfalls aus den Quellen ersichtlich. Da die geteilten Nutzungsrechte auf der Lothringer Seite folgerichtig auch nicht durch einen gemeinsam bestellten Bergrichter verwaltet wurden, war eine getrennte Abrechnung erforderlich. Wie die jeweils parallel erstellten Silberzettel[38] zeigen, erfolgte diese in der jeweiligen Amtssprache. Außerdem wird sichtbar, dass auf deutscher Seite im 16. Jahrhundert die arabischen Ziffern gewählt wurden. In Lothringen war die römische Schreibweise der Zahlen bis ins 17. Jahrhundert üblich; diese wurde aber der französischen Zählweise entsprechend schriftlich umgesetzt.

Waren auch für die „deutschen" Amtleute in der Bergverwaltung auf der Lothringer Seite diese Schreibweisen geläufig, bedeutete diese Praxis für die Bergleute entweder den Lohnabrechnungen der seitens der Gewerken eingesetzten Verwalter zu trauen oder sich die jeweils fremde Zähl- und Rechenweise anzueignen. Im Abrechnungsverfahren setzte sich demnach die jeweilige Verwaltungshoheit durch. Sprach-

37 Sämtliche Begriffe entstammen französisch-sprachigen Quellen.

38 ADMM Nancy, B 9679.

unterschiede wurden pragmatisch durch den Umgang der Bergleute untereinander überwunden. Schließlich stand die tägliche Sicherung des Abbaubetriebes im Vordergrund. Sprache hatte – noch nicht - die volle Bedeutung des Ausdrucks von Herrschaftshoheit.

Anders dagegen sahen die Bergherren die Frage der Religionszugehörigkeit. Für sie war die Einheitlichkeit der Bevölkerung im Blick auf die Konfession von zentraler Bedeutung. Aufgrund der französischen Erfahrung schrieb der Herzog von Lothringen schon am Anfang des 16. Jahrhunderts in den Bergordnungen die Zugehörigkeit zum katholischen Bekenntnis fest.[39] Nach dem Augsburger Konfessionsfrieden 1555 fand diese Bedingung auch in der Vorderösterreichischen Verwaltungspraxis Eingang. Die Bergbeamten mussten mit ihrer Unterschrift in den Dienstreversen bestätigen, dass sie als Einstellungsvoraussetzung akzeptierten, der katholischen Konfession anzugehören. Andernfalls drohte ihnen die sofortige Entlassung. Im Gegensatz zu einigen Fällen im Sundgau,[40] hielt sich die Beamtenschaft im Lebertal an das landesherrliche Gebot. Diese rigide Durchsetzung des Bekenntniszwangs traf dann auch die Bergarbeiter. Am 4. August 1561 erging an den Bergrichter Valtin Golin die Aufforderung, alle nicht katholischen Personen aus dem Lebertal abzuschieben.[41]

Ursprünglich hatte die politische Grenze, die Markirch durchschnitt, für die Berggemeinde keine Bedeutung gehabt. Sie besuchten gemeinsam die katholische Kirche auf der Lothringer Seite. Aber mit zunehmendem Aufschwung des Bergbaus konnten die reformatorischen Bestrebungen an dieser an sich auch konfessionell festgefügten Gemeinschaft nicht vorübergehen. Der Pluralismus der Bekenntnisse wurde besonders in den Montandistrikten focussiert. Der Schmelztiegel Berggemeinde mit dem Primat der Freizügigkeit bot sich nachgerade als Sammelbecken für alle in anderen Staaten unerwünschten Bekenntnisse an. Protestanten, Calvinisten und Täufer fanden hier nicht nur Arbeit, sondern konnten sich so der Verfolgung in ihrer Heimat entziehen. Hier bildete das Lebertal keine Ausnahme. Solange jedoch alle Bergherren sich zum katholischen Glauben bekannten, blieb die Einheitlichkeit in dieser Wirtschaftsregion gewahrt. Die Erzherzöge von Tirol, vor allem Ferdinand I. und Ferdinand II., wie auch Herzog Anton von Lothringen waren bekannt für die konsequente Bewahrung der katholischen Religion. Das brutale Vorgehen des Herzogs gegen die aufständischen Bauern war nicht in Vergessenheit geraten.[42] Ausgerechnet durch die bisher treu dem Haus Habsburg ergebenen Herren von Rappoltstein sollte das seitens der Regalherren konfessionell einheitliche, jedoch politische Grenzen überschreitende Wirtschaftsgefüge im Lebertal gesprengt werden. Solange Wilhelm II. von Rappoltstein herrschte, gab es an der Bekenntnistreue keinen Zweifel. Erst sein Enkel Egnolph III., stark geprägt durch die heimliche evangelische Erziehung seiner Eltern Ulrich von Rap-

39 Koch, Bergrechtliche Zustände in dem Herzogthum Lothringen bis zur Vereinigung mit Frankreich im Jahre 1766. In: Zeitschrift für Bergrecht 13, 1872, S. 454 – 481, hier S. 461.

40 TLA Innsbruck, Embieten und Beuelch, Referierte Missiven an Hof 1594 – 1595, Band 477, fol. 24 – 25.

41 TLA Innsbruck, Embieten und Beuelch, 1561, Band 277, fol. 551vs.

42 Franz, Günther, Der Bauernkrieg im Elsass. In: Studien der Erwin von Steinbach-Stiftung, Band 4, Frankfurt 1975, S.59– 68, hier S. 65f.

poltstein und Anna Alexandrina von Fürstenberg,[43] sprengte diese konfessionelle Einheit. Er stellte die lutherische Gemeinde im Lebertal auf der deutschen Seite unter seinen Schutz. Als der Druck des Herzogs auf die calvinistische Gemeinde auf der Lothringer Seite zunahm, schlug er dem welschen Prediger Arnolphus Baucus vor, zur Augsburger Konfession überzutreten und sich damit unter seinen persönlichen Schutz zu stellen. Die Gemeinde nahm dann auch das Angebot mit der Einschränkung an, einigen Gottesdiensthandlungen nur zum Schein beizuwohnen. Obwohl Egnolph selber nur selten bereit war, sein Bekenntnis öffentlich zu demonstrieren, stellte er sich gegenüber seinem Landesherrn vor die evangelische Gemeinde. Als Kaiser Ferdinand ihn über seine Kammerräte in Ensisheim aufforderte, dem sektiererischen Treiben im Lebertal ein Ende zu bereiten, verwies er nachdrücklich auf den Augsburger Religionsfrieden. Er teilte dem Kaiser kurz und bündig mit, er sehe keine Veranlassung, Kirchen zu schließen, da er nur von seinem Recht Gebrauch mache. Diese konfessionelle Spaltung über politische und wirtschaftsregionale Grenzen hinweg hatte letztlich aber keine Auswirkung auf den Montanbetrieb. Wäre nämlich der Bergrichter Golin 1561 tatsächlich der Aufforderung nachgekommen, Calvinisten, Täufer und Lutheraner aus dem Revier zu vertreiben, hätte dies das zu mindestens vorläufige Aus des Montanreviers Lebertal zur Folge gehabt. In Wahrheit konnte aber niemand daran ein Interesse haben, ausgerechnet in einer Phase der Hochkonjunktur einen Abbaustillstand durch den Verlust von Arbeitskräften oder Arbeitsniederlegungen zu provozieren und damit eine sehr ergiebige Einnahmequelle zu verlieren. Unter diesem Aspekt diente dann das Verhalten Egnolph III. sogar noch dem Erhalt des sozialen Friedens, indem er eine konfessionelle Gruppe innerhalb der Berggemeinde nicht in die Illegalität trieb.

Die sozialen Herausforderungen in dieser Wirtschaftsregion sind jeweils aus den Perspektiven der Bergherren, der Berggemeinde und der Landgemeinden zu betrachten. Für die zugewanderten Bergarbeiter bedeutete ihr Aufenthalt in einem Revier in der Regel eine nur auf Zeit angelegte Einbindung in den Verband der jeweiligen Berggemeinde. Die Dauer ihres Aufenthaltes stand in direktem Zusammenhang mit der Ergiebigkeit der Erzlagerstätten und war daher nur begrenzt planbar. Die Integrationsbereitschaft seitens der Mitglieder der Berggemeinde lag in ihrem eigenen Interesse. Die Arbeit untertage erzwang aufgrund ihrer Gefährlichkeit ein so hohes Maß an Solidarität, dass diese nicht ohne Auswirkungen auf das Zusammenleben übertage bleiben konnte. Ob das angespannte Verhältnis zwischen dem Haus Habsburg und dem Herzog von Lothringen innerhalb der Berggemeinde eine Fortsetzung fand, erscheint eher unwahrscheinlich. Selbst eine direkt auf der Brücke über den Leberbach ausgetragene Handgreiflichkeit zwischen zwei Knappen[44] hatte ihre Gründe wohl im privaten Bereich. Aus diesen Raufereien direkt auf der politischen Grenze wie aber auch aus anderen, ähnlich gelagerten Streitfällen entwickelten sich oftmals langwierige schriftliche Auseinandersetzungen über die Gerichtszuständigkeit zwischen den

43 Caspari, Christian Eduard, Geschichte der evangelisch-lutherischen Kirche von Mariakirch im Lebertal, Mariakirch 1856, S. 30.

44 ADHR Colmar, 1 C 6486.

Bergrichtern im Lebertal und dem Landrichter des Herzogs.[45] Diese erst instrumentalisierten derartige Vorfälle, um daraus einen Akt der Machtdemonstration für ihre jeweiligen Herren zu inszenieren.

Nach einer ersten Hochrechnung der Belegschaftsgröße für alle Berg- und Hüttenbetriebe im Lebertal erscheint es realistisch, von einem Bevölkerungsanstieg um 1500 bis 2000 Personen ab 1527 auszugehen.[46] Eine derart massenhafte Zuwanderung brachte auch soziale Probleme für die Landgemeinden mit sich. Berücksichtigt man z. B., dass sich vor allem der Anteil der männlichen Bevölkerung überproportional und praktisch über Nacht vervielfachte, dann bedarf es keiner großen Phantasie, um sich auch nur annähernd vorzustellen, welche Folgen für das soziale Gleichgewicht dieser Zuzug hatte. Dass Streitigkeiten rasch in Sachbeschädigungen und Schlägereien[47] ausarteten, lag wohl am übermäßigen Alkoholkonsum der Berg- und Hüttenarbeiter.[48] Letztlich dürfte aber bei den Arbeitern der Zwang zur Disziplin größer als die Rauflust gewesen sein. Schließlich drohte bei Unpünktlichkeit und häufigen Fehlzeiten prompte Entlassung. Außerdem ist die generelle Frage der Gewaltbereitschaft nicht mit heutigen Maßstäben zu beurteilen. Als Indikator für übermäßige soziale Spannungen im Revier sind die sporadisch erhaltenen Berichte über handfeste Auseinandersetzungen und lautstarke Beschimpfungen demnach nicht geeignet. Quantitative Untersuchungen über die tatsächliche Zusammensetzung der Berggemeinde liegen bisher nicht vor. Der Berggerichtsanwalt von Eckrich beschwerte sich zwar über den Zustrom von „Gesindel, Glücksritter und allerlei bösem Volk“[49], generalisieren lässt sich diese Aussage dann doch nicht.

Für den Landesherrn bedeutete der Auf- und Ausbau dieser Wirtschaftsregion neben der politischen auch eine wesentliche gesellschaftliche Herausforderung. Mit dem Ausscheiden der zukünftigen Arbeiter im Montanwesen aus den genossenschaftlichen Verbänden der Agrargesellschaft und dem ihnen dann garantierten Recht auf Freizügigkeit war er verpflichtet, das so entstandene Rechtsvakuum zu füllen und einen neuen Rechtsverband zu schaffen. Nur er hatte als Regalherr die gesetzliche Handhabe und verfügte mit den Bergordnungen über die entsprechenden Rechtsinstrumente, aufgrund seiner umfassenden Machtbefugnisse die Ansprüche der Berggemeinde durchzusetzen. Die folgenden drei Bereiche nahmen dann auch einen wesentlichen Raum in den Bergordnungen[50] ein. Auf ihre Einhaltung wurden die Beamten der Montanverwaltung, die Gewerken sowie alle Personen, die in irgendeiner Form im

45 Archives Départementales du Haut-Rhin (ADHR) Colmar 1 C 6486: am 15. August 1557 beschwert sich der Bergrichter auf der lothringer Seite, Sigmund Valandt, bei der Kammer in Innsbruck über zahlreiche Eingriffe in das Bergregal durch den Maier des Herzogs von Lothringen. TLA Innsbruck, Gemeine Missiven 1549, fol. 88 – 88vs. TLA Innsbruck, Embieten und Beuelch 1572, fol. 178 – 180.

46 Westermann, Angelika, Studien zur Vorderösterreichischen Montanwirtschaft. In Vorbereitung.

47 ADHR Colmar, 1 C 6486.

48 Caspari, Geschichte der evangelisch-lutherischen Kirche von Mariakirch, S. 16f.

49 TLA Innsbruck, Gemeine Missiven 1559, fol. 1074.

50 wie Anmerkung 27.

Berg- und Hüttenwesen tätig waren, je nach Rang und Bedeutung vereidigt bzw. ins „Gelübde" genommen.

(1) Anspruch auf Rechtssicherheit: Alle Mitglieder der Berggemeinde unterstanden dem Bergstab. Änderungen hinsichtlich der Rechtsstellung der „Bergverwandten" hoben diesen Grundsatz nicht auf. Der Bergrichter war verpflichtet, Rechtsübergriffe seitens der Landgerichtsbarkeit der Kammer in Innsbruck unverzüglich zu melden.

(2) Anspruch auf Sicherung von Arbeitsbedingungen und Einkommen: Es wurde in zwei Schichten zu je acht Stunden gearbeitet. Nach vier Stunden musste eine Pause eingelegt werden. Neben der Feiertagsregelung definierten zahlreiche Artikel die diversen Kündigungsbedingungen. Technische Vorkehrungen untertage dienten dem Schutz der Arbeiter. Die Bergordnungen enthielten die Garantie einer Mindestlohnhöhe für einzelne Personengruppen, sicherten die regelmäßige Lohnabrechnung und – auszahlung, verboten den Pfennwerthandel und regelten das Pfandwesen.

(3) Anspruch auf Versorgung der Witwen und Waisen: Bis zu einer Wiederverheiratung unterstanden die Witwen mit ihren Kindern weiterhin der Berggerichtshoheit. Der Bergrichter verwahrte das Testament und regelte den Nachlass. Obwohl die Bruderkassen für die finanzielle Unterstützung zuständig waren, gewährte der Regalherr auf Antrag in der Regel Gnad- und Hilfsgelder und unterstützte finanziell die Ausbildung der Kinder.[51]

Die bisher genannten Aspekte der sozialen Herausforderung beschäftigten sich hauptsächlich mit dem Binnenverhältniss der Berggemeinde. Eine praktikable Regelung dieser Probleme lag im Interesse ihrer Mitglieder und des Regalherrn. Bei den dabei auftretenden Konflikten handelte es sich um Kompetenzstreitigkeiten, die sich auf der Ebene der Bergherren in ihrer Eigenschaft als regierende Fürsten abspielten. Erheblicher sozialer Sprengstoff dagegen lag in dem Zwang, die teilweise rechtlich besser gestellte Berggemeinde in einigen Bereichen des alltäglichen Lebens in den etablierten ländlichen Gesellschaftsverband integrieren zu müssen.[52] Die Sicherung der Versorgung der Bergleute mit Wohnraum und Nahrungsmitteln führte dann zwangsläufig zu Interessenkonflikten mit den bestehenden Landgemeinden.

4. Versorgung und Absatz: Zu ökonomischen Herausforderungen im Revier

Im Lebertal wurde Bergbau seit dem frühen Mittelalter betrieben. Ganz zum Erliegen kam er vermutlich auch in der langen Phase der Depression vom späten 14. bis in die dreißiger Jahre des 16. Jahrhundert nicht. Für die Bauern bot sich daher stets eine Möglichkeit des Nebenerwerbs. Aufgrund der schlechten Böden sowie der klimatischen und geologischen Voraussetzungen lag in der kaum intensiv zu betreibenden

51 TLA Innsbruck, Missiven an Hof 1581, fol. 376 – 377vs und ebenda fol. 1080.

52 Vgl. hierzu: Westermann, Angelika, Die Montanverwaltung als Integrationsinstrument im Vorderösterreich des 16. Jahrhunderts. Zur Nutzung serieller Quellen der Verwaltung. In: Quarthal, Franz / Faix, Gerhard (Hrsg.), Die Habsburger im deutschen Südwesten, Stuttgart 2000, S. 455 – 468.

Landwirtschaft kein großer Erwerbsspielraum. Wie musste es daher auf die dortige Landgemeinde gewirkt haben, als mit dem großen Berggeschrei um 1527 der Ansturm auf das Lebertal einsetzte? Die Angaben von Caspari, dass in kürzester Zeit 1200 Häuser zwischen Markirch und Furtelbach gebaut wurden[53], sind aufgrund der Enge des Tales und der geringen Entfernung der beiden Orte voneinander anzuzweifeln; dass einfache und einfachste Behausungen in großer Zahl überall im Lebertal in jeweiliger Grubennähe entstanden, liegt dagegen auf der Hand. Durch diesen plötzlichen Zustrom an Menschen stellte sich sofort die Frage nach ihrer Unterbringung und Versorgung. Rasche Lösungen mussten gefunden werden, wenn man fachkundige Arbeiter im Revier halten wollte.

Nur durch das Eingreifen des Regalherrn über die Bergordnung in einige zentrale Bereiche des bäuerlichen Lebens waren diese Probleme zu lösen. Er verpflichtete die Landgemeinden, den Bergleuten „Wunn-, Waid- und Allmendnutzung" zu gewähren, garantierte den Bergbautreibenden Zollfreiheit auf einzuführende Produkte und sicherte die Weg- und Stegnutzung. In der Praxis scheiterte die Nutzung dieser Privilegien gelegentlich an der starren Haltung der Landbevölkerung. Dabei ist auffallend, dass Beschwerden über fehlende Integrationsbereitschaft nur aus dem Weilertal und von der lothringischen Seite des Lebertals vorliegen. Mit dem Bau von Söllhäusern, zu denen auch ein kleiner Garten gehörte, konnte die Versorgungslage geringfügig beeinflusst und ein Minimum an Versorgungsautonomie für die Bergleute hergestellt werden. Ging es aber um die Behebung überzogener Haus- und Herbergskosten, zu hoher Brot-, Fleisch- und Früchtepreise, zu geringem Brotgewicht und der gängigen Praxis, über Fürkäufe die Preise auf dem samstäglichen Markt in die Höhe zu treiben, war der vorderösterreichische Bergherr auf die Unterstützung der Landrichter angewiesen. Der Grundsatz „Bergrecht bricht Landrecht" war unbestritten, aber daraus konnte keine Weisungsbefugnis gegenüber dem Landrichter abgeleitet werden. Die Kooperationsbereitschaft des Lothringer Landrichters wie dem der Herren von Pollweiler als Pfandherren im Weilertal erwies sich nicht als sehr groß. Da halfen auch Ver- und Anordnungen, wie die Pflicht zur Gleichstellung beim Fischen, Jagen, Vogelfang und Waidwerk und zur Einrichtung eines zusätzlichen Wochenmarktes[54] wenig. Die Versuchung für die Landbevölkerung, ihrer Herren und deren Beamte, hier die menschliche Energie kontraproduktiv einzusetzen, d. h. durch ihr Verhalten der Berggemeinde und damit dem gesamten Montanwesen nachhaltigen Schaden zuzufügen, war verlockend, teilweise verständlich und konnte durch die das Montanrevier durchschneidenden grundherrschaftlichen Grenzen relativ straffrei eingesetzt werden. Aber es gelang offensichtlich immer wieder, Versorgungskrisen, hervorgerufen durch Engpässe bei der Lebensmittelbeschaffung, oder ständige Preistreibereien, zu verhindern. Erst die Auswirkungen des Dreißigjährigen Krieges im Lebertal führten dazu, dass das Pfennwertverbot gelockert wurde. Selbst der Bergrichter Paul Genault auf der deutschen Seite des Lebertals schaltete sich in die Beschaffung von Lebensmitteln ein. Er organisierte sogar Getreidelieferungen für die Berggemeinde aus Belfort.[55] Um große

53 Caspari, Geschichte der evangelisch-lutherischen Kirche von Mariakirch, S. 16.

54 TLA Innsbruck, Embieten und Beuelch 1559, Band 267, fol. 556 – 559.

55 ADHR Colmar, 1 C 6466.

Mengen konnte es sich dabei jedoch nicht gehandelt haben, denn die Belegschaftszahlen waren angesichts des inzwischen stark zurückgegangenen Bergbaus drastisch gesunken.

Der Montanbetrieb war auf umfangreiche Lieferungen an Leder, Unschlitt und Eisen angewiesen. Für deren Beschaffung waren die Gewerken zuständig. Eisen für die Herstellung der Werkzeuge kam meist aus den umliegenden kleinen Eisenerzvorkommen insbesondere des Weilertals. Wo aber eiserne Teile oder Werkzeuge besonders stark strapaziert wurden, zog man wegen seiner bekannt guten Qualität burgundisches Eisen vor. Unschlitt kam von Basel und Zürich, vermutlich auch durch Straßburger Gewerken über Straßburg, Leder dagegen aus Schlettstadt, Colmar und Belfort. Es bleibt festzuhalten, dass es– im Gegensatz zum Sundgau – in der Regel keine Probleme mit der vom Regalherrn geforderten zollfreien Lieferung von Unschlitt, Leder und Nahrungsmitteln gab.

Als handelsfähige Produkte konnten aus den Erzen des Lebertals Silber, Kupfer und Blei gewonnen werden. Kupfer und Blei durften die Gewerken frei verkaufen. Zu den grenzüberschreitenden Handelswegen für diese beiden Produkte stehen für das Lebertal noch weitestgehend einschlägige Untersuchungen aus. Die Verfügungsgewalt über das Silber lag im Allgemeinen in der Hand des Regalherrn. Er konnte theoretisch das Edelmetall für seine Münzprägungen nutzen, die Silberproduktion verpfänden oder auf dem Silbermarkt selbst verkaufen bzw. es den Gewerken zur freien Verfügung überlassen. Im Lebertal waren ihm jedoch im Hinblick auf seine Nutzungsrechte enge Grenzen gesetzt. Nicht genug, dass er neben den aus seinen Grubenanteilen erzielten Erträgen sowie den Kauferzen, gemäß Teilungsverträge nur den halben Teil der Silber beanspruchen konnte, er war auch noch vertraglich verpflichtet, diese an die Münzstätten des Rappenmünzbundes zu liefern. Damit wurde er in dem an Grenzen reichen Raum zusätzlich mit durch den „Burgundischen Brief" vom 24. April 1425 geschaffenen Grenzen konfrontiert, die sein wirtschaftliches Handeln bis 1584 stark einschränken sollten. Der erste Versuch, durch das Betreiben einer eigenen Münze in Thann im ehemals städtischen Münzhaus, diesen Vertrag zu unterlaufen, scheiterte bereits 1564 nach nur einem Jahr. Nachdem es dem Rappenmünzbund jedoch nie gelungen war, dass für einen Grenzraum typische Problem der Münzvielfalt vor allem im Bereich der Kleinmünzen, verstärkt durch ständige Münzverschlechterungen, in den Griff zu bekommen, sah sich Erzherzog Ferdinand II. veranlasst, die Errichtung einer eigenen, landesherrlichen Prägestätte in Vorderösterreich erneut zu erwägen. Aufgrund der sich weiterhin negativ entwickelnden monetären Situation in den Vorlanden beschloss er 1580, möglichst bald mit der Durchführung dieses Planes zu beginnen. Mit dem Bau der eigenen Münze in Ensisheim 1584, als der Rappenmünzbund seinen Zenit überschritten hatte, konnte er über seine Feinsilberproduktion frei verfügen und damit die Auflösung des Bundes erreichen.

Neben dem Problem, der Münzvielfalt in diesem Raum und dem ständigen Prozess, der Münzverschlechterung Einhalt zu gebieten, übernahm der Erzherzog von Tirol noch ein weiteres Problem, mit dem der Rappenmünzbund ständig zu kämpfen hatte. Vor allem im Lebertal auf der Lothringer Seite verkauften die Gewerken oftmals das Silber an den Herzog von Lothringen, obwohl ihnen dies verboten war. Verlockt durch die höheren Silberpreise, die der Herzog bereit war zu zahlen, ignorierten sie das Verbot und nahmen Abmahnungen in Kauf. Die Münze des Herzogs in Nancy bezahlte jedoch mit meist schlechter, Lothringer Währung. Über die Bezahlung der Belegschaft brachten die Gewerken dieses minderwertige Geld im Lebertal in Umlauf. Viele Händler und Wirte weigerten sich, Lothringer Münzen als Bezahlung zu akzeptieren. Dies führte dann wiederum zu Klagen der Berggemeinde bei ihrem zuständigen Bergrichter.[56] Aber auch die Prägetätigkeit der Ensisheimer Münze und die Verpflichtung, nur gemäß der Reichsmünzordnung zu prägen, führten zu keiner stabilen Geldsituation, da der Handel zur Versorgung des Reviers unverzichtbar war. Die Kaufleute wollten auf die zusätzlichen Gewinne aus dem „Spiel mit unterschiedlichsten Währungen" wohl kaum verzichten. Ferner konnte eine auch nur teilweise Entlohnung mit lothringischer Münze nie wirksam unterbunden werden.

In diesem Zusammenhang ist noch zu erwähnen, dass die unterschiedlichen Maße und Gewichte bei der alltäglichen Versorgung der Bergleute keine Rolle spielte. Die Brotgewichte waren z. B. jeweils regional festgelegt und galten für die Berg- und Landgemeinde gleichermaßen. Ebenso durfte das Schlachtgewicht eines Ochsens eine bestimmte Höhe nicht unterschreiten. Für die sog. „Bergmaße" galten für die Grubenvermessung einheitliche Bestimmungen, die in den Bergordnungen festgelegt waren. Die Bilder von Heinrich Gross[57] zeigen sehr deutlich, dass die Längenmaße für das Grubenholz, sowie die Gewichtseinheiten für Holzkohle und Erze sich an der Größe normierter Transportgefäße und nicht an konkreten Maßangaben orientierten. Zwar wird in den Bergordnungen die Anfertigung eines geeichten Kübels (1 ctr.) gefordert. Es liegt jedoch auf das Hand, dass es sich hier nur um einen Annäherungswert in der Praxis handeln kann. Andernfalls hätte jeder Kübel ständig nachgewogen werden müssen, denn die Größe der Gesteinsbrocken und ihre Beschaffenheit ließen eine präzise Gewichtsbestimmung über das „Kübelmaß" nicht zu. Dies war auch nicht zwingend erforderlich, da die Grubenkostenberechnung gemäß der Anteile der Gewerken erfolgte, die Fronerze mittels der Anzahl der Kübel berechnet wurde. Entscheidend – und äußerst genau bis in die kleinste Einheit zu berechnen – war die Feinsilberproduktion. Hier galt im Lebertal für die Silberlieferungen an die Münzstätten des Rappenmünzbundes und später der landesherrlichen Münze in Thann bzw. Ensisheim die Mark Kölner Gewicht als Bezugsgröße. Vor allem Straßburger Gewerken rechneten gelegentlich nach der Mark Straßburger Gewicht ab, während im Einzugsbereich des Herzogs von Lothringen die Mark Troyer Gewicht galt. Bei allen drei Gewichtseinheiten handelte es sich um konvertierbare Größen auf Reichsebene.

5. Das Montanrevier Lebertal eine Wirtschaftsregion als Oase des sozialen Friedens?

Mit der Entdeckung abbauwürdiger Erzlagerstätten der Edelmetalle Gold und Silber sowie von Salzvorkommen, auch weißes Gold genannt, entstanden Wirtschafts-

---

56 TLA Innsbruck, Gemeine Missiven 1552, fol. 125 – 126vs: Die Innsbrucker Kammer weist die Regierung in Ensisheim an, dafür zu sorgen, dass im Lebertal keine „bösen" Münzen aus Lothringen eingeführt werden sollen. Der Lothringer Dickpfennig soll fünf Batzen entsprechen.

57 Westermann, Entwicklungsprobleme, S. 131, 134, 146, 149.

räume auf Zeit. In der frühen Neuzeit konnte der Grundsatz des landesherrlichen Bergregals „Bergrecht bricht grundherrliches Recht“ dazu führen, dass Wirtschaftsgrenzen in Montanrevieren aufgrund des Lagerstättenverlaufs Herrschaftsgrenzen überschritten. Der Rechtsverband der Berggemeinde sprengte dann nicht nur bestehende Rechtsverbände sondern überwand politische Grenzen, ohne diese aufzuheben. Ein besonderes Merkmal war dabei, dass alle im Montanwesen involvierten Personen dem Bergstab unterstanden. Auf diese Weise aktivierten Erzvorkommen für die Dauer ihres Abbaues im Raum eine Rechtsform, die der Person eigen war und gleichzeitig durch das Prinzip der Freizügigkeit wie durch ökonomische Erfordernisse raumunabhängige bzw. raumübergreifende Elemente enthielt. In diesem Spannungsfeld von Herrschaftsgrenzen, Wirtschaftsgrenzen Rechtsgrenzen und dem Rappenmünzbund ist das Montanrevier des Lebertals im 16. Jahrhundert zu sehen.

Damit bietet dieses Revier die Möglichkeit, den Mikrokosmos eines Wirtschaftsraumes vom Anfang seiner Entstehung bis zum Niedergang aus unterschiedlichen Perspektiven und Fragestellungen zu untersuchen.

Die Vielfalt der Hoheitsrechte und Ansprüche des Hauses Habsburg, der Herren von Rappoltstein, des Herzogs von Lothringen, der Stadt- und Landgemeinden sowie geistlicher Herrschaften zwangen, wollte man die Edelmetallvorkommen rasch und effizient ausbeuten, zu einem gewaltlosen Konfliktaustrag. Die auf Verhandlungswegen gefundenen Kompromisse hatten deswegen Bestand, weil letztlich die wirtschaftlichen Interessen aller nur befriedigt werden konnten, wenn der soziale Friede im Revier gewahrt wurde. Die Dominanz des Hauses Habsburg als Landesherr blieb dabei erhalten. Sie war Garant für die Rechtssicherheit, ohne die weder Investoren noch Arbeiter dem Berggeschrei gefolgt wären. Dank der landesherrlichen Gerichtshoheit unterstanden sie dem Berggerichtsstab. Eingriffe in ihre Rechtsstellung vor allem durch die Herzöge von Lothringen aber auch durch die Herren von Pollweiler sah der Bergherr als Angriff auf seine Hoheitsrechte an und wehrte diese deswegen auch im eigenen Interesse ab. Zudem gelangte die Berggemeinde durch das Rechtsetzungsmonopol des Landesherrn in den Genuss von Lohn- und Arbeitszeitgarantien, Kündigungsschutz und Integrationshilfen. Es kam zwar wegen der Ver-sorgung der Berggemeinde mit Wohnraum und Nahrungsmitteln und der Teilhabe an dörflichen Nutzungsrechten immer wieder zu Auseinandersetzungen; aber diese eskalierten aufgrund der gefundenen Kompromisse nie in dem Ausmaß, dass die Drohungen seitens der Bergarbeiter mit Streik oder Wegzug aus dem Revier wahr gemacht wurden. Die Erhaltung des sozialen Friedens ging offensichtlich auf die handfesten ökonomischen Interessen aller beteiligten gesellschaftlichen Gruppen zurück. Diese unterstrich der Regalherr aus seiner Sicht bei jeder sich bietenden Gelegenheit: alle seine Aktivitäten standen stets unter der Prämisse, das Kammergut zu mehren.

Ein Streitpunkt, der dieses labile Gleichgewicht tatsächlich hätte auseinanderbrechen lassen können, war die Bekenntnisfrage. Es war dem besonnenen Verhalten Egnolph von Rappoltsteins und des Bergrichters Valtin Golin zu verdanken, dass es nicht zu einem massenhaften Abzug der Berg- und Hüttenarbeiter kam. Letzterer ignorierte stillschweigend die Anweisung des Landesherrn auf Ausweisung aller Personen, die sich nicht zur katholischen Religion bekannten. Deutlicher reagierte Egnolph III. Er berief sich auf die Bekenntnisfreiheit seit dem Augsburger Religionsfrieden. In beiden Fällen hat der Landesherr nicht weiter insistiert. Die Bergleute dankten dem Herren von Rappoltstein[58] seinen Einsatz für sie, indem sie am „Pfiffertag", wenn die Spielleute, deren Schirmherr der Herr von Rappoltstein war, ihrem „König" in Rappoltsweiler huldigten, mit einem Fähnlein an dem Festumzug teilnahmen. Wenn auch die in der Gesellschaft des 16. Jahrhunderts so überaus brisante Konfessionsfrage den Ausgleich der verschiedenen Interessen im Lebertaler Bergbaurevier nicht gefährden konnte, dann unterstreicht dies den Primat ökonomischer Interessen. Diese verbanden alle beteiligten Personen und Gruppen und gaben so letztlich den Ausschlag bei der Wahl der Mittel, die geeignet erschienen, auf die sozialen und ökonomischen Herausforderungen in diesem von Grenzen geprägten Raum eine Antwort zu finden.

58 Caspari, Evangelisch-lutherische Kirche von Mariakirch, S. 13. Die Herren von Rappoltstein besaßen per Reichslehen das Recht, für die Bruderschaft der fahrenden Spielleute am Rheinknie einen sogenannten 'Pfeiferkönig' als Gerichtsinstanz einzusetzen. Seiring, Claudia, Fremde in der Stadt. Die Rechtsstellung Auswärtiger in mittelalterlichen und neuzeitlichen Quellen der deutschsprachigen Schweiz, Frankfurt a. M. 1999, S. 227, 252, 256. Seidenspinner, Wolfgang, Das „Königreich" als Organisationsform gesellschaftlicher Gruppen. Soziale Integration, Geselligkeit, Alternative und Rebellion (vornehmlich nach oberrheinischen Quellen des Spätmittelalters). In: Zeitschrift für die Geschichte des Oberrheins 146 (1998), S. 249-270, hier S. 254f.

Anhang I

Montanverwaltung in Vorderösterreich[59]

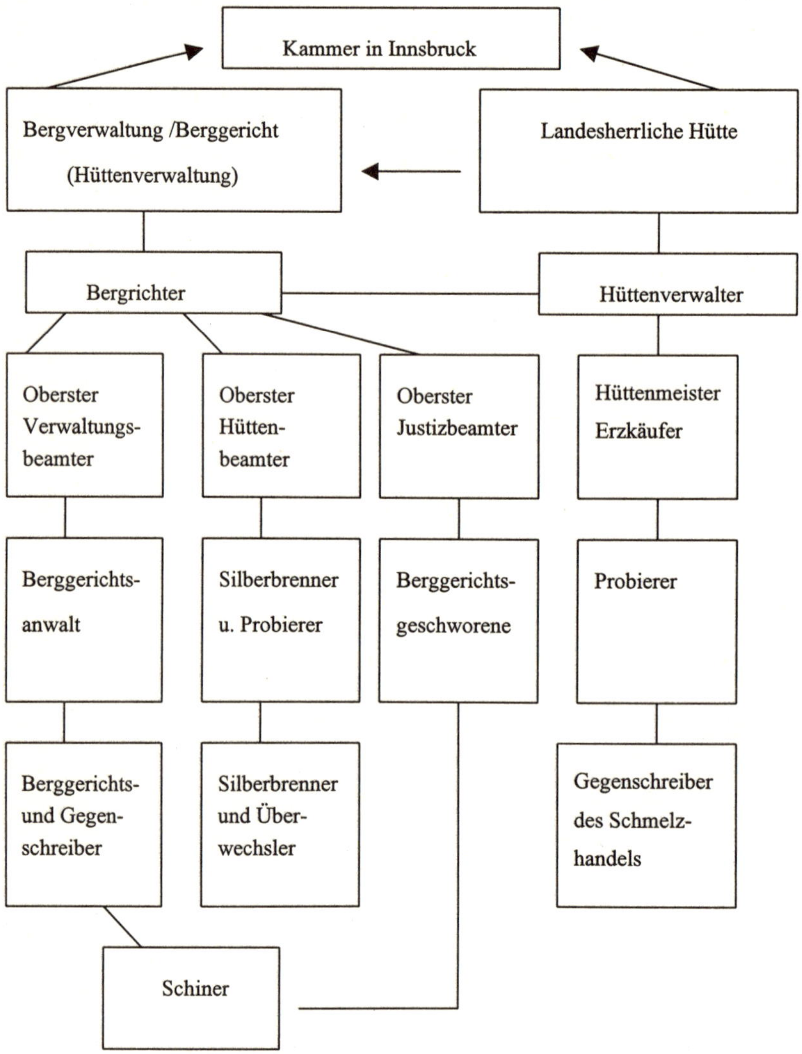

59 Eine landesherrliche Hütte wurde erst dann eingerichtet, wenn die Verhüttung der Eigenteil- und Fronerze einen eigenen Hüttenbetrieb des Landesherrn rentabel erschienen ließen. Die Auslastung der Hütte konnte durch Zukauf von Erzen gesteuert werden. Nichtschmelzende Gewerken und Lehenhäuer hatten dann die Wahl, ihre Erze in die Hütte der schmelzenden Gewerken oder in die landesherrliche Hütte zu liefern.

Anhang II

Funktion der Amtssitze im Aufbau der Montanverwaltung in Vorderösterreich

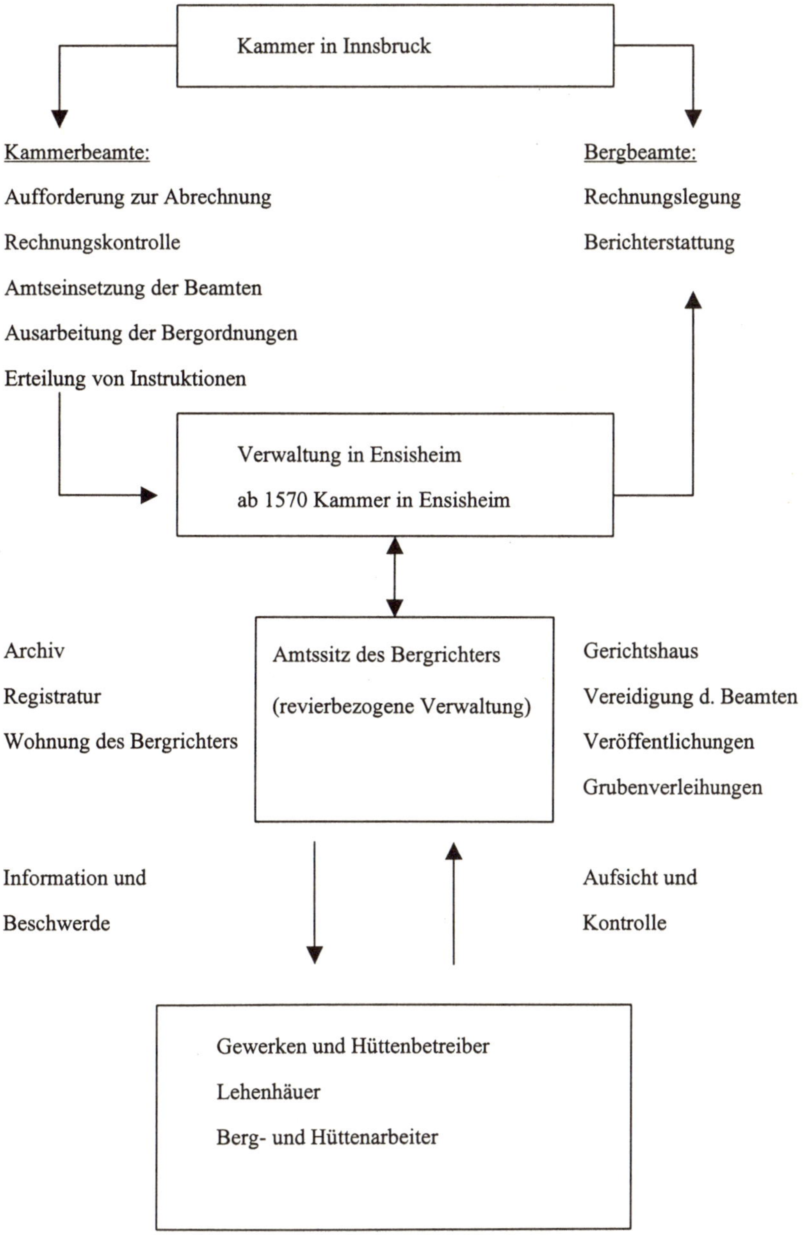

Serge Brunet

Les Pyrénées: Genèse de la frontière et adaptations locales par des accords transfrontaliers (XIVe-XVIIIe siècle)

Les Pyrénées constituent une sorte d'archétype de la frontière d'État. Daniel Nordman considère qu'au moment de la Paix des Pyrénées (1659) elles représentent la limite la plus simple, à la fois « géographique, topographique [et] linéaire. »[1] L'observation de ces montagnes et de leur ligne de crêtes, accrédite le concept de « frontière naturelle ». Cependant, au-delà de la prise en compte des lignes de hauteurs, nous pensons que c'est dans les Pyrénées centrales qu'a été pour la première fois défini le principe des « eaux pendantes », qui complète le premier.

Les contraintes naturelles et politiques ont amené les habitants de cette montagne-frontière précoce à tisser de part et d'autre des accords médiévaux qui réglementent le pastoralisme, mais aussi le commerce en général et, un temps, des questions non seulement de police, mais aussi de défense communes. Ce sont les « lies et passeries ». Celles-ci évoluent durant les cinq siècles de leur existence, témoignant de la genèse d'une frontière d'États moderne, ainsi que des facultés d'adaptation des populations frontalières dans leurs relations économiques, sociales et de bon voisinage[2].

La naissance du concept de la limite des « eaux pendantes ».

Sans retracer en détail la naissance de la théorie des frontières naturelles, nous en marquerons les moments-clés[3]. C'est devant la Convention, le 31 janvier 1793, que Danton a formulé officiellement cette doctrine[4]. Mais la notion est bien plus ancienne

---

1 Contrairement aux autres frontières qui marquent une structure territoriale fondée sur des villages, la règle qui prévaut pour celle des Pyrénées est la ligne des monts (Daniel NORDMAN, *Frontières de France. De l'espace au territoire, XVIe-XIXe siècle*, Paris, Éditions Gallimard, 1998, p. 150-192).

2 La première étude de synthèse sur l'évolution de ces accords a été réalisée par Henri CAVAILLES (« Une fédération pyrénéenne sous l'Ancien Régime : les traités de lies et passeries », *Revue Historique*, 1910). De trop rares monographies permettent de bien juger de leur transformation au cours des âges. L'étude de Pierre Tucoo-Chala est à ce titre là exemplaire (Pierre TUCOO-CHALA, « Un traité de lies et passeries du Moyen Âge à la Révolution : Ossau et Tena », *Annales du Midi*, t. LXXVII, 1965, p. 157-177). Voir également : Jean-Pierre BARAQUE, « Du bon usage du pacte : les passeries dans les Pyrénées à la fin du Moyen Âge », *Revue Historique*, n° 614, 2000, p. 307-335.

3 Pour de plus amples développements, voir : Serge BRUNET, *Les montagnards et la frontière des Pyrénées, XVIIe et XVIIIe siècles. Étude sur les fondements d'une contestation*, D.E.A., E.H.E.S.S., Paris, 1987, dactyl.

4 « Les limites de la France sont marquées par la nature, nous les atteindrons des quatre coins de l'horizon, du côté du Rhin, du côté de l'Océan, du côté des Alpes. Là, doivent finir les bornes de

que la doctrine politique et, devant l'orateur passionné, les Conventionnels avaient à l'esprit la référence aux frontières de la Gaule, telles qu'elles avaient été décrites par Jules César dans les *Commentaires de la Guerre des Gaules* : le Rhin, les Alpes et les Pyrénées[5].

Frontière idéale lors de la conquête des Gaules, les Pyrénées ne l'étaient plus au sein de l'empire de Charlemagne, avec la Marche d'Espagne, ni quand de puissantes lignées ont étendu leur domination de part et d'autre de la chaîne, telles que celles des comtes de Barcelone ou des rois de Navarre[6]. Malgré tout, la métaphore de la montagne des Pyrénées érigée comme un mur entre les États revenait régulièrement sous la plume des cosmographes, depuis son énoncé par Isidore de Séville (v. 570 - 636), démontrant la force de la tradition de la géographie antique. Les Pyrénées se dressaient entre la *Gallia* et l'*Hispania*, comme un ouvrage défensif « *quasi de industria munimentum* »[7]. Cependant, l'image forgée par ce dernier restait très sommaire.

Au début du XIIIe siècle, l'historien et poète Guillaume le Breton, qui glorifie son maître Philippe Auguste dans un poème en douze livres intitulé *Philippide*, évoque le cours supérieur de la Garonne. Il assigne comme but au roi de France d'étendre ses possessions jusqu'aux Pyrénées. « Tu fourniras un sujet digne d'un poème », lui disait-il, « *cum post retrofluum pelago crescente Gerunnam / In Pyreneo figes tentoria monte* »[8]. Comment ne pas voir là une incitation à prendre la tête de l'armée des che-

---

notre république. » Le 14 février, Carnot précisait: « Les limites anciennes et naturelles de la France sont le Rhin, les Alpes et les Pyrénées... Les parties qui en ont été démembrées ne l'ont été que par usurpation. » (Cité par Jacques GODECHOT, *La Grande Nation. L'expansion révolutionnaire de la France dans le monde de 1789 à 1799*, 1956, rééd. Aubier Montaigne, Paris, 1983, p. 72-73).

5 La Garonne marquait la frontière entre Aquitains et Celtes. « *Gallia est omnis divisa in partes tres, quarum unam incolunt Belgae, aliam Aquitani, tertiam qui ipsorum linguae Celtae, nostra Galli appellantur. Hi omnes lingua, institutis, legibus inter se differunt. Gallos ab Aquitanis Garumna flumen, a Belgis Matrona et Sequana dividit. [...] Eorum una pars, quam Gallos obtinere dictum est, initium capit a flumine Rhodano; continetur Garumna flumine, Oceano, finibus Belgarum; attingit etiam ab Sequanis et Helvetiis flumen Rhenum; vergit ad septentriones. Belgae ab extremis gallia finibus oriuntur; pertinent ab inferiorem partem fluminis Rheni; spectant in septentrionem et orientem solem. Aquitania a Garumna flumine ad Pyrenaeos montes et eam partem Oceani, quae est ad Hispaniam, pertinet; spectat inter occasum solis et septentriones.* » (Jules CESAR, *Commentaires sur la guerre des Gaules*, livre 1, traduction d'Artaud, Garnier, Paris, s.d., p. 1-2.) Un demi-siècle plus tard, le géographe grec Strabon reprend et développe cette délimitation dans le tome IV de sa *Géographie*.

6 Sur la frontière des Pyrénées dans l'Antiquité, on se reportera à la thèse, publiée, de Christian RICO (*Pyrénées romaines: essai sur un pays de frontière (IIIe siècle av. J.-C. - IVe siècle ap. J.-C.)*, Madrid, Casa de Velázquez, 1997).

7 L'évêque de Séville est l'auteur d'un ouvrage encyclopédique intitulé : *Originum sive etymologiarum libri*, dans lequel il ébauche une classification des connaissances en arts libéraux, sciences morales, naturelles, agriculture et arts manuels. Le chapitre consacré aux montagnes évoque les Pyrénées (XIV, 8, 15). Voir : Patrick GAULTIER-DALCHE, « L'image des Pyrénées au Moyen Âge », dans: Philippe SENAC (dir.), *Frontières et espaces pyrénéens au Moyen Âge*, Université de Perpignan, 1992, p. 15-37.

8 *Philippidos*, livre 12, v. 827 (Éd. F. DELABORDE, *Oeuvres de Rigord et de Guillaume le Breton*, t. II, 1885, p. 449), cité par Patrick GAULTIER-DALCHE, *op. cit.*, p. 24.. Composé d'abord en 10 li-

valiers français de la croisade des Albigeois qui, dès 1209, s'abat sur le Midi, et (après la bataille de Muret, en 1213), à réaffirmer les droits de la mouvance royale sur les possessions du comte de Toulouse, jusqu'à celles du roi d'Aragon[9].

C'est seulement à la fin du XIIIe siècle qu'une série d'enquêtes révèlent un souci nouveau de borner le royaume. Si le désir d'en dénombrer les ressources est ancien, la maîtrise, géométrique, de l'espace est quant à elle nouvelle. On passe alors de frontières qui, vues des centres éloignés du pouvoir, n'étaient guère que des marches incertaines, à une précision des limites qui accompagne l'homogénéité politique croissante des États[10]. À ce moment, la notion de frontière naturelle des Pyrénées est affirmée, comme un argument diplomatique majeur et, surtout, elle est précisée. Il semble bien que ce soit la lutte pour la possession de la haute vallée de la Garonne, c'est-à-dire du Val d'Aran, qui ait contribué à l'élaboration de cette notion.

Rattaché à la maison de Comminges, dans la mouvance de la Couronne d'Aragon, le Val d'Aran était retourné dans l'orbite catalane après la déroute de Muret, même si dans les faits, ses habitants conservaient une assez large autonomie[11]. Par le traité de Corbeil, le 11 mai 1258, Louis IX abandonne tous ses droits sur l'ancien comté carolingien de Barcelone et ses dépendances, et le roi d'Aragon fait de même, sur le comté de Toulouse. Cet acte aurait dû sanctionner le rattachement du Val d'Aran à la couronne d'Aragon, mais le texte ne fait nullement allusion à cette vallée.

Lorsque Jacques Ier d'Aragon abdique la royauté pour prendre l'habit de Cîteaux (1276), il confirme le partage de ses États, qu'il avait réglé dès 1262, puis, par testament, en 1272. Son fils aîné, le futur Pierre III, doit hériter des royaumes d'Aragon et de Valence, du comté de Barcelone avec les fiefs qui en dépendent, des comtés de Ribagorza et de Pallars ainsi que du Val d'Aran. En 1280, alors qu'il est en guerre contre le comte de Foix, Roger-Bernard, Pierre d'Aragon sollicite l'aide militaire des Aranais. À ce moment, à la suite de la croisade d'Aragon, commencent à se faire entendre les contestations françaises sur la possession du Val d'Aran. Philippe Le Hardi prétend que le traité de Corbeil a réglé la domination française sur tout le versant mé-

---

vres, entre 1214 et 1219, le poème fut remanié par l'auteur, puis corrigé à nouveau et remanié par lui entre 1222 et 1224. Guillaume le Breton a enfin dédié une troisième et dernière édition à Louis VIII (mort en 1226).

9 À cette date, la situation du comté de Comminges est ambiguë. Sûrement pour récompenser ses bons offices dans l'œuvre de rapprochement entre la maison de Toulouse et celle de Barcelone, Bernard IV de Comminges s'est vu attribuer le Val d'Aran par Pierre II d'Aragon. Mais alors le comte de Comminges se reconnaît vassal du roi d'Aragon non seulement pour la seule haute vallée de la Garonne, mais pour l'ensemble du comté de Comminges (Charles HIGOUNET, *Le comté de Comminges, de ses origines à son annexion à la Couronne*, 1949, rééd. L'Adret, St-Gaudens, 1984, p. 84). Sur la situation du Val d'Aran durant le premier Moyen Âge, voir : Serge BRUNET, *Les prêtres des montagnes. Val d'Aran et diocèse de Comminges (vers 1550 - vers 1750)*, thèse de doctorat d'histoire, E.H.E.S.S., Paris, 1996, t. 1, p. 57-61).

10 Monique BOURIN-DERRUAU, *Nouvelle histoire de la France médiévale.* Tome 4. *Temps d'équilibre, temps de ruptures, XIIIe siècle*, Seuil, Paris, 1990, p. 59-60.

11 Charles HIGOUNET, *op. cit.*, p. 106-107. Flocel SABATÉ I CURULL, *El territori de la Catalunya medieval. Percepció de l'espai i dicisió territorial al llarg de l'Edat Mitjana*, Rafael Dalmau Editor, Barcelona, 1997, p. 306-307.

ridional des Pyrénées, y compris le Val d'Aran. Il cautionne l'occupation de cette vallée par les Français. Celle-ci va durer 15 ans, de 1283 à 1298. Le Val d'Aran est placé dans la judicature commingeoise de Rivière, et le château de Castelléon (*Castèth Leon*) est érigé.

Complétant l'analyse de Juan Reglà, nous avons tenté de démontrer les enjeux, non seulement politiques, mais aussi éminemment ecclésiastiques et religieux de ce conflit[12]. En 1298, les compétiteurs finissent par s'en remettre à l'arbitrage du pape, qui confie momentanément la garde de la vallée au roi de Majorque, Jacques Ier. Les souverains instruisent alors le procès par moult enquêtes. On connaît l'habileté des légistes de Philippe le Bel. Faisant flèche de tout bois, ils témoignent dans leurs écrits d'une remarquable connaissance des antécédents historiques, comme aussi des traditions et des légendes locales[13].

« *Quod dicta Vallis Aranni sit de regno Francie, apparet notorie pro eo quod est infra fines regni Francie. Regnum enim Francie seu Gualliarum diuiditur per cacumina montium Piraneorum a regnis Yspanie, Araguonie et aliorum. Prout dicta flumina decurrunt uersus Vasconiam est de regno Francie, et prout decurrunt uersus Yspaniam, seu Cataloniam est de regnis Yspanorum, secundum Ysidorum et antiqua cronica. Fluuiuis enim Guarone nascitur in capite dicte Vallis Aranni, et transcurrens totam dictam uallem transit per Tholosam* [...] *ita quod quicquid est a decursu aquarum montis Pirenney citra, totum est notorie de regno Francie...* »[14]

Contrairement à Isidore de Séville, qui n'exprimait que la notion de crêtes sommitales comme limites entre les États, apparaît désormais clairement la référence aux « eaux pendantes ». L'hydrographie, qui, en matière de frontière, était limitée au tracé du lit de certains fleuves, comme le Rhin ou le Rhône pour la France, ou encore la Cinca pour la Catalogne, sert dorénavant aussi par le repérage des sources des cours d'eau[15]. Ceux-ci revêtent alors une valeur toute nouvelle dans les traités. Malgré tout,

---

12 Juan REGLÀ I CAMPISTOL, *Francia, la Corona de Aragón y la frontera pirenaica. La lucha por el Valle de Arán (siglos XIII-XIV)*, Madrid, 1948. Serge BRUNET, *op. cit.*, t. 1. Voir également : Joan Eusébi GARCIA BIOSCA et Anna RICH I ABAD, « En els marges de la corona. Canvi históric i conflictes socials a la vall d'Arán a finals del segle XIII i principis del XIV », *Congrès international Histoire des Pyrénées*, Cervera, 1988, U.N.E.D., Madrid, 1991.

13 Philippe Lauer a remarqué la puissance des arguments contenus dans ce document. Il suspecte, parmi ses rédacteurs les commissaires royaux envoyés en 1308 par Philippe le Bel en Aran : Gérard de Cortone, Jean de Blainville, sénéchal de Toulouse, et Lambert de Thurey, seigneur de Saissac (« Une enquête au sujet de la frontière française dans le Val d'Aran sous Philippe le Bel », *Comité des travaux historiques et scientifiques, Bulletin de la section de géographie*, t. XXXV, 1920. Voir également : F. PASQUIER, « Cession définitive du Val d'Aran à l'Aragon », *Revue de Comminges*, t. VII, 1892, p. 112). Une partie du document relate l'intervention de Charles Martel, pour libérer la vallée de l'occupation musulmane. Elle s'appuie sur une tradition locale, associant avec habileté le légendaire de l'origine de familles féodales aranaises pro-françaises, et l'hagiographie du saint évêque Bertrand (Serge BRUNET, *op. cit.*, t. 1, p. 101-102).

14 B.N., ms. français, coll. Clairambault, vol. 1021, f° 75, (Publié par Philippe LAUER, *op. cit.*, p. 29-30).

15 Ainsi le Rhin était, jusqu'au XVe siècle, une artère de transit au milieu d'une zone agricole fertile. Ce n'est que plus tard qu'il devient la frontière nationale par excellence (Odile KAMMERER, « Le

en ce qui concerne les destinées de la haute vallée de la Garonne, par l'accord de Poissy, signé le 26 avril 1313, Philippe le Bel restitue le Val d'Aran à Jacques II d'Aragon. Plus tard, les géographes de la Renaissance, qui redécouvrent les auteurs antiques affinent la représentation cartographique, mais n'ont plus guère à apporter à un concept déjà élaboré par les diplomates[16].

La frontière orientale des Pyrénées, conformément au traité de Corbeil, ne tenait pas compte de la ligne de crête. Charles VII, puis surtout Louis XI, remirent en cause cette limite. En 1463 et en 1475, elle fut reportée aux Albères[17]. Mais cette tentative échoua et, par le traité de Barcelone de 1493, les territoires annexés redevinrent espagnols[18]. Ce n'est qu'à la paix des Pyrénées, en 1659, que la France annexe définitivement les comtés de Roussillon et de Conflent, ainsi que partie de la Cerdagne. L'article 42 du traité précise « que les Monts Pyrénées, qui avoient anciennement divisé les Gaules, des Espagnes, seront aussi dorénavant la division des deux mesmes Royaumes ». Mais, contrairement aux termes du traité d'Utrecht (1713), conclu entre la France et la Savoie, qui fondera les limites sur le principe des « eaux pendantes », le traité des Pyrénées se contentait prudemment d'énoncer le principe des crêtes sommitales[19]. Il déléguait à deux commissaires le soin de déclarer « ensemble de bonne foy [...] quels sont les Monts Pyrénées, qui suivant le contenu en cet Article, doivent diviser à l'avenir les deux Royaumes » et de signaler « les limites qu'ils doivent avoir ». Pierre de Marca, archevêque de Toulouse, et Hyacinthe Serroni sont nommés pour la France. Les arguments sont essentiellement historiques, particulièrement lors des difficiles conférences de Céret. Les représentants de Louis XIV veulent que l'on se fonde sur les écrits des historiens et des géographes de l'Antiquité pour définir l'emplacement de la frontière. Les commissaires de Philippe IV entendent, au contraire, s'en tenir aux limites des comtés médiévaux. Ces derniers semblent moins bien connaître

---

Haut Rhin entre Bâle et Strasbourg a-t-il été une frontière médiévale? », *Actes du 113e Congrès national des sociétés savantes*, Strasbourg, 1988, Éditions du C.T.H.S., Paris, 1989. La Cinca, affluent de l'Ebre, marquait la limite occidentale de la Catalogne (Flocel SABATE I CURULL, *op. cit.*, p. 292-293).

16 Numa BROC, *La géographie de la Renaissance, 1420-1620*, C.T.H.S., Paris, 1980, rééd. 1986. *Images de la montagne. De l'artiste cartographe à l'ordinateur*, Catalogue d'exposition et essais, B.N., Paris, 1984, p. 8-9. Voir également : Mariàngela VILALLONGA, « Les pays pyrénéens dans le *Dictionarum geographiae uniuersalis hispaniae* de Francesc Tarafa (vers 1495-1556) », dans : Michel BRUNET, Serge BRUNET et Claudine PAILHES (dir.), *Pays pyrénéens et pouvoirs centraux (XVIe-XXe siècle)*, Association des Amis des Archives de l'Ariège, Toulouse, 1995, p. 267-285.

17 Lors de ce conflit, l'armée française tenta de s'emparer du Val d'Aran, en 1470, puis plus efficacement en 1473 sous les ordres des seigneurs d'Armagnac, d'Aure et de Comminges (Josep LLADONOSA, *Invasions i intents d'integració de la Vall d'Aran a França*, Barcelona, Rafael Dalmau Ed., 1967, p. 30-32).

18 Joseph CALMETTE, *La question des Pyrénées et la Marche d'Espagne au Moyen Âge*, Paris, J.B. Janin, 1947.

19 Daniel NORDMAN, « Buache de La Neuville et la „frontière" des Pyrénées », *Images de la montagne. De l'artiste cartographe à l'ordinateur*, Catalogue d'exposition et essais, B.N., Paris, 1984, p. 108.

les dossiers[20]. Par contre, Pierre de Marca, juriste et historien béarnais, qui a été évêque de Couserans, et surtout Visiteur général de Catalogne, connaît parfaitement les Pyrénées. Il a accumulé une énorme documen-tation pour étayer les prétentions françaises, qui est publiée après sa mort. Il y élude la question du Val d'Aran, en déclarant que « la possession de cette vallée ne fut point discutée, parce qu'il était reconnu qu'elle appartenait à l'Espagne sans aucun conteste »[21].

Ce n'est donc qu'*a posteriori* que les diplomates déclarent que le principe des « eaux pendantes » avait présidé aux négociations du traité des Pyrénées[22]. Dans ces débats, la question de la haute vallée de la Garonne n'a pas été « oubliée », mais elle a été mise à l'écart. Nous pensons que c'est la situation explosive du Val d'Aran, la dissidence de ses habitants à l'égard des autorités françaises, tant civiles qu'ecclésiastiques, alors que les Catalans étaient nos alliés, jointes aux intérêts commerciaux des frontaliers, qui ne rendaient pas souhaitable et d'ailleurs quasiment impossible, le rattachement du Val d'Aran à la couronne de France[23]. Alors, près de quarante ans plus tard, l'intendant du Languedoc, Nicolas de Lamoignon de Basville, peut jeter l'anathème sur Pierre de Marca. Déclarant que cette vallée « devrait appartenir toutte entière à la France au moins pour la souveraineté », il prend soin de démontrer l'ancienneté de son rattachement à la France, depuis l'Antiquité.

---

20 Alícia MARCET-JUNCOSA, *Le rattachement du Roussillon à la France*, Perpignan, Llibres del Trabucaire, 1995, p. 102-108.

21 « *Ejus autem possessio interpellata non fuit per conditiones publicae pacis nuper initae in insula Phasianorum, quoniam ab Hispanis detinebatur absque ulla lite* » (*Marca hispanica, sive Limes hispanicus, hoc est geographica et historica descriptio Cataloniae, Ruscinonis, et circumjacentium popularum, auctore illustrissima viro Petro de Marca, archiepiscopo Parisiensi*, François Muguet, Paris, 1668, chap. XV). De 1644 à 1651, alors que la Catalogne est sous domination française, Marca en était le Visiteur général et l'intendant de justice du roi de France (François GAQUERE, *Pierre de Marca (1594-1662). Sa vie, ses oeuvres, son gallicanisme*, P. Lethielleux, Paris, 1932). Au sujet de Pierre de Marca, on se reportera à la thèse de Thierry Issartel, récemment soutenue à l'université de Pau et des Pays de l'Adour.

22 Par exemple, en 1752, le marquis de Paumy, qui inspecte la frontière du Roussillon, écrit dans son rapport : « On prit donc [en 1659] pour limites le sommet et la direction des Pyrénées, en convenant que le penchant de ces montagnes qui regarde l'intérieur du Roussillon appartiendrait à la France, que le penchant opposé aux provinces d'Espagne appartiendrait à cette Couronne et qu'on observerait la règle des eaux pendantes, comme on l'a suivie aux limites des Alpes. » (Bibliothèque de l'Arsenal, Paris, ms. 4574, f° 205, cité par : Fernand BRAUDEL, *L'identité de la France. T. 1. Espace et histoire*, 1986, rééd. France Loisirs, Paris, 1986, p. 291.

23 Serge BRUNET, *op. cit.*, t. 2, p. 698-750.

« Il est certain que l'on était en droit de revendiquer au traitté des Pyrénées, mais cela ne fut pas fait, dit M. de Marca *hispaniae quoniam hispanis detinabatus sine ulla lite* c'est ainsi qu'il a couvert une faute dans ce traitté et dont il estait plus responsable qu'un autre, parce qu'il avait donné beaucoup de mémoires et qu'il fut le commissaire pour les limites. »[24]

Charles Quint puis Philippe II s'étaient attachés à mieux faire coïncider les limites ecclésiastiques et les limites politiques. Resteront cependant jusqu'en 1805 les inadéquations du Val d'Aran et de la Cerdagne[25]. À cette date seulement, par un échange simultané d'autorité épiscopale, le Val d'Aran espagnol, qui dépendait de l'ancien diocèse français de Comminges, passe sous l'autorité de l'évêque d'Urgell, alors que ce dernier abandonne à l'évêque de Perpignan ses droits sur la Cerdagne française. Malgré la persistance d'enclaves eu égard aux principes des frontières naturelles, et l'affirmation d'un État andorran, les Traités des Limites, signés entre les gouvernements d'Isabelle II, reine d'Espagne, et de Napoléon III, empereur des Français, ne feront que préciser le tracé d'une frontière étonnamment stable[26].

Dans cet espace éminemment montagnard, des communautés de vallées, ou de portions de vallées, exploitaient en commun des pâturages, réglaient les mouvements de transhumance. Le cadre de la vallée, unité de vie, s'était même imposé lors de l'éclatement féodal. C'est alors naturellement entre ces vallées que se sont organisés les accords de lies et passeries. Connus aux XIVe-XVIe siècles par des textes de confirmation, ils semblent immuables, figés. Malgré les multiples conflits qui opposent ensuite la France et l'Espagne, le théâtre des combats, comme l'essentiel du commerce franco-espagnol, évitent alors la haute chaîne centrale. On constate qu'aux XVIIe et XVIIIe siècles, les sources militaires, diplomatiques et administratives por-

---

24 *Mémoire concernant le Languedoc*, 1697, B.M. de Valenciennes, ms. 649, f° 187. Rappelons qu' à cette date la France sort à peine de la guerre de la ligue d'Augsbourg (1688-1697), qui rend sensible la question des frontières avec l' Espagne.

25 Serge BRUNET, « Le Val d'Aran et la frontière des Pyrénées : enjeux politiques, économiques et religieux (XVIe-XVIIIe siècle) », dans : Paul DELSALLE et André FERRER (éd.), *Les enclaves territoriales aux Temps Modernes (XVIe-XVIIIe siècle)*, Actes du colloque international de Besançon, 4-5 octobre 1999, Besançon, Presses universitaires franc-comtoises, 2000, p. 389-406.

26 Le traité des Pyrénées (1659), comme les actes subséquents, ne contenaient aucun règlement général de délimitation. De là des conflits qui venaient souvent exciter le désordre parmi les districts limitrophes. Une commission mixte fut nommée en 1853. Elle réussit à régler la question la plus épineuse, celle du Pays Quint et un premier Traité des Limites put être signé en 1856, définissant la frontière de la Navarre et du Guipúzcoa avec le département des Basses-Pyrénées (Pyrénées-Atlantiques actuelles). Un second traité suivit en 1862 intéressant le centre de la chaîne, entre provinces de Huesca et Lérida d'un côté, et de l'autre les départements des Basses et des Hautes-Pyrénées, Haute-Garonne et Ariège. Un troisième traité, en 1866, concerna l'Est des Pyrénées, province de Gérone et départements des Pyrénées-Orientales. Chacun de ces traités a été assorti d'une Convention additionnelle d'abornement et règlements divers (1858, 1863, 1868). Cette dernière est appelée : « Acte final de délimitation ». Non seulement la frontière est déterminée, mais également les droits et les usages des frontaliers. Depuis, une Commission Internationale des Pyrénées a été chargée de rétablir les repères frontaliers disparus et de préciser encore certains droits et limites (Jean SERMET, *La frontière hispano-française des Pyrénées et les conditions de sa délimitation*, Pau, Marrimpouey, *Pyrénées*-Amis du Livre Pyrénéen, 1983).

tent un jugement contradictoire sur les effets des accords de lies et passeries[27]. En fait, ces dernières font preuve d'une certaine plasticité, et il faut donc retracer leur évolution afin de bien comprendre leur nature.

Des pactes de paix à la défense des privilèges commerciaux.

À l'origine, les contrats passés entre les montagnards ne sont guère que des « paix », dans la dynamique des mouvements de Paix et de Trêve de Dieu nés dans le Midi occitan. Ainsi, l'expression « lies et passeries » est parfois remplacée par « *carta de patz* », ou par le vocable « patzeries », toujours à partir du mot « *patz* » (paix). Le mot « passeries », homophone du précédent, n'exprime cependant que le passage. Il doit donc être complété par le terme « lies », qui indique le lien scellé par le serment, le contrat et donc, là encore, la « paix »[28]. Mettant un terme aux exactions féodales, aux violences pour la possession ou l'usage des estives, ces accords instauraient un retour aux bonnes relations de voisinage, en fixant les bornes des finages, la gestion des pâturages, en s'évertuant à interdire le droit de marque, à contrôler la pignore ou le « *carnau* » et à fixer une surséance avant tout acte belliqueux[29]. Ces garanties étaient essentielles pour des populations pastorales contraintes aux transhumances du bétail[30].

Au cours du XIVe siècle, les accords de lies et passeries revêtent un caractère plus commercial. Avec l'accroissement de la fiscalité royale et princière d'un État moderne en gestation, les montagnards s'efforcent de conserver leurs exemptions fiscales. C'est encore dans la partie centrale des Pyrénées, autour du Val d'Aran, que ces nouvelles orientations semblent prendre le plus de force[31]. De la fin du XIIIe siècle aux années

---

27 Serge BRUNET, « Les lies et passeries des Pyrénées sous Louis XIV, ou l'art d'éviter les malheurs de la guerre? », dans : André CORVISIER et Jean JACQUART (dir.), *Les malheurs de la guerre. I. De la guerre à l'ancienne à la guerre réglée*, Actes du 119e Congrès national des sociétés historiques et scientifiques, Amiens, octobre 1994, Paris, Éditions du C.T.H.S., 1996, p. 271-289.

28 Sur le versant sud, on emploie couramment le mot castillan « *facerias* ».

29 A l'origine, on appelle pignore (du lat. *pignus*, *oris* et *eris* : gage, nantissement, mais aussi : otage, garantie d'une gageure, enjeu) l'action qui consiste à s'emparer d'une bête qui pâture là où son possesseur n'a pas le droit de l'envoyer, de façon à obtenir un dédommagement pour prix de sa libération. Par la suite, le terme s'étendit en fait à toute sorte de saisie (parfois suivie de représailles) visant à détenir un gage, dans l'espoir d'un arbitrage. Il désigne aussi de façon générale un gage et jusqu'à l'hypothèque qui garantit un prêt (catalan : *empenyorar*). Une forme extrême de la pignore est le droit de *carnal* ou *carnau*. La bête surprise sur des terres qui lui étaient interdites était immédiatement abattue et consommée par les ayants-droit.

30 Christian Desplat a donné une synthèse sur ces violences paysannes (Christian DESPLAT, *La guerre oubliée. Guerres paysannes dans les Pyrénées (XIIe-XIXe siècle)*, Biarritz, J. & D. Éditions, 1993.

31 Les habitants de la vallée de Vicdessos, qui avaient obtenu en 1293 de Roger Bernard comte de Foix la faculté de commercer et de traiter librement avec les Catalans du Val de Ferrera et du comté de Paillas, rappellent bien ce droit dans le renouvellement de lies et passeries de 1355 (ce document est perdu, voir : Paul DE CASTERAN, « Traités internationaux de lies et passeries », *Revue des*

1320 une tension persistante agite les Pyrénées centrales. Les habitants du Val d'Aran, situé sur le versant nord des Pyrénées, sont contraints de s'approvisionner pour l'essentiel côté français. Leur rattachement à la couronne d'Aragon en 1313 engage à des mesures de rétorsion économique orchestrées par le comte de Comminges[32]. C'est pour apaiser ses sujets que Jacques II leur reconnaît, en 1316, un ensemble de privilèges appelé « *Querimonia* ». Il faut distinguer l'article 14, qui donne le droit de poursuivre des relations économiques avec la France. Dix jours de surséance doivent courir entre la déclaration de guerre et l'entrée en belligérance. Le souverain accorde aux Aranais le droit de renouveler annuellement ces accords avec les frontaliers[33]. À la même date, sur le versant français, Bernard VIII, comte de Comminges, fait de même pour les habitants de la châtellenie de Frontignes, qui constitue la partie montagnarde et frontalière de son comté. Ses habitants peuvent faire du commerce, même en temps de guerre et ils n'ont qu'un droit léger à payer sur le sel importé[34]. En 1381, Aymeric de Comminges, qui représente le comte, et Pierre IV d'Aragon, confirment les articles

---

Pyrénées, 1894). Les habitants des vallées de Barèges et de Broto stipulent également ce droit en 1390.

32 Charles HIGOUNET, *Le comté de Comminges, de ses origines à son annexion à la couronne*, Toulouse/Paris, Privat, 1949, p. 78-107. L'irruption d'une nouvelle frontière politique engage à de nouveaux aménagements dans les ports et passages (Serge BRUNET, « L'hospice de France et la frontière des Pyrénées, XIVe-XIXe siècle », *Pyrénées. Bulletin pyrénéen*, n° 206, 2001, p. 161-196.

33 Les Aranais s'étaient vus reconnaître la propriété des bois, eaux, mines et montagnes de la vallée. Ils pouvaient conclure annuellement des pactes de paix et des trêves, notamment avec le comte de Comminges et avec Arnaud d'Espagne, qui est alors vicomte de Couserans et qui revendique le Haut-Pallars (Charles HIGOUNET, « Comté et maison de Comminges entre France et Aragon au Moyen Âge », *Bulletin Hispanique*, t. XCIX, 1947). « *Quod homines dicte vallis sunt in possessione, usu, consuetudine et modo faciendi pacem seu habendi treugam ab anno in annum com nobilibus comite Convenarum et Arnaldo de Yspania et cum aliis vicinis dicte universitatis : sic respondendum ducimus ac etiam providendum quod id faciant prout consueverunt; salvo quod retineant sibi quod si nos vel nostri mandaremus eis contrarium, quod, datis decem diebus illi vel illis cum quibus fecissent pacem vel treugam, quod illam pacem vel treugam non servarent nec eam servare teneantur* » (Publié par Ferran VALLS TABERNER, *Privilegis i ordinacions de la vall d'Aran*, 1915-1920, rééd. Barcelone, P.P.U., 1987, p. 30).

34 C'est dans ce contexte géopolitique de l'apparition d'une nouvelle frontière en Haut-Comminges qu'il faut replacer les nombreuses chartes de franchises que le comte de Comminges accorde aux villages de ces hautes vallées (J. DECAP, G. ESPINAS et B. FAUCHER, *Catalogue des chartes de franchises de la France. Les chartes de coutumes du Comminges*, Sirey, 1957). Les privilèges et les allègements de taxes qui y sont inscrits constituent déjà une sorte de dédommagement, mais elles entendent aussi mettre fin aux conflits incessants dans les cols. La charte accordée le 1er février 1316 à l'ensemble des hautes vallées de la châtellenie de Fronsac et de Larboust est d'une autre dimension. Elle reconnaît aux communautés une sorte d'entretien, de surveillance et de justice dans les ports. Dans le domaine des relations commerciales, elle fixe une tarification pour le bétail vendu à l'Espagne et il est autorisé à ces montagnards le commerce du sel, ou de toute autre marchandise, avec l'Espagne, en tous temps et sans aucune opposition. Les droits à payer sur le sel ou sur le vin importés sont très légers : 1 ardit par charge de sel et 1 *quartum* par charge de vin, mais rien n'est à verser si le vin vient de France et non d'Espagne. Les Haut-Commingeois peuvent ensuite transporter ces produits dans toute l'étendue du comté, sans payer aucun péage de passage ou leude (Publié par Henri DE CASTILLON, D'ASPET, *Histoire des populations pyrénéennes* [...], Toulouse-Paris, 1842, t. 1, p. 469-470).

de paix, qualifiés de « *paus antiques* » (paix anciennes). L'étendue concernée est le pays de Frontignes et le Val d'Aran, auxquels s'ajoute le Castillonnais, espace français essentiel pour l'approvisionnement et le négoce des Aranais du haut de la vallée. En 1390, Jean Ier d'Aragon confirme aux Aranais le droit qu'ils ont « *sine licencia et permisso nostris, possint, cum dicto comite* [Jean III comte d'Armagnac, devenu comte de Comminges par son mariage avec l'héritière Marguerite] *et hominibus suis, facere pacem et ponere treugas de anno in annum.* »[35]

Ces garanties n'empêchent pas le retour des troubles à la fin de la guerre de Cent Ans, même si ceux-ci semblent moins intenses que dans la partie occidentale de la chaîne[36]. Il y a donc rupture des « paix ».

Vers une structure commune d'avertissement et de défense : l'apogée des lies et passeries.

À la fin du conflit, les chartes de paix doivent être renouvelées. Le 24 septembre 1471, au bourg de Saint-Béat, débouché du Val d'Aran sur la France, sous l'égide de Manaut d'Aure, seigneur de Larboust, se rassemblent le prieur de Saint-Béat et des représentants des habitants des châtellenies de Frontignes, de Castillon et du Val d'Aran. Ils décident qu'ils renouvelleront chaque année, en mai, les accords qui les lient, qu'ils n'engageront aucune hostilité avant une surséance (« *retenenses* ») de 25 jours et ils prévoient une structure de convention amiable pour régler les différends éventuels entre les contractants. Il faut remarquer une nouveauté dans ce texte : l'instauration d'une assistance mutuelle contre les soldats et pillards qui se sont multipliés à l'issue des troubles, constituant ces fameuses troupes de bandouliers. Les signataires ont l'obligation de se prêter main forte pour « *seguir ab man armada* » (poursuivre militairement) les troupes hostiles. Ces accords naissent bien de la nouvelle donne sur la frontière politique.

---

35 Document publié par : Félix PASQUIER, « Renouvellement d'un traité de lies et passeries pour le Val d'Aran et le comté de Comminges en 1390 », *Revue de Comminges*, t. XXXVII, 1923, p. 76-81.

36 Le pouillé du diocèse de Comminges, en 1387-1388, permet de mesurer l'ampleur du dépeuplement (Raymond CORRAZE, « Un pouillé commingeois du XIVe siècle », *Bulletin philologique et historique*, 1936-1937, p. 101-227). Pour une région plus occidentale, voir : Maurice BERTHE, *Famines et épidémies dans les campagnes navarraises à la fin du Moyen Âge*, Paris, S.F.I.E.D., 1984.

LES LIES ET PASSERIES DES PYRENEES

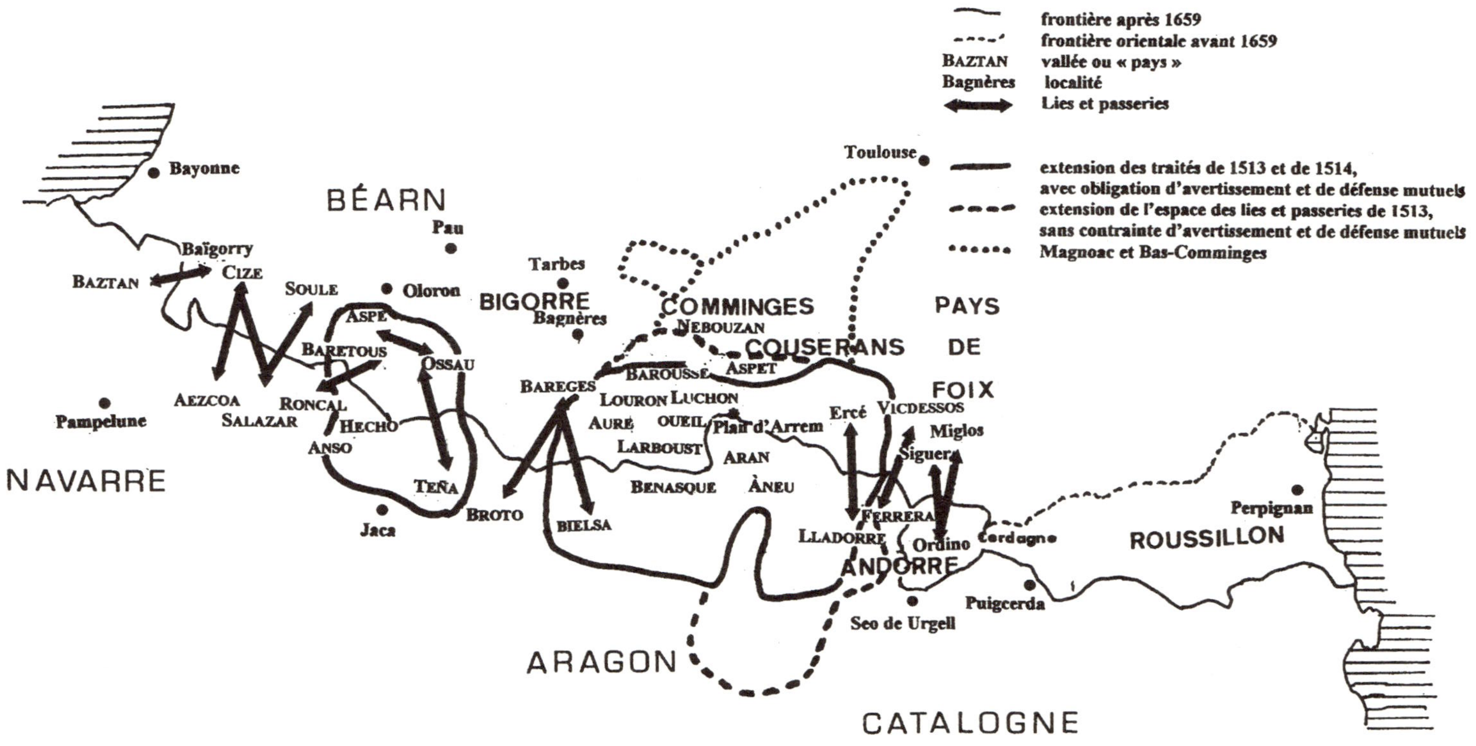

Il faut noter une profonde ambiguïté de ces accords. Tout d'abord, aucune autorité souveraine n'est présente ce jour. La famille seigneuriale d'Aure-Larboust est seulement vassale des comtes de Comminges comme des rois de Navarre[37]. Il est simplement dit dans l'acte qu'une confirmation sera sollicitée des États de Comminges naissants. Le second élément équivoque est un flottement dans l'extension géographique de la trêve. S'agit-il, versant français, des deux seules châtellenies, ou bien de l'ensemble du comté de Comminges? Nous sommes dans une période de croissance de l'autorité royale et princière, au cours de laquelle s'affirment ou apparaissent ces petits pays d'États qui émaillent la chaîne, à la suite du rattachement de fiefs à la couronne (Comminges en 1454, Quatre-Vallées en 1475)[38].

De la Méditerranée à l'Atlantique nous rencontrons le Roussillon, le Pays de Foix, le Nébouzan, les Quatre-Vallées, le comté de Bigorre, le Béarn, la Soule, le royaume de Navarre, le Marsan, le Labourd et la petite principauté de Bidache qui paraît avoir été considérée parfois comme un pays d'États. Mais l'organisation de ces pays est loin d'être homogène et certaines assemblées se verront contester le caractère d'États provinciaux. Les raisons invoquées seront qu'elles ne sont composées que de membres du Tiers-État, qu'on ne leur demande point de faire une donation au roi, qu'on ne leur envoie pas de commissaire royal pour assister à leurs séances et que les ordres du gouvernement leur sont notifiés par une simple lettre de l'intendant. C'est le cas du Labourd, des Quatre-Vallées, ou encore des Bastilles et de la ville de Mont-de-Marsan, qui sont alors appelés seulement pays abonnés ou privilégiés. Seuls les États de Béarn, de Bigorre, de Navarre, de Comminges, de Nébouzan, ne se verront pas discuter leur qualité. Mais cette distinction, tardive, n'est pas si simple qu'il paraît. Ainsi le Bilçar de Labourd prête à confusion étant donné la présence d'un commissaire royal aux séances[39]. De leur côté, les États de Bigorre ont l'originalité de représenter aussi des assemblées de vallées, en Lavedan[40]. En fait, la partie montagneuse de tout ou partie de ces pays s'individualisait; pour elle, les États ne

37 Il s'agit de Manaut Ier d'Aure-Larboust qui déjà, en 1446, était témoin, avec le procureur général du comté de Comminges, du rétablissement des droits des Luchonnais sur le terrain de *Piqué*, où se tenaient traditionnellement leurs grandes foires. Les habitants des vallées d'Aure, du Louron, de Larboust, de Layrisse et d'Aran étaient représentés (Henri CASTILLON, D'ASPET, *op.cit*, t. II, p. 370. Jean BOURDETTE, « Notice du pays et des seigneurs de Larboust », *Revue de Comminges*, t. XXV, 1911, p. 8).

38 Serge BRUNET, « Les « libertés » des montagnards : nouvelles approches sur les « lies et passeries » des Pyrénées centrales (XIVe-XVIIe siècle) », dans : Louis ASSIER-ANDRIEU et Ramond SALA (dir.), *La ville et les pouvoirs*, Actes du colloque du huitième centenaire de la charte de Perpignan, 23-25 octobre 1997, Perpignan, I.C.R.E.S.S.-Université de Perpignan, 2000, p. 315-331. Sur le fonctionnement des États de Comminges, voir : René SOURIAC, *Décentralisation administrative dans l'ancienne France. Autonomie commingeoise et pouvoir d'État, 1540-1630*, Toulouse, Association des Amis des Archives de la Haute-Garonne, 1992. L'activité des Quatre-Vallées n'est guère connue que pour le XVIIIe siècle (Yoan RUMEAU, *Les communautés du pays des Quatre-Vallées au temps des Lumières, 1750-1789*, mémoire de maîtrise d'histoire, Université de Toulouse-Le Mirail, 1995).

39 Manex GOYHENETCHE, *Histoire générale du Pays Basque, t. II : Évolution politique et institutionnelle du XVIe au XVIIIe siècle*, Donostia, Elkarlanean, 1999.

40 Gilbert PENE, *Les attributions financières des États du pays et comté de Bigorre aux XVIIe et XVIIIe siècles*, Bordeaux, Éditions Bière, 1962.

de tout ou partie de ces pays s'individualisait; pour elle, les États ne représentaient en fait que le niveau ultime de la structure par emboîtement qui caractérisait l'organisation de ces sociétés montagnardes. Les chefs de famille – ou plutôt de « maison » – sont représentés dans les communautés paroissiales, lesquelles se rassemblent en communautés de vallées, et parfois de portions de vallées, et éventuellement en pays d'États, qui ne sont alors guère plus que des vallées agglomérées autour d'intérêts communs. Ces pays d'États reproduisent ainsi bien imparfaitement la structure traditionnelle de la société d'Ancien Régime répartie en ordres; ils représentent plutôt l'ordre des maisons.

Les prérogatives de ces petits pays d'États sont également fort limitées. On ne peut pas dire qu'ils disposent d'une réelle politique; ils se défendent seulement contre le triptyque de l'hydre fiscale qui, pour ces peuples pastoraux et frontaliers, sont la gabelle (impôt sur le sel), la traite foraine (droits douaniers) et l'administration des Eaux et Forêts. Dès leur naissance, ces pays d'États sont menacés par ces impositions et d'être transformés en pays d'Élection. Cela signifierait qu'ils n'auraient plus la possibilité de voter et de répartir leurs impôts. La défense des privilèges d'imposition est d'autant plus délicate que l'espace des lies et passeries, qui les justifie pour une bonne part, ne correspond pas à celui de ces pays d'États. Ainsi le bas pays ne bénéficie pas de ces exemptions. Pourtant cela n'empêche pas les députés de chercher à les étendre à l'ensemble du pays, arguant notamment de la nécessité de défendre les ports et les passages en temps de guerre. C'est ce que font ceux du Comminges en commençant à se réunir et en confirmant leurs privilèges, en 1490, 1496 ou encore en 1500. Ils considèrent que la liberté du trafic frontalier et l'allègement du droit de foraine, comme les exemptions de gabelle et d'administration des Eaux et Forêts concernent l'ensemble du comté et pas seulement le Haut-Comminges frontalier. Les habitants des Quatre-Vallées, « qui sont marchissans au païs d'Aragon », font de même[41]. Enfin, les termes de ces accords pouvaient se prêter à un glissement de simples trêves et de rétablissement de relations de bon voisinage à un embryon de charte défensive. C'est ce qu'il advint au siècle suivant.

Le XVIe siècle est une période de prospérité, qui, contrairement au bas pays, dure tout au long des troubles religieux. Les montagnards s'attachent à préserver leurs profits en mettant en réseau les traités de lies et passeries conclus par-delà la frontière. Ils sont donc qualifiés parfois de « traités internationaux » et restent attachés à la prérogative royale. Deux épicentres se révèlent dans les Pyrénées centrales. C'est d'abord, en 1513, le plan d'Arrem, au débouché du Val d'Aran. C'est ensuite, dès l'année suivante, l'accord passé entre Béarnais et Aragonais. Les conditions de signature de ces deux traités « fédérateurs » sont très particulières et expliquent leur originalité.

L'occasion de la signature de l'acte du Plan d'Arrem est fournie par la maladresse de M. d'Orbessan, sieur de La Bastide-Paumès[42]. La France et l'Espagne étant en

41 Marchissant = limitrophe, voisin. Des lettres patentes de Louis XI déchargent de toute taille et de tout subside les Quatre-Vallées. Elles sont confirmées par les souverains successifs, jusqu'à Louis XIII (Archives Départementales des Hautes-Pyrénées, G 789, 1481-1644).

42 Marc-Marie DE LASSUS, « Le sire de Labastide Pauméz à Saint-Béat (1512) », *Revue de Comminges*, t. 1, 1886, p. 196-199.

guerre, muni d'une commission du lieutenant-général en Guyenne lui enjoignant de s'attaquer à la contrebande, ce capitaine fait saisir des marchandises appartenant à des Aranais sur le marché de Saint-Béat. Ce qui lui est reproché, ce n'est pas la saisie en tant que telle, mais le fait de ne pas avoir respecté la surséance avant de l'exécuter. En 1511, le roi Louis XII désavoue cet officier. Forts de cette décision royale, les frontaliers se réunissent alors pour confirmer l'acte de 1471. Mais les dispositions du document qu'ils signent le dépassent.

Tout d'abord, délimitant l'extension des lies et passeries, le texte définit deux espaces inclus de natures différentes. Le premier circonscrit un ensemble commercial protégé. Très vaste, il s'étend jusqu'à Toulouse au nord des Pyrénées (au nord : l'ensemble du Comminges, le Couserans, les Quatre-Vallées et la sénéchaussée de Toulouse; au sud : le marquisat de Pallars, la vicomté de Villemur, la Conque d'Ourcau, la baronnie d'Erista, Gerri et l'abbaye de Labaix). Une protection est assurée pour tous ceux qui se rendent aux foires et qui traversent cet espace. Cependant l'autorité responsable, qui exerce la police, n'est pas celle du prince, mais celle des communautés de vallées. Chacune de ces dernières est jugée collectivement responsable pour tout méfait commis dans son enceinte (article XII). Dans des périodes d'insécurité, elle peut donc choisir la prévention en escortant les marchands afin d'éviter les pillages, l'application du droit de marque ou de représailles. Cependant, un autre espace, plus restreint, est défini. Il s'agit d'un ensemble d'avertissement et de défense. Les vallées frontalières ont des obligations précises d'information réciproque dans le cas d'irruption de tout type de bande armée, régulière ou irrégulière. Ce sont les Frontignes, le Castillonnais et le Val d'Aran, contractants initiaux, auxquels s'ajoutent désormais Saint-Girons, les vallées d'Aure, de Benasque, de Gistaín, de Barraves, d'Áneu et le marquisat de Pallars. Au-delà de cette obligation et de celle de non-agression, elles se doivent un secours mutuel (articles VI et XIII). Celui-ci fonctionne effectivement. En 1524, le Val d'Aran est envahi par « 10 ou 12000 Gascons » et les frontaliers français viennent à leur secours[43]. Durant les guerres de Religion, les Aranais, les Benasquais et les Luchon-nais s'entraideront. Encore durant la révolte de Catalogne, dans les années 1640, les vallées d'Áneu et d'Aran se porteront secours.

Nous avons marqué l'ambiguïté de l'acte de 1471. Celui de 1513 paraît encore plus nettement en décalage avec les réalités politiques et administratives du temps (voir annexe). Les contractants restent soumis aux autorités souveraines, qui décident notamment de la guerre ou de la paix. Il n'y a pas d'organisme juridique spécifique pour traiter des affaires de lies et passeries. Le parlement de Toulouse ou l'Audience de Barcelone sont compétents. Cependant, lorsque les affaires se traitent localement dans ce que l'on appelle couramment des « *vistes* » ou « *juntes* », les frontaliers ont recours aux « présidents » des lies et passeries. Ailleurs, il s'agit de syndics choisis de part et d'autre de la frontière[44]. Au cours du XVIe siècle, les présidents des lies et pas-

43 Le terme générique « Gascon » désigne les armées françaises, au sein desquelles ils sont nombreux (Archives du Val d'Aran, non classé).

44 Voir à ce sujet l'étude de Jean-François Le Nail sur le fonctionnement du tribunal de la passerie de Barège et de Broto à la fin du XVIe siècle. Celui-ci est animé par des syndics désignés dans chacune des vallées (Jean-François LE NAIL, « L'exécution des accords de patzerias entre les vallées

series du Plan d'Arrem sont des représentants de la famille d'Aure-Larboust, signataire de l'acte de 1471. Ils agissent à l'instar de « présidents-nés » des lies et passeries, avec le prieur de Pujòlo, représentant de la partie sommitale du Val d'Aran (*terçon* de Pujòlo) lequel conserve alors une sorte d'autorité occulte sur l'ensemble de la vallée. Le pouvoir royal est encore peu affirmé sur cette vallée dont le gouvernement reste, jusqu'en 1574, entre les mains des lointains comtes de Ribagorza. Surtout, l'espace délimité transcende la géographie administrative du temps. Aucun des deux ensembles inclus ne respecte les limites du comté de Comminges. Au nord, le lieutenant du sénéchal de Toulouse et capitaine de Saint-Béat, le gouverneur de la baronnie d'Aspet ainsi que le seigneur de Larboust, au sud, le lieutenant du châtelain d'Aran et le capitaine général du marquisat de Pallars, sont les instances représentatives majeures. Le juge de Comminges et celui d'Aran s'y ajoutent. Il leur est demandé de faire ratifier les accords de lies et passeries par les autorités compétentes. Par l'article XIII, les liens qui unissent ces vallées frontalières sont exclusifs. Il n'est pas permis aux contractants d'adhérer à d'autres structures défen-sives, qui pourraient les amener à se dresser les uns contre les autres. Ce pourrait être par exemple les « *germanies* », confréries défensives populaires qui, au même mo-ment, se forment autour de Lérida et dans d'autres lieux de la Catalogne[45]. À l'extrême fin du siècle, côté français ce sont les « ligues campanères » qui se créent dans le Bas-Comminges.

Malgré ce flottement dans l'identification de ces accords, à la suite du rattachement du Comminges à la couronne de France, ces privilèges commerciaux et fiscaux concernent l'ensemble du pays d'États. Lors de leur demande de confirmation, les députés les justifient, outre par la pauvreté de ces montagnes, par le rôle d'autodéfense accordé aux vallées, lequel est érigé en véritable charge de garde frontière du royaume. Cette argumentation est d'autant plus essentielle que ces privi-lèges sont constamment menacés. En 1533, François Ier confirme les privilèges du Comminges, dont la liberté d'acheter du sel espagnol pour la consommation locale. Quatre ans plus tard, le pays est menacé par l'instauration de la gabelle. Les États présentent une requête au roi, arguant de la pauvreté et de la stérilité d'un pays limi-trophe de l'Espagne et de l'Aragon, ce qui l'oblige à garder continuellement les frontières, à ses frais, pour éviter « oppressions, pilleries et rapines » de la part des voisins. Ce sont ces motifs « qui auraient justifié l'exemption de gabelle par les feus rois[46]. » Lors de l'avènement d'Henri II, en 1547, les privilèges du pays sont à nouveau garantis. La même année survint une nouvelle menace d'instauration de la gabelle. Le Haut-

de Barège et de Broto pendant la décennie 1580-1589 », dans : *Lies et passeries dans les Pyrénées*, Actes de la 3e journée de recherches de la Société d'Études des Sept Vallées, Luz-Saint-Sauveur, 1er juin 1985, Tarbes, Imp. de l'Association des Amis de la Bibliothèque Centrale de Prêt, 1986, p. 157-179). Pour la période suivante : Annie BRIVES, *Pyrénées sans frontière. La vallée de Barèges et l'Espagne du XVIIIe siècle à nos jours*, Argelès-Gazost, Société d'Études des Sept Vallées, 1984.

45 Josep LLADONOSA, *El bandolerisme a la Catalunya occidental (1473-1616)*, Barcelona, Rafael Dalmau Editor, 1972, p. 14-21.

46 Jean LESTRADE, *Cahiers des Remontrances des États de Comminges aux rois de France ou à leurs lieutenants généraux en Guyenne, 1537-1627*, Saint-Gaudens, Société des Études du Comminges, 1943, p. 9-10.

Comminges (Frontignes, Castillonnais et baronnie d'Aspet) s'assemble pour se défendre « contre les officiers de nouveau érigés comme les maîtres des ports et passages, eaux et forêts et gabelle ». En 1554, ils obtiennent la confirmation du privilège du sel en Comminges[47].

La seconde zone de « mise en réseau » des accords de lies et passeries, en 1514, concerne des vallées du Béarn et de l'Aragon. Comme autour du Val d'Aran, leur évolution est à placer dans un contexte bien particulier. Sur un axe commercial et transhumant majeur, des montagnards fort liés par d'anciennes relations s'efforcent de ne pas pâtir des conflits princiers[48]. Le premier document de lies et passeries entre les vallées d'Ossau et de Teña est daté du 13 août 1328, et fait référence à une « *carta de la patz antica* » pour déclarer une « *patz perpetual* »[49]. Il s'efforce de garantir les biens, les personnes et définit divers types de procédures à suivre en cas de violation des accords. La conquête de la Navarre sur Jean d'Albret, en 1512, par Ferdinand le Catholique, ayant entraîné une vive et durable tension sur une nouvelle frontière, les accords de lies et passeries sont mis en réseau. Dès le mois de juin 1512, deux délégations se rencontrent à Sallent pour déclarer que les querelles qui mettent aux prises leurs maîtres ne les concernent pas directement et que la charte de 1328 restera en vigueur malgré la guerre. Plus encore, pour éviter tout dommage aux troupeaux, les vallées devront s'avertir réciproquement de tous les mouvements de troupes. En 1514, ce sont les vallées béarnaises d'Ossau, d'Aspe et de Barétous qui concluent avec les vallées aragonaises de Teña, Canfranc, Borau, Aysa, Aragues, Echo et Anso une sorte de traité de paix et d'alliance. Les contractants obtiennent alors de leurs souverains en guerre que celle-ci soit limitée au seul royaume de Navarre et qu'elle ne s'étende pas à l'Aragon et au Béarn. Ce traité élargi fut négocié par les États et le seigneur de Béarn, les Cortès et le vice-roi d'Aragon. Les contractants sont libres de cir-

---

47 Ils doivent cependant acheter cette denrée en marchandises mais pas en argent (Jean LESTRADE, *op. cit.*).

48 La vallée aragonaise de Teña aurait été placée sous le contrôle des premiers comtes de Béarn et, de façon plus assurée, Centulle de Béarn (1058-1090) avait un droit de gîte sur plusieurs vassaux de cette vallée (Pierre DE MARCA, *Histoire de Béarn*, Pau, Éd. Dubarat, t. I, p. 348 et 418-421). Au XIIe siècle, les Ossalois furent, avec les Aspois, les principaux artisans d'une politique de rapprochement avec l'Aragon qui fit des vicomtes de Béarn les vassaux des rois d'Aragon, puis permit l'installation à Orthez de la famille catalane des Moncade (Pierre TUCOO-CHALA, « Traités de lies et passeries des archives ossaloises (publication de textes) », dans : *Anuario de Estudios Medievales*, t. II, Barcelone, 1966. Pierre TUCOO-CHALA, « Les relations économiques entre le Béarn et les pays de la couronne d'Aragon, XIIIe-XVe siècle », dans : *Bulletin philologique et historique du Comité des travaux historiques et scientifiques*, 1957, p. 115 et suiv. Pierre TUCOO-CHALA, *La vicomté de Béarn et le problème de sa souveraineté des origines à 1620*, Bordeaux, Éditions Bière, 1961. Joan MIRET Y SANS, « La casa de Moncada y el vizcondado de Bearn », dans : *Boletin de la Real Academia de Buenas Letras de Barcelona*, t. I, 1901-1902). Au sujet du « couple » Béarn-Aragon au Moyen Âge, voir : Pierre TUCOO-CHALA, *Quand l'Islam était aux portes des Pyrénées, de Gaston IV le Croisé à la croisade des Albigeois (XIe-XIIIe siècle)*, Biarritz, J & D Éditions, 1994, particulièrement les p. 172-176 sur la situation des Aspois et des Ossalois.

49 Archives de la vallée d'Ossau, Cartulaire de la vallée (Livre rouge), AA 1 et DD 63. Pierre TUCOO-CHALA, « Un traité de lies et passeries du Moyen Âge à la Révolution : Ossau et Tena », *Annales du Midi*, t. LXXVII, 1965, p. 157-177.

culer et « d'envoyer, enlever et transporter leurs marchandises, choses et biens » dans toute la seigneurie de Béarn et dans tout le royaume d'Aragon, « à la condition qu'ils acquittent les péages et les autres droits légitimes », et qu'il ne s'agisse pas de contrebande de guerre (article VIII). L'avertissement du passage de bandes armées est imposé, ainsi que l'entraide contre leurs déprédations (articles V et IX). La surséance est fixée à huit jours (article XII).

Les accords particuliers entre les vallées d'Ossau et de Teña iront plus loin. En 1517, ces montagnards s'engagent à ne participer à aucune arrestation ou à des poursuites ordonnées à l'encontre d'un autre « *pazero* » (contractant de la *paz*) en vertu d'un « mandement estrange [étranger] », qu'il vienne du vicomte de Béarn ou du roi d'Aragon. En 1552, ils déclarent que si des dommages étaient causés aux biens et aux personnes d'une vallée par des troupes venant de l'autre vallée alors que cette dernière avait omis d'envoyer le messager confidentiel avertissant les « *pazeros* » du danger, ses habitants devraient entièrement indemniser les victimes. Il faut attendre les années 1562-1563, pour que les représentants d'Ossau et de Teña soient enfin obligés de communiquer le texte de leurs accords à l'autorité supérieure et de demander leur approbation[50].

Par la suite, la dissymétrie plaine/montagne de ces petits pays d'États se révèle cruellement lorsqu'il s'agit de refuser les contributions militaires. Peut-on considérer que les exemptions de taille ou de milice justifiées par la défense des ports et des passages puisse s'étendre au-delà des vallées frontalières pour bénéficier à l'ensemble des pays d'États? La réponse dépend de la capacité de résistance des députés. Ceux des Quatre-Vallées parviennent, tout au long des guerres de Religion, à étendre l'exemption de toute contribution militaire et de logement de troupes sur l'ensemble de leur territoire, jusqu'aux plaines du Magnoac, pourtant bien exposées. Au même moment, le Haut-Comminges refuse de participer à l'effort militaire, alors que le Bas-Comminges paie. En Bigorre au siècle suivant, cette absence de solidarité entraînera une véritable guerre entre le Lavedan et la plaine de Tarbes (1655-1666)[51].

L'apogée des lies et passeries dans les Pyrénées centrales se situe donc au cours de ce XVIe siècle, comme l'avait bien pressenti Henri Cavaillès[52]. La montagne connaît alors l'abondance ct, à la fin du siècle, elle est épargnée par les destructions militaires. Le Comminges, ardant défenseur du catholicisme, bénéficie même d'un

50 Au même moment, l'ancienne solidarité financière collective des habitants d'un village, du *vic* (portion de vallée) ou de la vallée toute entière envers un *pazero* est réduite. Elle est maintenue pour toutes les affaires relatives à l'économie pastorale, mais exclue pour les emprunts d'or, d'argent, de monnaie et pour les prêts de marchandises. Dans ces derniers cas, le créancier pouvait faire vendre tous les biens de son débiteur, maison et meubles compris, mais si le montant des enchères ne remboursait pas en totalité la créance, la différence n'était pas à la charge de la communauté mais constituait une perte sèche pour le créancier (Pierre TUCOO-CHALA, *op. cit.*). Cette mesure témoigne des problèmes posés par l'intensification du trafic frontalier. Un peu plus tard, les Aranais décident de taxer le commerce de chevaux qui n'est pas de leur fait et qui encombre leur vallée.

51 Gilbert PENE, *op. cit.*, p. 128-129 et 132-154.

52 Henri CAVAILLES, *op. cit.*

intense trafic de marchandises avec l'Aragon et la Catalogne qui va, en partie, approvisionner la Ligue catholique. Il ne s'agit plus seulement de vente de blé et de draperies à l'Espagne contre de la laine et du sel. Sous couvert des lies et passeries, les frontaliers français vendent aussi des mules et achètent des armes et des chevaux. Le Val d'Aran et Benasque sont des plates-formes de ce négoce, comme de l'espionnage pour le compte de Philippe II. Si quelques frictions mineures se font jour entre les habitants de Roncal et ceux de Barétous et d'Aspe, sensibles au protestantisme, Ossau et Teña traversent sans dommage les guerres de Religion.

La dissymétrie entre montagne et plaine se révèle à nouveau lorsque, au cours de la dernière guerre de Religion, une structure de défense naît en Bas-Comminges. À la suite de vives alertes dans les années 1587, 1588 et 1589 (notamment à la suite des prises de Saint-Bertrand-de-Comminges, de Puymaurin et de Samatan par les Huguenots), une structure inter-paroissiale d'avertissement et de défense est mise en place. Ce sont les « ligues campanères ». Révélées en 1591, elles sont jugées illégales par les États de Comminges. Il n'en allait pas de même dans la montagne. En Val d'Aran, Philippe II laissait les montagnards organiser six milices armées, unies autour d'autant d'églises transformées en forteresses. En Haut-Comminges, la zone d'avertis-sement et de défense des lies et passeries se regroupe en un syndicat qui, lui, est reconnu par le parlement de Toulouse et toléré par les États de Comminges parce que son action se situe dans le cadre des anciens accords. On assiste alors à un étonnant comportement d'assistance mutuelle entre les vallées d'Aran, de Luchon et de Be-nasque en particulier[53]. L'évêque de Comminges Urbain de Saint-Gelais, ardent ligueur, s'efforce de structurer les deux organisations au bénéfice de sa cause et de l'intérêt de ses ouailles.

En relation avec les États de Comminges et les États de Guyenne, le prélat prépare l'arrivée d'un fort contingent de troupes espagnoles au secours de la Ligue contre Henri IV, par le Val d'Aran et le Haut-Comminges[54]. Celui-ci, qui doit arriver en 1592, ne traversera en fait jamais les Pyrénées. Il va mater la révolte des Aragonais. Le secours attendu en Gascogne ne venant pas, les Ligues campanères sont alors utilisées comme une troupe supplétive par le marquis de Villars, lieutenant-général pour la Ligue en Guyenne, pour fondre sur la Bigorre (fin 1592) ou encore par l'évêque de Comminges pour reprendre le contrôle de sa cité épiscopale (1593). Avec la trêve de l'été 1593, le mouvement d'autodéfense se transforme en sédition anti-fiscale devant les exigences contributives de deux partis belligérants. La sédition s'étend également dans l'espace, débordant le Bas-Comminges.

53 Par exemple, en 1591, les Aranais envoient 300 hommes pour soutenir Benasque. En 1592-1593, c'est le gouverneur de Benasque qui vient aider les Luchonnais à démanteler le château de Cier-de-Luchon (Serge BRUNET, *Les prêtres des montagnes. Val d'Aran et diocèse de Comminges (vers 1550-vers 1750)*, thèse de doctorat d'histoire, E.H.E.S.S. (Paris), 1996).

54 Serge BRUNET, « L'attente des Espagnols à Toulouse et en Comminges à la fin des guerres de Religion (1588-1603), dans : *Les hommes et leur patrimoine en Comminges. Identités, espaces, cultures, aménagement du territoire*, Actes du 52e Congrès de la Fédération historique de Midi-Pyrénées, St-Gaudens, 25-27 juin 1999, Société des Études du Comminges, 2000, p. 219-251, et *Revue de Comminges*, t. CXVI, 2000.

Après l'abjuration du protestantisme par Henri IV, les projets de la dernière chance sont lancés par les Ligueurs, dans un contexte de vaste démembrement de l'État au profit de gouverneurs de provinces périphériques, comme Mercoeur en Bretagne, Aumale en Picardie, Mayenne en Bourgogne ou Guise en Champagne. On fait alors retour sur le projet d'intervention espagnole par les Pyrénées centrales. Celui-ci s'appuierait sur la création d'une « Suisse pyrénéenne » (selon l'expression employée par Urbain de Saint-Gelais), sorte de peuple montagnard en armes qui signerait un accord par lequel il se mettrait sous la protection de l'Espagne. Ce projet un peu fou, mais qui est tout de même présenté au conseil de guerre du roi d'Espagne, devient de toute façon rapidement impossible à réaliser alors que la Ligue se désagrège rapidement à la suite des ralliements à Henri IV. Il a surtout comme intérêt de nous révéler la très forte cohésion des Ligues campanères, du Haut-Comminges et du Val d'Aran à l'issue des guerres de Religion. On peut considérer que ce projet constitue le chant du cygne du rapprochement transfrontalier issu des lies et passeries. Il n'ira pas au-delà; contrairement aux Alpes, les vallées des Pyrénées centrales, loin de faire sécession, seront de plus en plus soumises à l'ordre royal et à ses exigences contributives.

Le déclin des lies et passeries, aux XVIIe et XVIIIe siècles,
et le retour à de simples accords pastoraux.

La pacification d'Henri IV a comme conséquence de constituer les Pyrénées en une frontière militaire de plus en plus hermétique et belliqueuse, au détriment des frontaliers. En 1595 et 1598, c'est la guerre entre la France et l'Espagne; les lies et passeries sont interrompues. À partir des années 1630-1635 et pendant tout un long XVIIe siècle, malgré la paix des Pyrénées de 1659, les tensions politiques et la guerre sont constantes sur cette frontière. Entre 1635 et 1720, pas moins de 59 années voient l'affrontement entre les deux pays. L'inadéquation fondamentale de l'espace des lies et passeries avec celui des pays d'États est patent, même si les montagnards continuent d'invoquer un rôle de garde-frontière de moins en moins crédible avec l'évolution de l'art militaire. Les pays d'États ne peuvent plus échapper à l'instauration de la milice royale. Surtout, la poursuite des relations commerciales transfrontalières va à l'encontre des intérêts des militaires. On soupçonne les frontaliers, sous le couvert des lies et passeries, d'approvisionner les ennemis. On les accuse d'avertir du déplacement des troupes, et d'entraver ainsi les opérations militaires. Les administrateurs, comme les intendants de province, ont un avis qui diffère de celui des militaires. Ce sont d'ailleurs eux, ou leurs représentants, qui ont remplacé les anciens présidents des lies et passeries lors des procédures de conciliation[55]. Pour ces pre-

---

55 C'est le cas, par exemple pour l'affaire Daunis, en 1702. Ce marchand toulousain avait obtenu du parlement de Toulouse le droit d'opérer une saisie de 23 mulets sur les Aranais. L'affaire s'envenime du fait de représailles exercée par ces derniers. Tout commerce est alors interrompu. Les bestiaux saisis sont gardés dans la « plaine d'Arrem », où le gouverneur du Val d'Aran vient parlementer avec un gentilhomme représentant l'intendant de Montauban. Les pourparlers durent trois jours et aboutissent à un accord, après avoir « beu la valleur d'une barrique de vin » (Service

miers, l'arrêt du commerce, provoque la diminution du profit des traites foraines et indirectement celle de la taille. Il peut aussi conduire les montagnards à se soulever. Les intendants choisissent donc plutôt la restriction momentanée des accords de lies et passeries, plutôt que leur interruption pure et simple. Ils s'efforcent de réduire leurs bénéfices à un espace frontalier étroit, certains produits échangés sont jugés illicites et le commerce doit se limiter à la consommation locale et non pas à la revente. En fait, ces arguties se situent dans un contexte d'érosion continue des privilèges, facilité par la création des Élections, comme dans le Comminges en 1622[56]. On constate d'ailleurs à cette époque, notamment à la suite de saisies opérées au hasard des combats, que les plus grands profiteurs des lies et passeries sont probablement les marchands extérieurs aux vallées, comme les négociants en laine d'Oloron, de Jaca, de Sarragosse ou de Toulouse.

Avec le retour plus assuré de la paix, le XVIIIe siècle considère les accords de lies et passeries comme une curiosité désuète. Louis XV (1715-1774) ne jugera pas utile de confirmer l'acte du Plan d'Arrem. Mais les Aranais gardent toujours cette nécessité impérieuse de s'approvisionner sur le versant français et ils tiennent au maintien des vieux accords. Cette situation est envenimée par la vente de leur bois d'œuvre qui s'est intensifié, par flottage sur la Garonne, au profit des marchands toulousains[57]. Comme celui-ci échappe à la foraine, le baron de Lés, seul seigneur aranais dont les terres sont stratégiquement bien placées au débouché de la vallée, veut les taxer. Les diplomates français interrompent alors les lies et passeries par mesure de rétorsion. Plus tard, ce sont les habitants de Saint-Béat, bourg des principales foires, qui veulent faire payer un droit de pontonnage aux Aranais, contraire aux vieux accords. Leur étrangeté sur le versant français est révélée lorsque, en 1751, les Aranais demandent à l'intendant d'Auch d'exercer un droit de poursuite sur des criminels, selon l'article VI des lies et passeries. Mégret d'Étigny, étonné par cette requête, en réfère au ministre des affaires étrangères. De fait, la législation des lies et passeries n'a plus de vigueur en matière de police et de défense, elle n'est guère compétente qu'en ce qui concerne le domaine du commerce international. Ces vieux accords retournent en quelque sorte à ce qu'ils étaient au début de leur existence : de simples conventions pastorales.

Historique de l'Armée de Terre, A1 1605, f° 94-100. Serge BRUNET, « Lies et passeries en vallée d'Aran aux XVIIe et XVIIIe siècles », *Revue de Comminges*, t. CIII, 1990, p. 243-260 et 253-272).

56 René SOURIAC, *op. cit.* Maurice DUFAUR, *L'Élection de Comminges à la fin de l'Ancien Régime*, Aspet, Éd. L'Adret, 1987. Les États de Rouergue et de Quercy firent également place à des Élections. En 1629, une tentative analogue atteignit les États de Béarn, de Foix, de Bigorre, de Navarre, du Nébouzan, les Assemblées des Quatre-Vallées et de Marsan. Dès 1633, ces différents États furent rétablis, et leur existence ne fut plus mise en cause, malgré le peu de bienveillance du pouvoir central à leur égard.

57 Bertrand SAPENE, « Les lies et passeries frontalières mal appliquées au XVIIIe siècle, sous Louis XV, dans la haute vallée de la Garonne », *Revue de Comminges*, t. LXXI, 1958, p. 56-73. Maria Angels SANLLEHY I SABI, « L'exploitació forestal dins una economia muntanyenca d'Antic Règim : era Val d'Aran (segles XVIII-XIX) », dans : *Primer Congrés d'Història Moderna de Catalunya*, Barcelona, 17-21 de desembre 1984, Barcelona, Universitat de Barcelona, 1984, v. I, p. 193-201.

Les lies et passeries des Pyrénées ont été produites par des communautés montagnardes soumises à une économie pastorale. Leur transformation accompagne la genèse de la frontière. Au centre, la haute vallée de la Garonne et le Val d'Aran, aux contraintes géographiques et donc économiques et politiques fortes, constituent un enjeu majeur. Les destinées de cette vallée commandent la formation et l'évolution des lies et passeries à son entour. Nous avons noté la malléabilité de ces accords à partir des trois variables qui sont les mouvements de troupeaux sur les pâturages, le commerce et la défense mutuelle. Nous avons bien assisté à une tendance que Henri Cavaillés qualifiait de « fédérative » au XVIe siècle. Mais elle se limite à deux épicentres, aux conjonctures politiques et économiques spécifiques. Il s'agit de velléités, toujours soumises à l'autorité monarchique, sur les marges d'une France dont le premier élan absolutiste des Valois est cassé par une longue crise religieuse, civile et dynastique. Ce XVIe siècle est bien caractérisé par une prospérité de la montagne qui permet cependant à ces accords de s'exercer pleinement. La reprise en main des Bourbons leur sera fatale. Le siècle suivant est marqué par la guerre et par l'accroissement fiscal qui lui est lié, néfastes aux privilèges des frontaliers. Les pactes de non-agression, l'obligation d'avertissement, la poursuite des activités commerciales ont bien du mal à perdurer. Le XVIIIe siècle consacre le repli des lies et passeries sur de simples accords pastoraux et de bon voisinage, tant du fait de l'évolution militaire et diplomatique, que par la situation économique. Contrairement à l'expression attribuée à Louis XIV en 1659 : « Il n'y a plus de Pyrénées », sur cette montagne s'est alors matérialisée une frontière de plus en plus sensible, particulièrement pour les frontaliers.

Traité de lies et passeries, du 22 avril 1513, au Plan d'Arrem.

«L'an mil cinq cent treize et le vingt-deuxième jour du mois d'avril, au lieu appelé: Plan d'Arrem, furent assemblés, à savoir: du côté du Très Chrétien Roi de France et pour le pays de Louron, Larboust, la vallée d'Oueil, Bagnères-de-Luchon, Frontignes, la châtellenie de St-Béat, baronnie et seigneurie d'Aspet, Castillonnais, Couserans, Saint-Lizier, Aure, Neste, comté de Comminges, sénéchaussée de Toulouse, Noble homme Jean Depins, écuyer, sieur de Montbrun, conseiller et maître d'hôtel du roi, capitaine de St-Béat, et lieutenant général de Mr. le sénéchal de Toulouse, et honorable personne Pierre Dandré, docteur en droit, conseiller dudit seigneur et juge de Comminges, commissaires pour ledit seigneur de cette part départis. Et noble et puissant seigneur Charles d'Espagne, gouverneur pour le roi de la baronnie et seigneurie de Montespan [il serait plutôt : gouverneur pour le roi de la baronnie d'Aspet, seigneur du Louron et de Montespan][58], et aussi le noble et puissant seigneur Jean d'Aure, seigneur de Larboust, Roger de Saint-Jean, seigneur de St-Ignan et de Soueich, noble et grave personne Adhémar de Saint-Paul, chanoine de l'église cathédrale de Tarbes,

58 Selon l'extrait des manuscrits d'Oihénard, Fonds Duchesne, Bibliothèque Nationale, t. 106, publié par : Marie-Marc DE LASSUS, « Le sire de La Bastide Pauméz à Saint-Béat (1512) », *Revue de Comminges*, t. I, 1886, p. 196-199.

nobles hommes Roger de Binos, seigneur de Cierp, capitaine de Bagnères-de-Luchon et de Cier, Bertrand de Saint-Paul, coseigneur de la vallée d'Oueil et capitaine de St-Blancat, Bernard du Puy, coseigneur de Marignac, lieutenant du capitaine de Fronsac, Jean de Lamothe, seigneur d'Yzaut, lieutenant du capitaine de St-Béat, Guillemat de Bossost, capitaine de Larboust, nobles hommes Vidal et Jacques de Castet, de Castillon, discrets et honnêtes personnes maître Arnaud Lafont, notaire, Dominique Benavent, *alias deu clergue de Gery*, Arnaud Lapasse, consul de St-Béat, Jean de Lanes, Pierre de Sens, consuls de Bagnères, Antoine Sost, consul de Cier, maître Roland de Cort, notaire, consul de Castillon, Antoine Bernet, syndic de la vallée de Sentein, Raimond Menvielle [« Ramon de Cabill », dans la copie des A.V.A.] consul de Ballongue. Et de la part de l'Illustrissime et Catholique Roi d'Espagne et Aragon, ainsi est à savoir: noble Joan Nibo, seigneur de Formigats, lieutenant du châtelain d'Aran, Francisco Español, docteur en droit et juge du Val d'Aran, Mossen Pere de la Moga, prêtre, Domench de Capdevila, syndic d'Aran, le magnifique Mossen Bernat de Peguera, capitaine général du marquisat de Pallars et vicomté de Villemur, et magnifique Mossen Jaume Campi, bayle et capitaine d'Escalo, honorable Arnaud de Sanci-Ramon, *braz de cort* de la vallée d'Àneu[59], Sans de Campresi et Joan Amiel, syndics d'Espot et d'Alos [seulement d'Alos, dans la copie des A.V.A.], Guillem Duserri, syndic de Barraves, représentent les pays et vallées qui suivent.

Premièrement, pour le marquisat de Pallars, vicomté de Villemur, le Val d'Aran et comté de Ribagorza, la vallée de Benasque, Gistaín (Bielsa), Barraves, la baronnie d'Erills, l'abbaye de Lavaix, la baronnie d'Ourcau, la baronnie de (Gerri) [« Gelera », dans la copie des A.V.A.], la seigneurie de Pallars et la ville de Tremp, et, en général, toute la Conque d'Ourcau, cela pour donner ordre et réparer toute la rupture des conventions et des abstinences de guerre, lesquelles par ci-devant il est accoutumé de tenir et observer dans lesdits pays et frontières, et qui avaient été rompues par ledit seigneur de Labastide de Paumes et autres qui ont eu commission pour les lieutenants du Seigneur Roi Très Chrétien en son pays et duché de Guyenne, lesquels tout dessus nommés ont confirmé, ratifié et accordé les articles qui suivent, et ainsi nonobstant ladite rupture, et suivant les pouvoirs des susdits rois, leurs maîtres, à eux donnés, desquelles en lesdits articles les tiennent ci-après s'ensuivent.

Premièrement est conclu que lesdites parties desdits pays et frontières dessus spécifiés ne se battront, courront, sauteront, ni prendront places, villes, gens ni autre exercice de guerre; ne permettront, consentiront être faits les uns aux autres, ni faire aucun dommage à leurs biens, fortunes, personnes et marchandises de quelque condition que ce soit, exceptées les marchandises prohibées.

II. Aussi a été conclu entre lesdites parties, qu'en temps de guerre, les habitants de tout le pays dessus dit, tant d'un extrême que de l'autre pourront commercer et communiquer ensemble et faire tous les faits de marchandises comme dit ci-dessus, les uns avec les autres, ainsi comme s'ils étaient en bonne paix; et pourront aller, ceux de la

---

59 Les chefs de maison de la vallée d'Àneu se rassemblaient dans le *Bon Consell.* Celui-ci renouvelait annuellement par élection deux des six *braços de cort*. Ces derniers formaient la *Cort*, qui gouvernait la vallée.

part de France et des pays dessus dits, dans les terres du Roi d'Aragon, ainsi à savoir: pour la part de Bielsa, et terme de Gistaín, entre le pont de Salinas et Sarraviello et par toutes les limites du comté de Ribagorza, entre la Serro de Montiberei et du marquisat de Pallars, vicomté de Villemur, et par toutes les terres dessus comprises et nommées dans les présents articles et chapitres.

Pareillement, que les habitants du Royaume d'Aragon compris en la présente surséance et capitulation, pourront aller franchement et en toute quiétude entre Sarrancolin, par toutes les vallées d'Oueil, Louron, Larboust, Barousse et Luchon, la ville de St-Béat et Frontignes, entre la cité de St-Bertrand, et par toute la seigneurie d'Aspet, entre la cité de St-Lizier, la ville de St-Girons, vicomté de Couserans, et par toute la baronnie de Castillon [en Couserans].

III. Aussi a été convenu entre lesdites parties, que si quelque dommage apparaissait par l'une ou l'autre partie, pendant la présente surséance et capitulation, dans les limites ci-dessus déclarées, que dans ce cas ils seront tenus de restituer et de réparer lesdits dommages et attentats, chacun pour son pays, à la connaissance des juges compétents, chacun dans son ressort et royaume, là où lesdits dommages seront faits; et sera faite la justice sommairement et expédiée ainsi que la matière requerra; si quelque attentat se commettait pendant la présente surséance et capitulation, que par lesdits attentats ni inconvénients ladite surséance ne sera point rompue, mais demeurera dans son efficience et valeur comme auparavant.

IV. Aussi a été conclu, que tous les bestiaux, de quelque condition que ce soit, de toutes les personnes comprises dans la surséance ou non comprises, que ceux-ci ainsi puissent paître et être dans les montagnes des lieux compris en ladite surséance franchement, et en toute quiétude comme si c'était en bonne paix et si ces bestiaux étaient enlevés par quelques gens de guerre ou autres, que dans ce cas les habitants des vallées ou lieux où les bestiaux seront pris et levés, que dans ce cas ils seront tenus de restituer et payer entièrement lesdits bestiaux à la connaissance des juges compétents; et aussi tous chefs de bergers, pâtres et jeunes domestiques, et toutes choses nécessaires à la garde des susdits bestiaux soient tranquilles, gardés et assurés et demeurent francs et quittes dans la forme susdite.

V. Aussi a été conclu que si quelques personnes comprises dans la présente surséance s'emparaient de quelques personnes de ladite surséance, que dans ce cas soient tenues de satisfaire et rendre et restituer lesdits prisonniers ou personnes pour être punies à la connaissance des susdits juges compétents; et s'il se trouvait que lesdits malfaiteurs ne pouvaient pas être retrouvés, et s'il n'y en avait pour payer les dommages et intérêts, s'il se trouvait qu'on les aurait recueillis ou recelés ou donné provision ou s'être fait complice, que ceux-ci ainsi soient tenus de payer et de restituer lesdits dommages et soient punis à la connaissance desdits juges compétents; et aussi, si quelque personne, en-dehors de ladite compétence et surséance, s'emparait de quelque personne, ou de quelque bien, en-dehors de ladite surséance, ne seront pas tenus par ceux compris en icelle surséance, de payer, ni de restituer aucune chose, ni dommage mais si bon leur semble ils auront recours à la justice; et ceux qui sont compris dans ladite surséance ne leur donneront aucun acompte ni provision, comme il est dit ci-dessus.

VI. Aussi a été conclu que si quelques voleurs, ravisseurs de chemins, et autres malfaiteurs étaient chassés par les officiers du Roi de France compris en la présente capitulation et surséance, leur donnons pouvoir, dès à présent, licence et faculté de les prendre et donner secours et force de les livrer pour qu'il leur soit fait justice par lesdits juges compétents.

Et pareillement, pour les sujets du Roi d'Aragon compris dans ladite surséance et capitulation, poursuivront lesdits malfaiteurs, et semblable licence et pouvoir leur est donné par les officiers du roi de France.

VII. Aussi est conclu que si d'autres bestiaux ou marchandises, d'une part ou d'autre, sont enlevés ou volés, pour ceux à qui ils appartiendront il sera fait justice comme si c'était en temps de bonne paix.

VIII. Aussi a été conclu que la présente surséance et capitulation, n'aura ni un jour, ni temps déterminé, et durera autant qu'il sera le bon plaisir desdits Seigneurs Rois, ou de l'un desdits, de venir au contraire et ne vouloir que ladite surséance se poursuive; dans ce cas, seront tenus les dessus compris dans la surséance d'avertir et de faire savoir une partie à l'autre, à savoir; pour la part d'Aure et la vallée de Barousse, en la ville de Plan; pour la part de Bagnères-de-Luchon et de St-Béat, à Benasque et dans la vallée d'Aran, c'est-à-dire : au châtelain de Castèth Leon; et pour la part du Castillonnais, St-Girons et Couserans, dans la vallée d'Àneu, en Pallars et à Salardú, entre les mains du châtelain ou des lieutenants et capitaines et bayle de Salardú, ou de l'un d'entre eux, par exprès ou suffisant message avec lettres signées des mains desdits compris dans la présente capitulation ou de l'un d'eux ayant charge et pouvoir de le faire, qui feront connaître la notification d'interruption de surséance; et ceux qui recevront lesdites lettres de notification d'interruption, du jour que sera reçue ladite notification il y aura trente jours naturels et complets pendant lesquels aucune desdites parties ne pourra attenter, ni innover, ni faire aucune chose au préjudice de l'autre partie, ni de l'autre, mais resteront et vivront en union et bonne sécurité comme par ci-devant, durant cette surséance, et que les marchands et autres personnes pourront recouvrer et retirer les biens et marchandises franchement et quittement, pendant lesdits trente jours.

Et pareillement, pour la part d'Aragon et ceux qui sont compris dans ladite surséance, seront tenus faire à savoir pour le quartier de Bielsa et de Gistaín, au lieu de St-Lary en Aure et au lieu de Loudervielle en Louron; et pour la part de Benasque et Ribagorza, au lieu de Bagnères-de-Luchon; et pour le quartier d'Aran et Barravès, aux lieux de St-Béat, Sentein et Castillon (de Couserans); et pour le marquisat de Pallars, au lieu de Seix en Couserans et St-Girons, en la forme dessus dite.

IX. Aussi a été conclu que ledit Sr. de Monbrun, ensemble tous lesdits-dessus nommés, seront tenus de faire ratifier et confirmer les présents articles et capitulations, à savoir: aux sénéchaux, consuls et syndics du pays d'Aure, Nébouzan, Couserans, la cité de St-Bertrand et au noble et puissant seigneur Arnaud-Raymond Roger de Comminges, seigneur de Solan et de Lescure et vicomte de Couserans, et cela pour le mois de mai prochain.

Et pareillement, ledit seigneur de Nibo, lieutenant du châtelain du Val d'Aran, et Mossen Bernat de Peguera, capitaine général du marquisat de Pallars, seront tenus de faire ratifier et confirmer les présents articles et chapitres par l'illustrissime seigneur duc de Cardone et aux seigneurs barons de Beleo et d'Antau [« Beillere et d'Atins », dans la copie des A.V.A.], à tous syndics, procureurs ayant pouvoir pour eux et au sous viguier de Pallars et au prieuré de Labaix, au viguier de Tremp, aux seigneurs procureurs de Ribagorza, et aux capitaines de Benasque et Gistaín, commissaires et syndics du pays, dedans le temps du mois de mai susdit.

X. Aussi a été conclu que si certains desdits pays, vallées, seigneuries des susdits pays ne voulaient être compris en ladite surséance et capitulation, que dans ce cas ils en feront la déclaration au cours du mois de mai prochain, respectivement les uns aux autres, en la forme et manière que dessus est dit; et en faisant ladite déclaration, ne seront aucunement compris ni obligés dans les causes susdites et seront libres ainsi qu'ils l'étaient avant le jour où lesdits articles furent établis; et lesdits officiers et autres dessus dits, qui ont juré et signé ladite surséance, ne seront déchargés et ne seront en rien obligés, tant qu'ils n'auront pas dit qu'ils ne veulent plus être compris dans la présente capitulation et surséance.

XI. Aussi a été conclu que dans le cas où quelques personnes comprises dans ladite surséance passaient les limites dessus nommées tant d'une part que de l'autre, que dans ce cas elles aillent à leurs périls et fortunes.

XII. Aussi a été conclu, appointé et ordonné, pour de certains et bons respects concernant le service desdits Seigneurs Rois et le bon repos et utilité des terres et frontières, pays et vallées, et pour conservation de la chose publique et bon voisinage, que dorénavant ne puissent faire représailles, ni marque, ni d'une part ni de l'autre, pour aucune cause, sinon qu'il soit fait justice selon les termes et styles des cours de chaque part, sinon comme soit du propre débiteur; et leurs officiers seront tenus de faire justice chacun pour son quartier; que si ceux du royaume de France contractaient quelque cause avec les Aranais et Espagnols qu'ils s'en assurent le mieux qu'ils pourront; et lesdits Espagnols de même des Français et Gascons; et si se contractait dommage avec des personnes qui n'aient pas de bien pour payer, dans ce cas, chacun doit participer à la composition, tant d'un quartier que de l'autre, afin que ne s'en suivent pas des représailles, ni d'autres inconvénients, mais qu'ils suivent la justice de leurs débiteurs selon les styles et pratiques des cours et rigueur des instruments.

XIII. Aussi plus est conclu qu'il est défendu et prohibé à toutes chacunes desdites parties d'user de voie de fait les uns contre les autres, sous peine d'être puni des peines de droit et d'être pendus et étranglés; et aussi sous la même peine d'user de congrégations illicites, ni de se lancer défits les uns aux autres.

XIV. Lesquelles parties dessus écrites ont promis de tenir et garder et observer de point en point tout le dessus, et à toutes et chacune des dites parties sans y contrevenir en aucune manière: et aussi ont promis lesdits de Montbrun, le juge de Comminges, commissaires dessus dits, lesdits d'Espagne, Larboust et autres dessus spécifiés, d'une part. Et Joan de Nibo, Mossen Bernard de Peguera, Mossen Francisco Español, juge, et autres dessus nommés et spécifiés, d'autre; et juré sur les quatre Saints Evangiles de Dieu, sur leur bonne foi et honneur, et aussi sous la peine de cent *mare* d'or s'ils se parjurent, laquelle peine sera appliquée la moitié au roi de la partie obéissante, et l'autre moitié à la partie obéissante, payés par la partie non obéissante et contrevenante à la présente surséance et capitulation; et lesdites parties s'en sont obligées, ainsi comme il apparaît par l'instrument reçu par nous, Ramond de Pujol, de la ville de Vielha, Pierre de Saint-Seriac, de la ville de Muret, et de Guilhem-Arnaud Digounet, de St-Béat, notaires; et lesdits seigneurs dessus nommés ont signé de leurs propres mains, et nous, notaires dessus écrits; présents les nobles Antoine de Polastron, seigneur de Montaigut, Guillaume de Camplong, de Montaigut, Manaut de Les Serres, de Calobiench [?], et Pierre de Frangieres, de Montferran en la forme qui s'en suit ainsi signés: Jean Depins, Pierre André, Franciscus Espaignol, *Iudex Vallis Aranii*, Joannes Campi, bayle et *capitani* d'Escalo, Petrus de La Moga, *capella*, Domench de Capdevila, syndic d'Aran, Bernard du Puy, Jean de Lamothe, Vidal de Castet, Jaume de Castet, Arnaud Defont, *consol*, Ramon de Pujol, *notarius ordinarius Vallis Aranii*, Jean de Saint-Ciriac, *notarius*, G. Digounet, *notarius*, ainsi signés à l'original. »

Copie traduite de l'occitan, à partir de l'exemplaire conservé aux Archives Départementales de la Haute-Garonne, E 891, imprimé, corrigé grâce à la copie des Archives du Val d'Aran (A.V.A.).

Anne Radeff und Georges Nicolas

Europäischer Grenzverkehr und Mobilität am Ende des Ancien Régime[1]

Wie Geographen und Wirtschaftswissenschaftler haben oft auch Historiker die Mobilitäten als stadtzentriert beschrieben. Die Städte – so ihre Vorstellungen – regelten den Waren- und Personenverkehr in einer strengen Hierarchie, angefangen von den kleinen Marktflecken bis hin zu den grossen europäischen Zentren. Neue historische, geographische oder ethnologische Forschungen haben jedoch dieses Raumorganisationsmodell in Frage gestellt[2]. Wir schlagen eine neue differenziertere Vorstellung von den „globalen Mobilitäten" vor, die die Realitäten des Ancien Régime besser widerspiegelt.

Französische und schweizerische Quellen werden benutzt, um diese Mobilitäten zu beschreiben. Sie stammen aus dem Ende 18. und Anfang 19. Jahrhundert. In der Schweiz haben die Präfekten der helvetischen Republik (1798-1803) Tabellen geschrieben, die den Eintritt in der Schweiz von Tausenden Ausländern beschreiben. Sie reisen allein oder in kleinen Gruppen (ohne die Truppen). Wir kennen nicht nur den Namen und den Beruf der Reisenden, sondern auch ihr Wohnungsort und ihr Ziel. Die Basler Tabellen sind noch reicher: sie erzählen wann und wo die Pässe visiert wurden, bevor die Reisenden in Basel ankommmen. Diese Informationen erlauben, Reisepläne wiederherzustellen. Ich habe alle Personen studiert, die mehr als fünf Visa in ihrem Pass im Jahre 1799 hatten. Diese grossen Reisenden stammen zuerst aus dem Deutschen Reich, dann aus Italien (Piemont, Lombardien, Ligurien), endlich aus dem Fürstentum von Neuchâtel. Diese schweizerische Quelle wird ergänzt mit einer französischen Untersuchung über die temporären Migranten, aus dem Jahre 1811. Diese andere Quelle erlaubt auch, den Verhalten von Migranten aus Deutschland, Italien, aus der Schweiz oder aus Frankreich zu beschreiben.

So kann man das Benehmen von Reisenden aus verschiedenen Regionen West- und Mitteleuropas vergleichen: aus Städten und Dörfern, Gebirge und Flachland. Oft sind sie Handelsleute. Zum Beispiel, die deutschen Reisenden in der Schweiz sind oft Handelsmänner. Wir treffen auch Eisenhändler aus dem Sauerland, Bettfedernhändler aus Böhmen, Citronenhändler aus dem Tirol, Glashändler aus dem Schwarzwald. Andere Berufe sind auch da: Handwerker wandern über die Grenzen hinweg: Seidenweber, Tuchdrucker, Mühlen- und Sagenmacher, Schwertfeger. Viele Gesellen gibt es auch: Rothgerbergesellen, Seilergeselle, Schneidergesellen, Müllergesellen. Und noch andere wie Studenten, ein „kranker Reisender", ein Kutscher, ein „gewesener Galérien

1 Ubersetzung: Prof. Dr Markus A. Denzel, Göttingen

2 Siehe zum Beispiel GILOMEN, Hans Jörg und STERCKEN, Martina Hrsg, *Zentren. Ausstrahlung, Einzugsbereich und Anziehungskraft von Städten und Siedlungen zwischen Rhein und Alpen* Zürich 2001 oder GILOMEN, Hans Jörg, HEAD, Anne-Lise und RADEFF, Anne Hrsg, *Migration in die Städte. Ausschluss, Assimilierung, Integration, Multikulturalität,* Zürich 2000.

in Toulon und österreichischer Kriegsgefangener“, oder noch ein sonderbarer „Mechanicus und Erzieher“.

Alle diese Reisenden, seien sie deutsch, italienisch, französisch oder schweizerisch, gehen regelmässig, erlaubt oder nicht, über die Grenzen hinweg. Diese Grenzen sind politisch, auch kulturell, religiös oder sprachig. Kann man behaupten, dass das Benehmen der Reisenden mit der Grenze sich mit den Regionen ändert: sind die Deutschland verschieden von den Italienenern oder den Schweizern; die Leute aus dem Gebirge von denjenigen des Flachlandes; Stadt oder Dorf?

Die Reisenden schaffen grenzüberschreitende europäische oder weltliche Räume. Die Aufenthaltsorte sind Pole. Sie befinden sich nie in Zentren von Regionen, seien sie politisch, ökonomisch oder kulturell. Diese Pole können große Städte sein (Messeorte, politische Hauptstädte, Finanzplätze). Die Reisenden können auch von einer kleinen Stadt zu einer anderen kleinen Stadt wandern, sogar vom Dorf zu Dorf, auch über Hunderte Kilometer. Die Reisegeschwindigkeit ist nicht dieselbe für alle. Ihr Sinn ändert mit den Reisenden: alle sind nicht daran interessiert, am schnellsten zu wandern. Die Handelsmänner haben Eile, die Kolporteure fahren hin und zu, um ihre Kunden und ihre Lieferante zu sehen und wiedersehen. Außerdem sind die Strecken, die diese Reisenden laufen, nicht geometrisch: ein Kilometer gleicht nicht einem Kilometer. Die Strecke von Paris bis London ist nicht dieselbe wie die Strecke von London bis Paris.

Die zwei beiliegenden Graphiken erläutern diese neue Vorstellung[3]. Graphik 1 stellt die Logik „a priori“ dar, wie sie von Walter Christaller und August Lösch entwickelt wurde. Nach dem geometrischen Versorgungsprinzip steht jeder Ort in hierarchischer Verbindung mit drei wichtigeren – oder stärker bevölkerten – Orten. Demnach gingen die Dorfbewohner, wenn sie wanderten, in die nächstliegenden Städte. In Wirklichkeit (Graphik 2, „a posteriori“) sind die beobachteten Mobilitäten in der globalen Ökonomie des Ancien Régime weitaus komplexer. Alle Historiker wissen, dass das Netz nicht geometrisch (in Form von regelmäßigen Sechsecken) ist und dass die aktivsten „Zentren“ in der Peripherie liegen können, oft in der Nähe von Grenzen. Der linke Teil des Schemas „a posteriori“ zeigt diesen Befund. Dagegen zögern viele Historiker, die Mobilitätenhierarchie in Frage zu stellen: Für sie gehen die Bewohner der kleinen Städte in die größeren, die Dorfbewohner in die kleinen Städte oder in die nächstliegende große Stadt. In der Wirklichkeit (rechter Teil der Graphik „a posteriori“) stehen sicher die Bewohner der wenig bevölkerten Orte in Verbindung mit den Städten, aber eben nicht nur mit den nächstgelegenen. Sie können in entfernte Städte wandern und ihre „Hauptstadt” umgehen. Außerdem sind die Mobilitäten zwischen den Dörfern selbst höchstwichtig.

---

3 Aus Anne RADEFF, Gewürzhandel en détail am Ende des Ancien Régime: Handeln und Wandern, in: Markus A. Denzel (Hrsg.), *Gewürze: Produktion, Handel, Konsum in der Frühen Neuzeit*, St. Katharinen 1999 (Übersetzung: Prof. Dr. Markus A. Denzel).

Diese Graphiken befinden wie sich – wie auch alle im Folgenden genannten „tableaux“ – am Ende des Beitrages.

Diese neue „a posteriori“-Vorstellung ist eine Theorie der „Unzentralität“. Die Theorie der Zentralität ist ein Sonderfall dieser Theorie, die hierarchisiert ist, ohne ausschließlich zentralitätsorientiert zu sein. So kann man eine Interpretation des Grenzverkehrs einerseits, der Rolle der grenznahen Orte anderseits liefern.

Grands voyageurs

Le tableau 1 résume les voyages des personnes ayant plus de cinq visas en 1799. Il donne leur nombre et leurs régions d'origine, la durée moyenne de leur voyage (durée totale des voyages divisée par le nombre de voyageurs) et la distance moyenne parcourue (même base de calcul). Il n'est pas intéressant de calculer une moyenne journalière car, comme nous le verrons, les longues haltes sont fréquentes. Ces 80 grands voyageurs sont d'abord originaires de diverses régions de l'Empire allemand, puis du sud des Alpes (Piémont, Lombardie, Ligurie), enfin de la Principauté de Neuchâtel.

Voyageurs allemands

Commerçants

34 personnes sont originaires du Saint-Empire germanique, dont 18 commerçants. Il s'agit d'un groupe hétéroclite, allant de grands négociants pressés à un pauvre mercier errant. Johann-Friedrich Weissenfeller, originaire d'Augsbourg, est l'un des négociants voyageant très rapidement (tableau 2). Il passe à Bâle dans l'intention de se rendre à Strasbourg, où il a déjà longuement séjourné. La rapidité de certains de ses déplacements est tellement élevée que l'on peut se demander si les renseignements fournis pas la source ne sont pas erronés. D'autres voyageurs se déplacent à moyenne allure. C'est entre autres le cas des marchands de fer originaires du comté de Berg, qui vendent des faux, de la quincaillerie ou de la coutellerie. Ils se rendent en Suisse, mais aussi aux foires de Leipzig, où ils vendent du fer qui ne vient pas de leur région (comté de Mark), mais de Thuringe et de Styrie[4]. Le marchand de fer Carl Spiess (tableau 3) passe à Bâle et souhaite rentrer chez lui en traversant l'Alsace. Pendant tout le mois de février, il a parcouru la Suisse du nord, par étapes moyennes. De tout petits commerçants, enfin, voyagent tout lentement. C'est le cas de Mathias Massel, marchand de plumes pour les lits (*Bettfedernhändler*) originaire de Bohême, qui voyage avec deux autres marchands et un valet (tableau 4). Leur périple alsacien est régional et très lent ;

---

4 Peter Höher, *Heimat und Fremde. Wanderhändler des oberen Sauerlandes*, Münster 1985 p. 94-97. Wilfried Reininghaus éd., *Wanderhandel in Europa*, Dortmund 1993 p. 195.

le voyage pour venir de Bohême a dû être long, mais aucun visa attestant de ce trajet n'est porté sur son passeport[5].

Non-commerçants

Seize autres personnes venues d'Allemagne sont de grands voyageurs, dont 5 compagnons et 5 artisans. Leurs manières de voyager sont très hétéroclites, de l'étudiant qui prend le temps de flâner au cocher ultra-rapide en passant par le „champion des voyageurs", un compagnon tanneur, dont le passeport comporte plus de 15 visas. Il s'agit de Joseph Roesch, qui passe deux fois à Bâle le même jour (le 26 avril 1799). Lors du deuxième passage, le registre des passeports visés porte la mention: „ nota : da ihm die franz. Posten mit seinem Pass von Reutlingen wieder zurückgewiesen, so ist ihm in Basel ein französischer Pass ertheilt werden " (tableau 5). Roesch fait une tournée en Suisse du nord et de l'est, par petites étapes avec de fréquents arrêts.

Voyageurs italiens

Les voyageurs venus d'Italie ont parcouru des distances beaucoup plus importantes que la majorité des autres Neuchâtelois ou des Allemands venus de régions rhénanes. En passant par la route la plus proche, celle du col du Gotthard, les premiers villages italiens (Piémont ou Lombardie) sont à plus de 300 km de distance. Les négociants („Handelsmänner") voyagent vite, souvent à travers toute l'Europe. Ils s'arrêtent, parfois longuement, dans les capitales ou les lieux de foires de réputation internationale, là où se trouvent les grandes banques et les clients les plus aisés. Ils ne s'encombrent pas de marchandises qu'ils font expédier par des maisons spécialisées. Un exemple: Augustin Longnemall et Joseph Piesa, originaires de Sestri, foncent à travers les Alpes pour rentrer chez eux par Lucerne et le col du Gotthard. Ils sont deux, comme cela arrive fréquemment en Suisse, où les groupes importants (plus de quatre voyageurs) sont rares. Les Ligures reviennent sans doute de la foire de Francfort, qui a eu lieu du 25 mars au 8 avril. Ils ont acquis leur passeport à Mannheim le 24 avril 1999: il arrive en effet fréquemment que des gens se pourvoient d'un passeport en cours de voyage, soit que le premier soit périmé, soit qu'ils aient négligé de s'en occuper avant de partir. Les deux négociants ont voyagé très rapidement sur le Rhin. En 5 jours, ils ont parcouru 265 km, soit plus de 50 km par jour en moyenne, en remontant le fleuve. En un seul jour, du 25 au 26 avril, ils ont parcouru environ 100 km, de Germersheim à Strasbourg. Pour eux, la Suisse - un pays encore relativement pauvre, sauf dans certaines villes (Genève, Bâle, Neuchâtel) où prospèrent des négociants aisés - est un lieu de transit, pas un pays où l'on prend la peine de s'arrêter longuement.

Les négociants venus des villes du littoral italien ne sont pas majoritaires à passer par Bâle. Ceux d'origine montagnarde[6] sont plus nombreux: une vingtaine. Il s'agit

---

5 *Salz, Macht, Geschichte. Katalog*, Augsbourg 1995 p. 242 sur le „ *goldener Steig* ", par où le sel montait de Passau vers la Bohême.

sans doute, dans la plupart des cas, de marchands spécialisés plutôt que de négociants polyvalents. Leurs tournées sont plutôt régionales, différentes de celles des négociants évoqués précédemment. Les colporteurs d'origine italienne sont très rares à passer à Bâle: deux seulement en 1799. De plus, quatre merciers („Krämer“) passent ensemble le 29 avril. Tous quatre rentrent chez eux, après avoir sans doute participé à la foire de Francfort. Deux d'entre eux au moins viennent de loin, peut-être de la mer du Nord. Ces merciers peuvent être des négociants relativement aisés, mais aussi de petits colporteurs ou des marchands spécialisés. Le tableau 6 donne l'exemple des voyages d'un autre colporteur originaire de Sen in Cisalpina[7], Charles-Joseph Stantquist. Il passe à Bâle le 8 octobre 1799, en direction de Berne. Venu de Lausanne où il a acquis son passeport le 2 septembre, Stantquist a traversé la Suisse par petites étapes. Pour lui, à la différence des riches négociants évoqués précédemment, la Suisse est un lieu d'exercice de son métier. Le voyage, contrairement à celui des négociants, se fait lentement: neuf km par jour en moyenne. Outre les négociants, les colporteurs et les merciers, une douzaine de marchands spécialisés passent à Bâle. Deux d'entre eux viennent de régions proches des frontières suisses. Il s'agit de marchands de baromètres originaires de Come, qui rentrent chez eux. Ces spécialistes transportent à travers l'Europe les fragiles instruments fabriqués pendant l'hiver dans la région des lacs. Les autres marchands spécialisés viennent de beaucoup plus loin. Quatre marchands d'images sont originaires de Pieve Tesino, dans le Trentin (commune de Strigno). Comme nombre d'autres ressortissants de ce village, ils transportent jusqu'en Sibérie des images et des calendriers qu'ils acquièrent auprès d'éditeurs spécialisés en hypothéquant leurs terres[8]. Un dernier marchand d'images, originaire de Lucques, transporte des objets de plâtre vers l'Alsace. Les plâtriers et les marchands de Luques sont réputés; ils fabriquent et vendent leurs figurines en Italie même, mais aussi à l'étranger. Quatre marchands d'encre viennent de la vallée de la Lecca et des environs de Bedonia, dans l'Apennin ligure, au nord-est de Gênes (duché de Parme). Ces personnages, parcourant parfois - comme c'est le cas ici - de longues distances, s'inscrivent dans une ancienne tradition de colportage remontant souvent au 17e siècle au moins, voire au Moyen Age[9].

---

6 J'ai adopté la définition des montagnes, selon des critères essentiellement géologiques et géomorphologiques, de BÄTZING, Werner: *Der sozio-ökonomische Strukturwandel des Alpenraumes im 20. Jahrhundert. Eine Analyse von „ Entwicklungstypen " auf Gemeinde-Ebene im Kontext der europäischen Tertiarisierung*, Berne 1993, p. 24 ss. MATHIEU, Jon: *Geschichte der Alpen 1500 - 1900. Umwelt, Entwickung, Gesellschaft*, Vienne etc. 1998, p. 11-24 sur les définitions historiques des Alpes.

7 Lieu non identifié.

8 GROSSELLI, Renzo M. : „Quando la mobilità del lavoro si trasforma in impresa: il caso trentino XVIII - XX secolo“, Giovanni Luigi Fontana et al. (éds.), *Mobilità imprenditoriale*, 1998, p. 150-159; BURMEISTER, Karl-Heinz : „Heimischer und fremder Hausierhandel in Vorarlberg“, *Gewerbliche Migration im Alpenraum*, Bolzano 1994, p. 580.

9 L'histoire du colportage a été récemment renouvelée: FONTAINE, Laurence: *Le voyage et la mémoire. Colporteurs de l'Oisans au 19e siècle*, Lyon 1984 et *Histoire du colportage en Europe (15e-19e siècle)*, Paris 1993; Wilfried Reininghaus éd. 1993.

Voyageurs neuchâtelois

Les Neuchâtelois sont représentés par douze négociants, un émailleur, un ancien militaire et un tailleur. La plupart des Neuchâtelois d'entre eux voyagent seuls, en toutes saisons. Ils traversent Bâle sur le chemin du retour, qu'ils se proposent de parcourir via Soleure. Leur déplacement est, en moyenne, plus court que celui des Allemands et des Italiens, mais la distance parcourue est très supérieure. Ils peuvent couvrir d'importantes distances en un seul jour, comme le montre le cas de Louis Deluze de Neuchâtel et de Friedrich Wert, originaire de Barmen (Westphalie) et habitant Neuchâtel (tableau 7). Ces deux négociants passent à Bâle le 29 décembre 1798 pour rentrer chez eux, d'où ils sont partis quatre mois auparavant, le 20 août 1798. Ils ont commencé par descendre le Rhin, puis se sont rendus à Paris via Liège et Bruxelles, pour enfin rentrer par l'Alsace. Ils ont effectué des trajets assez rapides : par exemple, plus de 100 km en un jour, de Pont-de-Thièle à Bâle, ou Paris-Strasbourg en 3 jours alors qu'il en faut 5 à 6 pour faire ce trajet, en diligence[10]. La rapidité des trajets n'exclut pas de longues interruptions sans doute consacrées à visiter la clientèle: plus d'un mois entre Bâle et Mayence, plus de deux semaines à Strasbourg. Le voyage de Georges Souber, un ancien militaire (tambour et caporal) des Verrières, est très différent (tableau 7). Souber passe à Bâle le 19 juillet 1799, en direction de Strasbourg. Son passeport ne lui a pas été délivré à Neuchâtel mais à Bâle, le 3 juin 1799. Souber voyage dans une région nettement plus restreinte que Deluze et Wert: Alsace et nord de la Suisse. Il fait halte dans de plus petites villes, parfois assez longuement, passe et repasse à Bâle, où il reste près de deux semaines en juin. Ses étapes sont courtes.

Souber est un personnage exceptionnel: la majorité des négociants neuchâtelois parcourent de longs itinéraires et sont pressés par le temps. On retrouve des comportements comparables ailleurs, par exemple parmi des commerçants ligures, mais le groupe des Neuchâtelois est plus homogène que celui des „Italiens“ ou des Allemands, où l'on rencontre plus de petits marchands spécialisés ou d'artisans se déplaçant plus lentement.

Conclusion

Ainsi, les territoires franchis par ces voyageurs sont toujours transfrontaliers. Les limites politiques n'ont aucun sens, même en temps de guerre. De même, les frontières culturelles (religieuses ou linguistiques) n'existent ni pour les riches négociants qui ont appris les langues durant leur enfance ni pour les petits colporteurs. On rencontre même des compagnons allemands dans les régions de langues romanes. Ces voyageurs créent des espaces ouverts en circulant d'un lieu à l'autre. Ces lieux sont des pôles, jamais des centres. La prétendue théorie de la centralité de Walter Christaller est invalidée par ces exemples, comme par beaucoup d'autres. Les pôles peuvent être de grandes villes, mais les déplacements peuvent aussi avoir lieu de village à village, parfois sur des centaines de kilomètres. La vitesse du voyage n'est pas la même pour tous. Elle a un sens très différent selon les personnes et tous n'ont pas intérêt à voyager

---

10 *Atlas de la Révolution française*, Serge BONIN et Claude LANGLOIS éds, vol. 1, *Routes et communications*, Guy ARBELLOT et Bernard LEPETIT éds, Paris, 1987, p. 49.

le plus vite possible. Par ailleurs, la durée subjective du voyage ne correspond pas au temps du déplacement. Le retour est souvent ressenti comme plus court que l'aller. En d'autres termes, les distances parcourues par ces voyageurs ne sont pas géométriques: un kilomètre ne vaut pas un autre kilomètre. De même, une heure de voyage ne vaut pas une autre heure.

Tableaux

Tableau 1:

résumé des étapes des grands voyageurs (1799)

Origine	Nombre de personnes	Durée moyenne du voyage	Distance moyenne parcourue
Empire allemand	35	91 jours	649 km
Italie actuelle	17	79 jours	749 km
Neuchâtel	15	69 jours	1229 km
Divers	13	116 jours	832 km
Totaux	80	89 jours	809 km

Source: Archives fédérales (Berne), abrégé AF, B 1750 b

Tableau 2:

1.4.1799 : 1 négociant (Handelsmann) d'Augsbourg, va à Strasbourg
Johann-Friedrich Weissenfeller. Passeport délivré à Münster in Westphalen le 15.11.98

Lieu	Date du visa	Distance
Münster	15.11.98	-
Dusseldorf	9.12.98	135 km
Strasbourg	11.12.98	410 km !
Koblenz	14.12.98	270 km
Mayence	16.12.98	100 km
Kehl	3.1.99	210 km

Strasbourg	3.3.99	10 km
Kehl	5.3.99	10 km
Bâle	1.4.99	140 km

Tableau 3:

26.5.1799 : 1 marchand de fer (Eisenhändler) d'Astenberg im Berleburg, rentre chez lui via l'Alsace

Carl Spiess. Passeport délivré à Berleburg le 13.10.98

Lieu	Date du visa	Distance
Berleburg	13.10.98	-
Bâle	1.2.99	580 km
Niederbipp BE	4.2.99	50 km
Soleure	6.2.99	15 km
Thoune	18.2.99	60 km
Baden	24.2.99	125 km
Schaffhouse	25.2.99	45 km
Bâle	26.2.99	100 km

Tableau 4:

11.2.1799 : 1 marchand de plumes pour les lits (Bettfedernhändler) de Neuern (?) en Bohême, va à Soleure et Berne

Mathias Massel. Passeport délivré à Bâle le 21.9.98

Lieu	Date du visa	Distance
Bâle	21.9.98	-
Colmar	16.10.98	65 km
Neuf-Brisach	28.11.98	20 km
Markolsheim	6.12.98	15 km
Strasbourg	23.12.98	55 km
Bâle	6.1.99	130 km
Huningue	7.1.99	5 km
Bâle	11.2.99	5 km

Tableau 5:

*26.4.1799: 1 compagnon tanneur (*Rothgerbergeselle*) de Reutlingen in Schwaben, rentre chez lui via Fribourg en Brisgau*

Joseph Roesch, passeport délivré le 1.3.99 à Reutlingen.

Lieu	Date du visa	Distance
Reutlingen	1.3.99	-
Neuenkirch LU	18.3.99	255 km
Schaffhouse	20.3.99	115 km
Saint-Gall	30.3.99	80 km
Wil SG	3.4.99	30 km
Elgg ZH	4.4.99	15 km
Winterthur	6.4.99	10 km
Glattfelden ZH	7.4.99	20 km
Kloten	8.4.99	15 km
Zurich	9.4.99	10 km
Küsnacht ZH	10.4.99	10 km
Oberrieden ZH	15.4.99	15 km
Lucerne	20.4.99	50 km
[Bero]Münster	21.4.99	25 km
Sursee LU	22.4.99	10 km
Aarbourg	23.4.99	30 km
Olten	23.4.99	5 km
Liestal	25.4.99	25 km
Bâle	26.4.99	15 km

Tableau 6:

Voyages d'un colporteur italien originaire de Sen in Cisalpina, Charles-Joseph Stant-quist

Lieu	Date du visa	Distance
Lausanne	2.9.99	-
Payerne	9.9.99	45 km
Neuenegg BE	10.9.99	40 km
Berne	13.9.99	15 km
Escholzmatt LU	17.9.99	45 km
Lucerne	21.9.99	40 km
Zurich	27.9.99	55 km
Bâle	8.10.99	85 km

Tableau 7:

exemples d'itinéraires neuchâtelois

a) 29.12.1798 : 2 négociants qui vont à Neuchâtel

Louis Deluze de Neuchâtel et Friedrich Wert originaire de Barmen (Westphalie), habite Neuchâtel. Passeport délivré à Neuchâtel le 20.8.98.

Lieux	Date du visa	Distance
Neuchâtel	20.8.98[11]	-
Pont-de-Thièle	23.8.98	10 km
Bâle	23.8.98	115 km

Mayence	2.10.98	355 km
Cologne	17.10.98	180 km
Juliers[12]	18.10.98	40 km
Aix-la-Chapelle	28.10.98	30 km
Liège	3.11.98	50 km
Bruxelles	7.11.98	100 km
Paris	6.12.98	305 km
Strasbourg	9.12.98	455 km

Strasbourg	26.12.98	-
St-Louis	29.12.98	125 km
Bâle	29.12.98	2 km

[11] Date d'établissement du passeport.

[12] A 30 km au nord est d'Aix.

b) 19.7.1799 : 1 ancien militaire (gewesener Tambour Caporal bey der halb. Brigade der 4. helvetischen Hilfstruppen) des Verrières, va à Strasbourg

Georges Souber. Passeport délivré à Bâle le 3.6.1799

Lieux	Date du visa	Distance
Bâle	3.6.99	-
Strasbourg	19.6.99	130 km
Colmar	1.7.99	65 km
Bâle	5.7.99	65 km
Brugg	9.7.99	55 km
Baden	10.7.99	10 km
Dietikon	17.7.99	10 km
Baden	17.7.99	10 km
Bâle	19.7.99	65 km

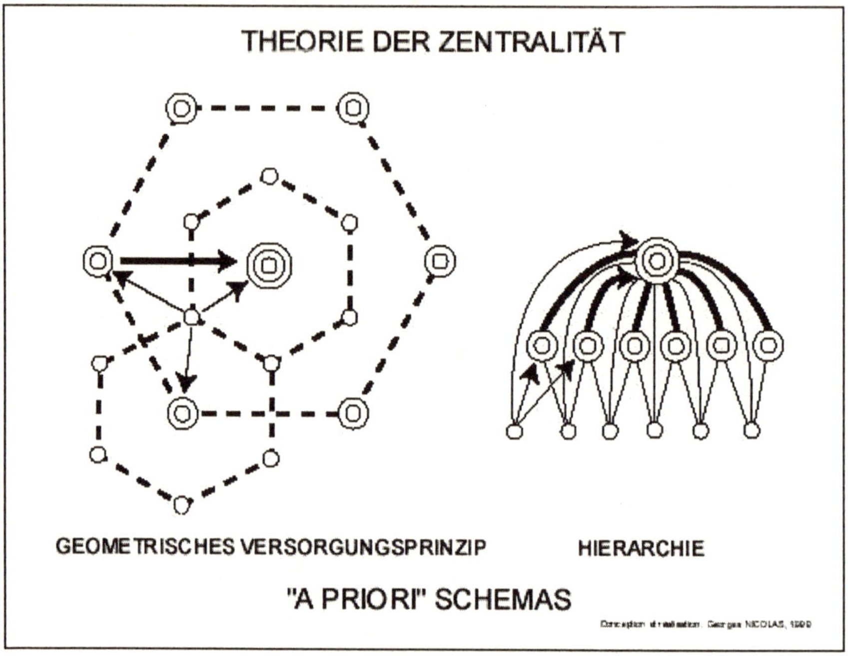
THEORIE DER ZENTRALITÄT
GEOMETRISCHES VERSORGUNGSPRINZIP
HIERARCHIE
"A PRIORI" SCHEMAS

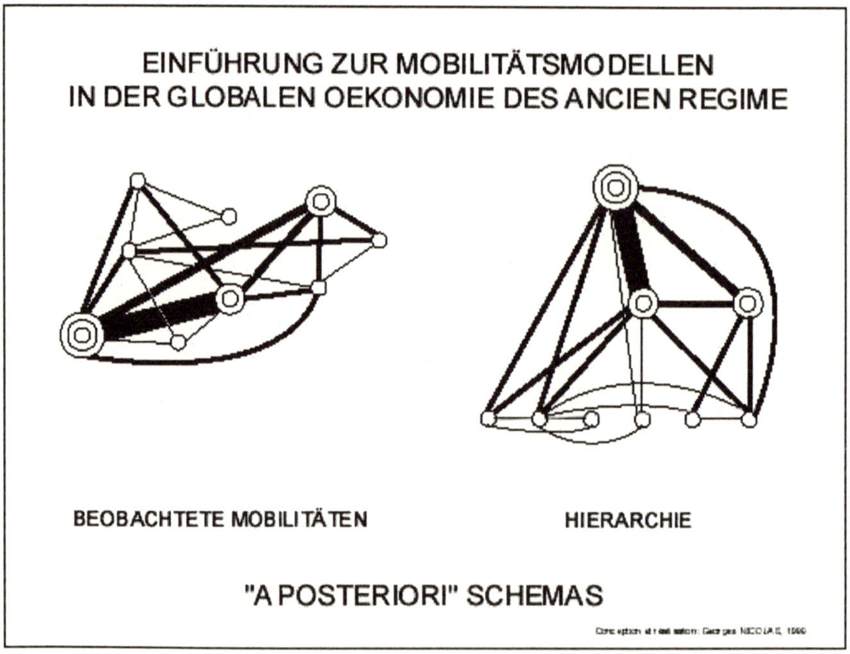
EINFÜHRUNG ZUR MOBILITÄTSMODELLEN
IN DER GLOBALEN OEKONOMIE DES ANCIEN REGIME
BEOBACHTETE MOBILITÄTEN
HIERARCHIE
"A POSTERIORI" SCHEMAS

Marcel Boldorf

Armenfürsorge im Spannungsfeld der Konflikte eines Grenzlandes: Die Saarregion im Kaiserreich (1870–1914)

Während der Begriff „Grenzland" auf das Trennende verweist, die Grenze eben, welche sich als Ergebnis der politischen Geschichte präsentiert, betont der Begriff „Region" die Zusammengehörigkeit eines Gebietes, trotz eventuell vorhandener Grenzen. Im diesem Spannungsfeld liegt auch der Begriff „Grenzland Saarregion". Der regionale Ansatz wird hier vor allem in der Wirtschaftsgeschichte verfolgt. Neue Inhalte fügte dem Begriff in dieser Beziehung jüngst eine Veröffentlichung von Ralf Banken hinzu.[1] Er sieht die homogene wirtschaftliche Struktur, die auf der Montanbasis gründete, als konstituierend für den Regionenbegriff an. Daneben bestanden auch Verbindungen funktionaler Art zwischen den einzelnen Teilen der Region, wie z.B. im Bereich der Unternehmertätigkeit zu zeigen.[2] Im Kern setzte sich die so definierte Saarregion in der Phase der Industrialisierung aus den südlichen Kreisen des heutigen Saarlandes zusammen, d.h. Teilen der preußischen Rheinprovinz (die Kreise Saarbrücken und Saarlouis) und der bayrischen Pfalz (das Bezirksamt Zweibrücken), sowie den nördlichen Gebieten des benachbarten Lothringen, d.h. den Kreisen Forbach und Saargemünd (*Sarreguemines*).

Das Element der Nahwanderung zwischen den einzelnen Teilräumen der Region war ein Kennzeichen, das aus der homogenen ökonomischen Struktur resultierte.[3] Das Migrationsterrain erstreckte sich auch auf die nahegelegenen industriellen Gebiete nördlich von Metz und im Süden Luxemburgs, die in die vorliegende Untersuchung jedoch nicht einbezogen werden. Die Entscheidung zur Wanderung, die häufig von der Hoffnung auf wirtschaftlichen Aufstieg geleitet war, wirkte sich im Fall des Scheiterns negativ auf die Lage der Betroffenen aus. Verarmte der Migrant, trat meist die kommunale Fürsorge auf den Plan. Sie nahm im Bereich der Sozialpolitik eine zentrale Stellung ein, weil eine funktionstüchtige Sozialversicherung noch nicht existierte. Auch als in den 1880er Jahren die Sozialgesetzgebung erlassen wurde, dauerte der Ausbau der Sozialversicherungssystems noch eine längere Zeit, so dass es zunächst noch als wenig leistungsfähig gelten musste.

---

1 Banken, Ralf, Die Industrialisierung der Saarregion 1815–1914 (Regionale Industrialisierung, Bd. 1), Bd. 1, Stuttgart 2000.

2 Thomes, Paul, Wirtschaftliche Verflechtungen einer Grenzregion. Die Industrielandschaft Saar-Lor-Lux im 19. Jahrhundert, in: Jahrbuch für westdeutsche Landesgeschichte 14, 1988, S. 181–198.

3 Leiner, Stefan, Migration und Urbanisierung. Binnenwanderungsbewegungen; räumlicher und sozialer Wandel in den Industriestädten des Saar-Lor-Lux-Raumes 1856–1910 (Veröffentlichungen der Kommission für Saarländische Landesgeschichte und Volksforschung, Bd. 23), Saarbrücken 1994.

Die wirtschaftsgeschichtliche Betrachtung dient hier nur als Ausgangspunkt. Untersucht man andere historische Felder, z.B. die Sozial- und Mentalitätsgeschichte, war die Grenze das Kennzeichnende für das Gebiet, d.h. der mehrfache Wechsel der staatlichen Zugehörigkeit zwischen Frankreich und Deutschland. Für Grenzräume sind sowohl Interferenz- als auch Abschottungsprozesse typisch. In der Saarregion war „die Verflechtung bei gleichzeitiger nationalpolitischer Polarisierung besonders intensiv".[4] Das segregierende Element der Grenze wirkte sich selbst in dem betrachteten Zeitraum von 1870 bis 1914 aus, obwohl die ganze oben definierte Saarregion zum Deutschen Reich gehörte.

1. Fortbestand der Grenze trotz ihrer Aufhebung: Die armenrechtlich differenzierte Situation im Grenzland

Angesichts der durch die Migrationsbewegung zu erwartenden Destabilisierung des Gebiets ging die deutsche Verwaltung im juristischen Bereich äußerst vorsichtig vor. Meist blieb das französische Recht in Kraft, um den Eindruck einer erzwungenen Germanisierung bei der reichsländischen Bevölkerung, insbesondere bei den entmachteten Notabeln, zu zerstreuen. Infolge dessen überdauerte manches rückständige Gesetz die gesamte Reichslandperiode, weil sich entweder die neue deutsche Verwaltung oder die eingesessenen Führungsschichten davon Vorteile versprachen.[5]

Zum Zeitpunkt der Reichsgründung, der mit der Annexion Elsaß-Lothringens zusammenfiel, wurde in Deutschland das Armenrecht neu geordnet. In fast allen Bundesstaaten bildete das Unterstützungswohnsitz-Gesetz (UWG) von 1870/71, das auf das 1842 erlassene preußische „Gesetz über die Verpflichtung zur Armenpflege"[6] zurückging und zunächst für den Norddeutschen Bund erlassen wurde, den Rahmen für die Armenversorgung.[7] Es ordnete für das Deutsche Reich die grundsätzliche Pflicht der Kommunen zur Versorgung ihrer verarmten Bevölkerung an. Jeder Inländer über 24 Jahre, der „zwei Jahre lang ununterbrochen seinen gewöhnlichen Aufenthalt" innerhalb eines Ortsarmenverbandes hatte, musste unterstützt werden. Allein Bayern (bis 1916) und Elsaß-Lothringen (bis 1910) übernahmen das UWG nicht, so dass dort die früheren Rechtszustände erhalten blieben.[8]

---

4 Hudemann, Rainer, Grenzübergreifende Wechselwirkungen in der Urbanisierung – Fragestellungen und Forschungsprobleme, in: ders. / Wittenbrock, Rolf (Hrsg.): Stadtentwicklung im deutsch-französisch-luxemburgischen Grenzraum (19. und 20. Jahrhundert) (Veröffentlichungen der Kommission für saarländische Landesgeschichte und Volksforschung, Bd. 21), Saarbrücken 1991, S. 9–20, hier: S. 12.

5 Hiery, Hermann, Reichstagswahlen im Reichsland. Ein Beitrag zur Landesgeschichte von Elsaß-Lothringen und zur Wahlgeschichte des Deutschen Reiches 1871–1918 (Beiträge zur Geschichte des Parlamentarismus und der politischen Parteien 80), Düsseldorf 1986, S. 73.

6 Sachse, Christoph / Tennstedt, Florian, Geschichte der Armenfürsorge in Deutschland. Bd. 1: Vom Spätmittelalter bis zum Ersten Weltkrieg. Stuttgart u.a. 1980, S. 277–280.

7 Gesetz über den Unterstützungswohnsitz, in: Bundesgesetzblatt des Norddeutschen Bundes 1870, S. 360–373.

8 vgl. Sachße / Tennstedt, Geschichte der Armenfürsorge Bd. 1, S. 204.

Während in Bayern weiterhin das alte deutsche Prinzip des Heimatrechts galt, ging die Armengesetzgebung in Elsaß-Lothringen auf die Zeit der französischen Revolution zurück. Das Gesetz vom 24 vendémiaire an II (15. Oktober 1793) bestimmte in seinem zweiten Artikel: „Le lieu de la naissance est le lieu naturel du domicile de secours."[9] Diese Regelung entsprach dem deutschen Heimatprinzip, wonach verarmte Personen zu ihrem Geburtsort zurückkehren mussten. Allerdings kam beim französischen Gesetz in Artikel 4 ein wichtiger Zusatz hinzu: „Pour acquérir le domicile de secours il faut un séjour d'un an dans une commune." In Frankreich wurde die Regelung des Unterstützungswohnsitzes also bereits im Zuge der Französischen Revolution eingeführt. Ein Aufenthalt von mindestens einem Jahr war Voraussetzung, um öffentliche Unterstützungsleistungen zu erhalten. Damit verfuhr das französische Recht nicht nur großzügiger als das preußisch-deutsche UWG, sondern wurde auch schon Jahrzehnte früher erlassen.

Dadurch, dass das UWG nicht eingeführt war, galt im Reichsland weiterhin das Prinzip des „domicile de secours" im Sinne des Gesetzes aus der Zeit der Französischen Revolution. Das französische Recht sah im Gegensatz zum deutschen UWG keine Diskriminierung von Ausländern vor. Prinzipiell war auch für ausländische Staatsangehörige nach einer gewissen Anwartschaftszeit der Erwerb des Unterstützungswohnsitzes möglich. Beispiele aus der Gesetzesrealität in Frankreich zeigen, dass das Prinzip des „domicile de secours" in französischen grenznahen Städten unterschiedlich angewandt wurde. In der elsässischen Stadt Mulhouse lässt sich während des Zeitraums zwischen 1800 und 1870 zeigen, dass die Bestimmungen des Gesetzes von 1793 offenbar weitgehend eingehalten wurden.[10] Anders verhielt es sich im nordfranzösischen Lille, das unweit der belgischen Grenze lag. Dort beschloss die Stadtverwaltung eigenmächtig eine Erweiterung der Anwartschaftszeit auf fünf Jahre.[11] Diese Maßnahme während des *Second Empire* sollte Tausende eingewanderter Belgier vom Empfang von Unterstützungsleistungen ausschließen. Diese Praxis der Grenzstadt Lille zeigt, dass es auch in Frankreich Armenverwaltungen gab, die bestrebt waren, ortsfremde und ausländische Unterstützungssuchende loszuwerden. Dafür war aber eine Restriktion des nationalen Rechts erforderlich.

Obgleich das französische Recht keine Ausgrenzung von Ausländern vorsah, kam es in den Gemeinden des Reichslandes zu Situationen, in denen zugewanderten Altdeutschen – so nannte man die ins Reichsland eingewanderten Reichsdeutschen – eine Unterstützung versagt wurde. Der Grund war, dass die Annexion einen neuen Rechtszustand schuf. Die Verpflichtung, die Angehörigen anderer Staaten dauernd zu unterstützen, bestand im Deutschen Reich nur in den Einzelstaaten, die das UWG eingeführt hatten. Die freiwillige Unterstützung von Dauerfällen war indes von den vorhandenen Mitteln abhängig. Fehlten diese, konnten die Unterstützungssuchenden gemäß

---

9 Imbert, Jean / Sautel, Gérard / Boulet-Sautel, Marguerite (Hrsg.), Histoire des institutions et faits sociaux (X^{e}–XIXe siècle), Bd. 2, Paris 1956, S. 295–299.

10 Vitoux, Marie-Claire, Pauperisme et assistance à Mulhouse au XIXème siècle 1800-1870. Thèse de 3e cycle, Strasbourg 1984, S. 67.

11 Pierrard, Pierre, La ville ouvrière à Lille sous le Second Empire, Paris 1978, S. 200.

einer Übereinkunft der deutschen Bundesstaaten, dem Gothaer Vertrag von 15. Juli 1851, in das angrenzende Territorium ausgewiesen werden.[12]

In erster Linie waren die Abschiebungen keine Folge der „rückständigen" französischen Gesetzgebung oder der „fakultativen" Aufbringung der Mittel, wie zugewanderte Altdeutsche, die das System der Fürsorge in Elsaß-Lothringen kritisierten, behaupteten.[13] Die Ursache war, dass mit der Annexion ein neuer Rechtszustand geschaffen wurde. Das reichsdeutsche föderative System regelte das Verhältnis zwischen Einzelstaaten, was der französische Zentralismus nicht gekannt hatte. Erst die Annexion machte die Annahme des Gothaer Vertrages notwendig, eine Art von Bestimmungen, die vorher nicht existierte. Den Anspruch auf Unterstützung auf Inländer einzuschränken, war keine Eigenart der französischen, sondern der deutschen Gesetzgebung.

2. Die Abschiebepraxis in den lothringischen grenznahen Kreisen Saargemünd und Forbach

Über die Zahl der aus Lothringen und dem Elsaß ausgewiesenen altdeutschen Bevölkerung liegt von Seiten der deutschen Teilstaaten keine Sammlung statistischer Daten vor. Ohne eine uferlose Untersuchung aller elsässischen und lothringischen Kommunalarchive zu beginnen, könnte sie wohl kaum ermittelt werden. Da hier aber der quantitative Aspekt nicht im Vordergrund stehen soll, können am qualitativen Beispiel möglichst dichte Informationen über den Modus der Ausweisungen gewonnen werden. Grundsätzlich stehen zwei Wege zur Quellenforschung offen:

a.) die Aktenaufzeichnungen an den Orten, die die Unterstützungsbedürftigen auswiesen, z.B. die Protokolle der Sitzungen des Armenrates, der über den jeweiligen Fall beriet.[14] Außerdem gab es die Möglichkeit, dass ein Schriftwechsel mit der kommunalen Verwaltung des Heimatortes, dem Zielpunkt der Ausweisung, geführt wurde, so dass die Modalitäten der Abschiebepraxis bzw. die Gründe für die Verhinderung von Abschiebungen ermittelt werden können.[15] Die überlieferten Zeugnisse liefern beispielhaft einen Einblick in die Verfahrensweise der Behörden. Für diese Quellenrecherche eignen sich die grenznahen lothringischen Kreise Forbach und

---

12 Stier-Somlo, Fritz (Hrsg.), Sammlung in der Praxis oft angewendeter Verwaltungs-Gesetze und Verwaltungs-Verordnungen für Preußen, Berlin/München 1912, S. 77–79.

13 vgl. Ruland, Heinrich, Das System der Armenpflege in Alt-Deutschland und in den Reichslanden (Schriften des deutschen Vereins für Armenpflege und Wohlthätigkeit, Bd. 27), Leipzig 1896, S. 19–20.

14 Diese Art von Quellen liegt für den Saargemünder Armenrat in den Archives Municipales de Sarreguemines (AMS) vor.

15 Quellen der Kreisstadt Forbach in den Archives Municipales de Forbach (AMF) und der kleinen Gemeinden Wölferdingen und Neunkirchen (beide Kreis Saargemünd) in den Beständen der AMS: Archives Municipales Welferding Q 3 (AMW, Best. Q 3), Archives Municipales Neunkirch, Bestand Q (AMN, Best. Q)

Saargemünd, die im wirtschaftlichen Sinn zur Saarregion gehörten und in denen sich besonders viele zugewanderte Altdeutsche niedergelassen hatten.[16]

b.) Die Fälle der Aufnahme von Ausgewiesenen wurden an ihrem ersten Ankunftsort in den Unterlagen der Armenverwaltung aktenkundig. Hier soll eine exemplarische Untersuchung des preußischen Kreises Saarbrücken wegen dessen besonderer geographischen Situation erfolgen.[17] Er grenzte jeweils im Süden an die oben erwähnten lothringischen Kreise Forbach und Saargemünd. Außerdem führten die Bahnlinien aus Lothringen in den Kreis, so dass die drei unmittelbar benachbarten Städte St. Johann, Saarbrücken und Malstatt-Burbach[18] besonders viele Personen aufnahmen, die aus Elsaß-Lothringen ausgewiesen wurden. Zudem grenzte der Saarbrücker Kreis in Osten an die bayrische Pfalz, mit der wiederum der südlich gelegene Kreis Saargemünd eine gemeinsame Grenze hatte.

Die überlieferten Dokumente der kommunalen Archive geben Auskunft über die Herkunft von Zwangsmigranten, die aus Gebieten jenseits der jeweiligen Grenze abgewandert waren: Sie belegen die Ausweisungen von Personen aus Elsaß-Lothringen nach Preußen, aber auch vereinzelte Fälle, in denen reichsländische Gemeinden abgeschobene Unterstützungsbedürftige aus anderen Teilen des Deutschen Reichs aufnahmen. Durch die unterschiedlichen armenrechtlichen Bestimmungen in Preußen, Bayern und Elsaß-Lothringen konnten in der Grenzregion in jeder Richtung Abschiebungen stattfinden. Dass sie in bestimmten Richtungen vermehrt vorkamen, hängt mit der unterschiedlich starken Migration zusammen. In der zeitgenössischen öffentlichen Diskussion waren die Ausweisungen aus Elsaß-Lothringen besonders präsent, die zahlenmäßig – auch wenn der exakte quantitative Beleg fehlt – das größte Gewicht hatten. Diese Einschätzung wird belegt durch die Zahl von 387 Personen, die die grenznahen Armenverbände der preußischen Saarstädte in den sieben Jahren zwischen Mai 1885 und März 1892 aufnahmen.[19] Leider gibt die zugrunde liegende Statistik kaum Anhaltspunkte über die Herkunft der Ankömmlinge, so dass die reichsländische Ausweisungspraxis vor allem aus den konsultierten kommunalen Archiven Lothringens rekonstruiert werden muss.

---

16 Hiery, Reichstagswahlen im Reichsland, S. 53. Wittenbrock, Rolf, Bauordnungen als Instrumente der Stadtplanung im Reichsland Elsaß-Lothringen (1870-1918) Aspekte der Urbanisierung im deutsch-französischen Grenzraum., St. Ingbert 1989, S. 91f.

17 Archivbestände des Stadtarchivs Saarbrücken (StA SB).

18 Die Vereinigung der drei Saarstädte zur Großstadt Saarbrücken erfolgte 1909, vgl. dazu z.B. Leiner, Stefan, Die Saarbrücker Städtevereinigung von 1909. Problemlösungsstrategie zwischen bürgerlichen Interessen, urbanen Sachzwängen und wilhelminischem Obrigkeitsstaat, in: Hudemann / Wittenbrock, Stadtentwicklung im deutsch-französisch-luxemburgischen Grenzraum, S. 281–306.

19 StA SB, Bestand St. Johann (Best. SJ), Nr. 92. Bürgermeisteramt St. Johann. Statistik der aus Elsaß-Lothringen ausgewiesenen Hülfsbedürftigen [1893]. Detaillierte Aufstellung in der Tabelle 2 s.u.

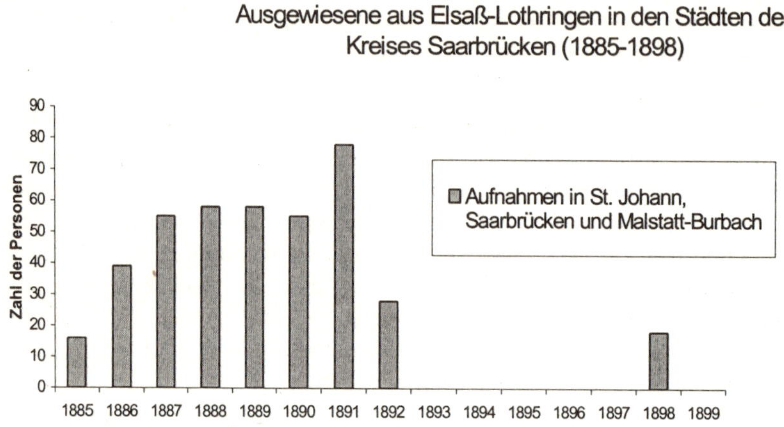

Das Diagramm zeigt einen Anstieg der Abschiebungen seit Mitte der 1880er Jahre. Nachdem sie 1891 einen Spitzenwert erreicht hatten, sank ihre Zahl ein Jahr später rasch. 1892 betrug sie nur noch knapp 36 Prozent des Wertes des Vorjahres. Eine nochmalige Erhebung in den Saarstädten von 1898 wies einen ebenso niedrigen Stand aus. Dies verstärkt die Annahme, dass die Zahl der Aufnahmen in die Saarstädte während der 1890er Jahre dauerhaft gesunken war. Zunächst soll die Phase, in der sich die Anzahl der Ausweisungen für fünf bis sechs Jahre auf hohem Niveau bewegte, untersucht werden.

Der Anstieg in der zweiten Hälfte der 1880er Jahre lässt sich mit dem Migrationsgeschehen seit der Annexion Elsaß-Lothringens in Verbindung bringen. Unmittelbar nach der Annexion machte fast ein Viertel der eingesessenen Bevölkerung vom Optionsrecht Gebrauch und wanderte nach Frankreich aus.[20] Erst danach setzte der Zustrom altdeutscher Bevölkerung ins Reichsland ein, der zahlenmäßig allerdings geringer blieb. Durch beide Migrationsbewegungen änderte sich die Bevölkerungsstruktur innerhalb weniger Jahrzehnte, wie die folgende Tabelle zeigt.

Tabelle 1: Anteil der zugewanderten Altdeutschen an der Zivilbevölkerung des Reichslandes Elsaß-Lothringen (1875–1910)

Jahr	Anteil der Altdeutschen	Jahr	Anteil der Altdeutschen
1875	2,6 %	1895	10,1 %
1885	9,7 %	1910	12,3 %
1890	9,2 %		

Quelle: Hiery, Reichstagswahlen im Reichsland, S. 51.

20 Zur Demographie: Wittenbrock, Bauordnungen, S. 71–92, Hiery, Reichstagswahlen im Reichsland, S. 54–55.

Nachdem die Welle der Auswanderung nach wenigen Jahren vorüber war, blieb die Zahl der einheimischen Bevölkerung relativ konstant. Der Anstieg des Anteils der Altdeutschen an der Gesamtbevölkerung von 2,6 % auf 9,7 % wies das Jahrzehnt zwischen 1875 und 1885 als Phase der Haupteinwanderung aus. In manchen Städten veränderte dies die Zusammensetzung der Bevölkerung erheblich. Saargemünd verzeichnete zum Beispiel 1895 kaum mehr als ein Drittel Einwohner, die in der Stadt geboren waren.[21] Die restlichen zwei Drittel stammten jeweils ungefähr zur Hälfte aus anderen lothringischen Gebieten und dem übrigen Deutschen Reich. Gerade das Grenzgebiet, zu dem auch die Kreise Saargemünd und Forbach gehörten, zählte zu den Zonen mit hohem Bevölkerungsaustausch.[22]

Neben der Zuwanderung der Altdeutschen gab es, zumeist wirtschaftlich motiviert, eine erhebliche Nahwanderung aus ländlichen Gebieten in alle Städte des Reichslandes. Die Nahwanderung führte zeitversetzt zu einer Ausdehnung der Armenziffern in den Städten. Größtenteils wurde das Problem der Armenversorgung vom Land in die nahegelegene Stadt transferiert. Wachsende Städte wie das in dieser Hinsicht beispielhaft bearbeitete Saargemünd boten zunächst Arbeitsplätze, waren dann aber bei wachsender Bevölkerung rasch mit einer steigenden Armenlast konfrontiert.[23] Für das Problem der Abschiebung war zwar ausschließlich die reichsdeutsche Zuwanderung relevant, doch die erhöhte Armutsquote verstärkte den finanziellen Druck auf die lokalen Armenbehörden. Man kann feststellen, dass ein Sparsamkeitsregime in die Kommunalpolitik und vor allem die Armenfürsorge Einzug hielt und dadurch vermutlich die Neigung zur Abschiebung zunahm.

Die unmittelbar nach der Annexion eingewanderten Altdeutschen waren in der Verwaltung und anderen Führungspositionen tätig und verarmten nur selten. Erst in der Hauptzuwanderungsphase wanderten vermehrt Arbeiter ein. Dennoch lassen sich auch bereits vorher vereinzelte Bestrebungen zur Ausweisung von Unterstützten nachweisen, wie der folgende Fall, der beispielhaft in die Thematik einführen soll, belegt. 1880 fragte die Gemeindeverwaltung von Neunkirchen, Kreis Saargemünd, bei der Saargemünder Kreisdirektion an, ob die auf der anderen Saarseite in unmittelbarer Nachbarschaft liegende preußische Gemeinde Hanweiler, Kreis Saarbrücken, nicht zur Aufnahme der verlassenen vier Kinder eines Witwers gezwungen werden könnte.[24] Nachdem der Heimatort die Ortszugehörigkeit anerkannt hatte, wurde die Abschiebung wenige Tage später vollzogen.[25] Der Fall zeigt, wie der finanzielle Druck auf die kleinen Gemeinden wirkte. Wenn die Mittel zur Armenfürsorge nicht ausreichten, machten sie sich das bestehende Recht zunutze, um sich der Hilfsbedürftigen zu entledigen.

21 ebd., S. 92.

22 ebd., S. 91; Hiery, Reichstagswahlen im Reichsland, S. 53.

23 vgl. Boldorf, Marcel: Armenfürsorge im annektierten Elsaß-Lothringen am Beispiel Saargemünds (1871–1914), in: Scripta Mertacurae 29, 1995, S. 80–96, hier: S. 86–88.

24 Schreiben des Bürgermeisters von Neunkirchen (Kreis Saargemünd) an die Kreisdirektion Saargemünd vom 25. Juli 1880, in: AMS - AMN, Best. Q

25 Schreiben des Bürgermeisteramtes Kleinblittersdorf an das Landratsamt Saarbrücken vom 3. August 1880, in: AMS - AMN, Best. Q

Somit dürfte die Hauptphase der Ausweisungen zwischen 1885 und 1892 maßgeblich auf die steigende altdeutsche Zuwanderung, gepaart mit einer steigenden Armenlast durch die Nahwanderung, zurückzuführen sein. Neben dieses sozioökonomische Argument trat ein weiterer Umstand, der aus den innenpolitischen Verhältnissen des Reichslandes resultierte. Am 4. Juli 1887 trat das Berufsbürgermeistergesetz in Kraft, das die Lokalpolitiker, auf die sich die deutsche Reichslandverwaltung nicht völlig verlassen konnte, durch zugewanderte Altdeutsche ersetzen sollte.[26] Die neue Vorschrift wirkte sich in den beiden lothringischen Kleinstädten bald aus: 1889 löste in Forbach der aus der Nähe von Bonn stammende Jakob Wolter, ein aufstrebender reichsdeutscher Beamter, den einheimischen Amtsinhaber Heydinger ab.[27] In Saargemünd bekleidete seit Oktober 1887 Ferdinand Freudenfeld, der aus Westpreußen stammte, als erster das Amt des Berufsbürgermeisters. Er löste den lokalen Honoratioren und späteren Reichstagsabgeordneten Edouard Jaunez ab, der als „seigneur de la terre et de la forêt [...] dans la région de Sarreguemines"[28] den eingesessenen Notabelnschichten angehörte. Im Gegensatz zu seinem Vorgänger, der sein Amt ehrenamtlich ausübte, war Freudenfeld ein gut dotierter Verwaltungsbeamter. Die Größe, an der Freudenfeld gemessen wurde, war eine effizidente Verwaltungsarbeit zugunsten der Bevölkerung und im Sinne der übergeordneten Behörden. Dies wirkte sich im Sinne einer strafferen Amtsführung in mehreren Bereichen aus, darunter die Armenfürsorge.

Kurz nach dem Beginn seiner Amtszeit bemühte sich Freudenfeld in Saargemünd intensiv um eine Reorganisation der fürsorgerischen Außendienstes nach dem Vorbild des „Elberfelder Systems". Aufgrund nationalpolitisch motivierter Widerstände verlief dieser Reformversuch wenig erfolgreich.[29] Dennoch änderte sich manches in der Saargemünder Armenfürsorge. Die Häufigkeit der Armenratssitzungen erhöhte sich, und die einzelnen Unterstützungsfälle wurden ausführlicher beraten und dokumentiert. Die Kontakte zwischen städtischem Bürgermeisteramt und Kreisdirektion intensivierten sich, was sich z.B. auf die Unterstützung vagierender Bedürftiger auswirkte. Freudenfelds Absicht war, dass der „Polizei Commissar", der bereits die Unterstützungskasse der Kreisdirektion führte, auch die Unterstützungskasse für „verarmte Reisende" führen sollte. Diese „Concentrirung" könne dem „Uebelstande" abhelfen, dass Unterstützungssuchende „sich behufs Erlangung einer zweiten Reiseunterstützung an die Kreisdirektion wendeten."[30]

Mit der Einsetzung des Berufsbürgermeisters erfolgte eine genauere Überprüfung der Unterstützungsfälle durch die Armenpfleger, die zu mehr Sorgfalt angehalten wurden. Zudem saß nun ein Typus Beamter im Rathaus, der die neuen Verwaltungsvorschriften gründlicher beachtete und vom tradierten Recht und der alten Verwaltungstradition rasch Abstand nahm. Hierin könnte ein Grund liegen, warum seit dem

26 Roth, François, Les Lorrains entre la France et l'Allemagne. Itinéraires d'annexés. Nancy 1981, S. 87.

27 Wilmin, Henri, Les maires de Forbach de 1789 à 1945, in: Cahiers lorrains 6 (1992), S. 107–133, hier: S. 118.

28 Roth, Les Lorrains, S. 92.

29 Boldorf, Armenfürsorge im annektierten Elsaß-Lothringen, S. 82–84.

30 Sitzung des Saargemünder Armenrates vom 26. Januar 1888, in: AMS, 1 Q 10.

Amtseintritt des Berufsbürgermeisters die Zahl der Ausweisungen stark anstieg. Im Sinne der Prosperität der ihm anvertrauten Kommune schöpfte er die Möglichkeiten, die der Gothaer Vertrag bot, besser als seine Amtsvorgänger aus und drang darauf, dass dessen Bestimmungen bezüglich der zugewanderten Bevölkerung konsequenter angewandt wurden. Hierbei interessierte den Hüter effektiver Verwaltungsarbeit nur wenig, dass die Abschiebungen die eigene Bevölkerungsgruppe der Altdeutschen betrafen.

Tatsächlich mehrten sich in Saargemünd nach dem Einsetzen des Berufsbürgermeisters die Akteneinträge über Abschiebungen in die Heimatgemeinden. Während die Armenratsprotokolle für die Zeit vor 1887 keinen einzigen Fall verzeichneten, gab es in den ersten Monaten nach Freudensfelds Amtsantritt in sechs Fällen Beratungen, die alle mit dem Urteil der Ausweisung bzw. dem Ersuchen um Übernahme durch die Heimatgemeinde endeten.[31] In jener Phase schöpfte die Armenverwaltung die gegebenen rechtlichen Möglichkeiten voll aus. Der Abtransport wurde finanziert, um die Gemeinde auf Dauer von der Unterstützungslast zu befreien. Manchmal führte allein der Antrag auf Übernahme in einen anderen deutschen Staat zur Streichung von der Unterstützungsliste, um den Druck auf den Abzuschiebenden zu erhöhen und die Durchführung der Angelegenheit zu beschleunigen. Bis zur endgültigen Abschiebung wurde allenfalls noch eine vorübergehende Unterstützung auf niedrigem Niveau gewährt.

Die Abschiebung bzw. Übernahme in einen anderen deutschen Teilstaat wurde meist durch Stellen eines Aufnahmeantrages bei der verpflichteten Heimatgemeinde in Preußen bzw. Bayern eingeleitet. Die Ausweisung konnte aber auch aus anderen als armenrechtlichen Gründen erfolgen. Zum Beispiel galten das Begehen von Straftaten oder ein unzüchtiger Lebenswandel in wilder Ehe als Ausweisungsgrund. Vielfach ging eine solche Beurteilung mit Lebensumständen einher, die die betroffenen Personen ohnehin zur Klientel der kommunalen Fürsorge gehören ließen. Mitte der 1880er Jahre schlug die reichsländische Verwaltung einen schärferen Kurs gegen das Konkubinat ein.[32] Solche Regelungen waren jedoch keineswegs für Elsaß-Lothringen spezifisch, wie andere Fälle von Ausweisungen im Grenzraum, sowohl in Luxemburg als auch in Rheinpreußen (Malstatt-Burbach), zeigten.

Wie sich die moralische Argumentation auf die Praxis der Armenfürsorge niederschlug, kann anschaulich bei zwei Fällen gezeigt werden, die 1889/90 im Bürgermeisteramt Wölferdingen dokumentiert sind. In dieser Gemeinde, die direkt neben Saargemünd lag, fungierte der altdeutsche Rechtsanwalt Karl als Bürgermeister, der gleichzeitig von 1880 bis 1896 Mitglied des Saargemünder Armenrates war. Wie in kleinen Gemeinden üblich, entschied er alleine über die Unterstützungsfälle. Im August 1890 kam Johann Schnauss, der im preußischen Auersmacher (Kreis Saarbrücken) – weniger als zehn Kilometer von Wölferdingen entfernt – geboren war, in der Kreisstadt Saargemünd um eine Unterstützung ein. Er bezeichnete sich wegen eines

---

31 Sitzungen des Saargemünder Armenrates vom 19. Dezember 1887, 26. Januar 1888, 4. Mai 1888 und 11. Juni 1888, in: AMS, 1 Q 10.

32 Leiner, Migration und Urbanisierung, S. 304 f.

Kriegsschadens als arbeitsunfähig.[33] Dieser Einschätzung widersprach Karl, der als Bürgermeister von Schnauss' Wohnort Wölferdingen konsultiert wurde, vehement. Er bezeichnete Schnauss als arbeitsscheu, frech und anmaßend im persönlichen Kontakt. Dadurch übe er „schlechten Einfluß auf die jüngeren Burschen aus" und sei „geradezu als gemeingefährlich zu bezeichnen."[34] Karl empfahl die Abschiebung in den auf der anderen Saarseite gelegenen Geburtsort.

Im Kontrast zum Fall Schnauss stand der zeitgleiche Fall des Karl Finck, der 1807 in Kleinblittersdorf (Kreis Saarbrücken), einer Nachbargemeinde von Schnauss' Geburtsort Auersmacher, zur Welt gekommen war. Der 82-jährige wandte sich an das Bürgermeisteramt Wölferdingen mit einer Petition, in der er sich als alten, tauben und armen Mann bezeichnete. Im diesem Fall entschied Karl nicht auf Abschiebung. Über die Kreisdirektion in Saargemünd ging ein Ersuchen um Unterstützung an das Bezirkspräsidium in Metz. Die Metzer Behörde versuchte wiederum, die Rückerstattung der Unterstützung aus preußischen Mitteln zu erwirken. Zuständig war die oberste rheinpreußische Armenbehörde, die Landesdirektion in Düsseldorf. In deren Auftrag anerkannte das Trierer Regierungspräsidium die Verpflichtung des rheinischen Landarmenverbandes zur Unterstützung des Finck und gab dem Ersuchen um Erstattung der Kosten statt. Die preußische Seite erklärte sich einverstanden, dass Finck „gegen Gewährung einer Unterstützung von 15 Mark monatlich an seinem jetzigen Aufenthaltsorte verbleibe."[35] Der bürokratische Abschluss des Falles im Juli 1892 lag zweieinhalb Jahre nach der Aufnahme des Unterstützungsgesuches.

Die beiden geschilderten Fälle unterstreichen, dass Ausweisungen bzw. Abschiebungen – wie bei Schnauss geschehen – aus disziplinierenden Gründen stattfinden konnten. Indem sie mit sittlichen Verfehlungen in Zusammenhang gebracht wurden, waren sie von ähnlicher Qualität wie das behördliche Vorgehen gegen das Konkubinat. Meist erfolgte die Abschiebung geregelt, d.h. dass der lothringische Bürgermeister bzw. der örtliche Armenrat an den Geburtsort ein Ersuchen um Anerkennung der Unterstützungsverpflichtung stellte, ein Verfahren, das sich als sehr langwierig erweisen konnte. Erst wenn die Einwilligung zur Übernahme eintraf, erfolgte die Abschiebung, vor allem im grenznahen Gebiet. Dies belegten nicht nur die skizzierten Unterstützungsfälle, die der Saargemünder Armenrat behandelte, sondern auch Entscheidungen, die in Preußen gefällt wurden.[36]

Wie gezeigt, erfolgte in Lothringen eine Abschiebung keineswegs in jedem Fall. Auch dort gab es die Möglichkeit, dass eine Person im Sinne der Auslegung des UWG als „Landarmer" anerkannt wurde, was eine Unterstützung durch den Bezirk und eine

33 Schreiben des Kreisdirektion Saargemünd an den Bürgermeister von Wölferdingen vom 4. August 1890, in: AMS – AMW Q 3.

34 Aktennotiz des Bürgermeisters Karl vom 13. August 1890, in: AMS – AMW Q 3.

35 Schreiben des Regierungspräsidiums Trier an das Bezirkspräsidium Metz vom 30. Juni 1892, in: AMS – AMW Q 3. Weiterleitung als Abschrift an die Kreisdirektion Saargemünd am 7. Juli 1892, an das Bürgermeisteramt Wölferdingen am 9. Juli 1892.

36 vgl. Schneider, Ute, Armenfürsorge in Alt-Saarbrücken, St. Johann und Malstatt-Burbach (1880-1909), in: Hudemann/Wittenbrock, Stadtentwicklung im deutsch-französisch-luxemburgischen Grenzraum, S. 263–280, hier: S. 276.

Duldung am bisherigen Aufenthaltsort nach sich zog. Dies entsprach auch der Rechtspraxis während der unmittelbar zurückliegenden französischen Periode. Besonders häufig können solche Fälle in der Industriestadt Forbach während der Amtsjahre des letzten einheimischen Bürgermeisters Heydinger (1882–1889) belegt werden, der vom altdeutschen Berufsbürgermeister Wolter abgelöst wurde. In drei exemplarischen Fällen zwischen 1885 und 1888 lässt sich die Auszahlung von Bezirksunterstützung für Halbwaise bzw. für eine Witwe nachweisen, die aus den nahegelegenen Orten Gersweiler (Kreis Saarbrücken) und Überherrn (Kreis Saarlouis) stammten.[37] Dass zwei dieser Fälle Waisenkinder betrafen, überrascht kaum, wenn man sich die französischen Rechtsbestimmungen betrachtet. Bereits 1839 war die Kontrolle und Finanzierung der Unterstützung für Waisen- und Findelkinder auf der Ebene des Departements angesiedelt worden.[38] Die geschlossene Fürsorge in Hospizen, in der Reichslandzeit Bezirksarmenanstalt genannt, stand ebenfalls unter der Aufsicht des Bezirks als Rechtsnachfolger des Departements.

Wie die Bearbeitung des Gesuchs der in Preußen geborenen Witwe Hort in Forbach und der geschilderte Fall Finck in Wölferdingen zeigten,[39] bestand die Möglichkeit zum Erhalt von Bezirksunterstützung offenbar nicht ausschließlich für Halbwaise. Sie betraf vermutlich die Fälle, wo eine Überweisung in eine vom Bezirk getragene Einrichtung (Armenhäuser) bevorstand. Dies knüpfte ebenfalls an die französische Entwicklung an, die seit den 1870er Jahren einen „departementalen Unterstützungswohnsitz" vorsah.[40] Möglicherweise knüpften die Überlegungen der Bezirksregierung auch an die besonders schlechte Versorgungslage von Witwen und Waisen an, die keinen Rentenanspruch besaßen und als unverschuldet in Not Geratene besonders häufig zu den Unterstützungsempfängern gehörten.[41] Der Bezirk leistete solche Unterstützungen aus dem eigenem Etat, denn nicht in allen Fällen konnte das Geld von auswärtigen Armenbehörden zurückgefordert werden. Für den Antrag auf Zuweisung von Bezirksmitteln existierte ebenso ein eigener Vordruck wie für die Auszahlung, der von der kaiserlichen Steuerkasse der Gemeinde im Auftrag der Kreisdirektion vorge-

---

37 Schreiben des Bezirkspräsidiums Metz an die Kreisdirektion Forbach betr. Fall der Unterstützung des Kindes Wilhelm Blumer (geb. 1880 in Gersweiler) vom 27. Juli 1885; Fragebögen des Bürgermeisteramtes Forbach zu den Unterstützungsgesuchen der Kinder der Witwen Alt (5. Oktober 1887) und Blumer (10. Februar 1888); in: AMF, Akte „Unterstützung von Ortsarmen in der Fremde. Ueberweisung derselben nach hier (1857–1890)". Unterstützungsfragebogen der Witwe Hort vom 20. Mai 1888, in: AMF, Akte „Unterstützung von Ortsarmen im Orte aus der Gemeindekasse und anderen öffentlichen Mitteln (1867–1891)"

38 Bezugnahme auf die Gesetze von 1838/1839 in einem Schreiben des Oberpräsidenten v. Möller an der Metzer Bezirkspräsidenten v. Puttkamer vom 22. September 1875, in: Archives Départementales de la Moselle 4 AL 72.

39 Unterstützungsfragebogen der Witwe Hort (geb. 1846 in Überherrn) vom 20. Mai 1888, in: AMF, Akte „Ortsarme im Orte".

40 Schwander, Rudolf, Die Armenpolitik Frankreichs während der grossen Revolution und die Weiterentwicklung der französischen Armengesetzgebung bis zur Gegenwart. Straßburg 1904, S. 150.

41 Ritter, Gerhard A., Der Sozialstaat. Entstehung und Entwicklung im internationalen Vergleich, München 1989, S. 94.

nommen wurde.[42] Wahrscheinlich glich der Bezirk auch finanzielle Engpässe der Kommunen aus, wie aus einem Aktenvermerk im Fall der Witwe Hort hervorging. Bürgermeister Heydinger begründete den Antrag auf Unterstützung aus Bezirksmitteln damit, dass die Forbacher Armenkasse ohne eigenen Fonds sei.

Auffällig ist bei den Forbacher Fällen, dass sie zeitgleich mit den oben skizzierten Fällen in Saargemünd lagen, aber völlig unterschiedliche Tendenzen in der Behandlung der Unterstützungsgesuche hervortreten ließen. Der eingesessene Forbacher Amtsinhaber orientierte sich an der traditionellen Bearbeitung solcher Angelegenheiten, während unter dem neuen Berufsbürgermeister zum Mittel der Abschiebung bzw. Ausweisung gegriffen wurde. Zum einen belegt dies die oben angeführte These, dass der Einsetzung der Berufsbürgermeister im Fürsorgebereich eine größere Bedeutung zukam. Zum anderen lässt sich für das kommunale verankerte Politikfeld erkennen, dass erhebliche Handlungsspielräume bestanden und es vom Gutdünken des einzelnen Verwaltungsbeamten abhing, ob Unterstützung gewährt oder die Ausweisung vorgenommen wurde.

3. Abschiebungen von Lothringern aus dem Deutschen Reich

Die Abschiebungen und Ausweisungen aufgrund armenrechtlicher Bestimmungen war keine einseitige Angelegenheit, die allein Elsaß-Lothringen betraf, obgleich die altdeutsche Propaganda gegen die Rückständigkeit der Armenfürsorge im Reichsland diesen Eindruck erwecken mochte. In den Forbacher Akten lassen sich im Jahrzehnt zwischen 1878 und 1889 eine Reihe Fälle nachweisen, in denen auswärtige Armenbehörden im Bürgermeisteramt die Erstattung von bereits ausgelegten Kosten bzw. die Anerkennung der Unterstützungsverpflichtung zur Durchführung der Abschiebung erwirken wollten.[43] Manche dieser Anfragen stammten von Bürgermeistern aus den nahegelegenen preußischen Kreisen, z.B. 1887 aus Liesdorf (Kreis Saarlouis).[44] Darüber hinaus belegen vereinzelt überlieferte Fälle die Verarmung von gebürtigen Forbachern im Ruhrgebiet, in Nordbaden (z.B. Mannheim und Karlsruhe) oder in Württemberg.[45] Quantitativ müssen diese Gesuche aber als geringfügiger eingestuft werden, weil die altdeutsche Einwanderung ins Reichsland wesentlich zahlreicher war. Dies belegt, dass die elsaß-lothringischen Ausweisungen kein Ausnahmefall in der

---

42 Vordrucke siehe AMF, Akte „Ortsarme im Orte".

43 AMF, Akte „Unterstützung von Ortsarmen in der Fremde. Ueberweisung derselben nach hier (1857-1890)". Die Akte, die auch Fälle enthält, die nicht ihrem Untertitel entsprechen, belegt die Ausweisungspraxis in anderen deutschen Teilstaaten.

44 Schreiben des Bürgermeisteramtes Liesdorf nach Forbach vom 29. August 1887, in: AMF, Akte „Unterstützung von Ortsarmen".

45 Schreiben der Stadt Gelsenkirchen vom 23. Februar 1878, des Schultheißenamtes Pfalzgrafenweiler vom 3. November 1880, des Bürgermeisteramtes Borbeck/Ruhrgebiet vom 12. September 1885, des Armenrats Karlsruhe vom 27. Februar 1889 an das Bürgermeisteramt Forbach; Schreiben der Armen-Kommission Mannheim an die Kreisdirektion Forbach vom 1. März 1889, in: AMF, Akte „Unterstützung von Ortsarmen".

Fürsorgegeschichte des Kaiserreiches waren. In der hier betrachteten Saarregion geben z.B. die Akten des Bürgermeisteramts Saarbrücken Hinweise auf die Schwierigkeiten bei der Überstellung von Ortsfremden: Der Staat Bayern übernehme ausgewiesene Hilfsbedürftige erst, wenn der endgültig verpflichtete Ortsarmenverband ausfindig gemacht sei.[46]

Auch wenn Gerhard A. Ritter vom „historische[n] Verdienst" des Deutschen Bundes spricht, weil er einen Weg zur staatenübergreifenden Koordination von Rechtsvorschriften des sozialen Schutzes zeigte, war er eben doch nur eine „rudimentäre Sozialgemeinschaft".[47] Der Geltungsbereich des UWG umfasste nur etwa 45 Millionen von 52 Millionen Einwohnern des Deutschen Reichs.[48] Die daraus resultierenden Problem manifestierten sich besonders deutlich in Grenzräumen wie der Saarregion, wo die armenrechtliche Einigung fehlte. In diesem Untersuchungsfeld tritt die soziale Fortschrittlichkeit kaum zu Tage, sondern die alte Problemlagen, die mit dem Heimatprinzip verbunden waren, blieben bis ins 20. Jahrhundert bestehen.

4. Die Aufnahme Ausgewiesener in den Gemeinden des Kreises Saarbrücken

Besonders prekär war die Situation für Altdeutsche, die längere Zeit in Elsaß-Lothringen wohnten, weil sie nach einem zweijährigen Aufenthalt ihren Unterstützungswohnsitz in Preußen verloren hatten. Laut UWG waren die Unterstützungskosten vom Landesarmenverband zu tragen, bis der zur Zahlung verpflichtete Ortsarmenverband bestimmt werden konnte.[49] Die Abschiebungen aus den elsässischen und lothringischen Gemeinden belasteten besonders die grenznahen Armenverbände der preußischen Rheinprovinz.[50] Die Armenbehörden der Saarstädte stellen eine Statistik auf, um dies zu dokumentieren.

---

46 Schreiben des Bürgermeisteramtes Saarbrücken an Regierungspräsidium Trier (Entwurf) vom 1. Januar 1892, in: StA SB, Bestand Alt-Saarbrücken (Best. AS), Nr. 1750 A, fol. 28.

47 Ritter, Der Sozialstaat, S. 49.

48 Sachße / Tennstedt, Geschichte der Armenfürsorge Bd. 1, S. 204.

49 Gesetz über den Unterstützungswohnsitz, in: Bundesgesetzblatt des Norddeutschen Bundes 1870, S. 365 (§ 30).

50 vgl. Schneider, Armenfürsorge in Alt-Saarbrücken, S. 274–277.

Tabelle 2: Aufnahme aus Elsaß-Lothringen Ausgewiesener in den Städten des Kreises Saarbrücken (1885–1892)

	St. Johann		Saarbrücken		Malstatt-Burbach		
	Einzel-personen	Familien	Einzel-personen	Familien	Einzel-personen	Familien	Σ Fälle
1885	2	-	8	-	1	1	12
1886	8	2	20	-	4	-	34
1887	5	2	24	2	2	4	39
1888	8	5	20	2	3	-	38
1889	4	6	25	1	2	-	38
1890	3	5	17	1	2	1	29
1891	2	6	19	6	-	-	33
1892	4	1	6	-	1	4	16
Σ	36	27	139	12	15	10	239

Quelle: StA SB, Best. SJ Nr. 92. Bürgermeisteramt St. Johann/Saar. Übernahme der aus Elsaß-Lothringen ausgewiesenen Hülfsbedürftigen.

Beim weitaus größten Teil der Ausgewiesenen handelte es sich um Einzelpersonen. Sie machten fast 80 Prozent der erfassten Fälle aus. Der Aufnahme von 190 Einzelpersonen in St. Johann, Saarbrücken und Malstatt-Burbach standen 49 Familien gegenüber, die insgesamt auf die fast ebenso hohe Summe von 197 Köpfen kamen. Der Begriff der Familie war vage: Fast nie handelte es sich um intakte Familien, sondern fast immer um alleinstehende Frauen mit Kindern, die oft Halbwaisen waren. Geschwister, die ihre Eltern verloren hatten, schienen hingegen als Einzelpersonen gezählt worden zu sein. Der Anteil der Alleinstehenden unter den Ausgewiesenen war laut den detailliert geführten Listen, die die Bürgermeisterämter St. Johann und Saarbrücken 1893 anfertigten (s. Tabelle 3), nämlich nicht besonders hoch.

Alleinstehende Männer und Frauen erhielten ebenso wie Familienväter fast nie eine Unterstützung, da sie als arbeitsfähig galten. Unter den Familien gab es sehr oft alleinstehende Frauen, deren Männer z.B. in Haft waren, oder Witwen, die viele Kindern hatten. Fälle mit vier oder mehr Kindern waren nicht selten.

Tabelle 3: Zusammensetzung der in den Saarstädten aufgenommenen Unterstützungssuchenden 1891–1893

	St. Johann			Saarbrücken		
	Fälle	Erwachsene	Kinder	Fälle	Erwachsene	Kinder
Geisteskranke	6	6	-	13	12	1
Alleinstehende	2	2	-	3	3	-
Waisen	14	-	34	10	-	17
Eltern mit Kindern	6	7	27	6	8	25
Σ	28	15	61	32	23	43

Quellen: StA SB, Best. SJ Nr. 92. Bürgermeisteramt St. Johann/Saar, 28. August 1893. Verzeichnis der landarmen Personen welche dem Ortsarmenverband der Stadt St. Johann/Saar seit dem 1. Januar 1891 zur Unterbringung überhaupt überwiesen worden sind; StA SB, Best. AS Nr. 1750A. Bürgermeisteramt Saarbrücken, 8. September 1893. Verzeichnis der vom Ortsarmenverband Saarbrücken seit 1. Januar 1891 aus Elsaß-Lothringen übernommenen Personen, fol. 56–59.

Auffällig ist ferner, dass sich unter den Ausgewiesenen sehr viele Waisenkinder befanden, wobei die Ausweisung mehrerer Geschwister als ein Fall gezählt wurde. Die Tendenz der qualitativen Untersuchung zu Saargemünd, dass die Waisen ein großes Gewicht an den Ausweisungsfällen hatten, wird somit durch die quantitative Betrachtung unterstützt. Überhaupt machten Kinder einen hohen Anteil an der Gesamtzahl der aufgenommenen Unterstützungssuchenden aus. Sie bildeten 80,3 % der Fälle in St. Johann und 65,2 % in Saarbrücken. Daneben steht noch die Gruppe der als „Geisteskranke" eingestuften Personen, die allerdings meist umgehend – vor allem bei den Aufnahmen auf dem Bahnhof von St. Johann – in die psychiatrische Klinik, damals Irrenanstalt genannt, nach Merzig weitergeleitet wurden.

Auf dem Bahnhof, der rechts der Saar auf St. Johanner Stadtgebiet für die drei Saarstädte gebaut worden war, kamen viele Ausgewiesene mit dem Zug an. Möglicherweise war dort der Anteil von Familien besonders hoch (s. Tabelle 2), weil diese besonders häufig mit der Eisenbahn zureisten. Nach dem Gesetz musste die Hilfsbedürftigkeit an dem Ort geltend gemacht werden, wo das preußische Gebiet zum ersten Mal betreten wurde, obgleich die Züge bis zu ihrer Ankunft bereits das Saarbrücker Stadtgebiet durchfahren hatten.[51] Das auf dem linken Saarufer gelegene Saarbrücken grenzte hingegen direkt an Lothringen, so dass der Grenzübertritt in diesen Fällen auch zu Fuß erfolgen konnte.

51 Gesetz über den Unterstützungswohnsitz, in: Bundesgesetzblatt des Norddeutschen Bundes 1870, S. 365f.

Im Vergleich zu den Missständen in der ersten Hälfte des 19. Jahrhunderts[52] gestaltete sich die Kostenerstattung im Krankheitsfall auf der Basis der Eisenacher Konvention vom 11. Juli 1853 relativ unproblematisch. Nach der Eingliederung ins Deutsche Reich wurde ihr Geltungsbereich am 16. Januar 1874 auf Elsaß-Lothringen ausgedehnt.[53] Die Konvention sicherte deutschen Staatsangehörigen in anderen deutschen Staaten die Gewährung von Hilfe im Krankheitsfall und eine vorläufige Unterstützung bei daraus resultierender Bedürftigkeit. In den Saargemünder Armenratsprotokollen gibt es mehrere Belege, die die Kostenübernahme von Behandlungen in einer Saarbrücker Augenklinik dokumentieren.[54] Auf der anderen Seite klagte das Saarbrücker Bürgerhospital über die Aufnahme verarmter Hilfsbedürftiger, die aus Elsaß-Lothringen stammten. Zwischen Januar 1891 und Juni 1893 seien 33 solche Fälle versorgt worden, in der Mehrzahl sogenannte Krüppel, Waisenkinder und Geisteskranke. Ferner nahm das Saarbrücker Hospital einige ausgewiesene Frauen mit mehreren Kindern auf, in denen der Ehemann z.B. nach Amerika ausgewandert oder inhaftiert war.[55] Dies waren reguläre Ausweisungsfälle, die nicht unter die Eisenacher Konvention fielen. Da sich das Krankenhaus weigerte, solche Fälle dauerhaft aufzunehmen,[56] kam meist nur die Weiterleitung in das Landarmenhaus nach Trier oder in die erwähnte „Irrenanstalt" nach Merzig in Frage. Das Bürgerhospital konnte allerdings, wenn die Kenntnis über den verpflichteten Ortsarmenverband fehlte oder der Unterstützungswohnsitz verloren gegangen war, eine Rückerstattung beim rheinischen Landesarmenverband geltend machen.

5. Politische Initiative bis zur Einführung des UWG in Elsaß-Lothringen

Unter Führung von Malstatt-Burbach brachten die drei betroffenen Saarstädte eine Petition zur Reform des Armenrechts in den Reichstag ein, die aber abgewiesen wurde.[57] Aus eigenem Interesse bemühten sie sich um eine Ausdehnung des UWG auf Elsaß-Lothringen und unterstützten damit eine entsprechende Verlautbarung des Provinzialausschusses der Rheinprovinz vom August 1893.[58] Malstatt-Burbach machte sich zum Wortführer der Saarstädte, obgleich es von der Ausweisungsproblematik quantitativ am wenigsten betroffen war. Die Stadt machte für sich geltend, dass die Verteilungspraxis der Landarmen auf alle drei Saarstädte einer Rechtsgrundlage ent-

52 Thomes, Paul, Verwaltete Krankheit. Die Entstehung des modernen Krankenhauses, in: van Dülmen, Richard (Hrsg.), Industriekultur an der Saar. Leben und Arbeit in einer Industrieregion 1840–1914, München 1989, S. 160–172, hier: S. 162.

53 Ruland, System der Armenpflege, S. 35.

54 Sitzungen vom 26. Januar 1888, 14. Mai 1891, 9. Juli 1896, in: AMS, 1 Q 10.

55 Schneider, Armenfürsorge in Alt-Saarbrücken, S. 275f.

56 Thomes, Verwaltete Krankheit, S. 164.

57 Schneider, Armenfürsorge in Alt-Saarbrücken, S. 276.

58 Abschrift eines Schreibens des Landesdirektors der Rheinprovinz (Düsseldorf) an das Bürgermeisteramt Malstatt-Burbach vom 30. August 1893, in: StA SB Best. SJ Nr. 92.

behre.[59] Der Eintritt der Hilfsbedürftigkeit werde am dem Ort begründet, wo zum ersten Mal preußisches Gebiet betreten werde. Dies sei St. Johann, weil dort die erste Bahnstation liege oder Saarbrücken, weil dort der Sitz des königlichen Landratsamtes sei. Eine Weiterleitung nach Malstatt-Burbach sei nicht rechtens, und die vorläufige Fürsorge müsse folglich von den anderen Städten getragen werden. Zudem machte das Bürgermeisteramt von Malstatt-Burbach geltend, dass der „starke Strom unbemittelter Familien, welche sich nach dem Reichslande nach dem Feldzug ergoß, [...] sich inzwischen verlaufen habe."[60] Diese Einschätzung verwies zurecht auf die Verringerung der altdeutschen Zuwanderung (s. Tabelle 1), verkannte aber das zeitversetzte Eintreten der Ausweisungen. Eigentlich entscheidend war aber die Einschätzung der Lage des eigenen Ortes: Die Überweisung der Landarmen in eine Arbeiterstadt wie Malstatt-Burbach führe zu Missständen, weil das Proletariat vermehrt werde und die ortsansässigen Armen höhere Ansprüche stellten. Ähnliche Klagen äußerten auch die beiden anderen Saarstädte angesichts der Aufnahme Ausgewiesener,[61] doch war dort die kommunale Außenfürsorge weitaus besser entwickelt als in Malstatt-Burbach, wo ja, wie oben gezeigt, auch sittliche Gründe als Vorwand für eine Ausweisung dienten.[62]

Die Behebung der ungleichen Behandlung von Eingesessenen und Zugewanderten scheiterte an den elsässischen und lothringischen Abgeordneten im Landesausschuß und Reichstag, die sich aufgrund ihrer nationalen Protesthaltung gegen die Ausweitung des UWG auf das Reichsland zur Wehr setzten. In ihren Augen bedeutete die Ausdehnung des Geltungsbereiches des Gesetzes eine Förderung des Zuzugs altdeutscher Bevölkerung und somit eine weitere Germanisierung des Reichslandes. Die Erfordernisse der Armenfürsorge gehörten darüber hinaus sicherlich nicht zu den vordringlichen politischen Interessengebieten der eingesessenen Notabelnschichten, die sich zur Legitimation ihrer Haltung kommunale Bedenken zueigen machten. Es wurde der Einwand vorgebracht, dass zunächst eine Steuerreform durchgesetzt werden müsse, damit die Gemeinden die zu erwartende finanzielle Last erbringen könnten.[63] In die Novelle des UWG vom 12. März 1894 wurde die Ausweitung des Geltungsbereichs auf Elsaß-Lothringen schließlich nicht aufgenommen.[64]

Nach dem Scheitern dieser Initiativen machte sich der „Deutsche Verein für Armenpflege und Wohltätigkeit" zum Fürsprecher der elsaß-lothringischen Armenreform. Als 1896 die Jahrestagung des Deutschen Vereins in Straßburg stattfand, hielt

---

59 Schreiben des Bürgermeisteramtes Malstatt-Burbach an die Bürgermeister von St. Johann und Saarbrücken betr. Petition zur Änderung des UWG vom 18. November 1893, in: StA SB Best. SJ Nr. 92.

60 ebd.

61 Schreiben des Bürgermeisters von St. Johann an den Saarbrücker Landrat Bake vom 28. August 1893, StA SB, Best. SJ Nr. 92; Schreiben des Bürgermeisteramtes Saarbrücken an das Regierungspräsidium Trier (Entwurf) vom 1. Januar 1892, in: StA SB, Best. AS Nr. 1750A.

62 vgl. Schneider, Armenfürsorge in Alt-Saarbrücken, S. 269–271; Leiner, Migration und Urbanisierung, S. 304.

63 Schneider, Armenfürsorge in Alt-Saarbrücken, S. 276.

64 vgl. Sachße/Tennstedt, Geschichte der Armenfürsorge Bd. 1, S. 204. Ruland, System der Armenpflege, S. 37f.

der altdeutsche Colmarer Rechtsanwalt Heinrich Ruland einen „temperamentvolle[n] Bericht“, der „auf weite Kreise wie eine Bombe wirkte.“[65] Diese Einschätzung war die sicherlich etwas überzeichnete Rückschau auf das zielbewußte Einsetzen der Propaganda zur Reform der Armengesetzgebung im Reichsland. Die Bewegung, die durch Pressearbeit unterstützt wurde, war von Altdeutschen getragen. Neben Ruland, der zugleich Mitglied des Colmarer Armenrates war, zählten hierzu der Metzer Bezirkspräsident Freiherr von Reitzenstein und Rudolf Schwander, zunächst Armensekretär in Colmar, dann Bürgermeister Straßburgs und schließlich Statthalter Elsaß-Lothringens. Untereinander bezeichneten sie sich gerne als „Vorkämpfer der elsaß-lothringischen Armenrechtsreform“.[66]

Mehrmals intervenierten die Protagonisten einer Reform der Armengesetzgebung beim elsaß-lothringischen Landesausschuss, der sich allerdings erst 1906 intensiver mit ihrem Anliegen beschäftigte und eine „Denkschrift über die Reform der Armengesetzgebung“ verabschiedete.[67] Diese räumte ein, dass die bestehende Gesetzgebung den Anforderungen nicht mehr genüge und eine Neuregelung „nur auf dem Wege der Einführung des Reichsgesetzes über den Unterstützungswohnsitz“ erfolgen könne. Eine erneute Novelle des UWG vom 30. Mai 1908 wurde in Elsaß-Lothringen durch das Ausführungsgesetz vom 8. November 1909 konkretisiert und durch Vollzugsbestimmungen ergänzt.[68] Am 1. April 1910 trat dort das UWG in Kraft. Fast 40 Jahre nach der Annexion wurde im Reichsland für die Hilfsbedürftigen eine gesicherte Unterstützungssituation geschaffen, die im übrigen Reichsgebiet, mit Ausnahme von Bayern, schon lange bestand.

Nachdem diese Schritte vollzogen waren, verbesserten sich die Lebensbedingungen für die betroffenen Unterstützten kontinuierlich. Diese Entwicklung begann in mehreren Bereichen allerdings bereits 1908, d.h. zwei Jahre vor Inkrafttreten des Gesetzes. Das UWG galt im Reichsland für jeden „ortsanwesenden, hilfebedürftigen Deutschen“. Es sicherte im Fall der Hilfsbedürftigkeit die Befriedigung von vier Grundbedürfnissen: Obdach, den unentbehrlichen Lebensunterhalt, die erforderliche Pflege im Krankheitsfall sowie ein angemessenes Begräbnis nach dem Tod. Der lokale Armenrat entschied, in welcher Form er die Unterstützung im einzelnen gewährte. Die Verabreichung von Naturalien wurde nicht ausgeschlossen. Die wesentliche Änderung bestand darin, dass die Hilfe allen ortsanwesenden, also nicht nur den ortsansässigen Hilfsbedürftigen ohne Rücksicht darauf zu gewähren war, „ob sie den Unterstützungswohnsitz in der Aufenthaltsgemeinde [hatten] oder nicht.“[69] Ausweisungen waren nur noch bei bayrischen und ausländischen Hilfesuchenden nach Ge-

---

65 Weydmann, Josef, Das öffentliche Armenwesen in Elsaß-Lothringen vor und nach der Einführung des Unterstützungswohnsitzgesetzes. Eine gemeinverständliche Darstellung für die Praxis in der öffentlichen und privaten Armenpflege, Freiburg/Breisgau 1910, S. 19.

66 vgl. ebd. und die Widmungen bei Schwander, Armenpolitik Frankreichs, und Ruland, System der Armenpflege.

67 ebd., S. 23.

68 Gesetzblatt für Elsaß-Lothringen Nr. 25 vom 22. November 1909; Zentral- und Bezirks-Amtsblatt für Elsaß-Lothringen Nr. 51 vom 11. Dezember 1909.

69 ebd., Vollzugsbestimmungen, zu § 1.

nehmigung des Bezirkspräsidenten möglich, weil die Beschränkung auf Inländer prinzipiell beibehalten wurde. Auszuweisenden mussten allerdings vorläufige oder Reiseunterstützungen gewährt werden. Die „tatsächliche Entfernung" war außerdem nur dann statthaft, wenn sich ein anderer Ortsarmenverband zur Aufnahme bereit erklärt hatte.[70] Disziplinierungsmaßnahmen wie etwa die Zwangsarbeit in Arbeitsanstalten sah das Gesetz weiterhin vor.

Die Verwaltungspraxis lässt sich in der besonders genau untersuchten Kleinstadt Saargemünd nachvollziehen. Im Februar 1911 wurde im dortigen Armenrat bei einer Gegenstimme beschlossen, die Witwe Rufler samt ihrer vier Kinder in ihren Heimatort Sausenheim in der bayrischen Pfalz auszuweisen: „Falls diejenige jedoch auf eine weitere Unterstützung verzichtet, soll vorläufig von der Ausweisung abgesehen werden."[71] Im gleichen Jahr wurde im Fall der gleichfalls aus Bayern stammenden Familie Schmitt auf die Abschiebung verzichtet, „in Anbetracht des hohen Alters der Eheleute und des langjährigen Aufenthalts in hiesiger Stadt."[72] Beim Bezirkspräsidenten sollte, wie es mittlerweile Usus war, ein Antrag auf Rückerstattung aus Mitteln des rheinischen Landarmenverbandes gestellt werden. Dies belegt, dass die reichsländischen Armenbehörden nach der Jahrhundertwende die sogenannten Ausländer meist duldeten, ohne dass Präzedenzfälle für ihre generelle Unterstützung geschaffen wurden.

Lag der Heimatort des Unterstützungssuchenden nicht in so unmittelbarer Nähe wie die Pfalz, verzichtete die Armenverwaltung von vorn herein auf die Abschiebung, weil sie ohnehin nicht durchführbar erschien. Es sind Fälle in den Saargemünder Armenratsprotokollen dokumentiert, in denen eine Duldung dreier italienischer Ortsansässiger gutgeheißen wurde. Sie erhielten demzufolge temporäre Unterstützungen. In einem Fall war die Bewilligung explizit an die Bedingung „falls die Hälfte aus Landesmitteln erstattet wird" geknüpft.[73] In einem einzelnen Fall versuchte der Armenrat hingegen, eine Übernahme des Unterstützungsbedürftigen im nahegelegenen Frankreich zu erwirken.[74] Insgesamt tendierte man nach der Jahrhundertwende in Elsaß-Lothringen zu einer Abkehr von der Abschiebepraxis. Auch bewirkte die inzwischen häufig eintretende Finanzhilfe des Landarmenverbandes an den Ortsarmenverband in solchen Fällen, dass die Praxis der Ausweisung nicht mehr so streng wie vorher gehandhabt wurde.

Schließlich übernahm Elsaß-Lothringen in Bezug auf die Armenfürsorge sogar noch eine Vorbildfunktion für das Deutsche Reich. Einer der Kritiker des reichsländischen Systems der Armenfürsorge, der Straßburger Bürgermeister Rudolf Schwander, entwickelte aus französischen und deutschen Elementen das sogenannte „Straßburger

70 vgl. ebd., zu §§ 1 und 31.

71 Sitzung des Saargemünder Armenrates vom 15. Februar 1911, in: AMS, 1 Q 10.

72 Sitzung vom 6. Januar 1911, in: AMS, 1 Q 10.

73 Sitzungen vom 27. November 1911, 27. Dezember 1911 und 16. April 1912, in: AMS, 1 Q 10.

74 Sitzung vom 15. September 1908, in: AMS, 1 Q 10.

System“ als eine Synthese aus beiden Traditionen der Armenfürsorge.[75] Diese Kombination von ehrenamtlichen und professionellen Elementen prägte in zahlreichen deutschen Städten die Organisation der Außenfürsorge in den ersten Jahrzehnten des 20. Jahrhunderts. Sie entsprang aber keineswegs der „Rückständigkeit“ des annektierten Gebietes, sondern zeichnete sich eben durch die Einführung bezahlter Tätigkeiten aus, die die französischen Armenverwaltungen bereits lange Zeit vor der deutschen städtischen Ämtern einführten.[76] An diesem Beispiel wird deutlich, dass die Überlagerung deutscher und französischer Traditionen richtungsweisende Synergieeffekte zur Folge haben konnte.

Nahezu der gesamte betrachtete Zeitraum war in der Saarregion von Ausweisungen und Abschiebungen dies- und jenseits der Grenze geprägt. Es vergingen fast vier Jahrzehnte, bis die Grenze im armenrechtlichen Sinn überwunden war. In Elsaß-Lothringen hatte dies einen Prozess der Assimilierung des Reichslandes an das Deutsche Reich zur Voraussetzung. Dieser Prozess konnte – wie im Fürsorgebereich gezeigt – aufgrund der entschiedenen nationalen Protesthaltung der eingesessenen Führungsschichten nur zögerlich vorankommen. Erst ab 1916, als schließlich das UWG auch in Bayern – das hier nicht genauer untersucht wurde – in Kraft trat, gab es in der Saarregion für drei Jahre eine armenrechtlich einheitliche Situation, die den Unterstützungsbezug für Zuziehende sicherte. Neue Problemlagen ergaben sich nach dem Ersten Weltkrieg, als Elsaß-Lothringen 1919 reannektiert wurde und wieder mit französischen Rechtstraditionen konfrontiert war. Einen weiteren Sonderweg schlug auch das Saargebiet ein, das ein Jahr später als politisches Gebilde entstand und unter die Verwaltung des Völkerbundes gestellt wurde.

---

75 vgl. Sachße, Christoph, Mütterlichkeit als Beruf. Sozialarbeit, Sozialreform und Frauenbewegung 1871–1929. Frankfurt/Main 1986, S.36–48; ders. / Tennstedt, Florian, Geschichte der Armenfürsorge in Deutschland. Bd. 2: Fürsorge und Wohlfahrtspflege 1871 bis 1929. Stuttgart u.a. 1988, S. 25–27.

76 vgl. Boldorf, Armenfürsorge im annektierten Elsaß-Lothringen, S. 93f.

Uwe Müller

Der deutsch-russische Handelsverkehr und seine Auswirkungen auf die Wirtschaft in den östlichen Grenzgebieten des Kaiserreiches[1]

Die Fruchtbarkeit regionaler Ansätze in der historischen Industrialisierungsforschung ist mittlerweile unbestritten.[2] Ihre Anwendung auf die Erforschung der deutschen Wirtschaftsgeschichte des 19. und frühen 20. Jahrhunderts, bei der es natürlich auch um die Frage gehen muss, warum sich bestimmte Räume nicht industrialisiert haben, erfolgte jedoch ihrerseits regional sehr ungleichmäßig. Innerhalb des Ostens hat allein Oberschlesien als eine der führenden Montanregionen des Kaiserreiches eine größere Aufmerksamkeit erfahren.[3]

Obwohl es naheliegend wäre, die Lage der östlichen Provinzen im Kaiserreich als „innere Peripherie"[4] zu interpretieren oder wenigstens generell die Anregungen der zwar umstrittenen, aber in der internationalen Debatte weithin beachteten „Dependence Theories" aufzugreifen und gegebenenfalls zu widerlegen, beruht das gängige Bild der östlichen[5] Ökonomie immer noch vor allem auf der Analyse der Sektoral- und Betriebsgrößenstruktur sowie der Auswirkungen der Außenhandelspolitik.[6] Nicht zuletzt die Sonderwegsdebatte hat zahlreiche sozial-, aber auch wirtschaftshistorische Forschungen über die Entwicklung der ostelbischen Gutswirtschaft angestoßen.[7] Auch die speziellen Auswirkungen der Wende zum Agrarschutzzoll in den späten 1870er Jahren sind umfassend diskutiert worden.[8] Natürlich spielten dabei die Handelsbezie-

---

1 Bei der Überarbeitung des Vortragsmanuskripts für die Publikation konnte ich zahlreiche Hinweise aus der erfreulich intensiven Aachener Debatte nutzen. Neben den Diskussionsteilnehmern habe ich auch Frau Kathrin Göritz für die Bearbeitung der Landkarte zu danken.

2 Kiesewetter, Hubert, Region und Industrie in Europa (Grundzüge der modernen Wirtschaftsgeschichte, Bd. 2), Stuttgart 2000, S. 177-193.

3 Vgl. u.a. Pierenkemper, Toni (Hrsg.), Industriegeschichte Oberschlesiens im 19. Jahrhundert. Rahmenbedingungen - Gestaltende Kräfte - Infrastrukturelle Voraussetzungen - Regionale Diffusion, Wiesbaden 1992 (Studien der Forschungsstelle Ostmitteleuropa an der Universität Dortmund, Bd. 8)

4 Nolte, Hans-Heinrich, Europäische innere Peripherien – Ähnlichkeiten, Unterschiede, Einwände zum Konzept, in: Ders. (Hrsg.), Europäische innere Peripherien im 20. Jahrhundert = European internal peripheries in the 20th century, Stuttgart 1997, S. 7-16.

5 Der Begriff der „östlichen Provinzen" wird im Folgenden bevorzugt, weil es sich sowohl um ostdeutsche als auch um ursprünglich polnische Gebiete handelt.

6 Vgl. die geradezu klassische Studie: Rosenberg, Hans, Große Depression und Bismarckzeit, Berlin 1967.

7 Am deutlichsten wohl bei: Puhle, Hans-Jürgen, Von der Agrarkrise zum Präfaschismus, Wiesbaden 1972. Einen Überblick gibt Reif, Heinz, Einleitung, in: Ders. (Hrsg.), Ostelbische Agrargesellschaft im Kaiserreich und in der Weimarer Republik. Agrarkrise – junkerliche Interessenpolitik – Modernisierungsstrategien, Berlin 1994, S. 9-31, hier S. 10-14.

8 Als neuste Arbeit sei genannt: Aldenhoff-Hübinger, Rita, Agrarprotektionismus und Agrarpolitik in europäischer Perspektive. Deutschland und Frankreich im Vergleich, 1879/80-1914, Habil., Europa-Universität Frankfurt (Oder) 2000.

hungen zum Zarenreich eine zentrale Rolle, denn Russland war zu diesem Zeitpunkt der größte Getreidelieferant Deutschlands. Insofern wohnte dem deutschen Agrarprotektionismus automatisch eine antirussische Komponente inne. Diesem Zusammenhang ist in seinen Auswirkungen auf die allgemeine Außenpolitik und zum Teil auch auf die Exportinteressen der deutschen Industrie nachgegangen worden.[9]

Weniger im Blickpunkt stand hingegen die einfache geografische Tatsache, dass die Protagonisten der Fortführung einer vor allem gegen Russland gerichteten protektionistischen Handelspolitik zum größten Teil in der Region lebten und wirtschafteten, die unmittelbar an das Territorium des Russischen Reiches grenzte. Es ist zwar unbestritten, dass die preußischen Ostprovinzen nicht nur geografisch, sondern auch wirtschafts- und sozialstrukturell ein Teil Ostmitteleuropas waren.[10] Die Handelsbeziehungen innerhalb dieses Raumes sind jedoch selbst von der polnischen Forschung bislang wenig untersucht worden. Das in diesem Teil Europas besonders große Ausmaß von Wirtschaftsnationalismus und wirtschaftlicher Desintegration nach 1918 hat wohl den Blick dafür getrübt, dass es bereits vor dem Ersten Weltkrieg in der Epoche der allgemeinen Intensivierung der weltwirtschaftlichen Beziehungen zwischen den drei Ostmitteleuropa unter sich aufteilenden multinationalen Großreichen Staatsgrenzen gab, die „Volkswirtschaften“ voneinander in noch stärkerem Maße trennten als die Grenzen zwischen den homogeneren Nationalstaaten Westeuropas.

Folgt man dem liberalen Modell von der wohlfahrtssteigernden Wirkung vertiefter Arbeitsteilung, so müssen in eine Bilanz der „externen“ Einflüsse auf die Wirtschaftsentwicklung in den östlichen Grenzgebieten des Kaiserreichs der Schutz der Landwirtschaft vor ausländischer Konkurrenz durch die protektionistische Außenhandelspolitik und die vor allem durch den Eisenbahnbau verbesserte Integration in den deutschen Binnenmarkt, aber eben auch der erschwerte Zugang zu den Märkten im benachbarten Ausland einfließen. In den folgenden Ausführungen kann zwar schon aufgrund der unzureichenden Datenlage keine exakte „Bilanz“ gezogen werden.[11] Sie werden aber zunächst in Erinnerung rufen, dass die Landwirtschaft in den Ostprovinzen von dem häufig als junkerliche Interessenpolitik angesehenen Agrarprotektionismus zumindest mittelfristig wenig profitiert hat. Vor allem aber soll gezeigt werden, dass gerade im Osten ein Teil des Handels und die Mehrheit des Gewerbes unter der seit 1879 praktizierten Erschwerung des Warenaustauschs mit dem Russischen Reich gelitten hat. Zollkriege, unzureichende grenzüberschreitende Verkehrsverbindungen und institutionelle Unzulänglichkeiten beim Grenzverkehr haben die Transaktionskos-

---

9 Müller-Link, Horst, Industrialisierung und Außenpolitik. Preußen-Deutschland und das Zarenreich von 1860 bis 1890, Göttingen 1977.

10 Roth, Harald (Hrsg.), Studienhandbuch Östliches Europa, Bd. 1. Geschichte Ostmittel- und Südosteuropas, Köln / Weimar / Wien, 1999.

11 Dies liegt schlicht daran, dass Daten über den Außenhandel der Unternehmen auf der Basis einzelner Verwaltungseinheiten des Deutschen Reiches nicht vorliegen. Eine jedoch mögliche Betrachtung des Außenhandels des benachbarten Königreichs Polen ergibt eine geradezu dramatische Orientierung in Richtung Osten und spricht somit eindeutig für die Hypothese, dass die deutsch-russische Grenze eine ökonomische Trennlinie war. Vgl. Jezierski, Andrzej, The Problems of economic growth of Poland in the nineteenth century, in: Studia Historiae oeconomicae, Vol. 9, Poznań 1974, S. 121-140, hier S. 131-137.

ten für den grenzüberschreitenden Warenaustausch in einem Maße erhöht, das die Entwicklung von exportorientierten Gewerben in den Grenzregionen gebremst oder sogar vollständig verhindert hat. In einer Phase, in der zahlreiche ländliche Regionen im westlichen Mitteleuropa in regen Warenaustausch mit den benachbarten Pionierregionen der industriellen Revolution traten und so ihrerseits erste Industrialisierungsschritte vollzogen, fehlte es in den östlichen Provinzen an der externen Nachfrage, die für analoge Prozesse eine zwar nicht hinreichende, aber notwendige Voraussetzung gewesen wären. Dieser äußere Faktor sollte bei der Suche nach den Ursachen für das Ausbleiben der Industrialisierung in den nordostdeutschen Provinzen, die bisher noch nicht systematisch betrieben wurde, nicht übersehen werden.

1. Die Außenhandelspolitik gegenüber Russland und ihre Auswirkungen auf Landwirtschaft und Industrie in Ost und West

Die wirtschaftshistorische Forschung über die deutsche Außenhandelspolitik in der Zeit des Kaiserreiches und speziell auch über die deutsch-russischen Wirtschaftsbeziehungen hat sich bislang vorrangig mit der Zollfrage beschäftigt.[12] Dies ist insofern berechtigt, da die Wende zur protektionistischen Politik in Russland im Jahre 1877 sowie in Deutschland 1879, die schrittweisen Zollerhöhungen der 1880er Jahre, der deutsch-russische Zollkrieg von 1893/94 sowie die erneuten Zollerhöhungen seit 1906 trotz des insgesamt und seit den späten neunziger Jahren sogar stark wachsenden Warenaustausches dazu geführt haben, dass das Handelsvolumen zwischen Deutschland und Russland relativ starke Schwankungen aufwies und insbesondere der deutsche Export nach Russland suboptimal blieb.[13]

---

12 Henning, Friedrich-Wilhelm, Deutsche Wirtschafts- und Sozialgeschichte im 19. Jahrhundert, Paderborn-München-Wien-Zürich 1996 (Handbuch der Wirtschafts- und Sozialgeschichte Deutschlands, Bd. 2), S. 809-814.

13 Jasper, Robert, Die regionalen Strukturwandlungen des deutschen Außenhandels von 1880 bis 1938, Diss., Freie Universität Berlin 1996, S. 242-245.

Abbildung 1: Außenhandel zwischen dem Deutschen Reich und Russland 1880-1913 (Angaben in laufenden Preisen)

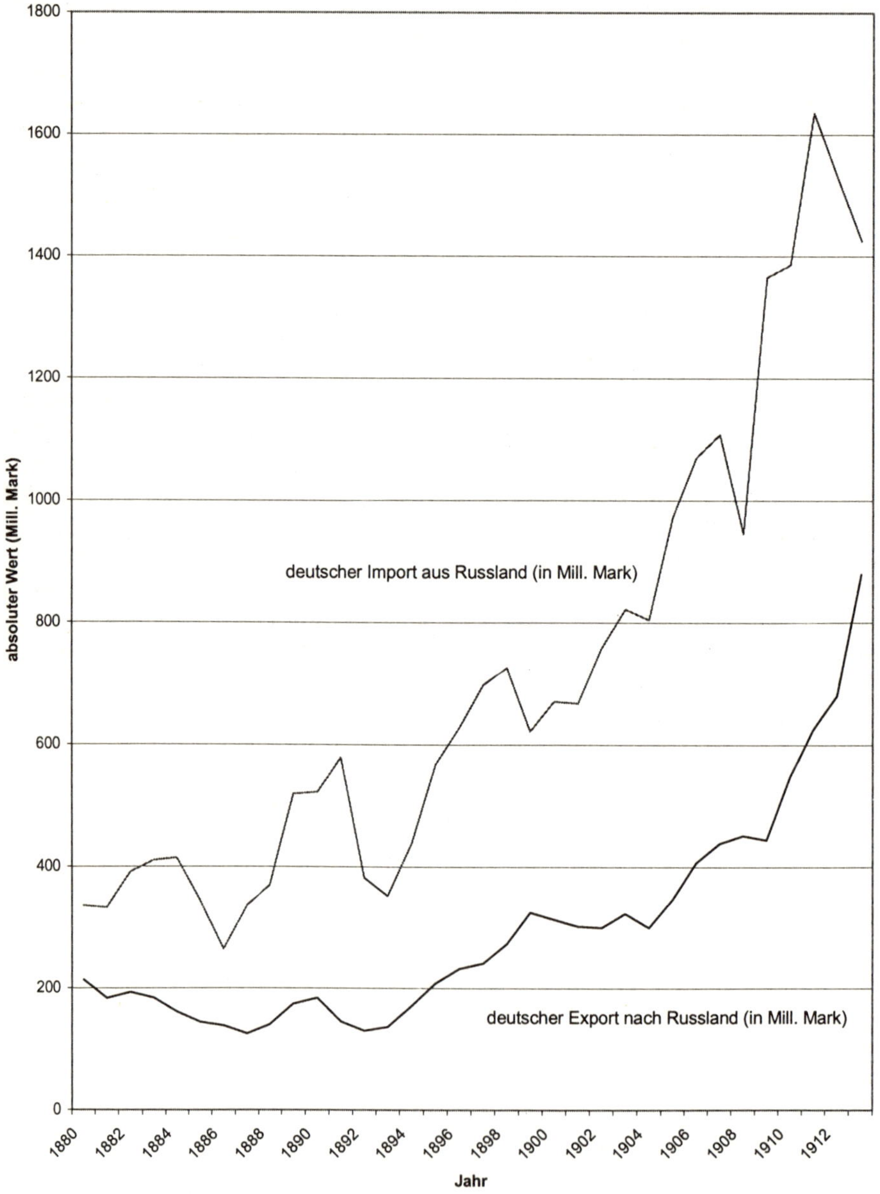

Quelle: Jasper, Robert, Die regionalen Strukturwandlungen des deutschen Außenhandels von 1880 bis 1938, Diss., Freie Universität Berlin 1996, S. 328 und 333

Abbildung 1 weist zwar eine deutliche Steigerung des Handelsvolumens aus. Allerdings handelt es sich um Angaben in laufenden Preisen, die folglich nicht inflationsbereinigt sind. Bis 1910 blieb das Wachstum der deutschen Exporte nach Russland hinter der Entwicklung von Produktion und allgemeinem Außenhandel zurück.[14] Deutschland war zwar einerseits der wichtigste Handelspartner Russlands.[15] Umgekehrt erreichte jedoch der russische Markt für Deutschland nie erstrangige Bedeutung.[16] Der Anteil Russlands am deutschen Gesamtexport betrug normalerweise nicht mehr als 5 oder 6 % und stieg nie über 10 %, obwohl generell in dieser Phase der Entwicklung der Weltwirtschaft der Außenhandel zwischen Fertigwarenproduzenten und Rohstofflieferanten am stärksten zunahm und Russland um 1890 einen industriellen Take-off erlebte.[17] Der Export von deutschen Industriewaren nach Russland wurde also durch den russischen Industrieprotektionismus erfolgreich begrenzt und gesteuert, während von einer deutschen Exportförderung kaum die Rede sein konnte.

Das Ungleichgewicht des Stellenwertes der Länder in den jeweiligen Handelspartnerhierarchien widerspiegelt natürlich in erster Linie die strukturellen Unterschiede zwischen einer führenden Industrieexportnation und einem insgesamt rückständigen Agrarland, das aufgrund seiner Ausdehnung, aber auch durch die weite Verbreitung von Subsistenzwirtschaften eine niedrige Außenhandelsquote aufwies. Es könnte aber auf den ersten Blick auch darauf hindeuten, dass der deutsche Agrarprotektionismus im Gegensatz zum russischen Industrieprotektionismus nicht erfolgreich war, da er die Agrarimporte aus Russland nicht verringern konnte. Im langfristigen Trend stiegen jedenfalls die russischen Getreidelieferungen nach Deutschland sowohl absolut als auch im Verhältnis zu anderen Staaten.[18] Deutschland war also auf diesem Gebiet kein Selbstversorger, sondern im Gegenteil extrem abhängig von Importen aus Russland. Es wäre dennoch falsch, von einem Scheitern der deutschen Außenhandelspolitik zu sprechen. Tatsächlich ging es den Protagonisten des Agrarprotektionismus nämlich weniger um eine absolute Verringerung des Getreideimports und daher auch bestenfalls in zweiter Linie um Getreideautarkie.[19] Entscheidendes Ziel war hingegen

---

14 Vgl. Pohl, Hans, Aufbruch der Weltwirtschaft: Geschichte der Weltwirtschaft von der Mitte des 19. Jahrhunderts bis zum Ersten Weltkrieg, Stuttgart 1989, S. 156, 186-189.

15 Deutschland erreichte Anteile von maximal 47 % am russischen Import und maximal 29 % am russischen Export. Vgl. Jasper, Strukturwandlungen, S. 240.

16 Russland nahm in der Rangfolge der Empfänger von deutschen Exporten wischen 1870 und 1905 den fünften bzw. sechsten Rang ein. Vgl. ebd.

17 Ebd.; Berend, Iván T. / Ránki, György, The European periphery and industrialization 1780-1914, Cambridge 1982, S. 24; Kenwood, Albert G. / Lougheed, Alan L., The growth of the international economy 1820 – 2000. An introductory text, London / New York[4] 1999, S. 79-91.

18 1880 kamen 50, 1890 63, 1900 68 und 1910 sogar 89 % der deutschen Roggen- und Gersteimporte aus Russland. Vgl. Jasper, Strukturwandlungen, S. 50.

19 Im Gegensatz zu Plachetka, Manfred Günther, Die Getreide-Autarkiepolitik Bismarcks und seiner Nachfolger im Reichskanzleramt (Darstellung und Auswirkungen insbesondere während des ersten Weltkrieges), Diss., Bonn 1969, v.a. S. 87-93, betont Hardach, Karl, Die Wende von 1879, in: Pohl, Hans (Hrsg.), Die Auswirkungen von Zöllen und anderen Handelshemmnissen auf Wirtschaft und Gesellschaft. Referate der 11. Arbeitstagung der Gesellschaft für Sozial- und Wirtschaftsgeschichte, Stuttgart 1987, S. 275-292, dass weniger ein stark militärstrategisch motiviertes Streben nach landwirtschaftlicher Selbstversorgung, sondern eine Kombination von wirtschafts-,

die Stützung der Getreidepreise im Interesse der einheimischen Produzenten, wobei man auch zunehmend erfolgreich war.[20]

Allerdings erkennt man an den starken Schwankungen des Außenhandelsvolumens von Jahr zu Jahr nicht nur die Einwirkung von Ernteergebnissen. Der Getreidehandel reagierte auch auf politische Veränderungen sehr sensibel. Die extremen Schwankungen im deutsch-russischen Außenhandel resultierten jedenfalls vorrangig aus politischen Eingriffen, wobei es nicht allein um Veränderungen der Zolltarife ging, wie noch zu zeigen sein wird.

Zuvor ist jedoch, wenn auch in der hier gebotenen Kürze, auf die Frage einzugehen, welche volkswirtschaftlichen Auswirkungen vom Agrarprotektionismus, insbesondere von den überhöhten Binnenmarktpreisen für Getreide und andere Nahrungsmittel ausgingen. Zunächst ist es naheliegend, den Großgrundbesitz der östlichen Provinzen als Hauptnutznießer anzusehen, zumal diese politisch einflussreiche Gruppe zum wichtigsten Vorkämpfer der Schutzzölle wurde. Zwar können die ostelbischen Gutsbesitzer nicht als Urheber der Schutzzollpolitik der späten 1870er Jahre gelten.[21] Ihre Interessenorganisationen waren aber in den folgenden Jahrzehnten die wirkungsmächtigsten Vertreter eines speziell gegen Russland gerichteten Agrarprotektionismus. Mit dieser Haltung gerieten sie zwar mit der gewerblichen Wirtschaft insgesamt in Konflikt, die unter dem Anstieg der Lebenshaltungskosten litt. Grundlegende deutsche Exportinteressen standen aber hier nicht auf dem Spiel. Die modernen für den Export arbeitenden Industrien aus West- und Mitteldeutschland sowie aus Berlin orientierten sich in ihrer Mehrheit kaum nach Osten, oder sie waren beinahe immer in der Lage, Ausfälle des russischen Absatzmarktes in anderen Regionen zu kompensieren. Ein weiterer Ausweg zur Sicherung der östlichen Absatzmärkte und zur Umgehung der Zollmauern bestand in der Verstärkung von Direktinvestitionen, die natürlich in Russland hochwillkommen waren.[22] Dies erklärt auch die weitgehende Kompromissbereitschaft der Industrievertreter in den Auseinandersetzungen um die Zollpolitik.[23]

Schwerer ist es hingegen, die Wirkungen der Außenhandelspolitik auf die Landwirtschaft selbst einzuschätzen. Umstritten bleibt, ob die in dieser Periode zweifellos zu konstatierende Modernisierung der Landwirtschaft, die sich sowohl in Produktions- als auch in Produktivitätssteigerungen ausdrückte, trotz oder wegen des Protektionis-

finanz- und gesellschaftspolitischen Überlegungen für die Wende zum Agrarprotektionismus verantwortlich war.

20 Henning, Friedrich-Wilhelm, Vom Agrarliberalismus zum Agrarprotektionismus, in: Ebd., S. 252-274, hier S. 257-260.

21 Hardach, Wende, S. 287-290.

22 Mai, Joachim, Das deutsche Kapital in Russland 1850-1894, Berlin 1970; Kirchner, Walther, Die deutsche Industrie und die Industrialisierung Russlands, St. Katharinen 1986

23 Blaich, Fritz, Staat und Verbände in Deutschland zwischen 1871 und 1945, Wiesbaden 1979, S. 20-24, 35-41.

mus erfolgte. Ähnliches gilt für die Krisensymptome, wie die wachsende Verschuldung des Großgrundbesitzes und die Landflucht.[24]

Mittel- und langfristig hat der Protektionismus die Modernisierung der Landwirtschaft in den Ostprovinzen aber wohl eher gebremst. Der Zolltarif war letztlich noch zu niedrig, um die Nachteile der geografischen Lage zu den industriellen Ballungszentren kompensieren zu können. Ostdeutsche Agrarprodukte konnten schon wegen der nach wie vor hohen Transportkosten auf dem west- und z.T. sogar auf dem mitteldeutschen Lebensmittelmarkt nicht konkurrieren. So musste der preußische Finanzminister Miquel 1891 nach einer Reise durch Ostpreußen feststellen, dass der Absatz der dort produzierten landwirtschaftlichen Güter nach Mittel- und Westdeutschland aufgrund der „Entlegenheit der Provinz", der unzureichenden Verkehrsverbindungen und der hohen Eisenbahntarife sehr schwierig sei. Er schlussfolgerte: „Die deutsche Schutzzollpolitik kommt in ihren Wirkungen deshalb der Landwirthschaft in den östlichen Provinzen weniger zugute als in den anderen Landestheilen."[25] Außerdem subventionierte der Schutzzoll gerade den relativ unproduktiven Großgrundbesitz, verzögerte die Transformation zu einer intensiveren bäuerlichen Landwirtschaft und verringerte den Anreiz zu Kapitalintensivierung und höherer Produktveredelung. Der Agrarprotektionismus beförderte somit auch die viel beklagte „Leutenot". Auch die Verschuldung des Grundbesitzes wurde durch die Schutzzölle eher gesteigert, denn in einer subventionierten Landwirtschaft führten überhöhte Bodenpreise zu einer verstärkten hypothekarischen Belastung des Bodens.[26]

Die Auswirkungen des Agrarprotektionismus auf die Landwirtschaft in den Ostprovinzen waren folglich außerordentlich ambivalent. Von einer Bevorzugung der östlichen Getreideproduzenten gegenüber den Viehproduzenten sowie generell gegenüber den Landwirten in anderen Regionen kann keine Rede sein.[27] Somit hat die Außenhandelspolitik der Wirtschaft des Ostens insgesamt eher geschadet, denn Gewerbe und Handel an der Ostgrenze des Kaiserreiches waren die Hauptleidtragenden der stärkeren Abgrenzung nach außen.

---

24 Eine kurze Zusammenfassung der Auffassungen bietet: Frank, Alexandra, Die Entwicklung der ostelbischen Gutswirtschaften im Deutschen Kaiserreich und in den Anfangsjahren der Weimarer Republik, Regensburg 1994, S. 27-29, 44-48. - Vgl. auch das sehr differenzierte Urteil bei Aldenhoff-Hübinger, Agrarprotektionismus, S. 233-246. - Eine eindeutig positive Bewertung des Agrarprotektionismus findet sich hauptsächlich bei Webb, Steven B., Agricultural Protection in Wilhelminian germany: Forging an Empire with Pork and Rye, in: Journal of Economic History, 1982/2, S. 309-326. Dort heißt es u.a.: „Without the tariffs ... the capital intensity would have risen less." (S. 325).

25 GStA PK, I. HA, Rep. 120, C.VIII.1., Nr. 85 (Die wirtschaftliche Hebung der östlichen Landestheile), Vol. 1, Bl. 47.

26 Henning, Agrarliberalismus, S. 256-260; Schneider, Jürgen, Die Auswirkungen von Zöllen und Handelsverträgen sowie Handelshemmnissen auf Staat, Wirtschaft und Gesellschaft zwischen 1890 und 1914, in: Pohl, Hans (Hrsg.), Die Auswirkungen von Zöllen und anderen Handelshemmnissen auf Wirtschaft und Gesellschaft, Stuttgart 1987 S. 293-327, hier S. 307-312; Buchsteiner, Ilona, Wege und Auswege aus der Krise: Stabilisierungskonzepte und Modernisierungsstrategien der ostdeutschen Landwirtschaft an der Wende vom 19. zum 20. Jahrhundert, in: Jahrbuch für Wirtschaftsgeschichte 1993/1, S. 201-213, hier S. 209- 212.

27 Henning, Agrarliberalismus, S. 272 f.

Gerade in den östlichen Provinzen hatten sich seit 1860 immer mehr Unternehmen verschiedener Art auf den Export nach Russland spezialisiert. In den 1880er Jahren konnten „Artikel, deren Erzeugung in Russland nicht oder nur sehr kostenaufwendig möglich ist", auch trotz der Zollerhöhungen noch exportiert werden.[28] Ausgerechnet in der Caprivi-Ära, die ansonsten durch außenhandelspolitische Liberalisierung gekennzeichnet war, kam es im August 1893 zu einem Zollkrieg, der zwar nur sechs Monate dauerte, jedoch die Position einiger Exporteure auf dem russischen Markt dauerhaft schädigte.[29] Gerade kleinere Unternehmen konnten den völligen Ausfall des russischen Absatzmarktes durch die plötzliche Vervielfältigung der Zollbelastungen zum 1. August nur schwer verkraften.[30] Bereits zu Beginn des Zollkrieges warnte die Handelskammer zu Breslau, dass „die einmal für längere Zeit abgebrochenen Handelsbeziehungen sich nur schwer, vielfach gar nicht mehr anknüpfen (lassen-U.M.) ... und würde dann der Schaden für Deutschlands Handel und Industrie ein dauernder bleiben."[31] Nachdem der Handelsvertrag vom 10. Februar 1894 die Handelsverbote für bestimmte Güter sowie die Kampfzölle aufhob, konnten zwar viele Unternehmen an alte Verbindungen wieder anknüpfen und erlebten zum Teil sogar einen Auftragsboom.[32] In einigen Fällen hatten jedoch westeuropäische und österreichische Konkurrenten die deutschen Lieferanten ersetzt.[33] Insofern „wäre nichts unrichtiger, als etwa anzunehmen, dass dieser Handelsvertrag auch nur einigermaßen günstige Handelsbeziehungen zwischen beiden Ländern herbeiführte."[34]

Neben den Exportgewerben litten in den östlichen Provinzen vor allem Unternehmen, die ihre Rohstoffe aus Russland bzw. dem Königreich Polen bezogen, unter den „normalen" Zollerhöhungen und erst recht unter Kampfzöllen. Schon das Mühlengewerbe hatte völlig andere zollpolitische Interessen als die Getreideproduzenten, da es meist dem einheimischen das kleberreichere russische Getreide beimischte.[35] Der oberschlesische Bergbau war auf Holzlieferungen aus den jenseits der Grenze

---

28 GStA PK, I. HA, Rep. 120, C.VIII.1, Nr. 105 (Beeinflussung der Oberschlesischen Industrie durch die Erhöhung der russischen Zölle), Bl. 48r. - Ein Bericht der Handelskammer Breslau vom 31.7.1893 nennt in diesem Zusammenhang neben „Eisenwaaren" auch „Teer, Zement, Kupfer, Leder, Farbendrucke, Böttcherwaaren, aber auch Maschinen, wissenschaftliche Instrumente, Musikinstrumente" sowie Chemikalien, wie „kohlensaures Ammoniak, Bleiglätte, Karbolsäure, Kupfervitriol". Vgl. ebd., Bl. 48-50. - Aus dem Oppelner Handelskammerbezirk konnten bis 1893 v.a. Walzeisen, Bleche und Zement nach Russland exportiert werden. Vgl. ebd., Bl. 103-104.

29 Vgl. zur spannungsreichen Vorgeschichte des deutsch-russischen Handelsvertrages von 1894 und zu ihrem Höhepunkt, dem Zollkrieg: Altrichter, Helmut, Konstitutionalismus und Imperialismus. Der Reichstag und die deutsch-russischen Beziehungen 1890-1914, Frankfurt a.M. u.a. 1977, S. 114-132.

30 GStA PK, I. HA, Rep. 120, C.VIII.1, Nr. 105, Bl. 187r.; I. HA, Rep. 120, C.XIII.6a, Nr. 35, Adh. 4 (Die Anträge und Wünsche bezüglich der Gestaltung der Handelsbeziehungen zu Russland, Bd. 1), Bl. 173.

31 GStA PK, I. HA, Rep. 120, C.VIII.1, Nr. 105, Bl. 53r.

32 Ebd., Bl. 198 ff.

33 Ebd., Bl. 82r, 96, 99, 102, 176, 203.

34 Jasper, Strukturwandlungen, S. 245.

35 GStA PK, I. HA, Rep. 120, C.VIII.1., Nr. 85, Vol. 1, Bl. 51 r.

gelegenen Wäldern angewiesen, die zudem häufig im Besitz von „deutschem Kapital" waren.[36] Ein großer Teil der kleineren und mittleren Unternehmen in Schlesien, aber auch in den Provinzen Posen, West- und Ostpreußen verarbeitete Holz, Flachs, Hanf, Borsten, Felle und Haare aus dem russischen Teil Polens. Diese „unentbehrlichen Materialien" wurden durch den Zollkrieg „erheblich vertheuert".[37] Die großen Hafenstädte Königsberg und Danzig lebten geradezu vom Zwischenhandel von und nach Russland. Trotz der gebotenen Skepsis gegenüber den Klagen von Interessenvertretungen war also die Behauptung der östlichen Gruppe im Verein der deutschen Eisen- und Stahlindustrie, dass in erster Linie die „an der östlichen Grenzmarke des Reichs arbeitende Industrie ... die Kosten des Zollkrieges tragen" musste, durchaus zutreffend.[38]

Allerdings stellt für die Intensität des Warenaustausches im lokalen und regionalen Verkehr die schon häufig untersuchte Entwicklung der Zolltarife nur einen von mehreren Einflussfaktoren dar. In der Gesamtkalkulation der Transaktionskosten für Handelsgeschäfte, die eigentlich die geografische Nähe und die Komplementarität von Wirtschaftsstrukturen unterschiedlicher Staaten ausnutzen wollten, konnte auch ein durch institutionelle Mängel und Infrastrukturdefizite verursachter Aufwand so stark zu Buche schlagen, dass mitunter völlig auf den Warenaustausch verzichtet wurde. Zu diesen die Kosten steigernden Faktoren gehörten neben den nichttarifären Handelshemmnissen, wie den veterinärpolizeilich begründeten Verboten des Viehhandels, vor allem die unzureichenden Verkehrsverbindungen und die aufwändige Durchführung der Grenzkontrollen.

2. Die Infrastruktur für den grenzüberschreitenden Verkehr

Ein großer Teil des Verkehrs zwischen dem Russischen und dem Deutschen Reich erfolgte über die Ostsee.[39] Für die Regionen an der 1200 km langen Grenze war hingegen die Eisenbahn das wichtigste Verkehrsmittel. Der Bau grenzüberschreitender Eisenbahnlinien stellte im nationalstaatlich geprägten Europa des späten 19. Jahrhunderts, in dem immer mehr Länder zu einem Staatsbahnsystem übergegangen waren, generell ein Problem dar. Im deutsch-russischen Grenzgebiet war dies besonders augenfällig, da auf der preußischen Seite seit der Verstaatlichung und dem Kleinbahngesetz von 1891 ein relativ dichtes Eisenbahnnetz entstand, das jedoch mit dem russischen Netz nur sehr unvollkommen verbunden war und dem auf der russischen Seite ein ausgesprochen unterentwickeltes Eisenbahnsystem gegenüber stand.

---

36 GStA PK, I. HA, Rep. 120, C.VIII.1, Nr. 105, Bl. 52.

37 Ebd., Bl. 156.

38 Ebd., Bl. 130.

39 Fitger, Emil, Die wirtschaftliche und technische Entwicklung der Seeschiffahrt von der Mitte des 19. Jahrhunderts bis auf die Gegenwart (Schriften des Vereins für Socialpolitik, Bd. 103), Leipzig 1902, S. 20 f.

Abbildung 2: Karte des Eisenbahnnetzes im nördlichen Ostmitteleuropa

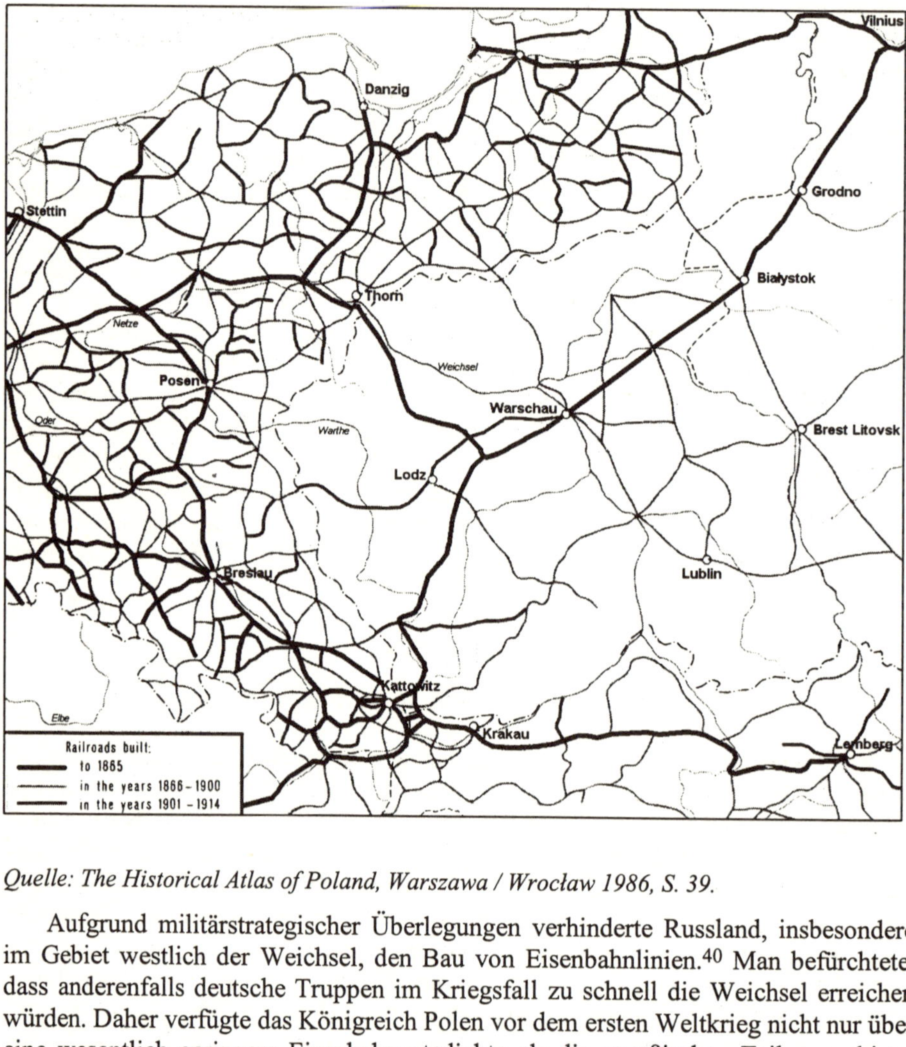

Quelle: The Historical Atlas of Poland, Warszawa / Wrocław 1986, S. 39.

Aufgrund militärstrategischer Überlegungen verhinderte Russland, insbesondere im Gebiet westlich der Weichsel, den Bau von Eisenbahnlinien.[40] Man befürchtete, dass anderenfalls deutsche Truppen im Kriegsfall zu schnell die Weichsel erreichen würden. Daher verfügte das Königreich Polen vor dem ersten Weltkrieg nicht nur über eine wesentlich geringere Eisenbahnnetzdichte als die preußischen Teilungsgebiete, sondern lag auch hinter dem ansonsten wirtschaftlich noch rückständigeren Galizien. (Tabelle1)

An der Grenze zwischen Deutschland und Russland existierten 1914 nur sieben grenzüberschreitende Hauptbahnen. Ab 1848 bestand ein Anschluss Oberschlesiens an die Warschau-Wiener Eisenbahn, der sich allerdings auf habsburgischem Territorium in der Nähe von Trzebinia befand. Erst 1859 entstand die direkte Linie von

40 Die Befestigung und Vertheidigung der deutsch-russischen Grenze. Dem deutschen Volke dargestellt von einem deutschen Offizier, 3. Aufl., Berlin 1887, S. 9.

Schoppinitz nach Somkowice.[41] Bereits ein Jahr später erreichte die Ostbahn zwischen dem ostpreußischen Eydtkuhnen und dem russischen Wirballen die Grenze. 1862 erfolgte die Verlängerung dieser Linie bis Vilnius, wo der Anschluss an die Eisenbahn St. Petersburg-Warschau hergestellt wurde. Noch im gleichen Jahr wurde eine Eisenbahn von Bromberg nach Skierniwice, einem kleinen, etwa in der Mitte zwischen Warschau und Lodz gelegenen Ort, eröffnet. Die Verbindung der beiden wichtigsten Industriestädte des Königreichs Polen nach Posen und Berlin, aber auch mit den Ostseehäfen, war somit nicht optimal. Insgesamt bildete jedoch die Staatsgrenze bis 1862 keine sichtbare Barriere für den Eisenbahnbau. Zumindest für den Bau des östlichsten Abschnitts der Ostbahn zwischen Königsberg und Stallupönen war die Verbindung mit Russland sogar ein wichtigeres Motiv gewesen als die innere Erschließung der Provinz.[42]

Tabelle 1: Eisenbahnnetzdichte in den polnischen Teilungsgebieten im Jahre 1912

Territorium	Eisenbahnlänge absolut (km)	Dichte in km pro 1000 km^2 Fläche	Dichte in km pro 100.000 Einwohner
Königreich Polen (russisch)	3596	28	30
Provinz Posen (deutsch)	2890	99	135
Galizien (österreichisch)	4120	52	51

Quelle: Economic History of Poland in numbers, Warszawa 1994, S. 110.

Dies änderte sich jedoch in den folgenden Jahrzehnten, denn trotz der Vervielfachung der Streckenlänge im Inneren Preußens entstanden bis zur Jahrhundertwende nur zwei weitere die östliche Grenze überschreitende Eisenbahnlinien. Warschau und Białystok wurden in den 1870er Jahren mit den Ostseehäfen Danzig und Königsberg verbunden.[43] Die Ostgrenzen der Provinz Posen und Niederschlesiens konnten jedoch nicht mit der Eisenbahn überquert werden. Auf der preußischen Seite verliefen die Hauptstrecken parallel zur Grenze. Hinzu kamen bis 1900 vier Stichbahnen, die an der Grenze endeten. Dies waren von Nord nach Süd:

1. die 1888 eröffnete Linie von Posen über Wreschen nach Stralkowo,

2. die seit 1896 von Ostrowo bis zur Grenze in der Nähe des polnischen Kalisch führende Strecke,

3. die Eisenbahn von Breslau über Kempen nach Wilhelmsbrück, die bereits 1872 fertiggestellt war, und

---

41 Kunz, Andreas / Federspiel, Ruth, Die Verkehrsentwicklung Oberschlesiens im 19. Jahrhundert - zur marktwirtschaftlichen Erschließung einer räumlich isolierten Region, in: Pierenkemper, Industriegeschichte Oberschlesiens, S. 220-229.

42 Tebarth, Hans-Jakob, Technischer Fortschritt und sozialer Wandel in deutschen Ostprovinzen. Ostpreußen, Westpreußen und Schlesien im Zeitalter der Industrialisierung, Berlin 1991, S. 87.

43 Scharf, Hans-Wolfgang, Eisenbahnen zwischen Oder und Weichsel, Freiburg 1981, S. 20.

4. ein Abzweig von der Posen-Kattowitzer Eisenbahn, der seit 1892 von Lublinitz in Richtung Tschenstochau führte.

Nach der Jahrhundertwende wurden zwar die zweite und die vierte Strecke auf polnischer Seite bis Kalisch bzw. Tschenstochau fortgeführt. Insgesamt durchschnitten somit zu Beginn des Ersten Weltkrieges sieben Eisenbahnlinien die 1200 km lange Landgrenze zwischen dem Deutschen und dem Russischen Reich.[44]

Die geringe Zahl von grenzüberschreitenden Eisenbahnlinien erschwerte in der hier interessierenden Periode weniger den Fernhandel, der häufig ohnehin den Meerweg nutzte oder in dessen Transportkostenkalkulation ein Umweg von 50 oder 100 km nicht gravierend zu Buche schlug. Der Warenaustausch zwischen Unternehmen aus den benachbarten Grenzgebieten, deren einziger Wettbewerbsvorteil häufig in der geringen Entfernung gelegen hätte, wurde hingegen verhältnismäßig stark verteuert. Da in den Provinzen Posen und Ostpreußen ab 1880 keine Hauptbahnen und somit auch keine grenzüberschreitenden Linien mehr errichtet wurden, konnte dieser Nachteil auch durch den intensiven Bau von Neben- und Kleinbahnen nicht kompensiert werden.[45] Im Zusammenspiel mit sehr hohen Zöllen bewirkte das inländische Eisenbahnnetz sogar Wettbewerbsnachteile für die einheimische Industrie. So verdrängte die Steinkohle aus dem polnischen Sosnowiec die oberschlesische Kohle aus polnischen Grenzstädten, wie Kalisch. Zwar musste die polnische Kohle mit der preußischen Staatsbahn durch Oberschlesien und über Ostrowo bis zur Grenze transportiert und dort reimportiert werden, da auf der östlichen Seite der Grenze keine massenleistungsfähigen Verkehrsmittel zur Verfügung standen. Durch die Bestimmungen über den russischen Durchgangshandel und die hohen russischen Importzölle waren die Transaktionskosten für diese Sosnowiecer Kohle aber immer noch geringer als für den Export von Kohle aus Oberschlesien nach Kalisch.[46]

Eine Alternative zum grenzüberschreitenden Eisenbahnverkehr hätte der Wasserstraßenverkehr bieten können. Allerdings stellte die Region zwischen Oder und Weichsel in dieser Hinsicht „a good case in point for relative backwardness in infrastructural development“[47] dar. Die partielle Renaissance der Binnenschifffahrt in Deutschland kam für die östlichen Provinzen zu spät, da man erst kurz vor dem Ersten Weltkrieg mit der Kapazitätserweiterung von Brahe, Bromberger Kanal und Warthe, also dem Bau einer für den Massengutverkehr brauchbaren Oder-Weichsel-Wasser-

---

44 Wichtige Eisenbahnlinien, wie Posen-Warschau wurden erst in den zwanziger Jahren gebaut, und noch heute kann man im polnischen Eisenbahnnetz die Folgen der polnischen Teilungen erkennen. Vgl. Dohnalowa, Teresa, Aus der Geschichte der Eisenbahnverbindung zwischen Poznań und Warszawa, in: Studia historiae oeconomicae, Bd. 16, 1981, S. 179-193.

45 Ziegler, Dieter, Eisenbahnen und Staat im Zeitalter der Industrialisierung, (Vierteljahrschrift für Sozial- und Wirtschaftsgeschichte. Beihefte, Bd. 127), Stuttgart 1996, S. 379.

46 GStA PK, I. HA, Rep. 120, C.VIII.1., Nr. 105, Bl. 169 f.

47 Kunz, Andreas, The performance of inland navigation in Germany, 1835-1935, in: Ders. / Armstrong, John (Hrsg.), Inland navigation and economic development in nineteenth-century Europe, Mainz 1995, S. 62-66, Zitat, S. 62.

straße, begonnen hatte.[48] Bis dahin bestand der Hauptverkehr aus geflößtem Holz. Die Prosna war nicht schiffbar und bildete als Grenzfluss eher eine Handelsbarriere als einen Verbindungsweg. Der sogenannte kleine Grenzverkehr war somit zumeist immer noch auf Landstraße und Pferdefuhrwerk angewiesen.

Das Verkehrsnetz der östlichen Provinzen wies also alle typischen Merkmale einer peripheren Region auf. Die schlechte Anbindung an das benachbarte Ausland könnte nach den verschiedenen sozialstrukturellen Defiziten die verkehrshistorische Erklärung für das Phänomen liefern, dass in den östlichen Provinzen mit der Bevorzugung durch die preußische Eisenbahnpolitik seit den 1880er Jahren keine größeren Wachstumseffekte erzielt werden konnten.[49] Während die Landwirtschaft sowie die sich entwickelnde Nahrungs- und Genussmittelindustrie Nordwest- und Mitteldeutschlands in die nahe gelegenen und mit einem historisch einmaligem Tempo expandierenden Industriezentren an Rhein, Ruhr, Elbe, Saale und Spree liefern konnten und ihrerseits die Entwicklung entsprechender Maschinenfabriken sowie der Düngemittelproduktion beförderten, waren die östlichen Provinzen des Kaiserreichs von den Industriestädten Warschau und Lodz oder dem Dombrowaer Industrierevier weitgehend abgeschnitten. Innerhalb Schlesiens entwickelte sich ein reger Güteraustausch zwischen agrarischen und gewerblichen Überschussgebieten. Für die anderen stark agrarisch geprägten Ostprovinzen reichte jedoch die Senkung der Transportkosten für Nahrungsmitteltransporte nach Mittel- und Westdeutschland meist nicht aus, um mit der dortigen Landwirtschaft konkurrieren zu können. Weder das zudem sehr unstetige System der Ausnahmetarife noch die Einführung von Staffeltarifen für Getreidetransporte durch die Preußische Staatsbahn im Jahre 1891 konnten daran etwas Grundsätzliches ändern. Nach wie vor lagen beim Getreidehandel die Kosten für einen Landtransport von Ostpreußen nach Frankfurt am Main deutlich über dem Aufwand für

---

48 Sax, Emil, Die Verkehrsmittel in Volks- und Staatswirtschaft, Bd. 2. Land- und Wasserstraßen, Post, Telegraph, Telephon, Berlin[2] 1920, S. 31-41, 270-274, 333, 337 f.; Brandt, Adolf, Die Wasserstraßen zwischen Oder und Weichsel, Vortrag gehalten in der 10. ordentlichen Mitgliederversammlung des Verbandes Ostdeutscher Industrieller in Bromberg am 11. Oktober 1907, Danzig 1907, S. 13-23.

49 Werner Abelshauser hat schon vor längerer Zeit die preußische Eisenbahnpolitik als wichtigstes Mittel eines regionalen Wohlstandsausgleich bezeichnet. Vgl. Abelshauser, Werner, Staat, Infrastruktur und regionaler Wohlstandsausgleich im Preußen der Hochindustrialisierung, in: Blaich, Fritz (Hrsg.), Staatliche Umverteilungspolitik in historischer Perspektive. Beiträge zur Entwicklung des Staatsinterventionismus in Deutschland und Österreich, Berlin 1980, S. 9-58. - Auch Ziegler, Eisenbahnen, konstatiert die Bevorzugung des Ostens (S. 380), bezweifelt jedoch, dass „die Regionalbahnen wirklich dazu beitragen konnten, das Entwicklungsgefälle zwischen den westlichen und mittleren Provinzen Preußens einerseits und den östlichen Provinzen ... zu verringern" (S. 529). - Tatsächlich zeigen die „wirtschaftsstrukturellen Variablen" bis zum Ersten Weltkrieg eine „beharrliche und möglicherweise wachsende Kluft ... zwischen den westlichen Provinzen und den Regionen östlich der Oder." Frank, Harald, Regionale Entwicklungsdisparitäten im deutschen Industrialisierungsprozess, 1849-1939. Eine empirisch-analytische Untersuchung, Münster-Hamburg 1994 (Münsteraner Beiträge zur Cliometrie und quantitativen Wirtschaftsgeschichte, Bd. 1), S. 194.

einen entsprechenden See- und Wasserstraßentransport, der über den Königsberger Hafen und den Rhein ging.[50]

3. Die Transaktion Grenzübergang

Während das generelle Problem der unterschiedlichen Entwicklung der Eisenbahnnetze beiderseits der Grenze zumindest unter polnischen Wirtschaftshistorikern durchaus bekannt ist, hat sich bisher noch niemand mit dem konkreten Procedere des Grenzüberganges befasst, obwohl auch damit nicht unbedeutende Transaktionskosten verbunden waren.

So waren an den ostpreußischen Grenzbahnhöfen aufgrund der unterschiedlichen Eisenbahnspurweiten Umladungen und eventuell auch Zwischenlagerungen erforderlich. Besonders ärgerlich für die deutschen Exporteure war, dass diese Arbeiten durch mit monopolartigen Privilegien ausgestattete russische Speditionen, die sogenannten Artelle, organisiert wurden, die ihre Stellung ausnutzten um hier und im oberschlesischen Sosnowiec überhöhte Gebühren zu fordern. Viele Händler nahmen daher Umwege in Kauf, um ihre Güter am Grenzbahnhof Alexandrowo auf der durchgängig normalspurigen Danzig-Warschauer Bahn abzufertigen.[51] Bis zur Einführung des Goldstandards erschwerten auch die erheblichen Kursschwankungen des Rubels, die in der Regel sehr kurzfristig auf die Tarife der russischen Eisenbahnen durchschlugen, die Kalkulierbarkeit der Russlandgeschäfte.[52] Hinzu kam, dass die Tarifpolitik der russischen Eisenbahnen die Ziele der Außenhandelspolitik unterstützte, indem sie für die Beförderung importierter Güter zwischen dem Grenzbahnhof und dem Bestimmungsort im Landesinneren wesentlich höhere Kilometerpreise verlangte als für den Transport russischer Waren. Auch der An- und Abtransport für die russischen Hafenstädte war verhältnismäßig billiger als für Königsberg oder Orte an der russischen Landgrenze.[53]

Aufgrund der geringen Zahl von Eisenbahnübergängen war gerade für den Warenaustausch zwischen den Grenzregionen die Zahl der Grenzübergänge von großer Bedeutung. Sie ist von 31 in den 1870er Jahren auf 38 im Jahre 1908 gestiegen.[54] Somit existierte im statistischen Durchschnitt nur alle 32 km ein Grenzübergang. Die geringe Zunahme der Zahl der Grenzübergangsstellen war vor allem auf das außerordentlich komplizierte Verfahren bei der Errichtung neuer Zollämter zurückzuführen.

---

50 GStA PK, I. HA, Rep. 120, C.VIII.1., Nr. 85, Vol. 1, Bl. 52, 260-269. Vgl. auch Henning, Agrarliberalismus, S. 257.

51 GStA PK, I. HA, Rep. 120, C.XIII.6a, Nr. 27, Adh. 5 (Die Verkehrserleichterungen pp. an der deutsch-russischen Grenze), Bl. 86-87, 166-173.

52 Ebd., Bl. 178.

53 GStA PK, I. HA, Rep. 120, C.XIII.6a, Nr. 35, Adh. 4, Bd. 1, Bl. 48 und 137.

54 GStA PK, I. HA, Rep. 120, C.XIII.6a, Nr. 27, Adh. 5, Bl. 8-23; GStA PK, I. HA, Rep. 120, C.XIII.6a, Nr. 40 (Die Zollämter und Übergangspunkte an der deutsch-russischen Grenze), Bd. 1, Bl. 218-259.

Das erste Problem stellte in diesem Zusammenhang die fiskalische Haltung der für die Zollverwaltung zuständigen Finanzministerien dar. Man ging dort grundsätzlich davon aus, dass die Kosten für die Unterhaltung eines Grenzüberganges sowie der entsprechenden Zollstelle durch die Zolleinnahmen gedeckt werden müssten. Argumentationen von Landräten, Magistraten oder von Wirtschaftsverbänden, dass die Eröffnung eines Grenzüberganges einen zunehmenden Verkehr induzieren könnte, wodurch die Zolleinnahmen steigen würden, nutzten meist nichts. Seit etwa 1910 verlangte das preußische Finanzministerium eine Beteiligung der interessierten Gemeinden bzw. Handelskammern an der Einrichtung und dem Betrieb von Zollämtern.[55]

Das zweite, noch gewichtigere, Problem bestand darin, dass die Eröffnung eines Grenzüberganges selbstverständlich nur dann sinnvoll war, wenn die Gegenseite ebenfalls entsprechende Aktivitäten zeigte. Positive Veränderungen waren also nur auf dem Wege komplizierter Verhandlungen zwischen den lokalen Behörden, den mit Wirtschaftspolitik befassten Fachministerien[56], dem Ministerium der auswärtigen Angelegenheiten, dem deutschen Botschafter in St. Petersburg, dem Außenministerium der Kaiserlich Russischen Regierung sowie den inneren Behörden Russlands erreichbar. In der Regel zogen sich diese Verhandlungen sowie die Umsetzung ihrer Ergebnisse über Jahrzehnte hin. So bereisten im Juli 1878 deutsche und russische Ministerialbeamte gemeinsam die Grenze und gaben anschließend zahlreiche Empfehlungen zur Errichtung neuer Grenzübergangsstellen.[57] Noch 20 oder sogar 30 Jahre später waren ein Großteil dieser Empfehlungen und sogar einige der anschließend gemeinsam gefassten Beschlüsse, wie die Errichtung eines Zollamtes erster Klasse in Polangen, nicht umgesetzt worden.[58] Zusatzprotokolle der deutsch-russischen Handelsverträge von 1894 und 1904 wiesen zwar ebenfalls Abmachungen hinsichtlich der Eröffnung neuer Grenzübergangsstellen auf. Sie blieben aber sehr allgemein und vor allem auf russischer Seite haben Gouverneure und Zollchefs die Umsetzung oft verzögert oder sogar verhindert. Auf der anderen Seite zeigte gerade die Zeit der sich seit 1887 verschärfenden und 1893/94 kulminierenden Zollauseinandersetzungen, dass einseitige Verkehrserschwerungen, wie die Schließung eines Grenzüberganges, sehr rasch erfolgen konnten und nur schwer revidierbar waren.

Für den Export der Industrie in den östlichen Provinzen stellte jedoch nicht die geringe Zahl der Grenzübergangsstellen den entscheidenden Engpass dar, sondern die zu geringen Kompetenzen der meisten russischen Zollämter. Während des gesamten Zeitraums beklagte sich die deutsche Seite immer wieder über die mangelnde Bereitschaft Russlands, die Palette der an ihren Grenzübergängen für den Import zugelassenen Waren zu erweitern. Demzufolge konnten an vielen Stellen Nahrungsmittel und Rohstoffe passieren, während „Manufactur-Waaren“ wie Textilien oder landwirtschaftliche Maschinen die Grenze nur an den wenigen Hauptzollämtern erster Klasse

---

55 GStA PK, I. HA, Rep. 120, C.XIII.6a, Nr. 40, Bd. 2. o.Bl.

56 Dabei handelte es sich um das Finanzministerium, das Ministerium für Handel und Gewerbe und das Ministerium für Landwirtschaft, Domänen und Forsten, wobei in einigen Fällen auch das Ministerium für öffentliche Arbeiten hinzugezogen wurde.

57 GStA PK, I. HA, Rep. 120, C.XIII.6a, Nr. 27, Adh. 5, Bl. 81-98.

58 Ebd., Bl. 105-106, 230, 249, 268.

überschreiten durften.[59] In den siebziger Jahren existierten derartige Einrichtungen auf der deutschen Seite nur in Pogorcelice, Strzalkowo, Landsberg und Myslowitz. Während hier jedoch Interesse an der Erhöhung dieser Zahl bestand, reduzierte die russische Seite die Befugnisse ihrer Zollämter, wenn sie einen Rückgang des zollpflichtigen Verkehrs feststellte, um so Personalkosten zu sparen.

So wurde 1873 das Zollamt 1. Klasse in Slupce in ein Amt 3. Klasse zurückgestuft.[60] Nur kurze Zeit später erhielt die auf der deutschen Seite gelegene Stadt Strzalkowo einen Eisenbahnanschluss. Die dortigen Kaufleute hofften natürlich auf Verdienste im Zwischenhandel mit der „zum Theil wohlhabenden und im Ganzen ziemlich dichten Bevölkerung“ auf der russischen Seite.[61] Erst um 1900 wurde jedoch Slupce wieder Zollamt erster Klasse.

Auch dem gegenüber von Myslowitz in Oberschlesien gelegenen Modrzejewo wurde in den 1870er Jahren die Erhebung zum Zollamt erster Klasse verweigert, obwohl sich auf beiden Seiten der Grenze ein dicht besiedeltes und industrialisiertes Gebiet befand und Interesse am Handel mit Eisenwaren verschiedener Art bestand.[62] 1887 schloss die russische Seite die Grenze für jeglichen Wirtschaftsverkehr und behinderte auch den Personenverkehr, indem sie anordnete, „dass der Austritt aus Russland nur über denjenigen Übergangspunkt erfolgen dürfe, auf welchem der Eintritt stattgehabt hat“.[63] Auf deutscher Seite litt besonders der Handel mit Kolonialwaren, Zigarren, Medikamenten, Manufaktur- und Modewaren, während von den deutschen Gegenmaßnahmen insbesondere die Ausfuhr von Lebensmitteln betroffen war. 1902 bestand hier wenigstens wieder ein Zollamt dritter Klasse, aber 1910 schränkte der Kreischef in Slupce den Personen- und Warenverkehr per Verordnung erneut ein.[64]

Ähnlich wie den Myslowitzern erging es den Gewerbetreibenden im ostpreußischen Schirwindt, das ein Nebenzollamt erster Klasse hatte, während im gegenüberliegenden Wladislawowo nur ein Übergangspunkt war, an dem eigentlich nur „Erzeugnisse für den Hausgebrauch“ passieren durften.[65] Insbesondere seit ihrem Anschluss an die Kleinbahn im Jahre 1901 wollten die Bewohner aus der Schirwindter Gegend Weizen, Roggen und Holz auf die russische Seite liefern. Dort bestand aber auch Bedarf nach „Kunstdünger, Eisenwaren, Steinkohle, Zement, Kurzwaren, Zeugstoffen und landwirtschaftlichen Maschinen“.[66] Der Handel mit diesen Erzeugnissen war offiziell erst 1909 möglich, als man in Wladislawowo ein Zollamt dritter Klasse einrichtete.[67]

---

59 Ebd., Bl. 77, 84-85

60 Ebd., Bl. 125-127.

61 Ebd., Bl. 126.

62 Ebd., Bl. 140-142.

63 GStA PK, I. HA, Rep. 120, C.XIII.6a, Nr. 40, Bd. 1, Bl. 10r.

64 Ebd., Bl. 130r; GStA PK, I. HA, Rep. 120, C.XIII.6a, Nr. 40, Bd. 2, o.Bl.

65 GStA PK, I. HA, Rep. 120, C.XIII.6a, Nr. 40, Bd. 1, Bl. 75-78r, (Zitat, Bl. 77).

66 Ebd., Bl. 78r.

67 Ebd., Bl. 292.

Interessant ist in diesem Zusammenhang, dass die russische Weigerung, an einer größeren Zahl von Zollstellen den Import industrieller Fertigwaren zu gestatten, nicht allein aus einer allgemeinen protektionistischen Grundhaltung resultierte. Hinzu kam eine gehörige Portion Misstrauen gegenüber den eigenen Zollbeamten. So berichtete einer der preußischen Teilnehmer an der schon erwähnten Inspektionsreise in diesem Zusammenhang: „Ganz abgesehen von der im gegenwärtigen russischen Zollsystem liegenden, selbst unter den höheren Beamten fast zum Glaubenssatze gewordenen Tendenz, den Vorteil des Staates und der russischen Industrie in einer möglichsten Isolierung vom Auslande zu erblicken, machte sich bei den russischen Commissarien immer auch noch die Befürchtung geltend, daß mit jeder Verkehrserleichterung und Befugniserweiterung die russischen Zollbeamten eine erneute erwünschte Gelegenheit zu Unterschleifen geboten sein und daß demzufolge jene Erleichterungen dem Staatsfiskus nicht nur nicht zu gute kommen, sondern denselben im Gegenteile, immer weiter benachteiligen würden."[68] Hier lag also ein geradezu klassischer Fall vor, dass die Instabilität einer Institution die Transaktionskosten in die Höhe trieb.

Weitere Beispiele für die Steigerung der bei Exportgeschäften ohnehin überdurchschnittlichen Unsicherheiten ließen sich aus den zahlreichen Klagen über willkürliche Anwendungen der entsprechenden Tarifordnungen sowie die unterschiedlichen Auslegungen der Zollbestimmungen in einzelnen Zollämtern entnehmen. Ein eher unbedeutender, aber für die Rechtsunsicherheit exemplarischer Fall soll hier geschildert werden: An der Zollstelle Wladislawowo (Neustadt) meldete ein Gutsbesitzer eine Lampe zur Verzollung an. Diese wäre in Wirballen als Stückgut behandelt worden, so dass das Verfahren nur wenige Minuten in Anspruch genommen hätte. „Die Lampe des Gutsbesitzers S. wurde aber in Neustadt in einzelne Theile zerlegt, jedes Theil wurde einzeln zur Verzollung berechnet und abgesehen davon, daß ein außergewöhnlicher Zoll ausgerechnet wurde, waren durch das Verfahren so viel Stunden verbraucht, dass S. nicht weiter reisen konnte."[69]

Natürlich ist es unmöglich, aus den hier genannten und den zahlreichen anderen sich in den Akten widerspiegelnden Beispielen für die vielfältigen Probleme des Transfers von Waren über die Ostgrenze das Ausmaß der volkswirtschaftlichen Effekte der häufig politisch motivierten russischen Abschottungsmaßnahmen zu ermessen. Dennoch wird zum einen deutlich, dass die potentiellen Warenströme nicht immer den großen statistischen Trends des Verhältnisses eines Industrieexport- und eines Agrarlandes entsprachen. In vielen Fällen hätte ein liberaleres Grenzregime also auch Landwirten der deutschen Seite neue Absatzmärkte öffnen können. Zum anderen sollte man nicht unterschätzen, welche Bedeutung der Verlust der aus dem kleinen Grenzverkehr gezogenen Vorteile im Alltag vieler Bewohner hatte. Häufig führte ihnen erst diese Abschottung vor Augen, dass sie buchstäblich „am Rande" von Staat und Volkswirtschaft lebten. Dieses Bewusstsein hat sicher die Haltung zur Migration beeinflusst. Zumindest in Ostpreußen wiesen gerade die Kreise, die an der Grenze lagen und nicht vom Durchgangsverkehr profitieren konnten, ein geringes Bevölke-

68 GStA PK, I. HA, Rep. 120, C.XIII.6a, Nr. 27, Adh. 5, Bl. 82r.

69 GStA PK, I. HA, Rep. 120, C.XIII.6a, Nr. 40, Bd. 1, Bl. 75r.

rungswachstum oder sogar einen Rückgang der Einwohnerzahl auf.[70] Aber auch im zur Provinz Posen gehörenden Kreis Witkowo hat die „ungünstige Lage der beiden bezeichneten Grenzübergangsstellen - Anastazewo in der nördlichsten Ecke des Kreises und Stralkowo 30 km südlich davon im Kreise Wreschen - zur Folge, daß der größte Teil des Kreises ... von jedem Verkehr mit Russland und jedem Durchgangsverkehr so gut wie abgeschnitten ist und sich wirtschaftlich nicht hat weiter entwickeln, Handel und Gewerbe in ihm nicht haben gedeihen können."[71]

Dennoch hat in zunehmendem Maße auch die deutsche Seite Erleichterungen des Handelsverkehrs durch die Neueröffnung oder Kompetenzerweiterung von Grenzübergangsstellen verhindert. Dies geschah nicht nur aus den bereits erwähnten fiskalischen Gründen. Häufig protestierten landwirtschaftliche Interessenvereinigungen, wie der Bund der Landwirte, oder das Ministerium für Landwirtschaft, Domänen und Forsten erhob Einspruch. Dieser wurde meist damit begründet, dass über den Grenzübergang mehr ein- als ausgeführt würde und der Schaden durch russische Agrarimporte den möglichen Nutzen für die deutsche Exportindustrie bei weitem übersteige. So vertrat der Regierungspräsident von Marienwerder 1902 die Aufassung, „daß eine Förderung des Grenzverkehrs zwischen Gollub und Dobrzyn das platte Land in der Umgebung schädigen würde."[72] Während hier das Finanzministerium noch der Meinung war, dass „eine Hebung dieses Grenzverkehrs ... im Gegenteil auf die Umgebung anregend wirken und der ländlichen und kleinstädtischen Bevölkerung immerhin von Nutzen sein" dürfte, lehnte es zwei Jahre später in einem ähnlichen Fall die Errichtung eines Übergangspunktes ab, weil die Einfuhr aus Russland allein in landwirtschaftlichen Artikeln bestünde, was „wir nicht gerade zu befördern brauchen".[73] In den letzten Jahren vor dem Ersten Weltkrieg mussten örtliche Interessenten an der Verbesserung der Bedingungen für den Grenzverkehr nicht nur mit eigenen finanziellen Beiträgen, sondern meist auch noch mit „nationalen" Argumenten aufwarten, um die Behörden überzeugen zu können. So verwiesen die Bewohner von Ottlotschin darauf, dass durch die Errichtung eines Grenzüberganges der Handel mit den Städten Ciechocinek, Alexandrowo und Neschawa mit je 3000 bzw. 4000 Einwohnern ermöglicht würde, wo die Bevölkerung „fast durchweg deutscher Abstammung" sei.[74] Auch der örtliche landwirtschaftliche Verein meinte, dass die Nachteile der vermehrten Konkurrenz durch die Verbilligung der Futtermittel ausgeglichen und im übrigen das „Deutschtum in erfreulicher Weise gefördert" würde.[75] Der Regierungspräsident wog ebenfalls Vor- und Nachteile ab, um endlich die Errichtung zu befürworten, da „auf russischer Seite in der Nähe der Grenze eine zahlreiche deutsch-evangelische Bevölkerung wohnt, welche nach Herstellung des Grenzüberganges die vor kurzer Zeit eingeweihte evangelische Kirche in Ottlotschin besuchen würde. In dem zum großen Teil

70 Tebarth, Technischer Fortschritt, S. 177-180.

71 GStA PK, I. HA, Rep. 120, C.XIII.6a, Nr. 40, Bd. 1, Bl. 213r.

72 Ebd., Bl. 145r. - Vgl. auch ebd., Bl. 303, 317, 323, 327.

73 Ebd., Bl. 145r und 156r.

74 Ebd., Bl. 320.

75 Ebd., Bl. 320r.

polnisch bevölkerten Kreisteil erscheint mir ein derartiger Verkehr deutsch-evangelischer Elemente aus nationalen Gesichtspunkten durchaus erwünscht.“[76]

4. Nichttarifäre Handelshemmnisse und ihre Nebenwirkungen

Im weiteren Sinne kann die unzureichende Einrichtung von Grenzübergängen als ein nichttarifäres Handelshemmnis angesehen werden. Weit einschneidendere Wirkung hatten natürlich Verbote des Handels mit bestimmten Güter, wie sie während des Höhepunkts des bereits erwähnten deutsch-russischen Zollkrieges von August 1893 bis Februar 1894 erlassen worden sind.

Daneben existierten auch dauerhaftere Außenhandelsverbote für bestimmte Güter. So war aus offiziell veterinärpolizeilichen Gründen der Import von russischen Rindern fast im gesamten Zeitraum verboten. Den Anlass bot ein britisches Importverbot für deutsche Rinder im Jahre 1877. Großbritannien hatte bereits 1872 russisches Vieh „wegen seiner starken Rinderpestverdächtigkeit“ von seinem Markt ausgeschlossen.[77] Als seit 1875 die Viehpreise weltweit fielen, wurde auch der Import von deutschem Vieh mit der Begründung verboten, dass das russische Vieh nun stark auf den deutschen Markt drängte. Um den wichtigsten ausländischen Markt der norddeutschen Viehzüchter zurückzugewinnen, verbot nun Deutschland den Import von russischem Hornvieh und kam damit den Konkurrenzängsten in den östlichen Provinzen entgegen.

Im Grenzgebiet wirkte sich diese Form des „administrativen Protektionismus“ in sehr spezifischer Weise aus. Zum einen belastete die Frage des Viehhandelsverbots über Jahrzehnte die Verhandlungen über Erleichterungen im Grenzverkehr, da sie von russischer Seite immer wieder vorgebracht wurde und so als Argument zur Ablehnung deutscher Vorschläge genutzt werden konnte.[78] Zum anderen brachte das Viehhandelsverbot einen ausgedehnten Schmuggel hervor. Ein ausführlicher Bericht an das preußische Ministerium für Handel und Gewerbe aus dem Jahre 1878 zeigt, dass an allen Stellen der Grenze, an denen auf russischer bzw. polnischer Seite eine einigermaßen entwickelte Viehhaltung existierte und wo nicht zu starke natürliche Hindernisse vorhanden waren, Rinder nach Deutschland eingeschmuggelt wurden.[79] Aus dem Gebiet zwischen Soldau und Thorn wurde zum Beispiel von „organisierten Schmugglerbanden“ berichtet. Trotz hoher Strafen und obwohl gefasstes Vieh getötet wurde, sei hier der Schmuggel wegen der großen Differenz diesseitiger und jenseitiger Viehpreise ausgesprochen „verlockend“.[80] Auch Gutsbesitzer würden gern aus Russ-

---

76 Ebd., Bl. 324.

77 Müller-Link, Industrialisierung und Außenpolitik, S. 66. Vgl. auch Wottawa, Dietmar, Protektionismus im Außenhandel Deutschlands mit Vieh und Fleisch zwischen Reichsgründung und Beginn des Zweiten Weltkriegs, Frankfurt a.M. u.a. 1985, S. 32-34, 52-56.

78 GStA PK, I. HA, Rep. 120, C.XIII.6a, Nr. 40, Bd. 1, Bl. 90-92.

79 GStA PK, I. HA, Rep. 120, C.XIII.6a, Nr. 27, Adh. 5, Bl. 87-90, 181-185.

80 Ebenda, Bl. 183.

land geschmuggeltes Magervieh einkaufen, da die Preise im Inland wesentlich höher seien.

Während im allgemeinen durch die Kombination aus Agrarschutzzoll und Einfuhrscheinsystem die Lebensmittelpreise im Osten nicht niedriger waren als in anderen Teilen Deutschlands,[81] lagen die Fleischpreise in grenznahen Städten, wie Memel und Myslowitz deutlich unter dem nationalen Durchschnitt, da die Fleischer relativ billiges geschmuggeltes Schlachtvieh aufkauften und verarbeiteten. Der Viehschmuggel bot somit der ortsansässigen Bevölkerung eine der wenigen Möglichkeiten, von der Grenzlage zu profitieren. Er lieferte nebenbei auch den Beweis, dass die veterinärpolizeilichen Argumente nur vorgeschoben waren, denn obwohl einige Tausend russische Tiere nach Deutschland kamen, brach die Rinderpest nicht aus.[82]

Geschmuggelt wurden während des gesamten Zeitraums auch zahlreiche andere Güter. Noch 1904 schrieb der Finanzminister etwas resignierend vom „Schmuggel, der trotz Errichtung von Zollstellen doch nicht aufhören wird".[83] Auch wenn er einigen Grenzbewohnern Einkommen verschaffte und auch die Konsumenten profitierten, war der Schmuggel aus volkswirtschaftlicher und fiskalischer Sicht kontraproduktiv. Auf die nicht am Viehschmuggel beteiligten Landwirte wirkten diese Zustände „demoralisierend".[84] Eine offizielle, eventuell kontingentierte, mit mäßigem Zoll belegte Vieheinfuhr wäre sicherlich sowohl für den Fiskus als auch für die Exporteure aus dem Zarenreich und für die deutschen Viehhalter besser gewesen.

5. Resümee

Die bisherige Forschung hat bei der Erklärung für das weitgehende Ausbleiben der Industrialisierung in West- und Ostpreußen sowie in der Provinz Posen und auch teilweise für das relative Zurückfallen der Industrieregionen Schlesiens neben den sozialstrukturellen Eigenheiten Ostelbiens häufig die folgende Argumentation gebraucht: Die Integration dieser Gebiete in das Deutsche Reich und der Eisenbahnbau haben ihre Funktion als „Kornkammer", also als Reservoir zur Produktion von Agrargütern in einem sich ansonsten dynamischen industrialisierenden Nationalstaat zementiert. Dieser Trend sei durch den großen politischen Einfluss der ostelbischen Großgrundbesitzer, die mit Hilfe staatlicher Subventionen Strukturen konservieren konnten, verstärkt worden.[85] Dieses Bild ist bereits von neueren Forschungen „verflüssigt" worden.[86] Der vorliegende Aufsatz hat nun versucht, die nach wie vor anzutreffende Vorstellung von einer Bevorzugung des Ostens durch die Wirtschaftspolitik hinsicht-

81 Schneider, Auswirkungen von Zöllen, S. 308.

82 GStA PK, I. HA, Rep. 120, C.XIII.6a, Nr. 27, Adh. 5, Bl. 88r.

83 GStA PK, I. HA, Rep. 120, C.XIII.6a, Nr. 40, Bd. 1, Bl. 157.

84 GStA PK, I. HA, Rep. 120, C.XIII.6a, Nr. 27, Adh. 5, Bl. 90.

85 Wehler, Hans-Ulrich, Deutsche Gesellschaftsgeschichte, Bd. 3. Von der deutschen „Doppelrevolution" bis zum Beginn des Ersten Weltkrieges 1849-1914, München 1995, S. 650-661 und 810-818.

86 Reif, Einleitung, S. 29-31.

lich eines ihrer damals zentralen Instrumente, der Außenhandelspolitik, zu revidieren. Dabei war aus der Literatur zu resümieren, dass der Agrarprotektionismus weder die östliche noch die Getreide anbauende Landwirtschaft stärker vor ausländischer Konkurrenz „geschützt" hat als andere Bereiche. Es konnte nur am Rande erwähnt werden, dass sich die östlichen Agrarprodukte trotz der Zollpolitik sowie der Integrationsbemühungen und Subventionen des preußischen Staates nur schwer auf dem mittel- und westdeutschen Markt behaupten konnten. Es wurde ausführlicher darauf eingegangen, dass der Rahmen für den Außenhandel nicht allein durch die Zolltarife abgesteckt wird. Von diesen im weitesten Sinne nichttarifären Handelshemmnissen, die vom schlichten Fehlen eines Verkehrsweges bis zur Verunsicherung der Wirtschaftssubjekte durch unkalkulierbare Beamtenwillkür reichten, war in überdurchschnittlichem Maße die Wirtschaft der östlichen Provinzen betroffen. Dies traf weniger auf die Landwirtschaft zu, die möglicherweise von der Grenze mehr geschützt als behindert wurde. Auch die oberschlesische Montanindustrie konnte dank ihrer relativ hohen Produktivität und die Kombination von Waren- und Kapitalexport die Nachteile der peripheren Lage im Reich beinahe kompensieren. Die Königsberger und Danziger Kaufleute versuchten mehr schlecht als recht, ihre traditionelle Stellung im Ost-West-Verkehr zu verteidigen. Hauptleidtragende waren jedoch Gewerbetreibende und Industrielle, die versuchten, potentielle Standortvorteile, wie die Nähe zu billigen Rohstoffen und zu dicht besiedelten Industrierevieren, wie Warschau und Lodz, mit relativ niedrigen Arbeitskosten zu verbinden, um eine „regionale" Industrialisierung nach westlichem Vorbild, die häufig eng mit der Landwirtschaft verbunden war, voranzutreiben.

Das Problem bestand nicht allein darin, dass diese Regionen „von ihrem natürlichen Hinterland durch die chinesische Mauer der russischen Zollgrenze abgeschnitten" waren, wie schon die Zeitgenossen häufig betonten.[87] Es war auch nicht nur die Zollpolitik eines von Deutschenhass geprägten Zarenreichs, die eine Industrialisierung des „deutschen" Ostens bremste, wie die Presse immer wieder verbreitete.[88] Auch die deutsche Politik nahm auf die zarten Industrialisierungsansätze im Osten keine Rücksicht, wenn es um außenpolitische Machtambitionen, um nationalpolitische Grundsätze oder auch um die wahren oder vermeintlichen Interessen von Großindustrie und Großgrundbesitz ging.

In der Berliner Börsen-Zeitung vom 25. Februar 1893 verkündete ein Journalist noch optimistisch, dass ein „Kapitalist" sein Geld auch im Osten investieren würde, zumal er „es auch nach Argentinien und Portugal schickt."[89] Fünfeinhalb Jahre später konstatierte die National-Zeitung hingegen eine „Abneigung des in den mittleren und westlichen Provinzen in so reichem Maaße vorhandenen Kapitals, solches in Unternehmungen in den östlichen Provinzen anzulegen."[90] Westliche „Investoren" kamen eben gar nicht auf die Idee, dass die östlichen Provinzen des Deutschen Reiches ein

87 GStA PK, I. HA, Rep. 120, C.VIII.1., Nr. 85, Vol. 1, Bl. 206.

88 Ebd., Bl. 47, 78r, 82, 111.

89 GStA PK, I. HA, Rep. 120, C.VIII.1., Nr. 85, Vol. 2, Bl. 1.

90 Ebenda, Bl. 254.

Sprungbrett in den übrigen ostmitteleuropäischen Markt sein könnten. Dies lag nicht primär daran, dass dieser Markt nicht aufnahmefähig gewesen wäre. Entscheidend waren die in der Tendenz eher zunehmende Undurchlässigkeit der deutsch-russischen Grenze und die relativ hohen und schwer kalkulierbaren Transaktionskosten bei ihrer Überwindung. Unter diesen Umständen brachte die größere geografische Nähe keine wesentlichen Vorteile.

Dieser Befund mag angesichts der Verschlechterung der Situation im Laufe des 20. Jahrhunderts allzu negativ erscheinen. Man sollte aber bedenken, dass die wirtschaftshistorischen Rahmenbedingungen für ein nachhaltiges industrielles Wachstum auf dem Gebiet der östlichen Provinzen Preußens, aber auch des Königreich Polens nie so gut waren wie zwischen 1870 und 1914. Da also die Außenhandelspolitik zur Peripherialisierung der östlichen Provinzen Deutschlands beigetragen hat, muss sie auch bei der Erklärung der Rückständigkeit berücksichtigt werden.

Uwe Kühl

Zwischen Kooperation und Konfrontation. Die Nutzung der Wasserkräfte von Hoch- und Oberrhein in den letzten 100 Jahren

Flüsse, vor allem grössere, stellen einerseits eine besonders ausgeprägte Form der natürlichen Grenze dar. Als schiffbarer Wasserlauf können sie aber auch zugleich einen Verkehrsweg bilden, der beide Anrainer wiederum verbindet. Diese integrative Funktion kann in dem Maße zunehmen, wie der Transport auf Flüssen an Bedeutung gewinnt und die technischen Möglichkeiten seiner Verbesserung steigen. Voraussetzung ist allerdings ein gewisses Einvernehmen der Grenznachbarn, da sich nur so wirksame wasserbauliche Massnahmen realisieren sowie schädliche Konkurrenzsituationen vermeiden lassen. Im ausgehenden 19. Jahrhundert tritt mit der Gewinnung elektrischer Energie aus Wasserkraft eine neuartige Nutzungsmöglichkeit der Flüsse hinzu. In wirtschaftlichem Maßstab ist eine solche nur möglich, wenn beide Anlieger sich einigen. Verkompliziert sich damit einerseits die Interessenlage am Fluss, so ermöglicht diese zusätzliche Ausnutzung des Gewässers andererseits überhaupt erst die notwendigen beträchtlichen Investitionen für die Verbesserung der Schiffahrt oder erleichtert diese zumindest in ganz erheblichem Umfang. Abgesehen von den technischen Problemen, die eine Verbindung beider Nutzungsarten mit sich bringt, kommen nun auch noch energiepolitische Erwägungen ins Spiel. Schließlich führen die für die Schiffahrt und die Wasserkraftnutzung erforderlichen umfangreichen Baumaßnahmen zur Veränderung der Landschaft beiderseits des Grenzflusses und zeitigen negative ökologische Folgen, deren Beseitigung oder wenigstens Milderung durch die Grenzsituation erschwert wird.

Zweifellos waren Hoch- und Oberrhein, von denen hier im folgenden die Rede sein soll, in den vergangenen gut 100 Jahren natürliche und politische Grenzen[1]. In Erweiterung unseres Rahmenthemas möchte ich sie als wirtschaftliche und ökologische Herausforderung auffassen.

Seit dem Ende der napoleonischen Herrschaft bildeten diese Abschnitte des europäischen Stromes die Grenzen zwischen Baden und der Eidgenossenschaft bzw. Frankreich. Auch die zeitweilige deutsche Annektion des Elsass hat an diesem Grenzcharakter nichts geändert.

Der 170 km lange Hochrhein von seinem Austritt aus dem Bodensee bei Stein bis Basel bildet auf 133 km die deutsch-schweizerische Grenze. Der Gesamthöhenunterschied auf dieser Strecke beträgt 150 Meter. Als Oberrhein wird die Strecke von Basel

---

1 Aus der mittlerweile sehr umfangreichen Literatur zur Geschichte des Rheins sei hier generell auf die vorzügliche Reisebeschreibung von Horst Johannes Tümmers sowie die klassische Darstellung von Lucien Febvre verwiesen: Tümmers, H. J., Der Rhein. Ein europäischer Fluss und seine Geschichte, München ^{2}1999; Febvre, L., Der Rhein und seine Geschichte, Frankfurt/Main / New York / Paris ^{2}1995 (frz. 1931).

bis Mainz (Nieder-Walluf) bezeichnet. Auf einer Länge von ca. 185 km bildet er die Grenze zwischen Deutschland und Frankreich. Das stärkste Gefälle hat der Flusslauf hier zwischen Basel und Karlsruhe, also auf dem badisch-elsässischen Grenzabschnitt.

In natürlicher wie politischer Hinsicht waren diese Grenzen allerdings durchaus unterschiedlich intensiv ausgeprägt. Der vom Bodensee in westliche Richtung verlaufende Hochrhein floss in einem weitgehend beständigen natürlichen Flussbett, das sich in den felsigen Untergrund gegraben hat[2]. Dessen Widerstand tritt im Rheinfall von Schaffhausen oder den verschiedenen Stromschnellen (den sog. Laufen oder Gewilde) auf spektakuläre Weise in Erscheinung. Feste Querungen in Form von Brücken bestanden schon seit altersher[3]. Hinzu kommt die Tatsache, dass sich die Territorien der Kantone Schaffhausen und Basel-Stadt auch auf das rechte Rheinufer erstrecken. Die klare politische und natürliche Grenze war keineswegs eine unüberwindliche Barriere.

Anders hingegen am Oberrhein. Im Rheinknie von Basel wendet sich der Flußlauf nach Norden und verändert gänzlich seinen natürlichen Charakter. In dem tektonisch vorgebildeteten Oberrheingraben fliesst der Rhein in einer breiten und mächtigen Schicht tertiärer und quartärer Schotter. Vor den Strombaumaßnahmen des 19. und 20. Jahrhunderts bildete der Rhein eine amphibische Landschaft in der Mitte der oberrheinischen Tiefebene, die nur schwer zu überbrücken war.

Im Süden verlief der ungebändigte Fluss in einer sog. Furkationszone, einem mehrere Kilometer breiten Gewirr von Flussarmen und Inseln, die einer ständigen Veränderung unterlagen. Weiter im Norden, nach einer Übergangszone und mit deutlich geringerem Gefälle, floss der Rhein in zahllosen Mäandern dahin[4]. Die von dem badischen Ingenieur Johann Gottfried Tulla, dem „Bändiger des wilden Rheins“, geplante und ins Werk gesetzte Korrektion oder „Rectification“ schuf seit 1817 einen eindeutigen Talweg des Flusses und damit überhaupt erst eine klare Demarkationslinie[5]. Die Tullasche Rheinkorrektur hat die natürliche Grenze zwar überwindbarer gemacht, die politische aber umso deutlicher hervorgehoben. Feste Querungen sind bis heute vergleichsweise selten. Die drei Eisenbahnbrücken bei Weil, Neuenburg und Breisach wurden bezeichnenderweise erst 1878 aus militärischen Erwägungen gebaut.

Seit der französischen Revolution erfuhr diese Rheingrenze eine politische Aufladung durch nationale Emotionen, die keineswegs zu einer leichteren Lösung konkreter Grenzprobleme beitragen sollte. Der schon lange existierenden Forderung nach dem Rhein als natürlicher Ostgrenze Frankreichs hielt Ernst Moritz Arndt den Kampfruf:

---

2 Felkel, Karl, Zur Geschichte des Rheinausbaus zwischen Bodensee und Neckarmündung, in: Alemannisches Jahrbuch 1993/94, S. 133-212.

3 Spiess, Karl, Ausbau des Rheines vom Bodensee bis zum Main, in: Wasser- und Schiffahrtsdirektion Duisburg (Hrsg.), Der Rhein. Ausbau, Verkehr, Verwaltung, Duisburg 1951, S. 86-145.

4 Gallusser, Werner A. / Schenker, André (Hrsg.), Die Auen am Oberrhein. Ausmaß und Perspektiven des Landschaftswandels am südlichen und mittleren Oberrhein seit 1800. Eine umweltdidaktische Aufarbeitung, Basel / Boston / Berlin 1992.

5 Einen konzisen Überblick bietet Bernhardt, Christoph, Die Rheinkorrektion, in: Der Bürger im Staat 50, 2000, S. 76-81.

„Der Rhein, Teutschlands Strom, aber nicht Teutschlands Gränze" entgegen[6]. Dem widersprach aber schon die rechtliche Stellung des Flusses als einer internationalen Wasserstrasse. Die in der Wiener Schlussakte von 1814 erstmals vereinbarte freie Schiffahrt auf dem Rhein von der Mündung in die Nordsee bis zum Beginn der Schiffbarkeit (Basel) erhielt in der revidierten Mannheimer Akte von 1868 ihre bis 1919 gültige juristische Grundlage. Danach hatten sich die sechs beteiligten Uferstaaten (Frankreich, Baden, Bayern, Hessen, Preußen und die Niederlande) unter anderem über strombauliche Massnahmen zu verständigen, wobei diese die Schiffahrt nicht beeinträchtigen durften[7].

Die Wasserkräfte des Hochrheins, die sich im Rheinfall von Schaffhausen so aufsehenerregend äussern, werden heute von elf großen Anlagen genutzt, von denen zehn Grenzkraftwerke sind. Dabei handelt es sich um Anlagen, die den Fluss in solchen Abschnitten nutzen, wo er ganz oder auch nur teilweise die Grenze bildet. Es spielt hierbei keine Rolle, wo sich die eigentlichen Kraftanlagen befinden, entscheidend ist vielmehr die Länge der Uferstrecke, die durch den Einstau des Kraftwerkes betroffen ist. Daraus ergibt sich die Notwendigkeit einer wasserrechtlichen Konzession der jeweiligen angrenzenden Staaten, am Hochrhein also die Badens bzw. Baden-Württembergs und eines oder zweier schweizer Kantone. Aus dieser rechtlichen Lage folgt meist, aber nicht unbedingt zwangsläufig, auch eine Beteiligung beider Seiten am erforderlichen Kapital für die Unternehmung. Wo sich dabei der Sitz des Unternehmens befindet ist wiederum von untergeordneter Bedeutung und spiegelt nicht unbedingt die jeweiligen nationalen Kapitalanteile wider. Auch für die Aufteilung der erzeugten Strommengen auf die jeweils beteiligten Länder ist sie nicht maßgebend, diese wird vielmehr in den Konzessionen entsprechend dem jeweiligen Gefällsanteil geregelt. Demnach gehören derzeit von der durchschnittlichen Jahresproduktion von ca. viereinhalb Tausend Gigawattstunden 56% der Schweiz und 44% Deutschland[8].

Die Nutzung der Wasserkräfte zur Stromerzeugung setzte in den 1890er Jahren ein und wurde am Hochrhein weitgehend einvernehmlich gemeinsam von Deutschland (Baden) und der Schweiz (Aargau, Basel-Stadt und -Land, Zürich) betrieben. Sie nahm ihren Anfang in Rheinfelden, wo das damals größte Wasserkraftwerk Europas mit einer elektrischen Leistung von ca. 12 Megawatt 1898 in Betrieb ging. Als erstes

6 Vgl. hierzu neuerdings Erbe, Michael, Der Rhein als Nationalsymbol, in: Der Bürger im Staat 50, 2000, S. 71-75 sowie das Nachwort von Peter Schöttler in der von ihm herausgegebenen deutschen Übersetzung von Febvres Geschichte des Rheins (wie Anm.1)

7 Ailleret, Jean-Claude, La liberté de navigation, in: Ayçoberry, Pierre / Ferro, Marc (Hrsg.), Une histoire du Rhin, Paris 1981, S. 375-383; Müller, Walter, Völkerrechtliche Grundlagen und internationale Verträge, in: Walther, Karl August (Hrsg.), Vom Meer zum Bodensee, Olten / Freiburg 1957, S.167-174; Lenzner, Kurt, Die internationale Rechtsordnung des Rheines, in: Wasser- und Schiffahrtsdirektion Duisburg (Hrsg.), Der Rhein, S. 389-399.

8 Vischer, Daniel, Von der Wasserstraße zur Energieachse. Geschichte und heutiger Stand der Wasserkraftnutzung am Hochrhein, in: Der Bürger im Staat 50, 2000, S. 93-98, hier S. 98; vgl. auch Kuntschen, F., Die Kraftwerke am Hochrhein, in: Walther (Hrsg.), Vom Meer zum Bodensee, S. 73-79 sowie Felkel, Geschichte des Rheinausbaus, S. 143-172.

europäisches Grenzkraftwerk stellt es in technischer, finanzieller und organisatorischer Form eine Pionierleistung dar[9].

Idee und Initiative zu dieser Anlage kamen aus der Schweiz. Dahinter standen der Turbinenhersteller Escher-Wyss, die Maschinenfabrik Oerlikon sowie der Aarauer Bauunternehmer Zschokke, der auch schweizer Nationalrat war. Deren individuelle ökonomische Interessen trafen sich mit dem volkswirtschaftlichen Ziel einer Nutzung heimischer Energiequellen, um die bestehende Importabhängigkeit zu reduzieren[10]. Zu dieser Koinzidenz privater und staatlicher Interessen in der Schweiz gesellte sich eine ausgesprochen wirtschaftsliberale Haltung der badischen Regierung, die dem Vorhaben keine Steine in den Weg legte.

Nachdem das Großherzogtum Baden und der Kanton Aargau sich auf Grundsätze der Wasserkraftnutzung geeinigt hatten, erfolgte Ende 1890 eine beiderseitige Konzession. Um das Unternehmen aber tatsächlich verwirklichen zu können, musste allerdings Emil Rathenau mit seiner AEG dort einsteigen. 1894 wurde eine Aktiengesellschaft nach deutschem Recht gegründet, die Kraftübertragungswerke Rheinfelden (KWR), an denen neben der AEG und ihrem Bankenkonsortium auch schweizer Kapital beteiligt war.

Damit war der Stromhunger beiderseits des Rheins erst richtig entfacht worden und ein Ausbau der Erzeugungskapazitäten wurde bald notwendig. Diese erfolgte in dem sog. Doppelkraftwerk Augst-Wyhlen ca. 9 km unterhalb von Rheinfelden[11]. Technisch und organisatorisch wurde hier ein anderer Weg gewählt. An beiden Rheinufern errichteten die beiden Partner, die KWR und der Kanton Basel-Stadt, jeweils ein Kraftwerk, während die Wehranlage gemeinsames Eigentum ist. Damit war die Verteilung des erzeugten Stroms auf die beiden Teilhaber auch rein technisch schon von vornherein gelöst. Auf der schweizer Seite wurde ausserdem eine Schleuse gebaut und damit erstmals den Bedürfnissen der Schiffbarmachung des Hochrheins Rechnung getragen.

Parallel zum Bau von Rheinfelden liefen bereits die Bemühungen um eine Konzession bei Laufenburg[12]. Schon 1890 hatten die sich in den bekannten Laufenburger Stromschnellen spektakulär äussernden Energiemengen des Rheines das Interesse des englischen Technikers und Unternehmers de Ferranti gefunden[13]. Ein konkurrierendes schweizer Projekt und Probleme bei der Finanzierung sowie Proteste der Heimat-

---

9 Bocks, Wolfgang, Perspektiven mit Strom, Rheinfelden 1994, S. 7-27. Reinhardt-Fehrenbach, Gitta, Unvermeidlicher Abbruch? Das Kraftwerk Rheinfelden, in: Denkmalpflege in Baden-Württemberg 21, 1992, S. 109-117.

10 Gugerli, David (Hrsg.), Allmächtige Zauberin unserer Zeit. Zur Geschichte der elektrischen Energie in der Schweiz, Zürich 1994; Paquier, Serge, Indépendance énergétique et protectionnisme en Suisse, 1880-1930, in: Bulletin d'histoire de l'électricité 23, 1994, S. 37-61.

11 Bocks, Perspektiven, S. 36-42.

12 Rennhard, Josef / Malleis, Konrad, 75 Jahre Kraftwerk Laufenburg. 1908 - 1983, Laufenburg 1983.

13 Wilson, J. F., Ferranti and the British electrical industry, 1864 - 1930, Manchester/New York 1988.

schutzbewegung verzögerten allerdings die Realisierung des Vorhabens. Erst 1905 erhielt ein deutsch-schweizerisches Konsortium, hinter dem die Felten&Guilleaume-Lahmeyer-Werke sowie die Schweizerische Druckluft- und Elektrizitätsgesellschaft standen, die Konzession. Es bedurfte aber wiederum des Engagements des AEG-Konzerns, damit das Projekt auch tatsächlich zustande kam. Dieser bediente sich dabei nunmehr seiner 1895 gegründeten Finanzierungsgesellschaft, der Bank für elektrische Unternehmungen[14], kurz Elektrobank genannt, und gründete in Verbindung mit der Schweizerischen Kreditanstalt 1908 eine schweizerische Aktiengesellschaft. Während mehrfach Hochwasser die Bauarbeiten verzögerte, gelang es dem Unternehmen, sich rasch ein umfangreiches Absatzgebiet zu verschaffen. Der Teilbetrieb begann im Oktober 1914, der Vollbetrieb 1916. Bis heute ist das Werk dreimal ausgebaut worden und liegt nun mit einer mittleren Jahresarbeit von 630 GWh an zweiter Stelle der Hochrheinwerke.

Als letzte Anlage vor Ausbruch des Ersten Weltkriegs wurde 1913 Eglisau genehmigt. Die Stadt Zürich hatte dafür schon 1900 erste Pläne vorgelegt. 1910 übernahmen die kantonalen Elektrizitätswerke von Zürich und Schaffhausen das Vorhaben, das 1914 in die Hände der neu gegründeten Nordostschweizerischen Kraftwerke, einem öffentlichen Unternehmen, überging. Noch 1915 erfolgte der Baubeginn, und 1920 begann die Stromerzeugung, Den geringen deutschen Kraftanteil entsprechend der Konzession (7,2%) erhielt die mittlerweile gegründete badische Landeselektrizitätsversorgung, das spätere Badenwerk[15].

Die ersten konkreten Pläne für das Projekt Ryburg-Schwörstadt, das leistungsstärkste Werk am Hochrhein, waren schon 1909 von KWR und Motor-Columbus (Finanzierungsgesellschaft der BBC) vorgelegt worden. Obwohl äusserst potente Unternehmen hinter diesem Vorhaben standen und dieses von den badischen Behörden auch „von vornherein als ein aussichtsvolles Unternehmen bezeichnet (wurde)“, verzögerte es sich mehrfach. Wollte die badische Seite zunächst noch abklären, ob und wie die Anlage für die Elektrifizierung der staatlichen Eisenbahnen heranzuziehen wäre, so war der energiepolitische Kurswechsel im Großherzogtum hin zu einer staatlichen Elektrizitätsversorgung der eigentliche Grund für die Verzögerung[16]. Das 1922 vorgelegte Konzessionsgesuch erhielt erst die staatliche Genehmigung, nachdem sich 1926 die beiden privatwirtschaftlichen Partner mit dem Badenwerk und den Nordost-

14 Zur sog. Zürcher Elektrobank vgl. Strobel, Albrecht, Die Gründung des Züricher Elektrotrusts. Ein Beitrag zum Unternehmergeschäft der deutschen Elektroindustrie 1895 - 1900, in: Hassinger, Erich / Müller, J. Heinz / Ott, Hugo (Hrsg.), Geschichte - Wirtschaft - Gesellschaft. Fs. f. Clemens Bauer, Berlin 1974, S. 303-332 sowie Steigmeier, Andreas, Power on: Elektrowatt 1895 - 1995, Zürich 1995.

15 Großherzoglich Badische Oberdirektion des Wasser- und Strassenbaues (Bearb.), Die Wasserkräfte des Oberrheines von Neuhausen bis Breisach und ihre wirtschaftliche Ausnützung, Karlsruhe 1906 (Beiträge zur Hydrographie des Grossherzogtums Baden, 12), S. 34; Jehle, Christoph, Die leitungsgebundene Energieversorgung im Regierungsbezirk Freiburg. Die Entwicklung der Strom- und Gasversorgung von den lokalen Anfängen über die aktuelle Situation zu den Optionen der Zukunft, geowiss. Diss. Freiburg 1990, S. 15.

16 Stier, Bernhard, Politische Steuerung großtechnischer Systeme. Elektrizität und Energiepolitik in Baden 1890-1935, in: Zeitschrift für die Geschichte des Oberrheins 142, 1994, S. 249-300.

schweizerischen Kraftwerken, zwei öffentlichen Unternehmungen, zu einer gemischtwirtschaftlichen Aktiengesellschaft mit Sitz in der Schweiz zusammengeschlossen hatten[17]. Der Baubeginn erfolgte 1927, und bereits 1931 konnte das Werk mit einer durchschnittlichen Jahresarbeit von 700 GWh seinen Betrieb aufnehmen.

Bis zum Zweiten Weltkrieg wurden noch zwei weitere Grenzkraftwerke in Betrieb genommen: Albbruck-Dogern 1930/1933 und Reckingen 1938/1941, die sich durch besondere Spezifika auszeichnen.

Die ersten Pläne für Albbruck-Dogern waren ebenfalls noch vor dem Krieg von schweizerischer Seite vorgelegt worden, hatten aber zu keinem Erfolg geführt. 1916 erfolgte eine erneute Vorlage, 1921 dann in revidierter Form unter Berücksichtigung der Schiffahrt. 1924 lagen schließlich die Konzessionen im Entwurf vor, die 1926 für das Werk erteilt wurden, welches aus geologischen Gründen als Kanalanlage gebaut wurde. Jetzt traten aber Probleme bei der Finanzierung auf, da in der Schweiz wegen zahlreicher anderer Projekte kaum ein Interesse daran bestand. Diesmal war es die deutsche Seite, welche die Realisierung des Unternehmens vorantrieb, da hier der Strombedarf weitaus größer als in der Schweiz war. Diese verzichtete zunächst für die Dauer der Konzession auf ihren Anteil an der erzeugten elektrischen Energie. Als Kompensation überließ dagegen Deutschland seinen Teil der Stromerzeugung des erst 1950-54 gebauten Kraftwerks Birsfelden[18]. Nachdem auf solche Weise der regelmäßige Export des schweizerischen Stromanteils sichergestellt war, konnte das Rheinisch-Westfälische Elektrizitätswerk (RWE) als Partner gewonnen werden. Es übernahm zunächst 77% des Kapitals der 1929 gegründeten Rheinkraftwerk Albbruck-Dogern AG (RADAG), trat aber bereits wenige Jahre später 25% an ihre schweizerische Finanzierungsgesellschaft Finelectra ab. Das RWE verstärkte damit sein Engagement bei den Hochrheinwasserkräften, nachdem es bereits ein Jahr zuvor 50% der Schluchseewerk AG übernommen hatte[19].

Reckingen war auch schon 1926 genehmigt worden, der Bau dieses industrieeigenen Kraftwerks, das nicht ins öffentliche Netz speist, erfolgte aber erst in den Jahren 1938-1941.

Nach dem Zweiten Weltkrieg wurde der Kraftausbau des Hochrheins mit vier weiteren Stufen, von denen drei Grenzkraftwerke sind (Birsfelden 1950-53, Rheinau 1951-56, Säckingen 1961-66), vorläufig abgeschlossen[20].

---

17 Jehle, Energieversorgung, S. 15f.

18 Kuntschen, Kraftwerke, S. 75.

19 Jehle, Energieversorgung, S. 16; 50 Jahre Rheinkraftwerk Albbruck-Dogern Aktiengesellschaft Waldshut/Rhein: 1929 - 1979, o. O. 1979; Sternburg, Wilhelm von, Das RWE im demokratischen Deutschland 1918-1930, in: Schweer, Dieter / Thieme, Wolf (Hrsg.), „Der gläserne Riese". RWE - ein Konzern wird transparent, Wiesbaden 1998, S. 61-84, hier S. 79; vgl. auch Stier, Bernhard, Staat und Strom. Die politische Steuerung des Elektrizitätssystems in Deutschland 1890 - 1950, Ubstadt-Weiher 1999 (Technik + Arbeit, 10), S. 135f.

20 Die langfristige Ausbauplanung sah noch ein Werk bei Koblenz-Kadelburg vor, dessen Realisierung aber 1966 dem Bau von Atomkraftwerken zum Opfer fiel. Auch die derzeitige Renaissance der Wasserkraft als „Naturenergie" scheint eher die Moderniserung der bestehenden Anlagen nach sich zu ziehen.

Eine sinnvolle Ergänzung fanden die deutsch-schweizerischen Laufwasseranlagen durch die Speicherkraftanlagen der Schluchseewerk AG im südlichen Schwarzwald. Diese Hochdruckspitzenkraftwerke mit Pumpstromveredlung und Jahresspeicherung müssen auch zu dem Komplex der Grenzkraftwerke gezählt werden, da sie die Stauhaltungen Albbruck-Dogern und Säckingen als unterste Becken nutzen. Betrieblich sind sie aufs engste mit den Werken am Rhein verbunden, was sich auch in einer, wenn auch geringen schweizerischen Kapitalbeteiligung zeigt.

Der Ausbau und Nutzung der Hochrheinwasserkräfte verliefen nahezu ohne Unterbrechungen und weitestgehend einvernehmlich. Zwei Kriege und namentlich die politischen Umwälzungen in Deutschland scheinen kaum einen negativen Einfluss gehabt zu haben.

Festzuhalten ist, dass die ersten Werke am Hochrhein weitgehend auf privater Initiative beruhten. Auf schweizer Seite trat allerdings schon mit dem Kanton Basel-Stadt die öffentliche Hand direkt auf, während auf deutscher Seite der badische Staat zunächst nur als Konzessionsbehörde, hierbei allerdings zunehmend stärker eingriff. Später engagierte er sich über sein eigenes Versorgungsunternehmen auch direkt am Bau und Betrieb der Kraftwerke.

Begünstigt wurde die positive Entwicklung durch die freundnachbarliche Situation am Hochrhein, welche schon frühzeitig ihren Ausdruck in rechtlichen Rahmenvereinbarungen beider Seiten fand, so für den Wasserverkehr von 1879 und die Nutzung der Wasserkräfte des Rheines von 1889[21]. Darin wurden unter anderem Fragen der Aufteilung der Wasserkräfte, die gleichartige steuerliche Behandlung der Unternehmen, deren Sitz sowie die Zusammensetzung ihrer Verwaltungs- und Aufsichtsgremien geregelt. Dabei konnten gewisse Unklarheiten nicht ausbleiben, und die verschiedenen seit 1894 erteilten Konzessionen spiegeln auch einen entsprechenden Lern- und Entwicklungsprozeß der wirtschaftspolitischen Grundsätze wider[22]. Später hat der deutsch-schweizerische Vertrag von 1929 über die Schiffbarmachung des Oberrheins zwischen Kehl und Basel/Istein dem weiteren Ausbau der Hochrheinwasserkräfte neue Impulse gegeben.

Es darf allerdings nicht übersehen werden, dass sich aus der Grenzsituation durchaus auch Probleme ergeben konnten, wie das Beispiel Rheinfelden zeigt. Angesichts des Pioniercharakters dieses Unternehmens war das nicht weiter verwunderlich.

Die nach deutschem Recht gegründete Aktiengesellschaft mit Sitz in „Station bei Rheinfelden“, die badische Stadt Rheinfelden existierte ja noch nicht, hatte auf Drängen des Kantons Aargau ihre Verwaltung im schweizerischen Rheinfelden genommen. Steuern zahlte sie aber in Baden, was von aargauischer Seite nicht akzeptiert wurde. Da die Gesellschaft in der Schweiz nicht nur ein gerichtliches sondern auch ein geschäftliches Domizil habe und der Rhein hälftig zur Schweiz gehöre, müsse das Unternehmen auch entsprechend Steuern zahlen. Die KWR hielten dem entgegen,

---

21 Oberdirektion des Wasser- und Strassenbaues (Bearb.), Wasserkräfte des Oberrheines, S.47f sowie das Protokoll von 1889 in Anlage 1.

22 Stier, Politische Steuerung, S. 260.

dass sie eine deutsche AG wären und die Anlagen auf sämtlich auf deutscher Seite lägen, nur die Verwaltung in der Schweiz sich befände. Noch bevor es 1906 zu einer höchstrichterlichen Entscheidung vor dem Bundesgericht kam, verlegte KWR mit voller Rückendeckung der badischen Behörden die Verwaltung auf die deutsche Seite[23].

Negativ wirkte sich die Grenzsituation sicherlich auch auf die Dauer der Genehmigungsverfahren aus, da jeder der Beteiligten ein Höchstmaß an Vorteilen für sich zu erzielen versuchte. Kompliziert wurde die Lage noch dadurch, dass auf beiden Seiten des Rheins schon bald eine öffentliche Diskussion entbrannte, ob überhaupt und inwieweit die Nutzung der Wasserkräfte privaten Unternehmen zu überlassen sei. Hinzu kamen bei Laufenburg und Rheinau massive Proteste wegen der damit verbundenen Landschaftszerstörung. Generell kann man sagen, dass sich die Zeitspanne zwischen den ersten konkreten Planungen und der Realisierung deutlich verlängerte.

Allerdings wird man für die Verzögerungen nicht allein die Grenzsituation verantwortlich machen können. Der Planungsaufwand für derartige großtechnische Projekte stieg auf jeden Fall an, zumal mit jeder neuen Kraftwerksstufe die Auswirkungen auf die bereits bestehenden Werke zunahmen. Soweit ersichtlich, hat die Kapitalbeschaffung für die ausserordentlich hohen Investitionen in der Regel keine Probleme bereitet zu haben, sieht man einmal von der Verzögerung des Baues von Ryburg-Schwörstadt ab, der durch die Inflation bedingt war.

Positiv für die Finanzierung erwies sich das Engagement der elektrotechnischen Industrie, die durch die Beteiligung ihrer Finanzierungsgesellschaften den Bau sehr erleichterte wenn nicht sogar erst überhaupt ermöglichte. Die Gründung der KWR ist ein gerade zu klassisches Beispiel für das Unternehmergeschäft der AEG, die sich dazu ihrer in Zürich angesiedelten Finanzierungsgesellschaft, der Bank für elektrische Unternehmungen bediente. Die enge Verbindung von elektrotechnischem Unternehmergeschäft und Finanzplatz Schweiz ist sicherlich ein Grund für den gelungene Kraftausbau am Hochrhein.

Dem öffentlich erhobenen Vorwurf eines drohenden Privatmonopols wurde zunächst dadurch die Spitze gebrochen, dass die Konzessionsgeber den staatlichen Einfluss auf die Nutzung der Wasserkräfte erhöhten. Die konsequente Fortentwicklung dieser Abkehr von einer wirtschaftsliberalen Haltung war die Gründung öffentlicher Unternehmen beiderseits des Rheines, die sich nun aktiv am Bau und Betrieb der Werke beteiligten und jetzt an die Stelle der Finanzierungsgesellschaften der Elektroindustrie traten.

Als weiteren Grund für den Erfolg dürfen allerdings auch die relativ günstigen natürlichen Bedingungen nicht ausser acht gelassen werden. Hinzu kommt das beiderseitige explizite energiepolitische Interesse an der Wasserkraftnutzung. In der Schweiz war solches noch ausgeprägter, weil dieser Energieträger ja der einzige einheimische war.

---

23 Bocks, Perspektiven, S. 37.

Die ökologische Herausforderung der Grenzkraftwerke zeigte sich in erster Linie in ihrer landschaftsverändernden Wirkung. Neben den Einflüssen auf Fauna und Flora trat die Zerstörung oder zumindest erhebliche Beeinträchtigung von Landschaftsbildern ausdrücklich vor Augen. Solches geschah hüben wie drüben gleichermaßen. Die Kraftwerksbauten verschandelten in den Augen der Kritiker nicht nur idyllische Flußlandschaften, die Stauhaltungen veränderten auch nachhaltig die hydrobiologischen Lebensbedingungen. Aber nicht Letzteres, sondern die Zerstörung eines der schönsten rheinischen Landschaftsbilder, der Laufenburger Stromschnellen, rief einen lauten Protest der neuen Heimatschutzbewegung in Deutschland hervor[24]. Vor Ort fand dieser Protest allerdings kaum Widerhall, auch wenn die Laufenburger noch wenige Jahre zuvor gegen das Kraftwerk Rheinfelden protestiert hatten, durch das sie den Lachsfang, eine ihrer wirtschaftlichen Grundlagen, gefährdet sahen. Die unmittelbar betroffenen Gemeinden in Baden und im Aargau versprachen sich jetzt vielmehr von der Wasserkraftnutzung den lang erhofften wirtschaftlichen Aufschwung. Die Gegner des Kraftwerks argumentierten keineswegs rein defensiv, sondern liessen ein durchaus ernst zu nehmendes Alternativprojekt entwickeln, das den Erhalt des Laufen ermöglicht hätte. Der Heimatschutz verwies auch auf die Alternative einer behutsameren wirtschaftlichen Entwicklung durch den Ausbau des Fremdenverkehrs. Vergeblich, denn obwohl es eine breite Protesbewegung gegen die weitere private Aneignung der Wasserkräfte gab, gelang es nicht beide Strömungen miteinander zu verknüpfen. Anders als der Energiewirtschaft gelang es dem „Umweltschutz" nicht, die Grenze zu gemeinsamen Aktionen überwinden. Während es in Laufenburg die Deutschen waren, welche in erster Linie gegen das Vorhaben agierten, waren es rund fünzig Jahre später die Schweizer, die gegen das Projekt Rheinau eine ausgesprochene Volksbewegung zustande brachten[25]. Dieser Protest war allerdings in erster Linie lokal bzw. regional (kantonal) verwurzelt und reichte wiederum kaum über die Grenze hinweg. Immerhin kam es zu einer vorübergehenden Unterbrechung der Bauarbeiten, und es gelang sogar, eine Volksinitiative gegen das Kraftwerksprojekt einzureichen. Diese wurde aber 1954 deutlich zurückgewiesen. Immerhin hat man sich seither um einen besseren Landschaftsschutz bemüht. Deutlich sichtbar ist das beim bislang letzten Bau, dem von Säckingen, wo erstmals die Flach- oder Deckelbauweise für Wehr- und Kraftanlage angewandt wurde.

Während also an der deutsch-schweizerischen Rheingrenze bis zum Zweiten Weltkrieg sieben Kraftwerke errichtet und ein umfassender Stromverbund geschaffen wurde, konnte am Oberrhein in diesem Zeitraum nicht auch nur annähernd Ähnliches erreicht werden. Die Geschichte der Wasserkraftnutzung stellt sich hier als eine solche

---

24 Linse, Ulrich, „Der Raub des Rheingoldes": Das Wasserkraftwerk Laufenburg, in: Von der Bittschrift zur Platzbesetzung. Konflikte um technische Großprojekte, Bonn 1988, S. 11-62; ders., Die Vernichtung der Laufenburger Stromschnellen, in: Geschichte in Wissenschaft und Unterricht 48, 1997, S. 399-412.

25 Schneider, Werner, Das Kraftwerk Rheinau, in: Rheinau. Gedenkschrift zur 1200-Jahrfeier, Rheinau 1978, S. 95-104; Schneider, Ruedi, Der Rheinaukampf, in: 50 Jahre Landschaftswandel und Naturschutz in der Region Schaffhausen (Neujahrsblatt der Naturforschenden Gesellschaft Schaffhausen, 50),Schaffhausen 1997, S. 9-24.

von langjähriger Obstruktion und Konfrontation dar, die erst spät durch Einvernehmlichkeit und dann schließlich durch Kooperation gekennzeichnet wurde.

Erst 1932 wurde in Kembs das erste Kraftwerk als rein französische Anlage in Betrieb genommen. Der weitere Ausbau erfolgte in den 50er Jahren zunächst ebenfalls als rein französisches Vorhaben, in den 60er Jahren dann unter Berücksichtigung deutscher Belange und erst in den 70er Jahren als deutsch-französisches Gemeinschaftsprojekt. Statt Kooperation stand hier also am Beginn und auch noch später die Konfrontation.

Mit dem Hinweis auf den politischen Antagonismus zwischen Deutschland und Frankreich liesse sich solches möglicherweise leicht erklären. Allerdings war der Oberrhein bis 1918 die Grenze zwischen zwei Bundesstaaten des Deutschen Reichs und schien somit zunächst weniger unüberwindlich zu sein, als die zur Eidgenossenschaft. In wasserrechtlicher Hinsicht traf das allerdings nicht zu, da hier beide Anrainer ebenfalls völlig souverän waren. Auch nach der Annektion von Elsass-Lothringen stellte der Oberrhein eine wasserrechtlich relevante Grenze dar. Völkerrechtlich unterschied sich das Verhältnis beider Anrainer hier kaum von dem Badens zu den Schweizer Kantonen. Politisch war es eher schwieriger, da die Reichslande nicht den gleichen verfassungsmäßigen Status besassen wie Baden und am langen Arm der Berliner Reichsleitung hingen. Badens enge Beziehungen zu Preussen machten es möglich, elsässische Forderungen leichter abzulehnen. Das zeigte sich deutlich in der Fortsetzung des wirtschaftlichen Konkurrenzkampfes um den Transitverkehr am Oberrhein. Hier standen die badischen Staatsbahnen im Wettbewerb mit den privaten und später kaiserlichen elsässischen Bahnen. Lange Jahre wußte man in Baden den von elsässischer Seite geforderten Ausbau des Rheines als Schiffahrtsweg bis Straßburg zu verzögern. Die Position von Mannheim als zentraler Stapelort am Ende der Rheinschiffahrt wollte man rechts des Rheines nicht gefährden. So kam es erst 1906 zu einer Vereinbarung zwischen den Rheinanliegern Baden, Bayern und Elsass-Lothringen. Bis zum Ausbruch des Krieges war bereits eine deutliche Verbesserung erzielt worden, abgeschlossen wurden diese Regulierungsarbeiten erst 1924[26].

Die Regierungen in Strassburg und Karlsruhe konnten und wollten sich nicht auf ein gemeinsames Vorgehen einigen. Dabei ist aber zu berücksichtigen, dass die Verhältnisse am Oberrhein sich durchaus komplizierter als am Hochrhein stellten. Die gänzlich andersartigen hydrologischen Verhältnisse machten technische Lösungen notwendig, die komplizierter und kostspieliger waren. Zudem waren die Auswirkungen auf den Wasserhaushalt und damit auf die Land- und Forstwirtschaft beiderseits des Flusses zu berücksichtigen. Erschwerend trat die Frage der Schiffahrt hinzu. Auch in energiepolitischer Hinsicht herrschten links und rechts des Rheines unterschiedliche Prioritäten. Die schon traditionellen badisch-elsässischen Animositäten fanden ihren Ausdruck auch in unterschiedlichen technischen Leitbildern wie dem Kanalbau nach

26 Spiess, Karl, Ausbau des Rheines vom Bodensee bis zum Main, in: Wasser- und Schiffahrtsdirektion Duisburg (Hrsg.), Der Rhein, S. 86-145; Descombes, René, L'aménagement du cours du Rhin, in: Ayçoberry / Ferro (Hrsg.), Rhin, S. 351-383.

französischem Vorbild einerseits und der Regulierung des natürlichen Flusslaufes andererseits.

Unterhalb Basels unterlag der Rhein den Bestimmungen der Mannheimer Akte von 1868, wonach die Rheinschiffahrt frei war und die Anlieger sich verpflichteten, durch bauliche Maßnahmen keinesfalls diese zu behindern. Im Gegensatz zum Hochrhein, wo die Frage der Schiffahrt erst nach dem Bau von Rheinfelden aufkam, stand sie am Rhein von vornherein auf der Tagesordnung. Das galt umso mehr, als seit der Jahrhundertwende in Basel die Bestrebungen für eine Wiederaufnahme der Rheinschiffahrt in großem Massstab zunahmen. Der schweizerische Ruf nach einer Schiffahrt auf dem freien Rhein sollte in den nächsten zwei Jahrzehnten nicht mehr verstummen[27]. Das bedingte allerdings einen weiteren, sehr kostspieligen Ausbau des Rheines. Die Tulla'sche Rektifikation hatte nämlich in erster Linie die Hochwasserverhältnisse verbessert, was ja ihr erklärtes Ziel gewesen war. Für die Schiffahrt ergaben sich aber durchaus negative Folgen. Die Fließstrecke zwischen Basel und Karlsruhe wurde durch die Begradigung um 14% verkürzt, was zu einer erhöhten Strömungsgeschwindigkeit führte. Daraus resultierte eine rasch fortschreitende Tiefenerosion, durch die der Rhein zwischen Basel/Kembs und Neuenburg um durchschnittlich 6-8 Meter tiefer gelegt wurde[28]. Ganz augenfällig wurde dieser Vorgang an den sog. Isteiner Schwellen, die immer deutlicher hervortraten und sich zunehmend zu einem Schiffahrtshindernis entwickelten[29]. Eine weitere Folge der Rheinkorrektion war die spürbare Absenkung des Grundwasserspiegels nicht nur im Auebereich sondern auch in weiten Teile der angrenzenden Niederterrasse. Schon seit Mitte der 90er Jahre gab es daher Pläne für einen rechtsrheinischen Bewässerungskanal, der auch für die Energiegewinnung genutzt werden sollte[30].

Unter diesen Rahmenbedingungen trat der Mülhauser Ingenieur René Koechlin 1902 mit dem Plan einer großen Wasserkraftanlage am Rhein unterhalb von Basel an die Öffentlichkeit. Koechlin, aus einer bekannten Mülhauser Unternehmerfamilie stammend[31], hatte nach der Annektion für Frankreich optiert und an der ETH Zürich studiert. Angeregt durch die Beispiele der großen Niederdruckwerke in Jonage an der Rhône und Rheinfelden hatte er seit 1893 erste Überlegungen vorgenommen. Für das ausgearbeitete Projekt assoziierte er sich mit dem Basler Ingenieurbüro Potterat und

---

27 Schwabe, Hansrudolf, Die Entwicklung der Schweizerischen Rheinschiffahrt 1904 - 1954 (Schriftenreihe der Basler Vereinigung für Schweizerische Schiffahrt, 4), Basel 1954 .

28 Unterseher, Erich, Der moderne Oberrheinausbau - Durchführung und Auswirkungen auf den Landschaftshaushalt und die Landnutzung, in: Gallusser / Schenker (Hrsg.), Die Auen am Oberrhein, S. 57-67.

29 In der grundlegenden hydrographischen Darstellung des Rheins von 1889 (Der Rheinstrom und seine wichtigsten Nebenflüsse, hg. vom Zentralbüro für Meteorologie und Hydrographie im Großherzogtum Baden) sind sie noch nicht erwähnt. Vgl. Eschweiler, Walter, Hydrographie des Rheinstromes, in: Wasser- und Schiffahrtsdirektion Duisburg (Hrsg.), Der Rhein, S. 33-71, hier S. 45.

30 Caroli, W., Entwurf für einen Bewässerungs- und Gewerbekanal in der Rheinebene von der badisch-schweizerischen Grenze unterhalb Basel bis zum Kaiserstuhl (Beiträge zur Hydrographie des Grossherzogtums Baden, 9), Karlsruhe 1898.

31 Er war der Großneffe von André Koechlin, dem Gründer der späteren Elsässischen Maschinenbaugesellschaft.

der Berliner Baufirma Havestadt&Contag. Dieses gewissermaßen trinationale Vorhaben präsentierte er in seiner Heimatstadt der dortigen Société Industrielle[32]. Dort wurde das Projekt durchaus begrüßt, hinsichtlich seiner Wirtschaftlichkeit wollte man Bedenken aber nicht verhehlen. Insbesondere sei kaum auf größere Abnehmer in der oberelsässischen Industrie zu rechnen, da diese mit eigener Dampfkraft günstigere Produktionsbedingungen hätten. Auch nachdem die Pläne überarbeitet worden waren, bestanden diese Bedenken fort. Angeregt durch die Diskussionen in der Schweiz und in Baden wurden jetzt auch im Elsass Forderungen laut, die Wasserkräfte keinesfalls der alleinigen privaten Verwertung zu überlassen[33]. Hier nun traten die Städte Freiburg und Mülhausen auf den Plan und meldeten ihr starkes Interesse an einem solchen Werk an. Dessen Kosten stiegen aber mittlerweile weiter, weil die Militärverwaltung besondere Auflagen machte. Größtes Hindernis war zunächst die Zentralkommission für die Rheinschiffahrt, welche ihre Zustimmung erst erteilte, als größere Schleusen in das Bauprogramm aufgenommen wurden. Schließlich gingen die endgültigen Pläne 1910 in die jeweiligen Genehmigungsverfahren, als die badische Regierung 1912 von ihrer bisherigen prinzipiellen Zustimmung abwich und ein völlig neues Projekt forderte[34]. Bislang war ein Seitenkanal vorgesehen, wobei dieser zunächst links- und dann unterhalb von Neuenburg rechtsrheinisch verlaufen sollte. Von badischer Seite wurde jetzt vielmehr eine durchgehende Kanalisierung des Rheines selbst mit 12 Stauhaltungen vorgeschlagen. Diesem Affront seitens der badischen Regierung stimmte der Landtag ausdrücklich zu. Hintergrund war der energiepolitische Kurswechsel, den man in Karlsruhe jetzt vollzogen hatte. Die heimischen Wasserkräfte sollten fortan nicht mehr von privaten sondern vom Staat direkt verwertet werden. Als erstes Projekt war das Murgwerk im Nordschwarzwald bereits beschlossen. Da am Hochrhein mit Laufenburg ein weiteres Werk im Bau war, konnten da weitere Kraftwerke nur unliebsame Konkurrenz werden, zumal wenn sie wie in Kembs massgeblich von privatem Kapital kontrolliert wurden. An zweiter Stelle wurde nun noch die Frage der Schiffbarmachung des Hochrheines bis zum Bodensee thematisiert und ein Junktim mit dem Ausbau des Hochrheins hergestellt. Schließlich verwies man nun auch offiziell erstmals auf die drohende weitere Grundwasserabsenkung und die Gefährdung der Fischerei als Argument gegen den geplanten Kanal[35].

Wenn es nun zweifelsohne die badische Regierung war, welche dem Projekt Kembs zunächst den Todesstoß gab, so mangelte es diesem aber auch an tatkräftiger Unterstützung. Lange Zeit fehlte eine eigentliche Unternehmung, die bereit war das Vorhaben auch zu realisieren. Bezeichnenderweise war es die Stadt Mülhausen, welche hier die Initiative ergriff. Sie hatte mit erheblichen Kosten das bislang private E-Werk der Stadt an sich gebracht und weiter ausgebaut. Das war auch im Hinblick auf

---

32 Bulletin de la Société Industrielle de Mulhouse 73, 1903, S. 184-193; 76, 1906, S. 143-158; 77, 1907, S.90-99.

33 Verhandlungen des Landesauschusses für Elsaß-Lothringen, 33. Session, 1906, Verhandlungen, S. 35; 34. Session, 1907, Verhandlungen, S. 22, 26.

34 Verhandlungen der I. Kammer des Landtags von Elsaß-Lothringen, Bd. 1, 1912, Sp. 288f., 405-413 sowie Drs. 14.

35 52. Sitzung der II. Kammer des Badischen Landtags, 21. März 1914.

die Nutzung der Rheinwasserkräfte geschehen, die man gemeinsam mit dem Bezirksverband, den Städten Colmar und Freiburg, anderen Gemeinden und dem elsass-lothringischen Industriellen-Syndikat verwirklichen wollte[36]. Bei der Größe der geplanten Anlage war dafür ein entsprechendes Versorgungsgebiet notwendig. Dieses bestand aber noch nicht, vielmehr wurde es durch die Konkurrenz von Rheinfelden massiv bedroht, da dieses regionale oberelsässische Versorger an sich binden konnte. Diese Konkurrenzsituation mit den Hochrheinwasserkräften, hinter denen die AEG stand, machte sicherlich auch die Schwäche des Projektes aus.

Die Regierung in Strassburg sah in dem Vordringen der KWR keinesfalls einen Nachteil, vielmehr begrüßte sie die mit dieser Konkurrenz einhergehende Preissenkung[37]. Aber auch noch aus einem anderen Grund mochte man die Wasserkraft nicht bedingungslos fördern. Das Elsaß stellte ein wichtiges Absatzgebiet für die fiskalischen Gruben des Saargebiets dar[38].

Um nun überhaupt eine Chance auf die Realisierung des Projekts Kembs zu wahren, mussten sich die daran interessierten Kreise mit der AEG arrangieren. Das geschah nicht auf direktem Wege, sondern durch die Gründung einer gemischtwirtschaftlichen Gesellschaft, bei der allerdings, anders als ursprünglich geplant, das private Kapital die Mehrheit hatte. Unter Führung der Elektrische Licht- und Kraftanlagen-AG, einer dem Siemens-Konzern und der Deutschen Bank nahestehenden Finanzierungs- und Holdinggesellschaft, wurde 1910 die Oberrheinische Kraftwerke AG (OKA) gegründet, in welche die Stadt Mülhausen ihr Elektrizitätswerk einbrachte. Sozusagen durch die Hintertür stieg die AEG über die Zürcher Elektrobank in das Unternehmen ein. Damit war der Weg frei für einen Demarkations- und Stromlieferungsvertrag mit dem KWR, das sich aus dem Elsaß zurückzog. Die OKA entwickelten sich in der Folgezeit durchaus positiv, dem Projekt Kembs konnten sie aber kaum neuen Schub verleihen[39]. Die vorherrschenden Privatinteressen zielten primär auf eine volle Nutzung der bereits vorhandenen bzw. im Bau befindlichen Stromerzeugungskapazitäten am Hochrhein ab. Als zu dieser bereits frühzeitig im Mülhauser Gemeinderat geäusserten Befürchtung noch das Veto der badischen Regierung kam, war die Verbitterung im Ober-Elsaß verständlicherweise sehr groß. Um diese Obstruktion endlich aus dem Wege zu räumen, wurden in den frankreichtreuen Industriellenkrei-

---

36 Archive municipale de la Ville de Mulhouse, O II D 4, 20. Juli 1907.

37 Verhandlungen der II. Kammer des Landtags von Elsaß-Lothringen, 1. Sitzungsperiode 1911/12, S. 661-666.

38 Koechlin, René, Le Grand Canal d'Alsace et l'usine hydro-électrique de Kembs, in: Bulletin de la Societé Industrielle de Mulhouse 89, 1923, S. 675-694, hier S. 676. Zu den elektrizitätswirtschaftlichen Plänen des preußischen Bergfiskus vgl. Herzig, Thomas, Geschichte der Elektrizitätsversorgung des Saarlandes unter besonderer Berücksichtigung der Vereinigten Saar-Elektrizitäts-AG (Veröffentlichungen der Kommission für saarländische Landesgeschichte und Volksforschung, 17), Saarbrücken 1987, S. 89-98.

39 Die privaten Anteilseigner hatten sich eine Art Vetorecht vorbehalten. Passow, Richard , Die gemischt privaten und öffentlichen Unternehmungen auf dem Gebiete der Elektrizitäts- und Gasversorgung und des Straßenbahnwesens (Beiträge zur Lehre von den industriellen, Handels- und Verkehrsunternehmungen, 8), 2. Aufl., Jena 1923, S. 83-90.

sen als Folge davon Maximalforderungen für die Zeit nach dem Krieg aufgestellt und somit mögliche gemeinsame Lösungen mit Baden von vornherein vereitelt[40].

Bezeichnenderweise kam erst während des Krieges wieder Bewegung in die Angelegenheit, als das Reich mit dem Projekt einer gemischtwirtschaftlichen Gesellschaft auf den Plan trat[41]. Der Widerstand Badens und Elsaß-Lothringens sowie der Ausgang des Krieges machten solche Pläne allerdings zu Makulatur.

Schon während des Krieges waren in Frankreich die Pläne für die Wasserkraftnutzung am Oberrhein weiter entwickelt worden, und der Versailler Vertrag sollte dafür die entsprechenden Bedingungen schaffen[42]. Nach seinen Bestimmungen stand Frankreich das alleinige Recht zur Kraftnutzung zu. Zwar musste Deutschland ein Anteil der erzeugten Energie zur Verfügung gestellt werden, allerdings nur unter Berücksichtigung der dafür entstandenen Kosten. In der Zentralkommission für Rheinschiffahrt verschaffte sich Frankreich eine gewisse Vormachtstellung, wozu auch die Aufnahme der Schweiz zunächst dienen sollte. Gerade diese erwies sich aber in der zähen Verteidigung ihrer Schiffahrtsinteressen als Hindernis für eine rasche Verwirklichung der Kraftwerkspläne. Für die Schweiz hatte die Schiffahrt auf dem freien Rhein absoluten Vorrang. Darin traf sie sich mit den deutschen Interessen, welche auf den direkten Zugang Südbadens zum schiffbaren Rhein gerichtet waren. Frankreich wiederum wollte möglichst schnell Kembs bauen wozu es auf das Entgegenkommen der Eidgenossenschaft angewiesen war. Im sog. Strassburger Kompromiß von 1922 wurde einerseits Einvernehmen über den Bau von Kembs erzielt, andererseits stellte sich Frankreich nun einer Regulierung des Oberrheins zwischen Kehl/Straßburg und Istein nicht mehr in den Weg[43].

Der Baubeginn zog sich aber noch einige Jahre hin und erfolgte erst kurz vor Ausbruch der Weltwirtschaftskrise[44]. Es war von französischer Seite sicher nicht beabsichtigt, dass daran auch deutsche Unternehmen sich beteiligten. In freier Konkurrenz erhielt aber ein Tiefbaukonsortium unter Führung von Dyckerhoff&Widmann AG und Siemens-Bau-Union den Zuschlag für die Errichtung der Wehranlage. Nach harten Verhandlungen erklärte sich Deutschland bereit, die Hälfte der Baukosten als Reparationsleistung in Sachform zu erbringen. Es dürfte sich dabei übrigens um die letzten deutschen Reparationen gehandelt haben.

---

40 Mieg, Daniel, Note sur l'utilisation des forces motrices du Rhin, in: Bulletin de la Société Industrielle de Mulhouse 85, 1919, S. 36-39.

41 Vertrauliche Verhandlungen der Budgetkommission der zweiten Kammer des Landtags für Elsaß-Lothringen in den Jahren 1916, 1917 und 1918, Strasbourg 1919, Sp. 293f, 351-356.

42 L'usine hydroélectrique de Kembs. Premier échelon du Grand Canal d'Alsace, Mulhouse-Dornach 1932, S. 16.

43 Schneider, Gustav, Zusammenfassende Darstellung der Rheinregulierung Strassburg/Kehl - Istein, Freiburg 1966; Descombes, L'aménagement.

44 Banal, Michel, Un événement dans la morosité de 1932: l'inauguration de l'usine de Kembs, in: Cardot, Fabienne (Hrsg.), La France des Électriciens, 1880 - 1980, Paris 1986, S. 47-62.

Als das Werk 1932 inmitten der tiefen Krise eingeweiht wurde, kochten auf beiden Seiten des Rheins die nationalen Emotionen zwar kurz hoch[45], bald schienen aber die französischen Pläne für den Rheinseitenkanal kaum mehr bedrohlich. In der wirtschaftlichen Depression gab es für den Strom aus Kembs im Elsass kaum Absatzmöglichkeiten geschweige denn für den aus weiteren Kraftwerken. Folglich transportierte man die elektrische Energie des Rheins an die Seine.

Nach dem Zweiten Weltkrieg wurde unter dem Eindruck des gravierenden Energiemangels in Frankreich der Ausbau zügig fortgeführt. Schon 1952 ging die nächste Stufe bei Ottmarsheim in Betrieb, und rasch folgten die Werke Fessenheim (1956) und Vogelgrun (1959).

Auf deutscher Seite schien man mit dem Weiterbau des Rheinseitenkanals lange Zeit nicht mehr gerechnet zu haben, zumal ja die gemeinsam mit der Schweiz betriebene Schiffbarmachung des Oberrheins zwischen Straßburg/Kehl und Istein bis 1953 praktisch schon abgeschlossen war.

Allerdings waren die aus der Rheinkorrektion herrührenden Schädigungen der Land- und Forstwirtschaft am Oberrhein im Laufe der Zeit immer deutlicher hervorgetreten und die (süd-) badische Regierung bemühte sich Anfang der 50er Jahre, zunächst noch diskret, diese ins öffentliche Bewußtsein zu rücken[46]. Dabei musste sie durchaus zugestehen, in dieser Angelegenheit allzu lange nicht die volle Tragweite des Problems erkannt zu haben. Als nun die französische Nationalversammlung 1949 den Weiterbau des Grand Canal d'Alsace beschlossen hatte, legte man in Freiburg 1951 eine Denkschrift vor, die in ihrer geo- und agarwissenschaftlichen Situationsbeschreibung zweifelsohne fundiert war, die Vorgeschichte aber allzu sehr im eigenen Sinne darstellte. Um die drohende „Versteppung“ der badischen Oberrheinlandschaft abzuwenden, forderte die badische Regierung die vertragliche Festlegung einer im Rhein zu belassenden Mindestwassermenge sowie die Gestattung der Wasserentnahme zu Bewässerungszwecken. Darüberhinaus wollte man die für die Stromgewinnung zu gewährende Vergütung nun endlich geregelt wissen. Es war sicherlich keine Phrase, wenn der Freiburger CDU-Bundestagsabgeordete Hermann Kopf am Schluß der Denkschrift darauf hinwies, dass „Die Lösung dieser Probleme ... einen erheblichen Fortschritt auf dem Wege zu einem geeinten Europa bedeuten“ würde[47].

Auch die Bonner Regierung hatte schon bereits kurz nach Gründung der Bundesrepublik die Bedeutung dieser Frage für die deutsch-französischen Beziehungen erkannt. In der Zentralkommission, wo sie seit 1950 wieder vertreten war, bestritt sie zwar keineswegs das Recht Frankreichs zum Bau des Kanals, vertrat aber die Auffassung, „daß auf Grund eines im Völkerrecht fußenden Nachbarschaftsrechts Arbeiten an einem Grenzfluß nicht ohne Verletzung lebenswichtiger Interessen des anderen

---

45 Kühl, Uwe, Die Anfänge der Wasserkraftnutzung am Oberrhein bei Kembs, in: Alemannisches Jahrbuch 1999/2000, S. 167-176.

46 Denkschrift. Land- und Forstwirtschaft am Oberrhein unter dem Einfluß der Grundwasserabsenkung, o.O. [Freiburg] 1952. Die Schrift war bereits im Sommer 1951 abgeschlossen und nur für den Dienstgebrauch bestimmt.

47 Der Rheinseitenkanal in rechtlicher Betrachtung, in: Denkschrift, S. 42-55, hier S. 53.

Grenzanliegers vorgenommen werden dürfen."[48] Sie stellte sich daher den französischen Plänen entgegen und forderte vielmehr eine Kanalisierung des Rheines selbst. Die Gelegenheit hierzu bot sich, als Frankreich 1954 seine Ausbaupläne der Zentralkommission für die Rheinschiffahrt vorlegte[49]. Vom Bundestag erhielt die Regierung volle Unterstützung. Einstimmig sprach er sich dafür aus, auf dem Verhandlungswege eine Änderung der französischen Kanalpläne zu erreichen. Auf Initiative des Abgeordneten Hermann Kopf wurde der Verzicht auf die Fortführung des Seitenkanals, eine angemessene Mindestrestwassermenge sowie die Wasserentnahme zu Bewässerungszwecken gefordert[50]. Hierüber kam es im Herbst 1954 auf deutsche Initiative zu Verhandlungen, die aber zu zunächst zu keinem Ergebnis führten. Schon jetzt zeigte sich aber, dass im Zusammenhang mit der von Frankreich dringend gewünschten Moselkanalisierung eine einvernehmliche Lösung möglich sein würde. Noch im Geheimen einigten sich im Januar 1955 Bundeskanzler Adenauer und der französische Regierungschef Mendès France grundsätzlich auf ein Junktim mit einer für Deutschland befriedigenden Regelung des Oberrheinausbaus[51]. Eine im November 1955 gebildete deutsch-französische Studienkommission arbeitete einen Lösungsvorschlag aus, der eine Änderung der Ausbaupläne unterhalb von Breisach vorsah, die sog. Schlingenlösung. Anstelle eines durchgängigen Seitenkanals wurde jetzt das Wasser des Rheins auf kurzer Strecke zur Kraftanlage und Schleuse umgeleitet, um danach wieder in das natürliche Bett zurückzufließen. Mit dieser Lösung konnte die weitere Absenkung des Grundwasserspiegels vermieden werden und der Zugang zur Schiffahrtsstrasse blieb für die deutsche Seite bis Breisach erhalten. Damit war der weitere Ausbau aber technisch und auch finanziell aufwendiger, da für jede Stauhaltung ein Wehr erforderlich war. Als Kompensation verzichtete die deutsche Seite deshalb auf ihre Ansprüche einer Vergütung aus der Stromerzeugung. Auf diese Weise wurden bis 1970 vier weitere Kraftwerksstufen von der französischen EdF errichtet. Anfang der 60er Jahre zeigte sich nun, dass die hydraulische Dynamik des Rheins auch unterhalb Strassburgs Stauhaltungen erforderlich machen würde. Aus energiewirtschaftlicher Sicht bestand aber kein Interesse mehr an neuen Wasserkraftanlagen, weshalb jetzt die Wasserbauverwaltungen beider Länder den Bau und Betrieb von Wehr- und Schleusenanlagen bei Gambsheim und Iffezheim übernahmen. Die energiewirtschaftliche Nutzung teilten sich die EdF und das Badenwerk, wofür jeweils eine französische und eine deutsche Gemeinschaftsgesellschaft gegründet wurden. Diese Kooperation drückte sich gewissermaßen auch architektonisch aus, da die Anlagen jetzt direkt in den Fluß hineingebaut wurden. Sie war auch deshalb möglich, weil die beiden Stromversorger schon seit längerem in engen Austauschbeziehungen standen. So wäre das Atomkraftwerk Fessenheim, unweit der gleichnamigen Staustufe, ohne die vertragliche Ab-

---

48 Die Bundesrepublik Deutschland und Frankreich, Bd. 2: Wirtschaft, bearb. V. Andreas Wilkens, München 1997, Nr. 94, 9.1.1956.

49 Kabinettsprotokolle der Bundesregierung, Bd. 7, 1954, S. 165.

50 Stenographische Berichte des 2. Deutschen Bundestags, S. 1846-1849 sowie Drs. 562.

51 Lappenküper, Ulrich, Die deutsch-französischen Beziehungen 1949-1963. Von der „Erbfeindschaft" zur „Entente élémentaire", Bd. 1 (Quellen und Darstellungen zur Zeitgeschichte, 49), München 2001, S. 1101. Die völkerrechtliche Regelung erfolgte 1956 im sog. Luxemburger Abkommen. BGBl II 1956, 1873.

nahmegarantie des Badenwerks kaum noch am Netz. So gesehen ist es nur konsequent, wenn sich jetzt die EdF anschickt, die Mehrheit des neuen landesweiten Versorgungsunternehmens im Südwesten, der EnBW zu übernehmen.

Abschließend ein klares Resumé zu formulieren, fällt nicht leicht, da die Verhältnisse an beiden Flußabschnitten zu unterschiedlich waren. Sicherlich setzt eine einvernehmliche oder sogar gemeinsame Wasserkraftnutzung an Grenzflüssen zunächst freundnachbarliche Beziehungen und gleichartige energiepolitische Vorstellungen der Anrainer voraus. Solches war zwischen Baden bzw. Deutschland und der Schweiz zweifelsohne der Fall[52], während es für Baden und Elsaß-Lothringen nur eingeschränkt, für Deutschland und Frankreich gar nicht zutraf.

Um in einem gesicherten institutionellen Rahmen die Projekte realisieren zu können, bedurfte es darüberhinaus entweder handlungsfähiger Privatunternehmen, die mit beiden Volkswirtschaften aufs engste verbunden waren, oder öffentlicher Unternehmen. Beides traf auf die Verhältnisse am am Hochrhein zu, wo die natürlichen Bedingungen das Engagement privater Pionierunternehmen begünstigten, hinter denen die Interessen der elektrotechnischen Industrie standen. Das eingesetzte Instrument des sog. Unternehmergeschäfts löste auf ideale Weise die damit verbundenen technischen und finanziellen Fragen. Nach dem energiepolitischen Kurswechsel, der auf beiden - Seiten in die gleiche Richtung ging, traten nunmehr öffentliche oder gemischtwirtschaftliche Unternehmen an die Stelle der privaten. Die Schiffahrt blieb hier der Energienutzung immer nachgeordnet

Hingegen traf die Wasserkraftnutzung am Oberrhein auf denkbar ungünstige Rahmenbedingungen. Neben der Konkurrenz der kostengünstigeren privaten Hochrheinwasserkräfte erzwangen die Belange der freien Schiffahrt auf dem internationalen Fluß zusätzliche Rücksichtnahmen und Aufwendungen, die umso weniger überwälzt werden konnten, wie sich der Staat passiv verhielt. Die grundlegende Änderung der politischen Verhältnisse ermöglichte zwar, wenn auch mit erheblicher Verzögerung, den Beginn der Energieerzeugung, verschärfte aber auch die ökologischen Probleme und brachte zudem durch den doppelten Ausbau des Flusses oberhalb von Straßburg eine nicht unerhebliche Vergeudung finanzieller Mittel mit sich.

52 Das faire Verhalten der Schweiz betont der damalige zuständige badische Minister, der Sozialdemokrat Wilhelm Engler, in seinen Lebenserinnerungen. Hug, Wolfgang (Hrsg.), Wilhelm Engler. Freiburg, Baden und das Reich, Stuttgart 1991, S. 149.

Frank Seberechts

The political and economic relations between the port of Antwerp and the Rhine, 1920-1950. Borders and treaties as obstacles or catalysers for the development of the German-Belgian trade relations.

For centuries already the trade relations between Antwerp and Germany are very intense. The trade network between the Hansa cities in the late medieval and the early modern period made the exchange possible of goods throughout Central and Western Europe. The Rhine proved to be a vital artery in these relations. The river continued to play this role during the twentieth century. But wars, treaties and borders took a mayor part in the history of the German-Belgian trade relations[1].

1. The relations between Antwerp and the Rhineland after the First World War (1918-1925).

After the First World War the relations between the port of Antwerp and Germany underwent an important change. At first the Antwerp municipality, the Chamber of Commerce and the local port, trade and commerce circles refused to resume commercial contacts with the former enemy. „Poor little Belgium" hoped to get rid of the important German presence in the Scheldt port before the war. Instead they invited the allied military, political and economic leaders to take over the German part in the international exchange of the port[2]. On Sunday 13 June 1920 a big patriotic and anti-German manifestation took place under the leadership of the liberal mayor and aldermen. After the demonstration the houses that belonged to Germans were looted and destroyed. The riots and the anti-German feelings shocked the German public opinion. It caused the German grain trade to leave Antwerp for Rotterdam[3]. The aversion to the Germans lasted for several years.

The German hinterland of the port of Antwerp underwent some important changes. First of all the Alsace-Lorraine region was detached from the German Empire and returned to France. This involved a change in the customs regulations that affected the commercial relations between the ports of Strasburg and Antwerp. French

1 F. SEBERECHTS, Politieke en institutionele geschiedenis van de haven van Antwerpen (1930-1950), Gent (unpublished doctorate's treatise), 2001, passim.

2 F.SEBERECHTS, Politieke en institutionele geschiedenis..., pp. 163 ff.

3 MFA, 11294. Note from E. Mathieu, Directeur Général des Services militaires et économiques, Haut Commissariat de Belgique près de la Haute Commission interalliée des territoires rhénans, to M. le Ministre des Affaires Etrangères, Coblence, 17.11.1920; MFA, 5061. Letter from J. Teichmann, to L. Charbonnier, Directeur d'Administration à la Navigation intérieure au Ministère des Travaux Publics, s.l., 16.02.1950.

trade and ports were protected by the *surtaxes d'origine et d'entrepôt*, additional taxes to prevent incoming goods to choose a non-French port. Thus the Alsatian trade, which used to pass through the Antwerp port before the war, was likely to divert to the French ports of Dunkirk or Le Havre. Belgian and Antwerp political and economic circles made considerable efforts to get an exception to these regulations for the big national port. After several months of continued diplomacy the French government granted the privilege of the exemption of the *surtaxes*[4]. The consequences of this measure were obvious[5]:

Table 1: Import in Strasburg through Rotterdam and Antwerp, in tons:

	Rotterdam	**Antwerpen**
1913	320,000	108,520
1919	209,334	267,285
1920	37,704	358,842

The table shows that already in 1919 Antwerp took over the lead from Rotterdam in the concurrence for the Alsatian hinterland. The *surtaxes*-privilege only reinforced this trend. In this case the border acted as a catalyser to the Antwerp trade and as a check to the Rotterdam port and business.

The Versailles treaty allotted to France the economic exploitation of the Saar region. This caused the French trade and customs regulations to be applied in this region as well. The change of the customs regime was a result of the change of power in this German region, although the borders in fact did not move. Antwerp experienced the protectionist measures of the French government in favour of their own ports, despite the Belgian diplomatic efforts to promote the Scheldt port[6].

By the Versailles treaty the German *Reich* was condemned to pay severe reparations to the allies. Deficiencies in the deliveries of cokes and coal led to the occupation of the entire Ruhr region by French and Belgian forces in January 1923. The dispute was settled with the adoption of the Dawes Plan for reparations in 1924. The occupation ended a year later. The trade between this important industrial region and Antwerp was affected by the occupation, although the Belgian government and the

---

4 F.SEBERECHTS, Politieke en institutionele geschiedenis..., pp. 91-100.

5 MFA, 4612. Verzameling 1923. Volgn. 295 litt. a. M. Smeding, secretaris en Wytema, burgemeester, Verzending van een adres aan den Minister van Buitenlandsche Zaken betreffende de bevoorrechting van de Antwerpsche haven door maatregelen van de Fransche Regeering, Rotterdam, 28.11.1923.

6 MFA, 4611. Letter from Ministre des Affaires Etrangères, Paris, to M. le Baron de Gaiffier d'Hestroy, Ambassadeur de Belgique à Paris, Paris, 23.08.1920; F.SEBERECHTS, Politieke en institutionele geschiedenis..., pp. 100-101.

Antwerp port and trade circles tried to minimize the negative effects. The occupation of the Ruhr and Rhineland regions created a large united zone with a special economic and commercial regime, although there was no change in the political borders. Many problems were caused by the attitude of the occupying authorities and by the conflicts between these services and the German authorities, e.g. the railways and the customs[7]. The Rhine traffic suffered from these quarrels. Belgian diplomatic efforts to settle these discords failed[8]. To sidestep the obstructions caused by the French authorities on the trade via the Rhine and Ruhr regions, many German trading-firms made a choice for Hamburg, thus avoiding Antwerp[9]. According to the Antwerp trade and port circles, trade between Germany and France only suffered little from the occupation measures[10].

A table from 1929, combining the data from the Dutch customs and the Antwerp municipal administration, makes it clear that the result of the Ruhr occupation for Antwerp was a negative one. The table shows the Rhine traffic from Antwerp and the Netherlands to Germany[11]:

Table 2: Antwerp-German Rhine traffic.

		In tons	
Years	Total traffic upward in Lobith	Traffic from Antwerp to the Rhine	Belgian part in the total upward traffic
1913	19,314,000	1,746,000	8.8 %
1923	7,201,000	675,000	9.3 %
1924	11,944,000	1,324,000	11.1 %
1925	15,481,000	1,434,000	9.2 %
1926	14,478,000	1,490,000	10.0 %

The crisis in the relations between France and Belgium on the one hand and Germany on the other hand, led to new proposals to separate the Rhineland from Germany. By creating this buffer state the (French) authors hoped to relief Antwerp and

7 Anvers et le transit allemand, Neptune, 03.05.1924.

8 PRO, FO 371, 8799. Telegram from Lord Kilmarnock, to Foreign Office, Coblenz, 23.03.1923.

9 AMVC, Archive F. Van Cauwelaert. Letter from B. Bekaert & C°, to M. le Président du Cercle des Expéditeurs, Exportateurs et Importateurs, Anvers, 03.03.1924.

10 R., Toujours poires? Pendant que notre trafic avec l'Allemagne est entouré de mesures prohibitives, le commerce franco-allemand se développe librement... contre Anvers, Neptune, 13.02.1924

11 MFA, 11963-5. Note, Trafic Belgo-Rhénan. On trouvera ci-dessous la confirmation des faits rapportés dans le memorandum belge du 14 janvier 1929 au sujet du trafic belgo-rhénan, et dont le memorandum néerlandais du 7 mai a contesté l'exactitude, s.l., s.d.

Rotterdam from the German pressure and to prevent Antwerp from looking for a hinterland at the expense of the French ports[12].

After the withdrawal of the occupying forces the German trade circles aimed at a normalisation of the relations with the port of Antwerp. They used the provisional economic agreement that was closed between the *Reich* and Belgium despite the Ruhr crisis as a lever. The Germans tried to recapture the berths at the Scheldt quay. The new Antwerp mayor Frans Van Cauwelaert, a firm believer in the importance of improving relations with the German economy, and its municipality tried to satisfy the German shipping companies as much as possible[13].

2. Antwerp-Dutch relations after the First World War.

The relations between Antwerp and the Rhine were influenced as well by the relations between Belgium and the Netherlands. An important role was played by the rivalry between Antwerp and Rotterdam. The treaties of 1839 and 1842 had laid down the conditions of using the waterways in the whole region between Rhine and Scheldt. After the First World War Belgium required the construction of a new waterway connecting the Scheldt river with the Hollandsch Diep. Some nationalist groups, with strong influences in the Belgian government, even tried to get the annexation of parts of the Dutch provinces of Zealand and Limburg[14].

At first the Dutch government seemed willing to agree to some of the Belgian proposals. Both countries were close to an agreement in may 1920, but the excessive Belgian demands on the Scheldt mouth caused the failure of the conference. The two countries entered into new negotiations in 1924. These led to the conclusion of a treaty in 1925, involving the construction of the Moerdijk-canal between the Scheldt and the Hollandsch Diep. The Belgian Parliament accepted the treaty, but in 1927 the Dutch Senate rejected the agreement[15].

As a reaction, the Belgian authorities took some important measures. They established a system of compensation premiums to promote the traffic between Antwerp and the Rhine. They also organised a free towing-service between Antwerp and Dordrecht for the Rhine barges that sailed between the Scheldt port and Strasburg. The effect of these measures was immediate. Antwerp managed to increase its share in

---

12 M. SCHWOB, La Question de la Ruhr. Une Rhéno-Westphalie indépendante, Nantes, 1923[2], p. 16.

13 F.SEBERECHTS, Politieke en institutionele geschiedenis..., pp. 177 ff.

14 M. DE WAELE, Naar een groter België! De Belgische territoriale eisen tijdens en na de Eerste Wereldoorlog. Een onderzoek naar de doeleinden, de besluitvorming, de realisatiemiddelen en de propagandavoering van de buitenlandse politiek, Gent (unpublished doctorate's treatise), 1989.

15 R.L. SCHUURSMA, Het onaannemelijk tractaat. Het verdrag met België van 3 april 1925 in de Nederlandse publieke opinie, Groningen, 1975; F.SEBERECHTS, Politieke en institutionele geschiedenis..., pp. 103 ff.

the Rhine traffic, although the trade began to slow down after the Wall Street crash in 1929[16].

In the mean time some research was done concerning the possibilities to construct a canal between the port of Antwerp and the German Rhine, avoiding the Dutch territory. The execution of this plan was promoted by the construction in the thirties of the Albert canal between Antwerp and the Liège industrial basin. Nevertheless this idea to connect the Rhine and the Scheldt has never been a major option, neither in the Belgian-Dutch, nor in the Belgian-German relations. It merely served as a menace in the struggle to obtain an improved connection, northward, through the Dutch territory[17].

Belgium and the Netherlands continued their negotiations on the Scheldt-Rhine connection during the thirties and later on. After the Second World War several suggestions concerning the route have been made. The disastrous flood of 1953 was followed by the Dutch Delta-plan to protect the lowlands. New dykes and dams would close the inland waterways from the sea, so a new connection would be much safer than it was before. But it was not before 1963 that both countries came to terms[18].

3. The contacts between Antwerp and the Rhineland during the thirties.

In the late twenties the relations between Antwerp and Germany came back to normal. Vessels flying the German flag constituted the second largest group in the port of Antwerp, next to the British. They continued their position in the thirties, despite the crisis. The thirties were marked by the increase of temporary bilateral agreements on quota systems, licences and clearing. Commercial agreements including such measures have been negotiated between the German *Reich* and Belgium.

The assumption of power by the national-socialist party in January 1933 was of very little influence on the relations between the Antwerp business circles and Germany. Both parties even sought for an improvement of the contacts, despite the increasing problems on the financial level. The Antwerp socialist party, guided by mayor Camille Huysmans, on the other hand, showed an intense aversion to the nazi ideology and its representatives. They refused to display any indulgence, thus causing several disagreements with the aldermen of the port, Paul Baelde and Leo Delwaide sr., and with the trade and port circles. Only after continuous pleas and appeals by the port director Oscar Leemans and by the Antwerp Chamber of Commerce, the mayor agreed to meet his colleague of Cologne, *Oberbürgermeister* K.G. Schmidt, and to pay a visit to this German town[19]. The trade relations with the Rhineland, the Ruhr basin and Southern Germany continued to be of the utmost importance to the port of Antwerp.

---

16 F.SEBERECHTS, Politieke en institutionele geschiedenis..., pp. 245 ff.

17 F.SEBERECHTS, Politieke en institutionele geschiedenis..., pp. 221-223 and 876-878.

18 H. BELMANS, De Schelde-Rijnverbinding, Het Tijdschrift van het Gemeentekrediet, XLVII, 185, 1993, pp. 63-68.

19 F.SEBERECHTS, Politieke en institutionele geschiedenis..., pp. 541 ff.

The evolution of the relations between the two partners was strongly influenced by the impotence of the countries, which formed the Rhine community – Switzerland, Germany, France, the Netherlands, Belgium, Italy and the United Kingdom – to come to a revision of the Mannheim Convention of 1868. This agreement involved the regulation of the Rhine traffic and it secured the freedom of trade and traffic on the river, following the dispositions of earlier agreements such as the Vienna Treaty of 1815 and the Mainz Convention of 1831. The Versailles Treaty of 1919 had imposed a reform of the Mannheim Convention. The French border had moved to the Rhine again, causing a change in the international political and administrative status of the Rhine. The other important German rivers were put under international supervision as well. The dispute on the inland waterways between Belgium and the Netherlands made it impossible to find a solution for the statute of the Rhine as a whole. Yet all the community partners but the Netherlands agreed to sign a *modus vivendi* in spring 1936, involving a reorganisation of the Rhine community and a confirmation of the Rhine statute as a free trade and traffic river.

France, Belgium and the Netherlands continued their talks to find a solution to come to a total revision of the convention. During these negotiations, the German government prepared a step that would shake thoroughly the whole administration system of the Rhine and the other German rivers under international control. On 7 November 1936 state secretary and chief of the chancellery Hans Lammers wrote to foreign minister Konstantin von Neurath that Adolf Hitler disagreed with the way the German rivers were treated by the Versailles Treaty. The *Führer* wanted to denounce the obligations concerned:

„[…] Der Führer hat mir mitgeteilt, er habe Ihnen, Herr Reichsminister, bereits vor längerer Zeit seine Absicht kundgetan, im geeigneten Augenblick alle durch das Versailler Diktat geschaffenen Bindungen für die deutschen Ströme als gegenstandslos aufzukündigen; alsdan könne man mit den beteiligten Mächten über den weiteren modus vivendi verhandeln; das Deutsche Reich würde in solchen Fällen an nichts gebunden sein und, soweit es Zugeständnisse macht, als der gebende Teil erscheinen. […]"[20]

The decision of the *Führer* was announced to the other community partners. These countries could not or would not take any steps to withhold the Germans from acting this way. Practically there was little change: the German authorities promised to obey to the existing dispositions concerning free trade and traffic, as long as their own vessels enjoyed the same treatment in the neighbouring countries. France, the Netherlands and Belgium continued their talks, because France aimed to restore the community. Their efforts led to two agreements, in 1937 and 1939, but the restoration of the Rhine community was not possible till after the Second World War[21].

---

20 Akten zur deutschen auswärtigen Politik 1918-1945. Serie C: 1933-1937. Das Dritte Reich: Die ersten Jahre. Band VI,1 - 1. November 1936 bis 15. März 1937, Göttingen, 1981, p. 45. Note from Dr. Lammers, Staatssekretär und Chef der Reichskanzlei, to von Neurath, Reichsminister des Auswärtigen, Berchtesgaden, Mitterbachlehen, 07.11.1936.

21 F.SEBERECHTS, Politieke en institutionele geschiedenis…, pp. 432-487.

4. The relations between Antwerp and the Rhineland during the Second World War (1939-1945)

The Second World War was a period of new problems and new perspectives. Problems began at the outbreak of the war, September 1939. The neutral countries Belgium and the Netherlands were stuck between the belligerent powers Germany, France and the United Kingdom. Both parties tried to put pressure upon the Belgian and the Dutch governments in order not to budge an inch to the demands of the enemy. The ports of Rotterdam and Antwerp suffered from the loss of the transit trade with Germany and from the measures that were taken to affect not only the other party's trade but the war machine as well. Belgian diplomacy tried to preserve the Antwerp trade interests. Germany required business as usual: the war was not to affect the trade with the German *Reich*. On the other hand French and British authorities saw to it that commercial relations with the Germans would be reduced to the minimum.

Antwerp suffered from the consequences of the attitude of the belligerent countries. Ships did not arrive, or only much later. The amount of documents and certificates to make goods cross the borders reflected the extraordinary control measures. The port's turnover fell dramatically. Compensation for the important losses was sought, and sometimes found, in an increasing important trade with other neutral countries, such as Switzerland[22].

During the occupation of Belgium, May 1940 to September 1944, the Antwerp port trade was restricted to inland waterway traffic, including relations with the Rhineland, and some coasting trade. German administrators and economists in that time tried to develop a scheme for the realisation of a European space economy (*Grossraumwirtschaft*), assigning a particular role to each of the ports involved. Probably the most important role would be played by Hamburg. Rotterdam, Bremen, Antwerp and the other Western European ports would receive a specific task. Belgian collaborators dreamed of Antwerp being the second port to Hamburg, as a gate to the Rhineland and to Southern Germany. In this scenario there would be no (economic, possibly even political) borders anymore between the *Reich* and Belgium[23].

In the same time, the exile government and administration in London negotiated with the Dutch colleagues on the establishing of the Benelux economic cooperation. An agreement was signed on 5 September 1944. Nevertheless it took several years to work out the conditions to come to a real economic union. Both governments had talks on the future relations with Germany. The Belgian administration aimed to prevent its subjects from making the same mistakes as they made after the First World War: it was necessary to resume trade with the former enemy. Again there was that idea of an independent Rhineland focused on an economic cooperation with France, the Netherlands, Luxemburg and Belgium. Toll barriers between the different coun-

---

22 F.SEBERECHTS, Politieke en institutionele geschiedenis..., pp. 560-604.

23 F.SEBERECHTS, Politieke en institutionele geschiedenis..., pp. 615-627.

tries would be abolished[24]. The Rhine continued to be of an extraordinary importance to the Belgian economy. After the war the secession idea was abandoned because the Belgian authorities and the Antwerp port and trade circles were afraid of a predominant influence of French politics and economics in this region, thus surrounding and suffocating the Antwerp port and hinterland.

5. The relations between Antwerp and the Rhineland after the Second World War (1945-1950)

After the Second World War relations between Antwerp and the Rhineland were hampered by the destruction of the bridges and the locks on the connecting waterways and by the administrative and political chaos. It was not before the end of the decade that trade was entirely resumed. The port of Antwerp played a pioneer role in re-establishing commercial relations between the Rhineland and other countries. For the time being all contacts between the Rhineland and Antwerp had to deal with the interference of the representatives of the allied forces: the British, the American and, to a lesser extent, the French military administration. The original claims for an indemnification and for a partition and a tutelage of the German economy rapidly changed into the wish to take maximal advantage from a rebuilt German economy within a European framework.

In 1947 and 1948 the Antwerp municipality and the Chamber of Commerce undertook the founding of a German-Belgian Chamber of Commerce. At first they chose to call it the Belgian-Rhineland Chamber of Commerce, because of the tenderness of the relations between the former enemies. The German partners, on the contrary, refused this name: to them this would be a confirmation of the partition and the defeat of Germany. They pointed out that the Antwerp port hinterland was situated beyond the Rhine as well. At last the Belgian partners agreed[25].

The partition of Germany into four zones of occupation, each of them developing its own economic and political system and regulations, caused important obstructions to the trade and the traffic. The American and the British occupying administration chose to promote Hamburg and Bremen for the ex- and import of goods for military and civilian purposes. Even the Rhineland and the southern part of Germany were supplied through these ports, despite the lack of sufficient train and waterway transport in Germany. The allies ignored the ports of the Low Countries, even for the transport of goods to and from the Rhineland, mainly for financial reasons. Both the Belgian and the Dutch governments tried to influence the British and American colleagues and the occupying administration to divert the trade routes to Antwerp and

---

24 MFA, 11838. Note from G. Van Schendel, Série: Que fera-t-on de l'Allemagne. Note 5bis: Une Rhénanie indépendante, Londres, 05.05.1944.

25 F.SEBERECHTS, Politieke en institutionele geschiedenis..., pp. 870-874.

Rotterdam. They had little success: most of the German trade continued to pass through the North-German ports[26].

In the late forties the first signs turned up to come to an economic unification of Europe. The Benelux countries and Germany played an important role in this process. It changed completely the background for the relations between the port of Antwerp and the Rhineland.

6. Conclusion

During the first half of the twentieth century there was a change in the relations between Antwerp and the Rhineland. Borders, border changes, treaties, agreements and wars played an important role in the development of the commercial exchange between the two partners.

The relations with the Alsatian hinterland were modified by the annexation of this region by France. The Saarland region was treated more or less in the same way from the economic and commercial points of view. The close ties between France and Belgium and the quarrels between Belgium and the Netherlands prevented the international community from establishing a stabile political and administrative situation in the Rhineland. The port of Antwerp suffered in a way from this lack of stability, though it tried to maintain its traditional contacts with the Rhineland and the rest of the German hinterland. The coming into power of the national-socialists did not change fundamentally the attitude of the port circles towards the German trade partners. Only the leftist political parties objected to close relations with the nazi representatives.

During the Second World War both the occupants and the exile administration prepared an increasing unification of Europe on the economic level, though with different aims and measures. The port of Antwerp would have its own place within these schemes, with a continued important relation with the Rhineland.

After the Second World War the dominant role of the German flag and the German community in the port of Antwerp had eclipsed. Nevertheless the Antwerp port circles were aware of the importance of the German market, especially the Rhineland. They tried to level to the ground as much as they could the borders between the two partners by establishing a new Chamber of Commerce and by influencing the allied occupying services. From 1950 on, the increasing unification of Europe proved to be a guarantee for the strengthening of the relations between Antwerp and the Rhineland.

---

26 F.SEBERECHTS, Politieke en institutionele geschiedenis…, pp. 841-870.

Jörg Baten

Ursachen und Erfolg von grenzüberschreitender Unternehmertätigkeit 1830-1914. Das Beispiel des badisch-schweizerischen Raumes

Zusammenfassung[1]

In welchen Situationen sind Unternehmer über politische Grenzen hinweg aktiv? Können Sie mehr oder weniger Erfolge bei der Unternehmensexpansion und der Rentabilität aufweisen als einheimische Unternehmer? Die Betrachtung dieser Fragen erlaubt interessante Einblicke in das Verhältnis von ökonomischem Handeln und politischer Geschichte einerseits, und in die Eigen- und Fremdwahrnehmung von Unternehmern andererseits.

In der Grenzregion zwischen Deutschland, der Schweiz und Frankreich gab es schon im 19. Jahrhundert eine erhebliche Mobilität von unternehmerischer Aktivität über politische Grenzen hinweg. Insbesondere Schweizer Unternehmen und Unternehmer waren häufig in Baden tätig, seltener war die Mobilität von der Schweiz zum Elsaß, vom Elsaß nach Baden oder von Baden aus zu beobachten. In dem vorliegenden Beitrag werden die Gründe für diese Mobilität und deren Erfolg diskutiert, wobei sowohl Filialgründungen als auch die Migration von Unternehmern und Unternehmen in den Blick genommen wird. Aufgrund der Quellenlage beschränken wir uns auf Baden als Empfängerregion.

Die Diskussion beginnt mit den möglichen Gründen und Hindernissen, die in dieser Entwicklung eine Rolle gespielt haben könnten: Zoll- und andere Wirtschaftspolitik, Technologie, Religion, Lohn- und Kapitalkostendifferentiale sowie sonstige Faktorpreise auf der einen Seite, Sprachbarrieren, Nationalismus, Risiko und informationsökonomische Faktoren auf der anderen Seite.

Nachdem die förderlichen und hindernden Faktoren der Migration unternehmerischer Aktivität – dieser Begriff schließt alle oben angesprochenen Migrationsformen ein – am konkreten Beispiel dargestellt werden, beschäftigt sich der zweite Teil der Analyse mit dem Erfolg, insbesondere der Rentabilität und der Expansion der Betriebe in verschiedenen ökonomischen, sozialen und politischen Konstellationen. Selbstver-

1 Ich danke der Fritz Thyssen Stiftung für ihre freundliche Unterstützung. Diese Forschungen wurden teilweise während meiner Tätigkeit an der Ludwig-Maximilians-Universität München durchgeführt. Ich danke Jeremy Atack, Knut Borchardt, Uwe Fraunholz, Mark Spoerer und vielen anderen für wichtige Hinweise im Umfeld dieser Studie. Rosa Wutz und Axel Heitmüller leisteten wertvolle Mitarbeit. Silke Müller erstellte eine verwandte Studie während meiner Tübinger Vertretungszeit, allerdings mit ganz anderer Fragestellung als diejenige dieser Untersuchung. Alle potentiellen Irrtümer sind jedoch vom Autor selbst zu verantworten.

ständlich wird der Unternehmenserfolg von umfangreichen Faktorenbündeln beeinflußt, von denen hier nur einige vertieft betrachtet werden können. Weil bisher nur wenige quantitative Studien zur Unternehmensmigration[2] existieren, hat dieser Aufsatz einen stark explorativen Charakter und möchte weitere Arbeiten in diesem spannenden Forschungsbereich anregen.

Das relative Gewicht der Determinanten von Unternehmenserfolg wird einerseits theoretisch diskutiert, andererseits werden Ergebnisse aus der Analyse einer Datenbank präsentiert, die mehr als 6.000 Industriebetriebe aus dieser Region enthält und über die Zeit verfolgt. Für die Analyse dieser Fragestellungen werden daraus geeignete Teilstichproben entnommen, die einerseits die migrierten Unternehmen enthalten, andererseits eine vergleichbare Kontrollgruppe einheimischer Unternehmen. Die Rentabilität und das Expansionsverhalten von „Grenzgänger"-Unternehmen werden mit diesen einheimischen Vergleichsbetrieben konfrontiert und werfen so ein interessantes Schlaglicht auf eine besonders wichtige Phase der mitteleuropäischen Wirtschaftsentwicklung.

Zur Bedeutung dieses Forschungsbereiches für heutige Fragestellungen

Das Migrationsverhalten von Unternehmen und Unternehmern in der Geschichte ist besonders interessant, weil heutige wirtschaftspolitische Entscheidungen durch die Untersuchung dieses Wanderungsverhaltens besser fundiert werden können.

Das Phänomen der Unternehmermigration ist nicht auf die ausgewählte Region und Zeit beschränkt. Zahlreiche Studien haben festgestellt, daß Unternehmer oft Fremde oder Einwanderer – zumindest aus anderen Regionen – sind.[3] Könnte eine gewisse Fremdheit vielleicht sogar Vorteile bei unternehmerischer Tätigkeit bieten? Sind z.B. die psychologischen Kosten geringer, wenn Disziplin durchgesetzt werden muß oder wenn es in Krisenzeiten darum geht, einen Teil der Belegschaft zu entlassen? Oder nutzen eingewanderte Neuunternehmer z.B. in der Gastronomie häufiger ihre Familien aus und lassen diese zu Löhnen arbeiten, die unter den Opportunitätskosten liegen und nur durch unzureichende Information zustande kommen? Oder ist der alternative Wirkungszusammenhang stärker, daß Fremde weniger häufig eine adäquate, abhängige Beschäftigung finden und daher leichter den Schritt in die Selbständigkeit machen? Zu diesen Fragen der *Immigrant Entrepreneurs* gibt es eine umfangreiche Literatur.[4]

---

2 Dieser Begriff wird nachfolgend als Abkürzung für „Migration unternehmerischer Aktivität" benutzt, wobei an alle Formen gedacht wird.

3 Vgl. unter vielen z.B. Berghoff, Hartmut, Englische Unternehmer 1870-1914: eine Kollektivbiographie führender Wirtschaftsbürger in Birmingham, Bristol und Manchester, Göttingen 1991.

4 Vgl. z.B. Sanders, Jimy M. / Nee, Victor, Immigrant Self-employment: The Family as Social Capital and the Value of Human Capital, in: American Sociological Review 61, 1996, S. 231-249, hier S. 232.

Der Umfang der Forschungen zur heutigen Situation weist bereits auf die große Bedeutung des Themas hin. Welche wirtschaftspolitischen Entscheidungen sind mit den Fragen nach dem Grund der Unternehmermigration und dem Erfolg im Empfängerland verknüpft? Zum einen tragen heutzutage z.B. die individuell einwandernden (potentiellen) Unternehmer zur Motivation der derzeit diskutierten Greencard-Regelung bei, die einen Epochenwandel bei der deutschen Einwanderungspolitik anzeigen könnte. Neben dem Import von knappem Humankapital (im IT-Bereich) argumentieren die Befürworter der Greencard mit der Beschäftigungswirkung, die die oft zu beobachtenden Gründungen durch immigrierte Computerexperten zur Folge hatte. Auch Beispiele aus anderen Ländern können hier genannt werden: Das kanadische Parlament hat bereits seit einiger Zeit die Regelung verabschiedet, daß Migranten aus aller Welt willkommen sind, wenn sie glaubhaft machen können, daß sie in Kanada ein Unternehmen eröffnen und zumindest vier Arbeitsplätze schaffen werden.

Zum zweiten rufen die Gründungen von Filialen und Tochterunternehmen oder auch die Kapitalbeteiligung durch Ausländer wichtige wirtschaftspolitische Debatten hervor. Multinationale Konzerne werden immer mit Mißtrauen beäugt, und ihre Tätigkeit steht traditionell im Zentrum der Globalisierungskritik. Sogar Wirtschaftswissenschaftler schließen sich gelegentlich dieser Kritik an: vor drei Jahren forderten nach der Asienkrise zahlreiche Ökonomen Kapitalverkehrskontrollen, wobei allerdings die Mehrheit nach wie vor die Beschränkung von Kapitalflüssen vehement ablehnte.

Die Fragen zur heutigen Unternehmensmigration können zwar nicht direkt mit dem wirtschaftshistorischen Material beantwortet werden, weil der jeweilige makroökonomische und institutionelle Kontext sich verändert hat. Ein gründlicheres Verständnis der zugrundeliegenden Zusammenhänge und eine Ausweitung der empirischen Basis kann jedoch wesentlich zu fundierteren Entscheidungen beitragen. Gerade die Expansion unseres Wissens über das Unternehmerverhalten vom späten 19. Jahrhundert bis zum Ersten Weltkrieg kann besonders wichtige Erkenntnisse erbringen. Die damalige Welt war hinsichtlich ökonomischer Internationalisierungsbewegung und im Umfang staatlicher Eingriffe der Welt des frühen 21. Jahrhunderts möglicherweise ähnlicher war als die Jahrzehnte dazwischen.[5]

Theoretische Ansätze zur Migration unternehmerischer Aktivität in der unternehmenshistorischen Literatur

Die unternehmensgeschichtliche Forschung hat einerseits die Theorie der Wanderung von Unternehmeraktivität über nationale Grenzen aufgegriffen, andererseits wurden diese Theorien verfeinert und ergänzt. So unterscheidet Pohl in Anlehnung an Dunning bei der Untersuchung von multinationalen Unternehmen (MNE) den *ow-*

5 Zusammenfassend Baten, Jörg, New Firms for a New Century. Firm Creation and Regional Economic Structure around 1900, in: Economie Appliquée 54, 2001, im Erscheinen; zur Kapitalmobilität Taylor, Alan, International Capital Mobility in History: The Saving-Investment Relationship. NBER-Working Paper 5743, 1996, S. 1-47.

nership advantage, der insbesondere aus technologischen Wissenvorteilen des Unternehmers, niedrigeren Kapitalkosten, der Bedeutung von Markennamen und intangiblen Produktionsfaktoren besteht, und den *location advantage*, der die anderen Kostenvorteile, z.B. Kosten durch Zölle, umfaßt. [6]

Wilkins gliedert die Entscheidungsparameter, die ein MNE zu einer Filialgründung in einem anderen Land veranlassen oder davon abschrecken, in fünf Bereiche.[7]

(1) Der Bereich der „Opportunität" enthält alle Faktoren, die sich in ökonomischen Lehrbüchern finden würden: Märkte/Nachfrage, Faktorkosten, Rohmaterialien usw.

(2) Die Politik ist von großer Bedeutung: Wie hoch ist die Wahrscheinlichkeit einer Enteignung oder anderer Maßnahmen gegen das MNE? In einer eindrucksvollen Tabelle gibt Wilkins Aufschluß über die Enteignungsgeschichte der Jahre 1950-1985.[8] Während des langen 19. Jahrhunderts hatten jedoch die Enteignungen fremder Unternehmen nur eine sehr geringe Bedeutung, wie Lindner betont.[9] Kriegsführung wirkte sich nicht über Enteignungen auf die Unternehmen aus, sondern eher über die Nachfrage und das Zerreißen von Handelswegen. Der Politikbereich der Zölle und anderen Handelskommisse stellt einen besonders wichtigen Parameter bei der Unternehmenswanderung dar.

(3) Der Parameter „Familiarität" sagt, wie weit entfernt das Empfängerland geographisch, kulturell, oder vom Geschäftsstil her vom Herkunftsland entfernt ist.

(4) Der Drittlandparameter betont die möglichen Vorteile oder Gefahren, die ein (drittes) Nachbarland des Empfängerlandes bieten könnte.

(5) Corporate Parameter: Hat das Unternehmen selbst gute oder schlechte Erfahrungen mit dem potentiellen Empfängerland gemacht?

Dies sind wichtige Parameter, die auch in der oberrheinischen Unternehmensmigration eine wichtige Rolle gespielt haben könnten, obwohl sie zur Erklärung der Filialaktivitäten multinationaler Konzerne im 20. Jahrhundert aufgelistet wurden.

Beispielsweise hat der Familiaritätsparameter dazu beigetragen, daß die Schweizer bevorzugt in Baden tätig wurden und nicht in anderen Ländern, sowohl in geographischer als auch möglicherweise in kulturell-sprachlicher Hinsicht.[10]

---

6 Pohl, Hans, Transnational Investment from the 19th Century to the Present. Introduction, in: Pohl, Hans (Hrsg.), Transnational Investment from the 19th Century to the Present, Stuttgart 1994, S. 7-24.

7 Wilkins, Mira, Hosts to Transnational Investments – A Comparative Analysis, in: Pohl, Hans (Hrsg.), Transnational Investment from the 19th Century to the Present, Stuttgart 1994, S. 25-69.

8 Ebd., S. 52.

9 Lindner, Stefan, Das Reichskommissariat für die Behandlung feindlichen Vermögens im Zweiten Weltkrieg, Stuttgart 1991, hier S. 1-2.

10 Sogar die feinen Abstufungen der Sprache könnten bedeutsam gewesen sein, sprechen doch hier die Empfängerregionen ähnlichere Dialekte als die z.B. weiter entfernten süddeutschen Regionen. Andererseits kann sich ein Teil der Elsässer mit den Badenern leicht verständigen, aber gerade die elsässischen Unternehmer sprachen französisch als Muttersprache. Der Familiaritätsparameter

Aus ökonomischer Sicht könnte man die Faktoren, die Pohl nennt, und den ersten Parameter von Wilkins weiter untergliedern. Hier sind zahlreiche Faktoren enthalten, wie insbesondere die Faktorkosten für Arbeit, für Sach- und Humankapital und für Energie, die für Entscheidungen über die räumliche Allokation der Produktion von eigenständiger Bedeutung sein könnten. Auch die Transportkosten von Material und Waren und die Kosten für die Informationsübermittlung und andere Transaktionskosten sind hier zu nennen, die insbesondere über die Wahl zwischen Unternehmensmigration und den Alternativen Warenexport und Lizenzproduktion entscheiden: Sind die Informations- und Transaktionskosten hoch oder spielen intangible Produktionsfaktoren (Markenname, implizites Know-How) ein Rolle, so ist der Anreiz der Inlandsproduktion im Empfängerland oft gegeben, und die Migration unternehmerischer Aktivität findet statt. Im umgekehrten Fall wäre der Warenexport oder die Lizenzproduktion günstiger und würde Unternehmensmigration aus betrieblicher Sicht unnötig machen.

Selbstverständlich gibt es zahlreiche Wechselwirkungen zwischen diesen Parametern, die in Tab. 1[11] aufgelistet werden. Zudem ist die Liste nicht vollständig, aber als heuristisches Instrument doch durchaus nützlich, wie nachfolgend gezeigt werden soll.

Diskussion: Welche dieser Faktoren waren für den betrachteten Raum und Zeitraum besonders wichtig?

Zollpolitik

Die Zollpolitik wird besonders häufig als Determinante der Schweizer Unternehmensmigration genannt, und tatsächlich siedelten sich wichtige Unternehmen nach der Aufnahme Badens in den deutschen Zollverein im Wiesental nordöstlich von Basel an.[12] Zuvor gingen die Schweizer Produkte als Exporte in die Länder des Zollvereins, und die Erhöhung des Importzolls legte eine Produktion innerhalb der Zollgrenzen nahe. Die traditionelle Sichtweise in der deutschen Literatur stellt diese Gründungswelle als einen Erfolg der Zollpolitik dar, weil die industrielle Aktivität die Löhne und das Gesamteinkommen in Südbaden deutlich erhöhte.

Allerdings sollte man sich fragen, ob diese zollpolitisch initiierte Gründungswelle wirklich durchweg positiv zu bewerten ist, wenn man nicht einen einseitig nationalen Standpunkt einnimmt, sondern die Entwicklung von einem europäischen Blickwinkel aus betrachtet. Durch die zollpolitischen Zwänge wurde die Produktion nicht unbedingt dort angesiedelt, wo sie besonders kostengünstig erfolgen konnte – wie es aber aus ökonomischer Sicht rational gewesen wäre. Stattdessen mußte aufgrund des Bedeutungsgewinns der nationalen Grenzlinien die Produktion dort stattfinden, wo es

könnte einen Teil der stärkeren Süd-Nord-Migration von der Schweiz nach Baden (im Vergleich zur geringeren West-Ost-Migration vom Elsaß nach Baden) verursacht haben.

11 Alle Tabellen und Abbildungen befinden sich am Ende des Beitrags.

12 Landesarchivdirektion Baden-Württemberg (Hrsg.): Kreisbeschreibung des Landkreises Lörrach, Bd. 1, S. 360.

zollpolitisch opportun war. Selbst die zeitbedingt stark national gefärbte Studie von Teufel dokumentiert beispielsweise die ungünstige Verkehrslage der Wiesentäler Industrie.[13] Zudem wurde in der Erfolgsbilanz der zollpolitisch initiierten Gründungswelle oft vergessen, daß nicht alle Arbeitsplätze netto neu geschaffen wurden, sondern zum Teil auch Arbeitsplätze in älteren Unternehmen ersetzten, die dort zuvor zahlreiche Menschen beschäftigten.[14] Drittens spricht aus vielen älteren Studien eine Begeisterung für die Entstehung von Industrie per se, die bei einer genaueren quantitativen Betrachtung der tatsächlichen Wohlfahrtseffekte nicht immer die Wirklichkeit reflektiert. Gerade vor den 1870er Jahren war in bestimmten ökonomisch-geographischen Konstellationen die Wertschöpfung in der Landwirtschaft und im Handel höher.[15] Wir wissen nicht, ob dies im vorliegenden Fall so war, hierzu fehlen bisher Detailstudien. Nur sollte man die Beziehung zwischen Industriewachstum und Einkommenswachstum nicht als selbstverständlich annehmen.

Zusammenfassend läßt sich sagen, daß die Zollpolitik tatsächlich zu einer - durch migrierte unternehmerische Aktivität initiierten - Gründungswelle führte. Ob diese staatlich initiierte Migration von industrieller Aktivität wohlfahrtssteigernd war, ist eine empirische Frage, die mit dem bisherigen Material noch nicht beantwortet werden kann. Wir werden jedoch unten noch genauer auf die langfristige Kapitalproduktivität (d.h. Eigenkapitalrentabilität) der vorwiegend Schweizer Textilbetriebe in Südbaden eingehen.

Lohnkosten

Als weiterer Faktor wird in der Literatur regelmäßig das Lohnkostendifferential zwischen der Nordschweiz und Südbaden genannt. Wir wollen diesen Faktor – trotz seiner scheinbar offensichtlichen Logik – nachfolgend etwas genauer betrachten.

Bei den Lohnkosten ist zunächst zu beachten, welche Ausbildung die Arbeiter aufwiesen, und wie intensiv sie arbeiteten.[16] Sehr häufig wurde in der empirischen Erforschung von weltweiter Unternehmensmigration (und der entsprechenden Kapitalbewegung) beobachtet, daß Niedriglohnregionen und –länder nicht die erwartete Anziehungskraft besaßen.[17] Robert Lucas stellte sich daher die Frage: „Why Doesn't

13 Zur Verkehrslage der Wiesentäler Industrie vgl. Teufel, Erwin, Die badische Baumwollindustrie. Eine Abhandlung über deren Verflechtungen, produktionstechnischer, absatz- und kapitalmässiger Art mit dem Elsaß und der Schweiz, Innsbruck 1934, S. 37.

14 Vgl. ebd., S. 35.

15 van Zanden, Jan Luiten, An Experiment in the Measurement of the Wealth of Nations, in: van Ark, Bart / Buyst, Erik / van Zanden, Jan Luiten (Hrsg.), Historical Benchmark Comparisons of Output and Pproductivity. Proceedings Twelfth Economic History Congress B10, Madrid 1998, S. 49-60; van Zanden, Jan Luiten / J.P. Smits, Industrialization and Income Inequality in the Netherlands 1800-1914, in: Borodkin, Leonid / Lindert, Peter (Hrsg.), Trends in Income Inequality during Industrialization. Proceedings Twelfth Economic History Congress B12, Madrid 1998, S. 91-102.

16 Es besteht stets die Gefahr, die sehr gute Ausbildung im Deutschland späterer Zeiten auf das frühe 19. Jahrhundert zurück zu projezieren.

17 O'Rourke, Kevin / Williamson, Jeffrey, Globalization and History, Cambridge 1999, S. 225.

Capital Flow from Rich to Poor Countries?" Er erwartete z.B. umfangreichere Investitionen in Indien, weil nach der ökonomischen Theorie bei niedrigen Lohnkosten eine Einheit Kapital besonders viel zusätzliche Wertschöpfung erbringen könnte (d.h. das Kapital besäße dort ein hohes Grenzprodukt). Stattdessen floß im 19. Jahrhundert das Kapital meist in Länder mit wichtigen Bodenschätzen und viel Land pro Einwohner (USA, Argentinien, Australien). Südeuropäische und asiatische Länder mit sehr vielen Arbeitskräften pro Bodeneinheit erhielten nur sehr wenige ausländische Kapitalzuflüsse.

Im Falle der Schweiz-Baden-Migration hätten zahlreiche Alternativen z.B. auf dem Balkan bestanden, wo noch niedrigere Arbeitskosten zu finden waren.[18] Daher erscheint es zweifelhaft, daß allein das Lohnkostendifferential die Schweizer Investoren und Unternehmer nach Baden lockte. Allenfalls in Interaktion mit dem Familiaritätsparameter war es von Bedeutung. Gestützt werden diese Zweifel an der Lohnkostenhypothese durch Ergebnisse der historischen Gründungsforschung: Wenn andere Faktoren in die Betrachtung einbezogen werden, hatten die Lohnkosten keinen signifikanten Einfluß auf die regional unterschiedlichen Gründungsraten von Unternehmen in Baden.[19] Stattdessen induzierten im interregionalen Vergleich die Agglomerationseffekte und die gründungsspezifische Humankapitalbildung in kleineren und mittleren Unternehmen eine höhere Gründungsaktivität.

Einen zweiten Beleg bietet der zeitliche Ablauf der schweizerischen Gründungen: Insbesondere um die Mitte des 19. Jahrhunderts dürfte das Lohnkostendifferential zwischen der Schweiz und Baden noch zugenommen haben, weil sich die Löhne in Deutschland kaum erhöhten, während die Schweizer Löhne durch die frühe Industrialisierung bereits kräftig stiegen.[20] Gerade in dieser Zeit war jedoch die Migration unternehmerischer Aktivität sehr niedrig, wie wir aus qualitativen Beschreibungen wissen.[21]

Wir wollen prüfen, ob wir diese Angaben quantitativ bestätigen können. Zu diesem Zweck haben wir mit Hilfe der Sekundärliteratur, insbesondere den Kreisbeschreibungen der südbadischen Landkreise[22] und dem enzyklopädischen Werk „Die Industrie in Baden" sowie einigen Regionalstudien diejenigen Unternehmen in der

---

18 Vgl. auch zu Arbeitskosten in italienischen Regionen A'Hearn, Brian, Institutions, Externalitites, and Economic Growth in Southern Italy: Evidence from the Cotton Textile Industry, 1861-1914, in: Economic History Review 51/4, 1998, S. 734-762.

19 Vgl. Baten, New Firms.

20 Vgl. zu Deutschland Gömmel, Rainer, Wachstum und Konjunktur der Nürnberger Wirtschaft (1815-1914), Stuttgart 1978; Gömmel, Rainer, Realeinkommen in Deutschland. Ein internationaler Vergleich 1810-1914, Nürnberg 1979; Gerhard, Hans-Jürgen (Hrsg.), Löhne im vor- und frühindustriellen Deutschland, Göttingen 1984. Zur Schweiz Dudzik, Peter, Innovation und Investition: technische Entwicklung und Unternehmerentscheide in der schweizerischen Baumwollspinnerei 1800 bis 1916, Zürich 1987.

21 Vgl. Wolfram Fischer, Der Staat und die Anfänge der Industrialisierung in Baden: 1800 – 1850, Berlin 1959, S. 209-68.

22 Ich danke Fred-Ludwig Sepaintner und den Mitarbeitern der Landesbeschreibung Freiburg für wertvolle Hinweise. Besonders ergiebig: Landesarchivdirektion, Landkreis Lörrach, Bd. 1/2.

Datenbank der badischen Industrieunternehmen identifiziert, die durch ausländische Unternehmeraktivität entstanden.[23] Welche Verzerrungen sind bei diesem Verfahren denkbar? Ein leichter Survivor Bias[24] könnte durch das große Gewicht der Studie „Die Industrie in Baden" verursacht worden sein, weil sie denjenigen Unternehmen mehr Aufmerksamkeit widmet, die bis in die frühen 1920er Jahre überlebten. Doch deuten die Analysen der anderen Quellen darauf hin, daß diese potentielle Verzerrung allenfalls gering sein kann. Die Gesamtzahl der Immigrantenunternehmen (nachfolgend: IU) könnte leicht unterschätzt werden, weil bei einigen die ausländische Herkunft in Vergessenheit geraten sein könnte. Daher vergleichen wir nachfolgend nur die zeitlichen Unterschiede zwischen den Gruppen „Immigrantenunternehmen" und „Andere", oder rekonstruieren ähnlich strukturierte Kontrollgruppen.

Als Immigrantenunternehmen oder „ausländische" Unternehmen definieren wir nachfolgend Unternehmen, die entweder als Filial- und Tochterunternehmen ausländischer Unternehmer oder durch migrierte Unternehmer gegründet wurden. Wir verzichten bewußt auf eine Unterscheidung dieser drei Arten von Migration unternehmerischer Aktivität, weil in der Realität die Übergänge sehr fließend waren und die uns interessierenden Kernaspekte den drei Ausprägungen gemeinsam waren.

Insbesondere interessiert uns der längerfristige Beitrag zur wirtschaftlichen Entwicklung. Daher betrachten wir nur Gründungen bzw. Filialgründungen, die vor 1900 stattfanden und bis 1912 zumindest 10 Beschäftigte erreichten. Unternehmensmortalität ist besonders häufig im ersten Lebensjahrzehnt von Unternehmen zu beobachten.[25] Unternehmen, die länger als ein Jahrzehnt überlebten, hatten auch danach eine relativ hohe Lebenserwartung.

In Abbildung 1A sehen wir die Arbeitsplätzezahlen im Jahre 1912, die von migrierter Unternehmeraktivität herrührten, geordnet nach den Gründungskohorten und einer groben Brancheneinteilung (Textilindustrie gegenüber „Andere Branchen"), die dem starken Gewicht der Textilindustrie Rechnung trägt. Abbildung 1B zeigt das Gegenstück der „autochthonen" Unternehmen. Im Textilbereich waren es weit über 2000 Arbeitsplätze, die von Unternehmensgründungen aus den späten 1830er herrührten. Auch wichtige „inländische" Unternehmen sind in dieser Zeit gegründet worden, wobei sich hier oft schweizer mit inländischem Kapital mischte. Der Beitrag der späteren Gründungen von Ausländern im Textilbereich nach den 1880er Jahren hatte ein geringeres Gewicht als derjenige der frühen Gründungen in den 1830er Jahren, wie in der großen Zahl der Arbeitsplätze deutlich wird, die 1912 in diesen Unternehmen existierten (vgl. Abb. 1A). Der Zollvereinseffekt ist hier deutlich spürbar. Danach verringerte sich die Gründungsaktivität bzw. ihr Effekt auf die Zahl der Arbeitsplätze von

23 Statistisches Landesamt des Landes Baden (Hrsg.), Die Industrie in Baden, Karlsruhe 1926; Regionalstudien z.B. Baten, Jörg, Die wirtschaftliche Entwicklung der Stadt Lahr im 20. Jahrhundert, in: Stadt Lahr (Hrsg.), Geschichte der Stadt Lahr im Schwarzwald, Bd. 3, Lahr 1993, S. 66-94.

24 Verzerrung durch Überrepräsentanz der überlebenden Unternehmen.

25 Baten, Jörg, Gründung, Produktivität und Erfolg von großen und kleinen Unternehmen in der „Ersten Phase der Globalisierung" 1880-1913, Buchmanuskript München/Tübingen 2001; Mata, Jose / Portugal, Pedro, Life Duration of New Firms, in: Journal of Industrial Economics 42, 1994, S. 227-245.

1912. Während jedoch die langfristig wirksame Gründungsdynamik bei den inländischen Nicht-Textilunternehmen schon in den frühen 1850er wieder deutlich zunahm und im Gründerzeitboom 1871-73 einen ersten Höhepunkt erreichte, nahmen die ausländischen Gründungen in beiden Branchengruppen erst wieder in den späten 1880er Jahren zu. Bei diesen späten Gründungen ist zu bedenken, daß sie zum Zeitpunkt der Messung nur etwa zwei Jahrzehnte alt waren und damit einer geringeren Absterbeselektion unterlagen als die früh gegründeten Unternehmen. Bei der inländisch initiierten Industrie stellte die Textilbranche einen viel geringeren Anteil der Gründungen, nur in den Jahren nach dem Zollvereinsbeitritt übertrafen die Textilindustriewerte die Summe der anderen Branchen. Die heimische Textilindustrie geriet 1865-69 in ein kurzes, 1885-1899 in ein dauerhafteres Gründungsfieber. Jährlich wurden neue Unternehmen gegründet, die 1912 etwa 1000 Arbeitsplätze aufwiesen.

Wir interpretieren die Lücke um die Jahrhundertmitte – zur Zeit des größten Lohnkostendifferentials – als einen weiteren, wenn auch indirekten Hinweis darauf, daß Lohnkosten allein offenbar keine so bedeutsame Rolle für die Ansiedlung von IU spielten.

Energiekosten

Ein weiterer, potentiell wichtiger Faktor waren die Kosten für Energie. Insbesondere im späten 18. und frühen 19. Jahrhundert, als die Wasserkraft noch der wichtigste Energielieferant war, hatte dieser Posten in Baden eine besonders große Bedeutung. Andererseits begann bereits um die Jahrhundertmitte der Abstieg von Industrieansiedlungen aus hoch gelegenen Gebirgstälern mit billiger Wasserkraft in die Ebenen, wo Dampfkraft mit den neuen Verkehrsverbindungen zunehmend rentabler wurde. Um 1900 wurde Wasserkraft noch einmal besonders standortentscheidend, da sich an den Hochrheinwasserkraftwerken besonders energieintensive elektrochemische und aluminiumherstellende Betriebe ansiedelten, auch aus der Schweiz.

Humankapital

Humankapital – die Gesamtheit aller ausbildungsbezogenen Produktionsfaktoren – war anfangs bei der Schweiz-Baden-Migration offenbar weniger wichtig. Es wanderten vorwiegend textilindustrielle Aktivitäten zu, die eher wenig Ausbildung erforderten.[26] Ein schweizerischer Versuch, in Südbaden eine (humankapitalintensive) Maschinenfabrik zu eröffnen, scheiterte schnell.[27] In Nordbaden und im Schwarzwald wurde das Humankapital früher und intensiver genutzt, doch wurden hier vorwiegend einheimische oder aus deutschen Regionen zugewanderte Unternehmer aktiv. Dies ist eine interessante Beobachtung. Man könnte die stärkere Inländerdominanz in diesem Fall durch den relativ großen Anteil erklären, den die Ausbildung des Unternehmers selbst am Erfolg z.B. von kleinen Maschinenbaufirmen ausmacht.

---

26 Vgl. A'Hearn, Institutions.

27 Vgl. Landesarchivdirektion, Landkreis Lörrach, Bd. 1, S. 360.

In Südbaden entstanden humankapitalintensive Betriebe erst im frühen 20. Jahrhundert. Ein wichtigen Beitrag leisteten dabei überraschenderweise tschechische Unternehmer. Beispielsweise gründete 1902 Anton Zahoransky aus Böhmen eine Maschinenfabrik, die Investitionsgüter für die Bürstenindustrie herstellte. Er wählte das weit oben im Schwarzwald gelegene Todtnau als Standort, wo diese Fabrik noch in den 1990er Jahren 220 Beschäftigten Arbeitsplätze in einer ansonsten eher strukturschwachen Region bot.[28] In den 1920er Jahren zog der tschechische Maschinenbauer Roucka die Stadt Lahr bei seiner Standortentscheidung in die engere Wahl, entschied sich im letzten Augenblick jedoch für die Ansiedlung in Frankfurt am Main.[29] Es ist interessant, wie die Migration unternehmerischer Aktivität im 20. Jahrhundert unter dem Einfluß der Wirtschaftsordnungen die Richtung wechselte – heutzutage wandert die unternehmerische Aktivität ja vor allem von Deutschland nach Tschechien.

Kapitalkosten

Welche Bedeutung hatten im vorliegenden Fall die Kapitalkosten? Leider existieren zum Zinsgefälle zwischen der Schweiz und Deutschland bisher keine Studien, die die Zinsraten um die unterschiedlichen Risiken bereinigen. Auch Taylor schloß die Betrachtung der Schweiz aus seiner international vergleichenden Studie von Zinsratendifferentialen aus.[30] Dies ist besonders erstaunlich, weil die Schweiz eine wichtige Rolle als internationaler Kapitallieferant spielte. Die Vernachlässigung der Schweiz ist eigentlich nur durch die lückenhafte Quellenlage erklärbar – möglicherweise hatte die Selbstverpflichtung der Schweizer Banken auf absolute Verschwiegenheit bei Geldtransaktionen ungünstige Auswirkungen auf die Publizität von Zinsdaten. Allerdings zeigen die wirtschaftshistorischen Darstellungen des Schweizer Kapitalexports, daß ein deutliches Zinsratendifferential bestanden haben muß. Der Basler Volkswirt Landmann verglich beispielsweise die Schweizer Faktorausstattungen und -preise mit denen anderer Länder.[31] Diese Studie entstand während des Ersten Weltkriegs und muß daher vor dem Hintergrund der Isolationismusdiskussion gelesen werden. Sollten die Schweizer nur noch Kapital im eigenen Land investieren? Landmann warnte vor einem solchen Verhalten und plädierte weiterhin für eine international offene Schweiz. Er argumentierte mit den historischen Erfahrungen, die belegten, wie günstig diese Haltung für die Schweiz und ihre Nachbarländer gewesen war: Aufgrund der seltenen Kriegsfälle, unter denen die Schweizer zu leiden hatten, der geographischen Position des Landes als Handelsknotenpunkt, und der frühen Industrialisierung war die Akkumulation von Ersparnissen dort seit Jahrhunderten besonders hoch. Auch die relativ hohe Lebenserwartung trug zu einer hohen Sparbereitschaft bei, wobei die Lebenserwartung ihrerseits positiv von der proteinreichen Ernährung beeinflußt wurde.

---

28 Vgl. ebd., Bd. 2, S. 687-8.

29 Baten, Lahr, S. 49.

30 Taylor, Capital Mobility.

31 Landmann, Julius, Der Schweizerische Kapitalexport, Bern 1916.

Der Produktionsfaktor Ausbildung („Humankapital") ist komplementär[32] zum reichlich vorhandenen Schweizer Sachkapital. Die Schweiz produzierte im internationalen Vergleich relativ sach- und humankapitalintensiv. Ungelernte Arbeit – ein Substitut für Sachkapital – wurde hingegen eher wenig genutzt. Sowohl in Branchen mit hohen Erfordernissen an Maschinen und fixem Kapitalstock war die Schweiz besonders stark vertreten, als auch in Branchen mit hoher Umlaufkapitalintensität (d.h. vor allem bei teuren Rohstoffen: Edelmetallverarbeitung, Kakaoverarbeitung, Seidenindustrie). Zu den sachkapitalintensiven Branchen zählten bis in das frühe 20. Jahrhundert insbesondere die Nahrungsmittelindustrie und, im Gegensatz zur nicht ganz korrekten Darstellung z.B. bei Chandler, auch die Textilindustrie.[33] Hingegen war insbesondere der Maschinenbau und die Uhrenindustrie humankapitalintensiv. Auch in diesen Branchen war die Schweiz dominant.

Die Akkumulation von Ersparnissen beeinflußte einerseits die Branchenstruktur des Landes, andererseits die Zinsraten im internationalen Vergleich und damit die Kapitalexporte. Schweizer Kapital war bei den Infrastrukturinvestitionen fast überall in Europa vertreten. Ohne Schweizer Kapital wären die italienische, elsässische und eben insbesondere die badische Textilindustrie weitaus später entstanden. Während das englische Kapital insbesondere in die Neue Welt wanderte, waren nur belgische Investoren ähnlich aktiv im Europa des frühen 19. Jahrhunderts. Französisches und später auch deutsches Kapital wurde oft zunächst in der Schweiz sicher angelegt, um von dort aus in riskantere und ertragreichere Unternehmungen weitergeleitet zu werden.

Der Schweizer Kapitalexport wies im 19. Jahrhundert zwei deutliche Schübe auf, die von einer Phase um die Mitte des Jahrhunderts unterbrochen wurden. Landmann erklärt die Zurückhaltung der Schweizer Investoren um die Jahrhundertmitte mit der relativ hohen Investitionsnachfrage in der Schweiz selbst, die zu dieser Zeit viel in die Infrastuktur investiert habe. Diese These wäre von Detailstudien noch genauer zu klären, denn auch Alternativhypothesen erscheinen plausibel: Die Jahrhundertmitte war von Hungerkrisen und sozialen Unruhen überall in Europa geprägt. In einer solchen Situation bevorzugen Investoren die heimischen Anlagemöglichkeiten, und Kapital flieht typischerweise von kapitalarmen Ländern zurück in kapitalreiche Länder.[34] Eine globale Betrachtung legt nahe, daß die Internationalisierung der „atlantischen" Volkswirtschaften zwischen den 1830er und den 1850er Jahren wahrscheinlich unterbrochen wurde. Dies hypothetisieren O'Rourke und Williamson aus den Divergenzkennziffern.[35] Daher könnte auch die Bedeutung des badischen Zollvereinsbeitrittes für die Schweizer Gründungswelle der 1830er Jahre überbetont worden sein. Wir wissen aber aus ähnlichen historischen Konstellationen, daß eine Zollabschottung oft die

32 D.h. der eine Faktor kann nicht durch den anderen ersetzt werden, sondern ergänzt ihn.

33 Chandler, Alfred D., Scale and Scope: The Dynamics of Industrial Capitalism, Cambridge 1990, S. 453.

34 Vgl. Charles H. Feinstein/Peter Temin/Gianni Toniolo, The European Economy Between the Wars, Oxford 1997, S. 146-165, die ähnliche Beobachtungen für die Deglobalisierungs- und Kapitalmarktdesintegrationsphase der 1930er Jahre machen.

35 O'Rourke / Williamson, Globalization, S. 11-12.

beschriebenen Konsequenzen für Kapitalbewegungen hat, so daß wir die Bedeutung dieser Determinante nicht in Zweifel ziehen wollen. Als Ergebnis der Diskussion wollen wir jedoch die Bedeutung von Hunger und sozialen Unruhen in den 1840er Jahren betonen. Möglicherweise machten auch die Kriege der 1860er und 1870er Jahre Deutschland weniger attraktiv für Schweizer Kapital – der Zustrom setzte ja erst wieder deutlich danach ein (Abb. 1A). Hingegen waren die 1820er und 1830er Jahre ebenso wie die 1880er bis 1900er Jahre relativ friedliche Zeiten, trotz der demokratischen Protestbewegung in der ersten Jahrhunderthälfte und einigem wilheminischen Säbelrasseln zu seinem Ende.

Wie erfolgreich war die immigrierte Unternehmeraktivität?

Nach dieser Diskussion der Determinanten der Migration von unternehmerischer Aktivität, die uns zu einer geringeren Gewichtung der Arbeitskosten für den damaligen „Wirtschaftsstandort Deutschland" führte, die Faktoren Zinsdifferential, Friedlichkeit und Zollpolitik jedoch betonen ließ, wollen wir nun überprüfen, wie erfolgreich diese Investitionen speziell im späten 19. Jahrhundert waren.

Unser Begriff von „Unternehmenserfolg" ist multidimensional angelegt. Während die mikroökonomische Theorie nur Gewinn als Erfolgkomponente sieht, nehmen die beteiligten Menschen auch beispielsweise die Arbeitsplatzwirkungen oder die technologisch fortschrittliche Maschinenausstattung eines Unternehmens als „Erfolg" wahr. Wir definieren daher einen Vektor von Erfolgskomponenten, der neben den Gewinnen auch das Überleben und die Expansion von Arbeitsplätzen und Kapitalbestand umfaßt. Toni Pierenkemper operationalisierte diese Komponenten in seiner Studie der westfälischen Großindustriellen, indem er die Dividendenauschüttung (bzw. die im Bergbau so bezeichnete Ausbeute der Gewerken), die Wahrung der Unternehmensselbständigkeit und das Wachstum von Produktion und Beschäftigtenzahl als Erfolgsindikatoren zugrunde legte. Die Wahl der Dividenden- und Ausbeutezahlung war dabei von der Quellenlage vorgegeben, zumal Aktiengesellschaften und Berggewerkschaften bei dieser Studie im Vordergrund standen.[36] Nachfolgend erweitern wir diesen Vektor um den Gewinn bzw. das aussagekräftigere Maß der Eigenkapitalrendite.

Allerdings kann in dieser Untersuchung nicht das Überleben von Unternehmen betrachtet werden. Die Zahl der dokumentierten Fälle, in denen nachweislich auf Migration unternehmerischer Aktivität zurückgehende Betriebe scheiterten, ist zu gering.

Expansion: Schaffung von Arbeitsplätzen

Hingegen konnten wir für die Betrachtung der Expansion des Arbeitsplatzvolumens nicht weniger als 75 Unternehmen für den Zeitraum 1906-1912 und 48 Unternehmen für den Zeitraum 1895-1906 identifizieren. Ein kurze Voruntersuchung ergab,

---

36 Pierenkemper, Toni, Die westfälischen Schwerindustriellen, 1852-1913. Soziale Struktur und unternehmerischer Erfolg, Göttingen 1979, S. 142, 220.

daß die Wachstumsraten einiger Unternehmen im Untersuchungszeitraum über 200% lagen und daher das Gesamtbild ungebührlich beeinflussten. Wir entfernten diese Ausnahmen aus der nachfolgenden Betrachtung unter Benutzung der üblichen statistischen Kriterien.[37]

Als „Kontrollgruppe" zogen wir aus der Grundgesamtheit der rund 6000 badischen Unternehmen eine entsprechende Anzahl von Unternehmen, die nicht durch Migration unternehmerischer Aktivität entstanden. Diese Unternehmen dienten uns als Vergleichsbasis. Den Zielen der Untersuchung entsprechend wählten wir diese aus denselben Branchen und derselben Größenordnung (approximiert über die Beschäftigtenzahl) wie die Immigrantenunternehmen. Wenn keine exakt geeigneten Vergleichsunternehmen verfügbar waren, wählten wir je zwei inländische Unternehmen, die von der Größe her jeweils knapp oberhalb und unterhalb des Immigrantenunternehmens lagen.

Ein erster Blick auf die prozentuale Zunahme der Beschäftigtenzahl von „in- und ausländischen" Unternehmen zwischen 1906 und 1912 zeigt, daß sich innerhalb der dominanten Textilbranche die IU deutlich ungünstiger entwickelten (Abb. 2). Die weißen Quadrate geben die Mittelwerte der inländisch gegründeten, die schwarzen Punkte die Mittelwerte der ausländisch gegründeten Unternehmen an, rechts für die Textilindustrie, links für die anderen Branchen. Zudem werden sogenannte „Fehlerbalken" in der Abbildung angezeigt. Diese geben einen Hinweis, inwieweit wir uns sicher sein können, daß der Unterschied zwischen den beiden Gruppen systematisch war und verallgemeinert werden kann. Wenn der Mittelwert der einen Gruppe außerhalb des Fehlerbalkens der anderen Gruppe liegt, deutet dies auf einen „statistisch signifikanten" Unterschied hin.

Die ausländischen – ganz überwiegend schweizerischen – Unternehmen bauten im Textilbereich offenbar kaum zusätzliche Arbeitsplätze auf, während die inländischen Unternehmer hier doch deutlich expandierten. In den anderen Branchen war dieses Verhältnis genau entgegengesetzt, hier expandierten die Immigrantenunternehmen weitaus deutlicher, während die inländischen Nicht-Textilindustriellen sich für noch geringere Wachstumsraten entschieden als die inländischen Textilindustriellen.

In der vorangegangenen Zeitphase, die die wirtschaftliche Krise von 1900-02 umfaßte, war das Ergebnis noch deutlicher: Die IU wuchsen deutlich weniger als die Inländer, im Textilbereich lagen beide Unternehmensnationalitäten unter den anderen Branchen (Abb. 3).[38]

---

37 Als „Ausreißer" definiert man Fälle, die mehr als drei Standardabweichungenm vom Mittelwert entfernt liegen.

38 Eine Regressionsanalyse der Wachstumsraten, die wir hier nicht zeigen, ergab, daß nicht das Alter oder Branchencharakteristika diese Mittelwertunterschiede verursachten.

Kapitalproduktivität: Die Eigenkapitalrendite der Aktiengesellschaften

Eine zweite Meßgröße, bei der wir vorsichtige Vergleiche zwischen den IU und den inländisch initiierten Unternehmen ziehen können, ist die Eigenkapitalrentabilität, die wir als ausgewiesenen Gewinn pro Kapital definieren. Leider stehen speziell für die schweizerischen Unternehmen keine genaueren Informationen z.B. aus Steuerunterlagen in ausreichender Anzahl zur Verfügung, so daß wir auf die ungenaueren Handelsbilanzen ausweichen müssen. Spoerer und Hanf haben zu Recht prinzipielle Einwände gegen diese Quellengattung.[39] Handelsbilanzen waren immer auch ein Instrument der Geschäftspolitik: in günstigen Jahren korrigierte man den Gewinn nach unten und bildete stille Reserven. In ungünstigeren Jahren, in denen man dennoch Kapital an der Börse einwerben wollte, wurden die Gewinne übertrieben. Allerdings zeigte Spoerer, daß dieses Problem in besonderer Weise für die Zwischenkriegszeit zutrifft, für die Vorkriegszeit ist eine mögliche Verzerrung als weitaus geringer zu veranschlagen.[40] Extreme Verzerrungen waren in der Kaiserzeit allenfalls bei schwer zu durchschauenden Branchen wie der Elektroindustrie zu beobachten. Hingegen konnten sich die Investoren in Branchen mit traditionellerer Technologie wie z.B. der Textilindustrie sehr wohl ein Bild von Ertragslage und Produktivität machen (z.B. über die Betrachtung der Inputs). Daher war eine grobe Bilanzverfälschung weitaus weniger lohnend. Hinzu kommt, daß sich selbst bei grober Bilanzfälschung die Effekte über die Zeit hinweg z.T. neutralisieren, weil gute und schlechte Jahre sich im Konjunkturzyklus abwechseln. Schließlich interessiert uns nicht das absolute Niveau der Gewinne. Nur die Unterschiede zwischen Unternehmen werden betrachtet.

Wir werden daher die Eigenkapitalrentabilitäten unter der Annahme vergleichen, daß zwischen den von uns betrachteten Gruppen keine enormen, systematischen Verzerrungen vorliegen. Wenn zukünftige Forschungen zeigen, daß diese spezielle Annahme verletzt ist, müssen wir unsere – vorsichtig formulierten – Schlußfolgerungen zurückziehen.

Im Jahre 1911 wiesen die UI deutlich geringere Eigenkapitalrentabilitäten auf als die inländisch gegründeten Unternehmen (Abb. 4). Dies gilt sowohl für die Textilunternehmen als auch für die anderen Branchen. Allerdings wird der Unterschied nicht statistisch signifikant, wie die Position der Fehlerbalken in der Abbildung verdeutlicht: Keiner der Mittelwerte liegt außerhalb des Fehlerbalkenbereiches der Gruppe, mit der wir vergleichen wollen. Dennoch sind die Mittelwertunterschiede groß genug, um ökonomisch bedeutsam zu sein - falls keine Variablen im Hintergrund stehen, die den Mittelwertunterschied tatsächlich erklären.

---

39 Hanf, Reinhardt, Veröffentlichte Jahresabschlüsse von Unternehmen im Deutschen Kaiserreich. Bedeutung und Aussagewert für wirtschaftshistorische Analysen, in: Zeitschrift für Unternehmensgeschichte 23-3 (1978), S. 145-172; hier S. 167-169; Spoerer, Mark, Von Scheingewinnen zum Rüstungsboom. Die Eigenkapitalrentabilität der deutschen Industrieaktiengesellschaften 1925-1941, Stuttgart 1996; vgl. auch Kellenbenz, Hermann / Kaiser, Gerhard / Schneider, Jürgen, Kapitalbildung und Finanzierung von Aktiengesellschaften Oberfrankens in der zweiten Hälfte des 19. Jahrhunderts (1854-1914), in: Jahrbuch für Fränkische Landesforschung 38, 1978, S. 101-128, hier S. 109.

40 Spoerer, Von Scheingewinnen, S. 52/53.

Eine solche Variable im Hintergrund könnte z.B. das Unternehmensalter sein. Wir haben oben beobachtet, daß sehr viele schweizerische Unternehmen in den 1830er Jahren gegründet wurden, und man könnte sich vorstellen, daß deren Rentabilität etwa 80 Jahre später relativ gering war, z.B. weil Produktionsumstellungen nicht erfolgten. In einer Regressionsanalyse, die den Einfluß der Variable „Immigrantenunternehmen“, „Textilbranche“ und „Alter“ auf die Eigenkapitalrentabilität untersucht, hat tatsächlich das Alter einen gewissen Einfluß, der das zehnprozentige Signifikanzniveau nur knapp verfehlt. In geringerem Maße ist der systematische Einfluß der Gründerherkunft gesichert. Aber diese fehlende Signifikanz kann auch durch die leider geringe Zahl von Unternehmen verursacht worden sein, für die wir Eigenkapitalrentabilitäten und ausländische Gründungen feststellen konnten. Aus ökonomischer Sicht ist die um 3,95% niedrigere Rentabilität bei den IU durchaus als wichtig einzuschätzen. Hingegen war der Unterschied zwischen Textil- und anderen Unternehmen gering, wenn man die Variablen Alter und in- oder ausländische Herkunft der Unternehmen kontrolliert. Immerhin 15% der Rentabilitätsunterschiede zwischen diesen 26 Unternehmen können auf diese drei Variablen zurückgeführt werden, obwohl wir natürlich wissen, daß weitere, unternehmensspezifische Charakteristika zusätzlich eine Rolle spielten.

Man könnte nun einwenden, daß das von uns gewählte Jahr 1911 vielleicht untypisch war. Doch auch eine längerfristige Betrachung der Dividendenentwicklung zeigt, daß die ausländisch initiierten Aktiengesellschaften in der Region schlechter abschnitten (Abb. 5). Es ist auch interessant, daß diese Unternehmen in der wirtschaftlichen Krise von 1900-02 besonders deutlich einbrachen, während sich die inländisch gegründeten Unternehmen stabiler entwickelten. Auch in dieser Stichprobe haben wir darauf geachtet, daß bei aus- und inländischen Unternehmen die Branchen- und Größenzusammensetzung annähernd gleich ist. Daher dürfte das schlechtere Abschneiden in der Krisenphase durch andere Faktoren verursacht worden sein, beispielsweise durch den problematischeren Zugang zu Informationen.

Zusammenfassung und Bewertung

Wir haben im letzten Abschnitt festgestellt, daß die Unternehmen, die durch Migration unternehmerischer Aktivität entstanden, um die Jahrhundertwende insgesamt ungünstiger abschnitten und weniger erfolgreich waren als die jeweiligen Kontrollgruppen von inländisch initiierten Unternehmen. Sie expandierten weniger und schufen weniger neue Arbeitsplätze, und sie erwirtschafteten geringere Eigenkapitalrenditen und zahlten geringere Dividenden. Dieses Ergebnis blieb auch robust, als wir Alter und Branchenzugehörigkeit der Unternehmen berücksichtigten. Wir können allerdings aufgrund fehlender Daten keine Aussagen über die Rentabilität der Einzelunternehmen im frühen 19. Jahrhundert machen. Die Zahl der Arbeitsplätze, die von ausländischen Unternehmen der Gründungskohorten 1840er bis 1870er geschaffen wurden, war relativ gering. Dies könnte ein Hinweis darauf sein, daß die Unternehmen der 1830er Kohorte zumindest keine hohe Attraktivität für Nachahmer aufwiesen. Daher schätzen wir den Entwicklungsimpuls durch die zollpolitisch verursachte Gründungsaktivität als eher ungünstig ein. Freilich können wir mit dieser Methode nicht die indirekten Effekte beurteilen, die z.B. aufgrund von Nachahmung der ausländischen durch inländische Unternehmer entstanden sind. Auch der Technologietransfer, der z.B. durch Unternehmen wie Maggi oder die Aluminium Industrie AG Neuhausen geleistet wurde, ist sicherlich positiv einzuschätzen. Doch wären einige Unternehmen mit großer Wahrscheinlichkeit auch ohne den zollpolitischen Impuls nach Süddeutschland gegangen. Bemerkenswerterweise haben sich die angesprochenen Unternehmen, die beim Thema „Technologietransfer" in den Sinn kommen, nicht in der Zollvereinsbeitrittsphase angesiedelt, sondern zu anderen, freier gewählten Zeitpunkten. Die langfristig wirksamen Kräfte der höheren Sparquote in der Schweiz und der damit verbundenen, niedrigeren Kapitalkosten machten Auslandsengagements sinnvoll und fast unumgänglich. Der plötzliche zollpolitische Impuls führte dagegen zu einer Massierung von Gründungen in einem kurzen Zeitraum und in einer wenig verkehrsgünstigen Region, was zu langfristigen Wettbewerbsnachteilen und geringeren Unternehmenserfolgen geführt haben könnte.

Tabelle 1: Übersicht: Gründe/Hemmnisse der Unternehmensmigration

Gründe/Hemmnisse
Politik: Krieg, Zoll
Energie- u.ä. Kosten
Lohnkosten
Transportkosten
Kosten der Informationsübermittlung
Sachkapitalkosten
Humankapitalkosten
Energie- u.ä. Kosten
Unternehmensvorteil bei Technologie u. Branding
Familiarität (Transaktionskosten)
Drittland
Unternehmenserfahrungen (z.B. frühere Enteignung)

Tabelle 2: Determinanten der Eigenkapitalrentabilität 1911

Einflußfaktor	Koeffizient	P-Wert der Signifikanz*
Immigierte Unternehmeraktivität	-3,95	0,40
Textilbranche	-0,34	0,94
Alter	-0,14	0,11
Konstante	19,35	0,00
Gütemaß R-Quadrat	0,15	
Zahl der Fälle	26	

* *Vereinfacht gesagt: Die Wahrscheinlichkeit, daß diese erklärende Variable keinen systematischen Einfluß auf die zu erklärende Variable hat. Quelle: wie Abb. 1.*

Abbildung 1: Anzahl der Arbeitsplätze, die von Unternehmen der einzelnen Gründungskohorten geschaffen wurden

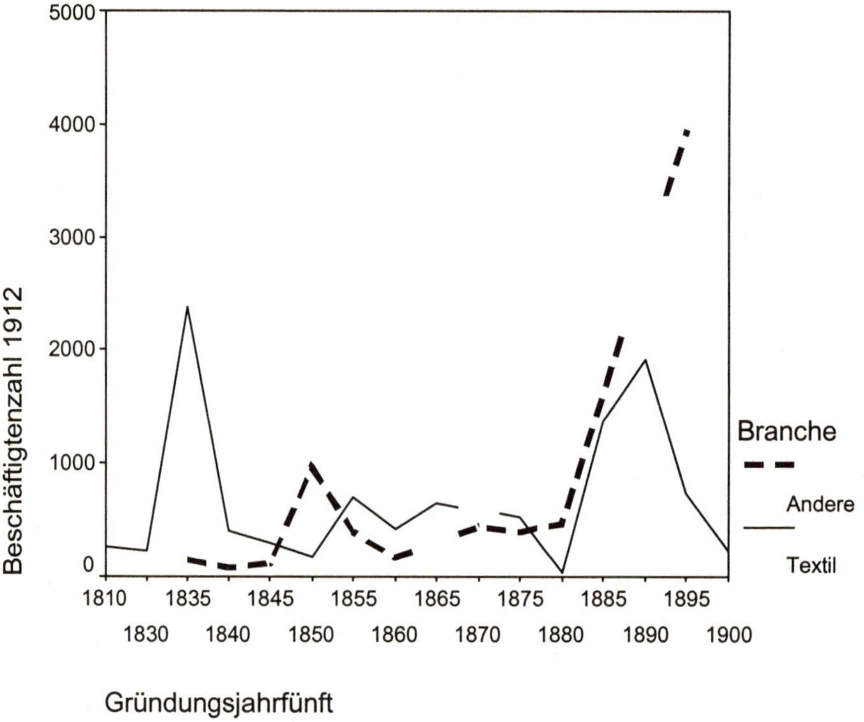

A. „Ausländische" Unternehmen

Quelle: Berechnet nach Baten, Jörg, Gründung, Produktivität und Erfolg von großen und kleinen Unternehmen in der „Ersten Phase der Globalisierung" 1880-1913, Buchmanuskript München/Tübingen 2001.

B. „Inländische" Unternehmen

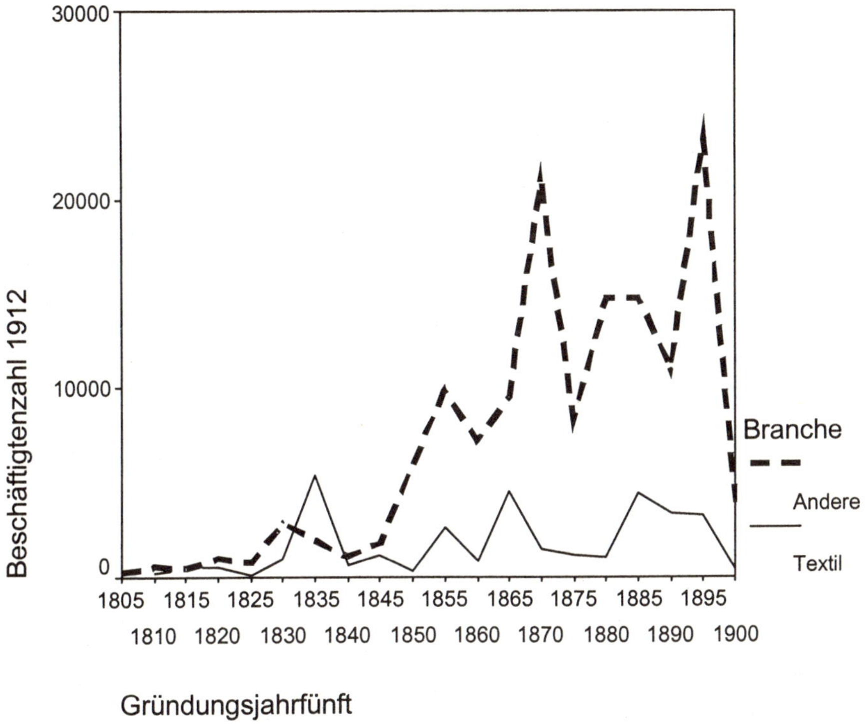

Quelle: wie Abb. 1.

Abbildung 2: Veränderung der Beschäftigtenzahl 1906-1912

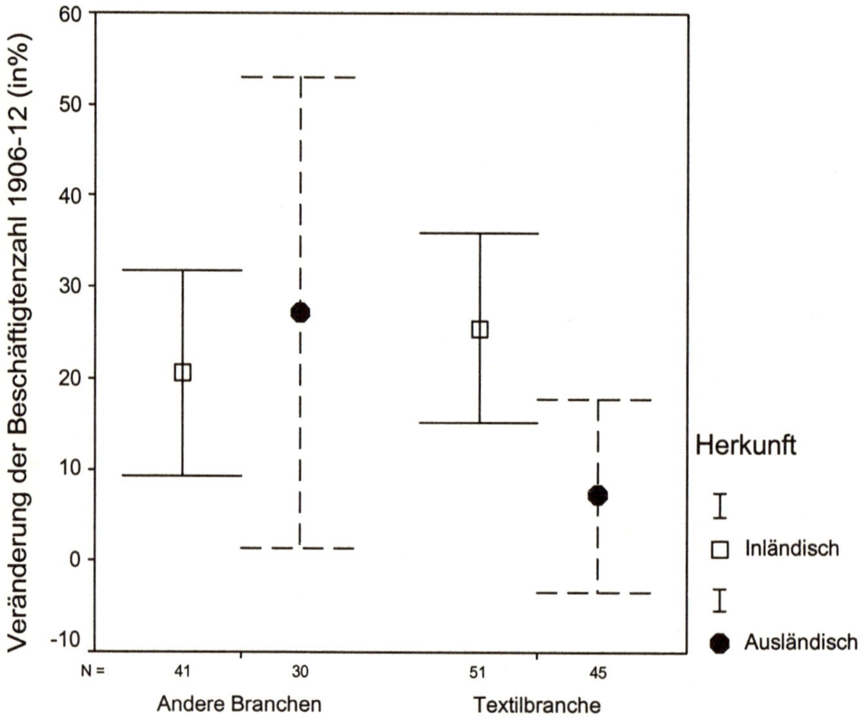

Quelle: wie Abb. 1.

Abbildung 3: Veränderung der Beschäftigtenzahl 1895-1906

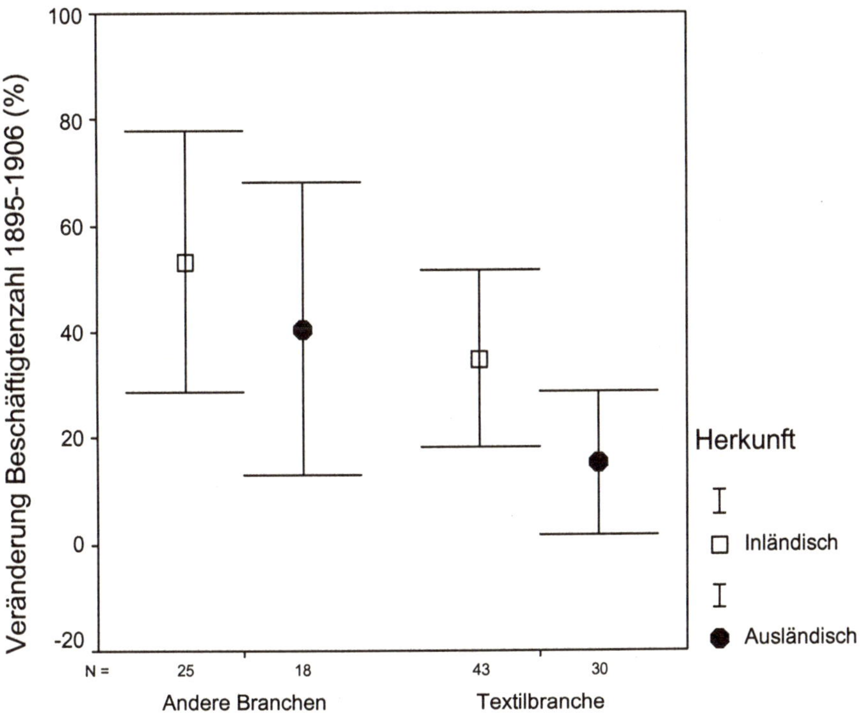

Quelle: wie Abb. 1.

Abbildung 4: Eigenkapitalrentabilitäten von Aktiengesellschaften 1911

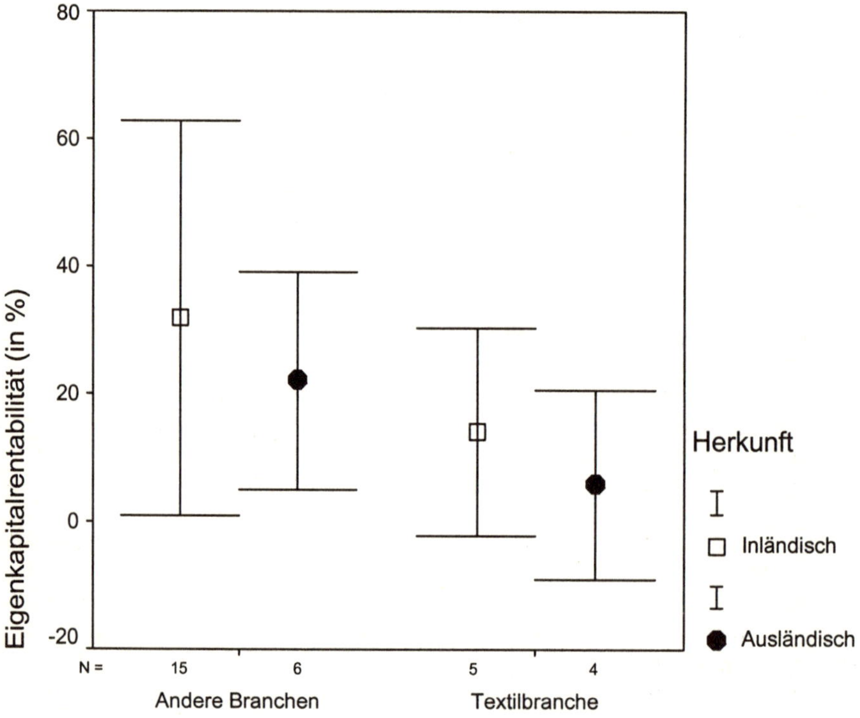

Quelle: wie Abb. 1.

Abbildung 5: Dividenden von Aktiengesellschaften

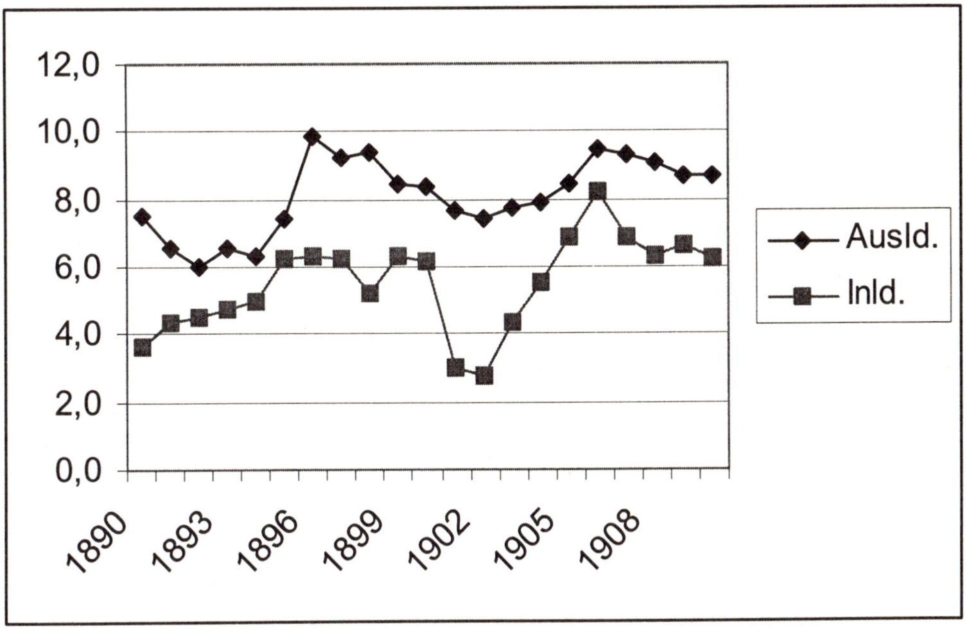

Quelle: wie Abb. 1.

Susan Becker

Metallgesellschaft und Vieille Montagne vor 1914. Ein Beitrag zum Verständnis multinationaler Unternehmen

Mit der Vieille Montagne und der Metallgesellschaft sind zwei Unternehmen Gegenstand der folgenden Ausführungen, die vor 1914 zu den am stärksten international ausgerichteten Unternehmen zählten.[1] Damit war nur vordergründig der hohe Exportanteil an ihrem Gesamtumsatz gemeint. Vielmehr hatten schon zeitgenössische Beobachter eher die *Organisation* ihres Auslandsgeschäfts im Blick.

Vieille Montagne und Metallgesellschaft unterhielten vor 1914 vielfältige Auslandsdirektinvestitionen. Eine ausschließlich hierauf basierende Charakterisierung als Multinationale Unternehmen würde der organisatorischen Vielfalt ihrer ausländischen Unternehmenstätigkeit allerdings nicht gerecht. Sie waren vor 1914 ebenso in zahlreiche internationale Kartelle involviert und unterhielten enge Beziehungen zu ausländischen Unternehmen. Darüber hinaus zeigt sich, dass die verschiedenen von ihnen implementierten Formen internationaler Unternehmenstätigkeit einer gemeinsamen Logik folgten, die darin bestand, Unsicherheitsmomente ihrer Auslandstätigkeit zu begrenzen.

Dieser hier vorerst vage formulierte empirische Befund findet Unterstützung in der theoretischen Diskussion um das Unternehmen an sich, die stark von der Neuen Institutionenökonomie (NIÖ) beeinflußt und befruchtet wird. Es zeigt sich, dass Transaktionskosten bzw. die Möglichkeit ihrer Reduktion als zentrales Argument der NIÖ nicht nur dazu dienen, vertikale und horizontale Integration – oder ihr Ausbleiben – zu erklären. Vielmehr sind sie auch hilfreich in der Erörterung intermediärer Formen der Unternehmensorganisation, die zwischen den Extremen „Markt" und „Unternehmen" angesiedelt sind. Hierunter fallen kontraktbasierende Formen der Unternehmenskooperation wie Kartelle, Agenturen oder langfristige Lieferbeziehungen.[2]

Ziel dieses Beitrags ist es nicht, einen vollständigen Überblick über die ausländische Unternehmenstätigkeit von Vieille Montagne und Metallgesellschaft vor 1914 zu geben. Statt dessen werden, anhand nur weniger ausgesuchter Beispiele, ihre *typi-*

---

1 Den Teilnehmern der 19. Arbeitstagung der Gesellschaft für Sozial- und Wirtschaftsgeschichte danke ich für Hinweise und Anregungen.

2 Wilkins, Mira: Defining a firm. History and theory, in: Hertner, Peter/Jones, Geoffrey: Multinationals. Theory and history, Aldershot 1986, S. 80-95 (hier S. 88f.) Sie hat als eine der ersten darauf hingewiesen, dass die These von der Dichotomie von „Markt" und „Unternehmen" historisch nicht haltbar ist, dass vielmehr auch durch Verträge Transaktionskosten gesenkt werden können. Schröter, Harm G.: Risk and control in multinational enterprise. German business in Scandinavia (1918-1939), in: Business History Review 1988, S. 420-443 (hier S. 424, 441-443), hat früh, ohne allerdings auf Transaktionskosten zu rekurrieren, für deutsche Unternehmen in Skandinavien in der Zwischenkriegszeit nachgewiesen, dass Kartelle und langfristige Verträge eine Alternative zu Direktinvestitionen darstellen konnten, weil auch sie ein erhöhtes Maß an Sicherheit im Vergleich zu Markttransaktionen boten.

schen Formen exemplarisch dargestellt. Es handelt sich um Auslandsdirektinvestitionen, internationale Kartelle und langfristige Beziehungen aufgrund von Liefer-/Abnahmeverträgen mit ausländischen Unternehmen. Eine hiervon abweichende Typenbildung aufgrund anderer Definitionskriterien ist durchaus denkbar; doch bilden die hier gewählten Typen am besten die historische Wirklichkeit ab, nicht zuletzt weil sie der Eigenwahrnehmung der beteiligten Unternehmen entsprachen.[3]

Auslandsdirektinvestitionen werden hier definiert als solche, die Kontrolle über ein ausländisches Unternehmen oder ausländische Vermögenswerte ermöglichen.[4] Ohne in die Diskussion um die genaue Bemessung des prozentualen Grenzwertes, der unternehmerische Kontrolle garantiert, einzusteigen, gelten in der vorliegenden Untersuchung diejenigen Kapitaltransfers als Direktinvestitionen, die eine Mehrheitsbeteiligung von 50 Prozent und mehr herbeiführen. Kartelle werden in Übereinstimmung mit der gängigen Auffassung als vertragliche Vereinbarungen zwischen finanziell und persönlich unabhängigen Unternehmen verstanden, durch welche sie ihre Aktionsparameter (etwa Produktionsmenge oder Preise) gemeinsam festsetzten.[5]

Eine Beziehung zu einem ausländischen Unternehmen wird dann als gegeben angesehen, wenn (wiederholt) langfristige Liefer-/Abnahmeverträge großen Umfangs geschlossen wurden, auf deren Grundlage nicht länger von losen und diskontinuierlichen (Markt-) Kontakten zu dem betreffenden ausländischen Unternehmen die Rede sein konnte; vielmehr bestand ein durch vertragliche Arrangements regularisiertes Verhältnis,[6] aus dem Bindungen und Verpflichtungen oder gar Abhängigkeiten (Quasi-Integration[7]) resultierten. Folglich sind derartige Beziehungen eindeutig weder spontanen Austauschbeziehungen zuzuordnen, noch sind sie innerhalb hierarchischer Kontrollstrukturen anzusiedeln.[8] Sie nehmen (wie Kartelle auch) eine organisatorische Zwischenstellung ein, sind zwischen den Extremen ‚Markt' und‚Unternehmen' angesiedelt.

---

3 So ist in einer internen Darstellung der Geschichte der Metallgesellschaft – Sommer, Julius: Die Metallgesellschaft. Ihre Entwicklung, dargestellt für die Concern-Angehörigen, unveröffentlichtes Manuskript, Frankfurt a.M. 1931 – wiederholt von so genannten besonderen Beziehungen die Rede. Dahinter verbargen sich langfristige Liefer- und Abnahmeverträge, die in den allermeisten Fällen durch eine Minderheitsbeteiligung und eine Vertretung im Aufsichtsrat des betreffenden Unternehmens gestützt wurden.

4 Vgl. Jones, Geoffrey: The evolution of international business. An introduction, London/New York 1996, S. 4f.

5 König, Heinz: Kartelle und Konzentration (unter besonderer Berücksichtigung der Preis- und Mengenabsprachen), in: Arndt, Helmut. Die Konzentration in der Wirtschaft, Bd. 1, Berlin 1960, S. 303-332 (hier S. 304).

6 Vgl. Wilkins, defining, S. 89.

7 Als Quasi-Integration wird eine Situation verstanden, in der ein Unternehmen Vorteile einer vertikalen Integration genießt, ohne gleichzeitig das Risiko und die mangelnde Flexibilität des Eigentums an den betreffenden Vermögenswerten tragen zu müssen. Blois, K. J.: Vertical quasi-integration, in: Journal of Industrial Economics 1972, S. 253- 272 (hier S. 253).

8 Vgl. Hutchinson, Diane/Nicholas, Stephan: Theory in business history. New approaches to constitutional change, in: Journal of European Economic History 1988, S. 411-425 (hier S. 413, 416f.)

Wie passen internationale Kartelle auf der einen Seite sowie langfristige und enge Beziehungen zu ausländischen Unternehmen auf der anderen Seite in das Bild, das im allgemeinen von Multinationalen Unternehmen besteht? Wie verhalten sich diese beiden Formen internationaler Unternehmenstätigkeit zu Auslandsdirektinvestitionen, die qua definitionem multinationale Unternehmen konstituieren? In der Beantwortung dieser Frage liegt der Schwerpunkt auf der Analyse des Transaktionskostenpotentials, wobei die Grenzen dieses Ansatzes deutlich und andere Einflußfaktoren aufgezeigt werden. Erkenntnisleitend ist die theoretisch fundierte Ausgangshypothese, dass nicht nur durch Auslandsdirektinvestitionen, sondern auch durch andere Formen ausländischer Unternehmenstätigkeit – wie die internationale Kartellierung und die Pflege besonderer Beziehungen zu ausländischen Unternehmen – Transaktionskosten gesenkt werden könnten.

Im Folgenden wird nach wenigen Sätzen zur Geschichte beider Unternehmen an ausgewählten Beispielen dargelegt, unter welchen Voraussetzungen sich Vieille Montagne und Metallgesellschaft jeweils zwischen den drei hier typologisierten Formen internationaler Unternehmenstätigkeit entschieden. Hinsichtlich der zugrundeliegenden Methode soll der Hinweis genügen, daß eine historisch-hermeneutische Herangehensweise ergänzt wird durch die Analyse von Transaktionskostenpotentialen, also durch eine eher ökonomisch-analytische Auseinandersetzung mit dem Thema.

Unternehmenshistorische Kurzportraits

Die Société Anonyme des Mines et Fonderies de Zinc de la Vieille Montagne (kurz **Vieille Montagne**), 1837 mit Sitz in Lüttich gegründet,[9] entwickelte sich im Untersuchungszeitraum zur größten Zinkproduzentin weltweit.

Von Anfang an war sie ein über die verschiedenen Produktionsstufen integriertes Zinkunternehmen. Zum Zeitpunkt ihrer Gründung bot sie folgendes Bild: Ausgehend von der Galmeigrube Altenberg, der sie ihren Namen verdankt, betrieb sie nicht nur Erzbergbau im deutsch-belgischen Grenzgebiet, sondern schloß an den nahe Lüttich gelegenen Standorten St. Léonard und Angleur die Verhüttung der geförderten Zinkerze ein. Die Verarbeitung zu Halbfertigprodukten erfolgte in französischen Walzwerken, darüber hinaus verfügte sie über Nutzungsrechte an einem britischen Walzwerk.[10] Außer der konsequenten vertikalen Integration fällt insbesondere die Standortwahl der Vieille Montagne auf, die sich an den damals wichtigsten Absatzmärkten ihrer Produkte orientierte.

9 Zur Vor- und Frühgeschichte der Vieille Montagne vgl. Ladeuze, France/Dejonghe, Léon/Pauquet, Firmin: Historique de l'exploitation des gisements plombo-zincifères de l'Est de la Belgique. Le rôle de la Vieille Montagne, in: Chronique de la Recherche Minière 1991, S. 37-50; Pauquet, Firmin: Der Galmeibergbau und die Zinkmetallurgie im Bereich des ehemaligen Herzogtums Limburg mit besonderer Berücksichtigung des Altenberger Grubenfeldes, in: Geschichtliches Eupen 1967, S. 57-66.

10 VMA [Vieille Montagne Archiv], A5/1/4/1: Note sur la Vieille Montagne, S. 2.

In der Folgezeit baute sie ihre Stellung in Frankreich und auch Deutschland durch Auslandsdirektinvestitionen weiter aus: Sie erwarb beispielsweise wenige Monate nach ihrer Gründung ein Zinkwalzwerk im französischen Bray. Etwa ein halbes Jahrhundert später erfolgte in einer zweiten Phase die Ausweitung ihrer Position auf dem französischen Markt, indem die Vieille Montagne ihren dortigen Produktionsstandorten von 1871 bis 1887 eine Zinkhütte und drei Walzwerke hinzufügte.[11] In der Zwischenzeit war der Schritt auf den wichtigen deutschen Markt bereits getan: 1853 war die Fusion mit der Gesellschaft Rhein-Preußen (Société des Mines et Usines à Zinc de la Prusse-Rhénane) erfolgt, womit der Erwerb zahlreicher Gruben und Mutungen in Preußen, von zwei Zinkhütten und einem Zinkweißwerk verbunden gewesen war.[12] Als sich abzuzeichnen begann, dass die ehemals äußerst ergiebigen Altenberger Erzlager bald erschöpft sein würden, wandte sich die Vieille Montagne seit den 1850er Jahren auch dem ausländischen Bergbau zu. Sie erwarb Minen in Schweden, Italien, Nordafrika, Frankreich und Großbritannien, von denen Erstere die weitaus wichtigsten waren.

Anders als bei der Herstellung und Verarbeitung von Zink erlangten im Bereich der Erzförderung Direktinvestitionen im Vergleich zu anderen Formen ausländischer Unternehmenstätigkeit eine weniger herausragende Bedeutung. Hier spielten langfristige Abnahme-/Lieferverträge mit ausländischen Bergwerken eine ganz entscheidende Rolle. Auf ihnen beruhte die Alimentation der Hütten seit den späten 1860er Jahren zu mehr als der Hälfte.[13] Eine besondere Form von Abnahme-/Lieferverträgen schloß die Vieille Montagne mit einer Reihe europäischer Zinkhersteller. Diese so genannten ‚traites de participation‘ hatten den zentralisierten Verkauf für die vertraglich gebundenen Zinkhersteller durch die Vieille Montagne zum Gegenstand und können als Vorläufer der internationalen Zinkkartelle gelten, an denen die Vieille Montagne federführend beteiligt war. Man geht wohl nicht fehl, wenn man sie als Trägerin des Kartellgedankens in ihrer Branche während des Untersuchungszeitraums bezeichnet.[14]

Die Frankfurter **Metallgesellschaft** wurde im Gegensatz zur Vieille Montagne als Handelsunternehmen für NE[15]-Metalle (vor allem Kupfer, Zink und Blei) gegründet (1881), nahm später auch den Erzhandel auf. Obwohl sie vor 1914 auch erste deutliche Schritte in die Produktion von NE-Metallen unternahm, lag ihr Schwerpunkt im

---

11 Vieille Montagne (Hg.): 1837-1905. Industrie du zinc, Société des la Vieille Montagne, [SV, Lüttich] o.J. [1905], S. 30-33 ; Vieille Montagne (Hg.): Centenaire de la Vieille Montagne 1837-1937, [SV, Lüttich] o.J. [1905], S. 32.

12 Cameron, Rondo E.: Some French Contributions to the Industrial Development of Germany 1840-1870, in: The Journal of Economic History 1956, S. 281-321 (hier S. 292); Devos, Margareta A. V.: Kapitalverflechtungen in der Montanindustrie zwischen dem westlichen Deutschland und Belgien von etwa 1830 bis 1914, Diss. Bonn 1986, S. 275-277.

13 Vgl. VMA, A5/1/1/3: Rapport sur la progression des affaires de la Vieille Montagne traitées par le service du Secretariat depuis 1890, S. 5 (Tabelle); K2/2/2/3: Production de zinc brut. Consommation de minerais (1915), ohne Seitenangabe (Tabelle).

14 Marcus, Alfred: Die großen Eisen- und Metallkonzerne, Leipzig 1929, S. 186.

15 NE=Nichteisen.

Untersuchungszeitraum weiterhin auf dem Metall- und Erzhandel.[16] Sie war so erfolgreich hierin, dass sie vor 1914 zu den weltweit führenden Unternehmen ihrer Branche zählte und nur hinter US-amerikanischen Gesellschaften zurückstand.

In der Geschäftsphilosophie der Metallgesellschaft nahm die geographische Expansion mit Hilfe von Handelsniederlassungen einen zentralen Stellenwert ein. Sie wurden in Form von Auslandsdirektinvestitionen in den Zentren der internationalen NE-Metallwirtschaft unterhalten: in New York, Mexiko und Melbourne. Das zweite Standbein der Metallgesellschaft war die bereits angesprochene Integration in die Produktion von NE-Metallen. Hierbei spielte wiederum eine Auslandsdirektinvestitionen eine entscheidende Rolle, die belgische Usine de Désargentation.[17]

Daneben waren langfristige und enge Beziehungen zu ausländischen Gesellschaften grundlegender Bestandteil ihrer Unternehmensstrategie. Sie unterhielt ein ganzes Netzwerk solcher Beziehungen, was ihr vor dem Hintergrund des Ersten Weltkrieges und der damit verbundenen Frage nach der ausreichenden Versorgung mit kriegswichtigen NE-Metallen von britischer Seite treffender Weise die Bezeich-nung als Oktopus einbrachte, der die internationale NE-Metallwirtschaft sprichwörtlich mit seinen Tentakeln umschlang.[18] Grundlage dieser engen internationalen Geschäftsbeziehungen der Metallgesellschaft waren Minderheitsbeteiligungen in Verbin-dung mit langfristigen Abnahme-/Lieferverträgen,[19] die sie oftmals in die Position einer vertikalen Quasi-Integration hineinwachsen ließen.

Des weiteren war sie stark in die Kartellierung der internationalen NE-Metallwirtschaft vor 1914 involviert. Sie fungierte als Verkaufsstelle der internationalen Blei- und Zinkkartelle sowie der französischen Gruppe innerhalb des internationalen Aluminiumkartells. Auch den weltweiten Handel mit Nickel vermochte sie an sich zu ziehen, indem sie den Absatz in ihrer Funktion als gemeinsame Verkaufsstelle zentralisierte.[20]

Motivation ausländischer Unternehmenstätigkeit

Seit mehreren Jahren war die **Vieille Montagne** in zum Teil erheblichem Umfang nicht in der Lage gewesen, die gestiegene Nachfrage nach Zink und Zinkblech aus eigener Produktion zu befriedigen. Deshalb war sie mit verschiedenen vertraglich übereingekommen, einen Teil von deren Produktion abzunehmen, so auch mit der bereits erwähnten, mit ihrer Hilfe gegründeten Société de la Prusse-Rhénane. Von diesen

---

16 Sommer, Metallgesellschaft, S. 68, 70, 111.

17 Vgl. Achinger, Hans: Wilhelm Merton in seiner Zeit, Frankfurt a.M. 1965, S. 42-45.

18 Vgl. o.V.: Mertons and the Metallgesellschaft, in: The Ironmanger 1916, S. 44-46 (hier S. 44).

19 Vgl. Pohl, Hans/Becker, Susan: Networks in the German non-ferrous metals trade before 1933, in: Núñez, Clara Eugenie (Hg.): Entrepreneurial networks and business culture (Proceedings of the twelfth International Economic History Congress, B7), Sevilla 1998, S. 135-145 (hier S. 138, 143).

20 Sommer, Metallgesellschaft, S. 33; Waechter, Franz: Die Kartellbestrebungen der Blei- und Zinkhütten Europas, in: Bergwirtschaftliche Mitteilungen 1913, S. 153-209 (hier S. 197, 206).

Unternehmen hatte sich die Vieille Montagne das Recht zusichern lassen, auf dem preußischen und anderen Märkten als alleiniger Verkäufer ihrer Produkte auftreten zu dürfen. Im Gegenzug beteiligte sie die Société de la Prusse-Rhénane – und die betreffenden anderen Zinkhütten – prozentual am Umsatz.[21] Damit hätte eigentlich ihr Ziel, sich mit Hilfe dieses ‚système de ventes en participation' zusätzliche Verkaufsmengen zu sichern, erreicht sein können.

Doch hier kommt ins Spiel, was die Vieille Montagne mit den Worten umschrieb, „une sécurité plus grande pour notre position" erreichen zu wollen. Dahinter verbarg sich die Einschätzung seitens des Managements, daß die vertragsbasierte Verbindung zur Société de la Prusse-Rhénane häufigen Störungen unterworfen war.[22] Worin diese Störungen bestanden, wird leider nicht näher spezifiziert. Unabhängig von der genauen Ursache waren solchen Störungen mit Transaktionskosten verbunden, wie etwa Überwachungs- und Durchsetzungskosten oder auch erneute Verhandlungskosten. In ihrem Bemühen, die Unsicherheiten des Vertragsverhältnisses zur Société de la Prusse-Rhénane und die damit verbundenen Transaktionskosten weiter zu reduzieren, entschloß sich die Vieille Montagne also zur Fusion mit der Gesellschaft Rhein-Preußen, obwohl sie seit ihrer Gründung im Jahre 1852 bereits eine Direktinvestition an diesem Unternehmen hielt.[23] Damit offenbarte die Vieille Montagne eines der Kennzeichen ihrer (ausländischen) Direktinvestitionen, die ihr ohne Ausnahme einen Besitzanteil von 100 Prozent verschafften und nicht mit eigener Rechtspersönlichkeit versehen wurden. Denn sie war, wie im Falle der Société de la Prusse-Rhénane, davon geleitet, ihre Geschäftstätigkeit auf „le plus sûr moyen"[24] zu gründen.

In Ergänzung zu der erwähnten transaktionskostenrelevanten Motivation bieten Erwägungen strategischer Art einen weiteren wichtigen Erklärungsansatz für die (vollständige) Internalisierung des Vertragsverhältnisses zur Société de la Prusse-Rhénane. Die Vieille Montagne sah sich auf dem wichtigen deutschen Markt zunehmend der Konkurrenz schlesischer Zinkproduzenten ausgesetzt, der sie effektiv nur durch die Produktionsaufnahme in Deutschland begegnen konnte, um die prohibitiven Zollmauern beim Import nach Deutschland zu umgehen.[25] Außerdem – und das ist wichtiger – verfolgte sie die Absicht, Präsenz gegenüber den schlesischen Konkurrenten auf deren eigenem zollgeschützten Absatzgebiet zu demonstrieren. Damit hoffte sie, die Grundlage für den Erfolg zukünftiger Kartellverhandlungen, die zuvor mehrfach gescheitert waren,[26] zu schaffen. „Notre entrée sur le marché allemand nous a

---

21 VMA A5/1/4/3, Statuten der Société de la Prusse-Rhénane, 20.08.1852, Artikel 9; Vertrag Société de la Prusse-Rhénane/Vieille Montagne, 12.08.1853 (§ 1-3); Geschäftsbericht der Vieille Montagne 1853.

22 VMA A5/1/4/2, Rapport sur les fusions acev les Société de la Prusse-Rhénane, de la Meuse et de Valentin-Cocq (1853), S. 4f., 12 (Zitat).

23 VMA A5/1/4/3, Statuten der Société de la Prusse-Rhénane, 20.08.1852, § 7; Vertrag Rochaz/Vieille Montagne, 12.07.1852.

24 VMA Geschäftsbericht 1853.

25 Colle-Michel, M.; Les archives de la Société des Mines et Fonderies de Zinc de la Vieille Montagne, Löwen/Paris 1966, S. 13.

26 Vgl. VMA Registre des Déliberations, 01.03.1850.

donné une occasion toute naturelle de reprendre les négociations entamées à de diverses reprises avec les principaux producteurs de la haute Silésie.“[27] Durch die Fusion mit der Société de la Prusse-Rhénane verfügte die Vieille Montagne sozusagen über die Eintrittskarte dazu.

Wie sehr strategische bzw. unternehmenspolitische Aspekte die Entscheidung über die jeweils angemessene Form internationaler Unternehmenstätigkeit beeinflussen konnten, zeigen auch Beispiele aus dem Bereich des Bergbaus. Seit den späten 1850er Jahren war die Vieille Montagne zunehmend auf ausländische Kauferze angewiesen. Folglich verstärkte sie ihr Engagement im Bergbau vermittels diverser Direktinvestitionen, vor allem in Schweden, aber auch in Italien und Nordfrankreich. Der absoluten Zunahme ihrer Auslandsdirektinvestitionen im Bergbau stand trotzdem der relative Bedeutungsverlust ihrer eigenen Gruben für die Alimentation ihrer Hütten gegenüber.[28] Somit stellt sich die Frage, wieso die Vieille Montagne nicht noch stärker den Markt bzw. bestehende Vertragsverhältnisse für ausländische Kauferze internalisierte. Dafür hätten aufgrund der hohen Faktorspezifität ihrer Anlagen im Sinne der Transaktionskostensanalyse ideale Voraussetzungen bestanden.

Verschiedene Gründe können angeführt werden. Einerseits trat die Vieille Montagne gegenüber fremden Erzlieferanten in der Regel als Großabnehmer auf, woraus sich eine Situation ergab, die als vertikale Quasi-Integration umschrieben werden kann. Vor diesem Hintergrund erschien eine weiterreichende Rückwärtsintegration wohl nicht zwingend geboten. Sie erachtete solche Vertragsverhältnisse als genügend abgesichert, die mit ihnen verbundenen Transaktionskosten aufgrund der langfristigen Absprachen als hinreichend eingedämmt - wenngleich Beispiele dafür angeführt werden können, daß dies eben nicht immer der Fall war.[29] Hier kommt ins Spiel, daß in der Vieille Montagne andererseits eine unternehmenspolitische Grundsatzentscheidung bestand, der zufolge die finanziellen Ressourcen der Vieille Montagne auf die Rohzink- und Zinkblechherstellung anstatt auf die Erzförderung konzentriert wurden.[30] Wie das Beispiel australischer Erzverträge zeigt, konnte sich eine solche Politik durchaus rechnen. Aufgrund langfristiger Verträge bezog die Vieille Montagne seit 1908 über deutsche Metallhändler jährlich über 100.000 t australischer Zinkblende,[31] ohne dafür in irgendeiner Weise finanzielle Ressourcen binden zu müssen, während ihr schwedisches Erzlager in Ammeberg nach erheblichen Investitionen jährlich lediglich ein Drittel dieser Menge zutage förderte.[32]

In der Frage der Kartellierung der internationalen Zinkindustrie ging es der Vieille Montagne nur vordergründig darum, den Preisverfall für Zink infolge von Überproduktion zu stoppen. Durch internationale Kartellverträge wurde seit 1909 eine be-

---

27 VMA Geschäftsbericht 1854.

28 VMA K2/2/2/3, Production de zinc brut. Consommation de minerais (1915), o.S. (Tabelle).

29 Vgl. VMA K2/2/2/3, Consommation génerale de minerais, S. 7.

30 VMA K2/2/2/5, Politique minière de la Vieille Montagne, o.S.

31 VMA A5/1/1/3, Historique du Sécretariat 1890-1914, S. 7, 16; La Vieille Montagne 890 à 1915, S. 4f.

32 Vgl. etwa für 1911 VMA A5/1/4/1, Note sur la Vieille Montagne.

triebliche Teilfunktion der Mitgliedsunternehmen internalisiert, indem nämlich die Entscheidung über ihre Produktionsmenge durch das Kartell gefällt wurde. Damit konnte aus Sicht der Vieille Montagne ein Zugewinn an Sicherheit verbunden sein, weil durch den Kartellvertrag die Beziehungen der Mitgliedsunternehmen in diesem Punkt regularisiert und stabilisiert, Transaktionskosten auf diesem Wege reduziert wurden.[33] In den Akten der Vieille Montagne ist hiervon freilich nichts zu lesen. Aus ihrer Position während der Kartellverhandlungen wird dagegen deutlich, dass es ihr nicht nur darum ging, die Anpassung der Produktion an den Konsum effizienter zu gestalten, sondern ihre Haltung zur Kartellfrage war eindeutig auch von einer strategisch motivierten Absicht geprägt. „Die Macht der drei Firmen [Metallgesellschaft, Aron Hirsch & Sohn sowie Beer, Sondheimer & Co., SB] als Händler und Produzenten ist einmal vorhanden und es wäre ein müssiges Beginnen, gegen dieselben ankämpfen zu wollen. ... Es scheint demzufolge richtig, ihre Interessen mit den unserigen zu vereinigen".[34] Aus Sicht der Vieille Montagne galt es also, den komparativen Vorteil und die dynamische Entwicklung der Metallhändler (als Produzenten) und der ihnen nahestehenden Hütten einzudämmen.

Die **Metallgesellschaft** gestaltete ihre Auslandsaktivitäten prinzipiell nach denselben Kriterien wie die Vieille Montagne, wies in der konkreten Umsetzung jedoch charakteristische Unterschiede auf.

1887 gründete sie in New York die American Metal Co. zur Abwicklung ihres Handelsgeschäfts mit dem amerikanischen Kontinent.[35] Seitdem sich mit Beginn der 1880er Jahre abgezeichnet hatte, daß die USA für die Metallversorgung Europas von außerordentlicher Bedeutung sein würden und auch die Metallgesellschaft vermehrt amerikanische Metalle bezog – mit anderen Worten die Transaktionshäufigkeit zunahm –, war der Zeitpunkt gekommen, das zuvor bestehende Vertretungsverhältnis zu einem New Yorker Bankhaus zu internalisieren. Insbesondere die mit überseeischen Geschäften verbundenen Kontrollkosten wurden seitens der Metallgesellschaft hoch veranschlagt.[36] Durch die Internalisierung fielen zwar unternehmensinterne Transaktionskosten an, doch schienen sie durch die Umsatzhöhe gerechtfertigt. Tatsächlich entwickelte sich die American Metal Co. in der Folgezeit äußerst erfolgreich. Auch unternehmenspolitische Aspekte spielten bei der Investitionsentscheidung eine wichtige Rolle. Es war der Metallgesellschaft besonders daran gelegen, auf dem so wichtigen amerikanischen Metallmarkt durch eine eigene Organisation *präsent* zu sein, um so die Bedeutung bzw. Leistungsfähigkeit und internationale Ausrichtung des eigenen

---

33 Vgl. allgemein zu diesem Aspekt Read, Robert: Cartels and internalisation in the eighteenth century copper industry, in: Brown, Jonathan/Rose, Mary (Hg.): Entrepreneurship, networks and modern business, Manchester/New York 1993, S. 163-190 (hier S. 164); Wilkins, defining, S. 89, 91; Schröter, risk and control, S. 421, 424.

34 Vgl. VMA H1/6/3/1, Hocks an Sinçay, 13.11.1907.

35 Sommer, Metallgesellschaft, S. 17.

36 Merton, Wilhelm: Erwiderung auf Robert Liefmann, in: Metallgesellschaft AG (Hg.): Die Liefmann/Merton-Kontroverse, Frankfurt a.M. 1992 (=Dokumente und Schriften aus dem Historischen Archiv der Metallgesellschaft AG, Heft 1/1981), S. 31-85 (hier S. 40).

Hauses vor Ort demonstrieren zu können, was wiederum als der Anknüpfung von Geschäftskontakten dienlich erachtet wurde.[37]

Die Bedeutung dieses strategischen Motivs läßt sich anhand eines weiteren Beispiels unterstreichen. 1913 übernahm die Metallgesellschaft die spanische Bleihütte Compañia Metalúrgica de Mazarrón, obwohl die Übernahme von Anfang an nicht als einträgliches Geschäft angesehen wurde. Die Analyse möglicher Transaktionskosten hilft als Erklärung für die Investitionsentscheidung wenig weiter. Denn tatsächlich hatte die spanische Hütte bereits seit den frühen Jahren des 20. Jahrhunderts ihre Bedeutung als Rohbleilieferant für die belgische Usine de Désargentation, eine Auslandsdirektinvestition der Metallgesellschaft, verloren.[38] Hohe Transaktionskosten infolge von Faktorspezifität der belgischen Anlagen scheiden somit als Argument für eine Direktinvestition der Metallgesellschaft in die spanische Bleihütte aus. Vielmehr ging es ihr bei ihrer spanischen Direktinvestition einzig darum, auf dem wichtigen spanischen Bleimarkt organisatorisch selbständig vertreten zu sein[39] – aus denselben Gründen, die schon für die American Metal Co. erläutert wurden.

Die Metallgesellschaft enthielt sich in auffälliger Weise beinahe jeglicher Investition in den ausländischen Erzbergbau. Ursächlich hierfür kann geltend gemacht werden, daß die Metallgesellschaft Transaktionskosten für den Bezug von Erzen nicht sehr hoch veranschlagte. Tatsächlich stand sie zu den meisten Bergwerken, von denen sie Kauferze bezog, in einem sehr engen Verhältnis. Dies beruhte nicht nur auf der Tatsache, daß sie in aller Regel als Großabnehmer der betreffenden Bergwerke auftat und somit de facto eine Quasi-Integration herbeiführte. Darüber hinaus stützte die Metallgesellschaft die zugrunde liegenden langfristigen Lieferverträge durch Minderheitsbeteiligungen und Kredite, durch technologische Hilfeleistung und Personaltransfer sowie durch die Wahrnehmung von Aufsichtsratsmandaten.[40] Obwohl der Anreiz zur Internalisierung aufgrund der hohen Faktorspezifität der zu alimentierenden Hütten theoretisch groß war, gelang es der Metallgesellschaft somit, ihren vertraglichen Beziehungen zu ausländischen Bergwerken eine genügend große Stabilität und Sicherheit zu verleihen,[41] weshalb sie also von Direktinvestitionen absah – so weit die Theorie. Das Quellenstudium zeigt hingegen, daß die Metallgesellschaft schlicht und einfach einem finanziellen Engagement im Bergbau abgeneigt war, weil man die da-

---

37 Vgl. Rieger, Harald: Die Metallgesellschaft. Ein Fall des „Effektenkapitalismus"? Wilhelm Merton als Kontrahent eines wissenschaftlichen Disputs, in: Metallgesellschaft AG, Liefmann/Merton-Kontroverse, S. 87-113 (hier S. 97).

38 MGA [Metallgesellschaft Archiv] 167, Protokolle des Verwaltungsrats der Usine de Désargentation, 31.03.1912.

39 MGA 152, Protokolle des Aufsichtsrats der Metallgesellschaft, 28.11.1913; Sommer, Metallgesellschaft, S. 98.

40 Vgl. das Beispiel der Compañia Minera de Peñoles: MGA p4/3, Vertrag Cia. Minera de Peñoles/mg, 23.03.1911; Sommer, Metallgesellschaft, S. 98f.

41 Im Fall der Compañia Minera de Peñoles sprach sie beispielsweise davon, diese zu kontrollieren, obwohl sie nur eine Minderheitsbeteiligung hielt. MGA 270, Geschichte der Metallgesellschaft, S. 26.

mit verbunden Risiken als nicht abschätzbar betrachtete.[42] Eine Kombination beider Ansätze vermag zu erklären, warum die Metallgesellschaft selbst von einer Direktinvestition in die Compañia Minera de Peñoles absah, obwohl ihre eigene Bleihütte – Usine de Désargentation – in ihrer Alimentation zu 70 Prozent auf diese mexikanischen Erze angewiesen war.

Die Metallgesellschaft war sehr darum bemüht, sich in die Kartellverhandlungen der internationalen NE-Metallproduzenten einzuschalten. Wenn ihr dies nicht gelänge, wäre sie massiv davon bedroht gewesen, von einem Großteil des internationalen NE-Metallhandels ausgeschlossen zu werden. Zwar hatte sie sich beispielsweise durch ihre Direktinvestition in die Usine de Désargentation bis zu einem gewissen Grad unabhängig gemacht, doch basierte ihr Handelsgeschäft zum überwiegenden Teil auf Metall, das sie von fremden Unternehmen bezog. Da unter den Produzenten eine Neigung zur Gründung von Syndikaten vorherrschte, waren die entsprechenden Liefer-/ Abnahmeverträge jedoch von einseitiger Aufkündigung bedroht, sobald diese den Verkauf in die Hände einer zentralen Verkaufsstelle legen würden. An diesem Punkt setzte die Strategie der Metallgesellschaft an, die sich als ebensolche Verkaufsstelle anbot. Ihre Bemühungen waren erfolgreich und sie konnte zufrieden feststellen, dass die internationale Bleikonvention (1909-1914) „unsere Stellung im Bleihandel befestigt [hat], dadurch dass uns ... der kommissionsweise Verkauf übertragen wurde."[43] So konnte die Metallgesellschaft zwischen 50 und 60 Prozent des in Europas gehandelten Bleis kontrollieren.[44]

Für die Metallgesellschaft, die weniger als die verarbeitenden Unternehmen aufgrund von Faktorspezifität an den Bezug bestimmter Metalle gebunden war, waren durch das internationale Bleikartell Transaktionskosten in der Versorgung mit Blei *hinreichend* gesenkt worden. Angesichts der hohen Kapitalintensität im Bereich der Verhüttung konnte der internationale Bleikartellvertrag und die mit ihm einhergehende Regularisierung von Unternehmensbeziehungen eine genügend sichere Alternative zu möglichen Direktinvestitionen sein. Denn die Metallgesellschaft hatte die Konkurrenz anderer Unternehmen in diesem Marktsegment[45] und auch die Aufkündigung bestehender Verträge nicht länger zu befürchten – solange die vertraglich fixierten Kartellvereinbarungen eingehalten wurden. So ließe sich transaktionskostentheoretisch argumentieren. Dabei bleibt jedoch unberücksichtigt, dass die Metallgesellschaft schon vor Abschluss der Kartellvereinbarung für eine Vielzahl der involvierten Bleihütten auf der Basis langfristiger Verträge den Verkauf der Produktion übernommen hatte. Aus ihrer Sicht war jedoch mit der Gründung des internationalen Bleikartells ein entscheidender strategischer Vorteil verbunden. Es war ihr gelungen, die unter den Produzenten vorhandenen Ausschaltungstendenzen gegenüber dem unabhängigen Metallhandel nicht nur abzuwenden, sondern sie sogar zu ihrem eigenen Vorteil zu

---

42 Achinger, Hans: Wilhelm Merton in seiner Zeit, Frankfurt a.M. 1965, S. 49f.; Sommer, Metallgesellschaft, S. 65, 100.

43 MGA 152, Protokolle der Metallgesellschaft, Geschäftsbericht 1909.

44 Vgl. Waechter, Kartellbestrebungen, S. 207; Devos, Kapitalverflechtungen, S. 89; Sommer, Metallgesellschaft, S. 112.

45 Vgl. MGA b16, Bleivertrag mit Vieille Montagne, Hochschild an St. Paul de Sinçay, 08.0.1911.

instrumentalisieren, indem sie erreichte, das sie selbst zur Verkaufsstelle ernannt wurde.

Zusammenfassung

Anhand der hier nur grob skizzierten Beispiele ausländischer Unternehmenstätigkeit von Vieille Montagne und Metallgesellschaft ließ sich zeigen, dass Auslandsdirektinvestitionen, internationale Kartelle und langfristige Beziehungen zu ausländischen Unternehmen als Ersatz oder Ergänzung füreinander eingesetzt wurden. Somit wird (auch) anhand dieser Studie deutlich, dass die Dichotomie von ‚Markt' und ‚Unternehmen', wie sie in der NIÖ angelegt ist, überzeichnet ist. Ausländische Unternehmenstätigkeit wird unter Einbeziehung organisatorischer Zwischenformen (Kartelle und langfristige Beziehungen) realitätsnaher abgebildet.

Unter Einsatz verschiedener organisatorischer Mittel verfolgten sie ähnliche Ziele. Gemeinsam war den hier typologisierten Formen ausländischer Unternehmenstätigkeit, dass sie alle geeignet waren, Transaktionskosten zu senken. Darüber hinaus dienten sie der Verfolgung unternehmenspolitischer Ziele – wie der Absatz- und/oder Bezugsicherung. Dieser Sachverhalt wird unabhängig davon deutlich, ob man nun im Sinne der Transaktionskostenanalyse argumentiert oder eher auf Ursachen- und Wirkungszusammenhänge rekurriert.

Das hinreichend bekannte Problem, Transaktionskosten empirisch nicht genau fassen zu können, was letztlich dazu führt, mit Plausibilitätserwägungen anstatt mit konkreten Größen operieren zu müssen, findet auch in den hier untersuchten Beispielen Bestätigung. Schon von daher kann ihre Analyse als Erklärung ausländischer Unternehmenstätigkeit nicht gänzlich befriedigen. Eine Verengung des Blickwinkels allein auf die Untersuchung von Transaktionskostenpotentialen wird der Wirklichkeit der Entscheidungsfindung zumeist nicht gerecht. Vielmehr spielten strategische bzw. unternehmenspolitische Aspekte bei der Wahl zwischen verschiedenen Formen internationaler Unternehmenstätigkeit eine nicht unwichtige Rolle.

Susanne Hilger

„Der Zwang zur Größe" – Internationalisierungsstrategien deutscher Unternehmen nach 1945 am Beispiel des USA-Geschäfts

1. Einleitung

Das Überschreiten von nationalen Grenzen gehört heute zu den wichtigsten Herausforderungen der unternehmerischen Wirtschaft. So bildet die Internationalisierung seit der zweiten Hälfte des 20. Jahrhunderts den Motor des Unternehmenswachstums. Entsprechend dem Gebot „to move with the customer" richteten die Unternehmen ihre Strategien auf weltweite Expansion aus. Durch Exportaktivitäten und Direktinvestitionen in ausländische Produktionsgesellschaften schon im ausgehenden 19. Jahrhundert auf den Weg gebracht, wurde die Internationalisierung von Unternehmen durch den Zweiten Weltkrieg nachhaltig unterbrochen. Der Verlust des Auslandsvermögens, von Auslandsgesellschaften, von Patenten, Lizenzen und Warenzeichen führte nun dazu, dass deutsche Firmen ihre Geschäftstätigkeiten im Ausland z.T. von Grund auf neu ausrichteten.[1]

Die USA wurden nach dem Zweiten Weltkrieg zu einem der wichtigsten Märkte der Weltwirtschaft.[2] Zwar hatten deutsche Unternehmen schon vor dem Krieg begonnen, hier Fuß zu fassen. Doch sorgten der Protektionismus der dreißiger Jahre, der Kriegsausbruch wie auch der Kapitalmangel der Nachkriegszeit dafür, dass deutsche Investoren erst seit den sechziger Jahren wieder ein stärkeres Interesse am US-Markt zeigten. Diese Haltung wurde nicht nur durch die Liberalisierung der internationalen Handelsaktivitäten nach dem Zweiten Weltkrieg vorangetrieben, sondern auch durch die „amerikanische Herausforderung" provoziert, die auf den europäischen Märkten seit den sechziger Jahren in Form von Direktinvestitionen und einem erhöhten Wettbewerbsdruck zutage trat. Die in Kapital- und Technologieaus-stattung sowie in Marketing-Know-how überlegenen Mitbewerber aus den USA übten auf europäische Unternehmen einen „Zwang zum Wachstum" aus.[3]

Alle Signaturen Archiv der Henkel KGaA, Düsseldorf, im Folgenden zitiert als HA. Bei Belegen ohne Signatur-Angabe handelt es sich um unverzeichnete Bestände.

1 Zur internationalen Wettbewerbsstrategie siehe Porter, Michael E., Einführung und Zusammenfassung, in: Ders. (Hrsg.), Globaler Wettbewerb. Strategien der neuen Internationalisierung, Wiesbaden 1989, S. 1–13, hier S. 6. Auch Interview mit K. Henkel: Führen durch Überzeugen, in: Konrad Henkel spezial, in: Henkel-Blick, 25.10.95, S. 3f.

2 Siehe dazu etwa Kümmel, Gerhard, Transnationale Wirtschaftskooperation und der Nationalstaat (ZUG-Beiheft, 89), Stuttgart 1995, S. 34f.

3 Siehe etwa zur Diskussion in den 1960er Jahren, die von einer Überfremdung Europas durch amerikanisches Kapital ausging: Servan-Schreiber, Jean-Jacques, Le Défi Américain, Paris 1967. Dt.

Mit der Frage, seit wann, aus welchen Gründen, mit welchen Mitteln und vor allem mit welchem Erfolg deutsche Unternehmen nach dem Zweiten Weltkrieg stärker als je zuvor nationale Grenzen überwanden, sich ausländischen Märkten zuwandten und damit zugleich die eigene Internationalisierung vorantrieben, beschäftigt sich der folgende Beitrag am Beispiel des USA-Geschäfts von Henkel. Er zeigt die Marktoptionen des Düsseldorfer Waschmittelproduzenten auf, erhellt die Schwierigkeiten und Vorteile des Markteintritts und fragt nach den Gründen für den Erfolg Henkels in den USA. Da der Anteil der Auslandsproduktion am Weltumsatz gemeinhin als „Indikator für den Grad der Internationalisierung" gilt, konzentriert sich die Studie auf produzierende Direktinvestitionen etwa in Form von Akquisitionen und Joint Ventures, während das Exportgeschäft ebenso wie reine Portfolioinvestitionen weitgehend unberücksichtigt bleiben.[4]

1876 in Düsseldorf gegründet und dank des innovativen Leitproduktes „Persil" (1907) neben Lever zum wichtigsten Waschmittelhersteller in Europa aufgestiegen, verzeichnete die Firma Henkel nach 1945 einen verschärften Wettbewerb in ihrem Stammgeschäft. Als amerikanische Konsumgüterhersteller wie Procter & Gamble (P&G) und Colgate erstmals auf den deutschen und europäischen Markt mit neuen Absatz- und Produktstrategien auftraten, reagierte Henkel auf diese Herausforderung mit einer expansiven Geschäftspolitik: Heute ist die Gruppe längst über den angestammten europäischen Wasch- und Reinigungsmittelmarkt hinausgewachsen und bietet weltweit eine Palette von Produkten der angewandten Chemie, deren Bandbreite sich von der Metallchemie, der Industriereinigung und Hygiene, von Klebstoffen bis hin zu Wasch- und Reinigungsmitteln und Produkten der Kosmetik und Körperpflege erstreckt, wie aus der folgenden Abbildung hervorgeht.[5]

Ausgabe: Die amerikanische Herausforderung, Hamburg 1969, etwa S. 194. Schreiber beschäftigt sich mit der Rückständigkeit der Europäer, insbesondere im Bereich der Zukunftstechnologien wie der Überschallluftfahrt, der Raumfahrt, der Kernenergie, Elektronik und der Informationstechnologie sowie in den Bereichen Erziehung und Bildung, Organisation und Unternehmensführung.

4 Welch, Lawrence S. / Luostarinen, Reijo, Internationalisation: Evolution of a Concept, reprinted in: Buckley, Peter J. / Ghauri, Pervez N., The Internationalisation of the Firm: A Reader, London et al. 1993, S. 155–171, hier S. 160. Herold, Bernhard, Internationale Wachstumsstrategien, Wiesbaden 1992.

5 Die Konjunkturanfälligkeit des Chemiegeschäfts und die Tatsache, dass die Multidivisionalität von Henkel bei Analysten und Shareholdern auf Kritik stieß, führten 1999 zur Ausgliederung der Chemiesparte als selbstständige Gesellschaft Cognis. Die damit eingeleitete Fokussierung des Konzerns auf Waschmittel und Kosmetika sowie Marken und Dienstleistungen bei Klebstoffen, Oberflächentechnik und professionellen Hygieneartikeln bedeutete einen entscheidenden Strategiewechsel in der Firmengeschichte von Henkel. Woeste, Albrecht / Winkhaus, Hans-Dietrich, Vorwort zur Henkel-Info-Broschüre „Ausgliederung des Unternehmensbereichs Chemieprodukte des Henkel Konzerns", Düsseldorf 1999, S. 2f., 5. Cognis B.V./NL, Geschäftsbericht No. 1. Das Geschäftsjahr 1999, S. 6. Auch „Auf der Ideallinie", in: Henkel-Life Spezial 11/2000, S. 1.

Abbildung 1: Henkel KGaA, Unternehmensbereiche, Anteile am Konzernumsatz in Prozent, 1999

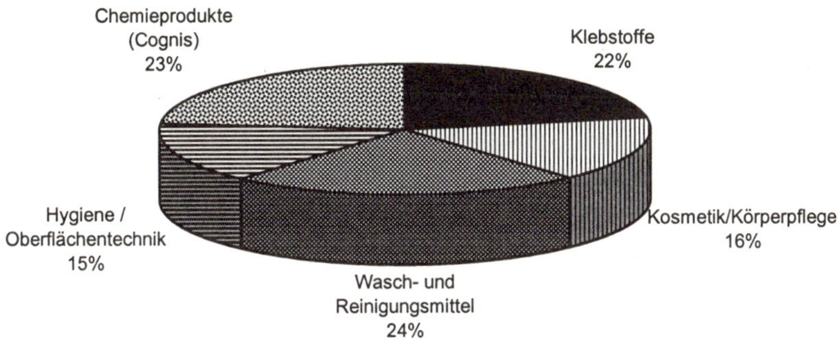

Quelle: Henkel KGaA, Geschäftsbericht 1999, S. 5.

Unter den von Henkel bearbeiteten regionalen Märkten steht Nordamerika heute mit einem Anteil von 17 Prozent am Konzernumsatz (1999) an dritter Stelle nach Europa und der Bundesrepublik. Der sich nach dem Zweiten Weltkrieg beschleunigende geographische Diversifikationsprozess wurde durch den zunehmen-den Wettbewerbsdruck im Stammgeschäft des Unternehmens vorangetrieben.

Abbildung 2: Henkel KGaA, Umsatz nach Regionen in Prozent, 1999

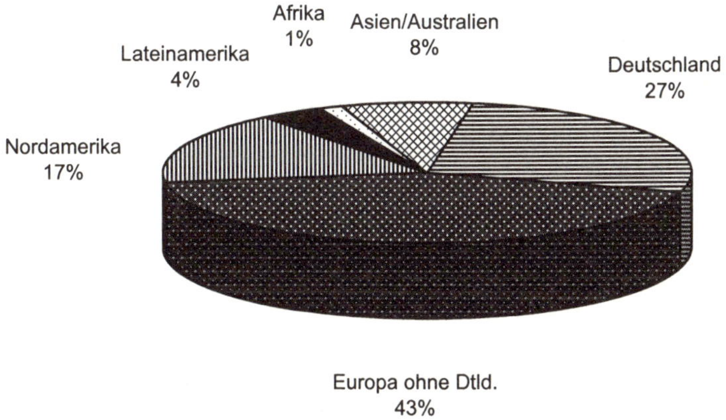

Quelle: Henkel KGaA, Geschäftsbericht 1999, S. 43.

Nach einem Überblick über das Auslandsgeschäft von Henkel bis zum Zweiten Weltkrieg soll zunächst die wirtschaftspolitische Ausgangssituation nach 1945 skizziert werden, um das Ausmaß der strukturellen Veränderungen unter dem Einfluß des sich verschärfenden Wettbewerbs deutlich zu machen. Daran schließt sich ein Überblick über die Entwicklung des USA-Geschäfts der Firma Henkel an, wobei insbesondere die Motive für den Markteintritt, die Geschäftsinhalte und -strukturen, eventuell auftretende Markteintrittsbarrieren in Form von administrativen, juristischen oder finanziellen Schwierigkeiten sowie die Frage nach dem Unternehmenserfolg im Vordergrund stehen sollen.

2. Zur Geschichte des Auslandsgeschäfts von Henkel bis 1945

Das Auslandsengagement deutscher Firmen nahm seit dem ausgehenden 19. Jahrhundert prozentual noch stärker zu als das weltwirtschaftliche Wachstum. Dabei lag der Fokus der Auslandsaktivitäten zunächst vor allem auf den Staaten Europas. Dies galt auch für Henkel: Seitdem die Firma Markenartikel produzierte, wurden diese Produkte in das benachbarte Ausland exportiert und über einheimische Agenturen, General-Vertretungen oder Vertriebsfirmen abgesetzt. 1886, zehn Jahre nach der Gründung des Unternehmens, hatte Henkel in Wien das erste Verkaufsbüro im Ausland eröffnet, das ab 1893 den Grundstock für das Südosteuropageschäft des Düsseldorfer Waschmittelherstellers bilden sollte. Auch Geschäftsverbindungen mit Holland (1889), der Schweiz (1889) und Italien (1893) wurden noch vor der Jahrhundertwende aufgenommen.[6]

Nach der Errichtung einer Vertriebsorganisation wurde in aller Regel die Produktion ins Ausland verlagert, um Transport- und Zollkosten zu sparen.[7] Neben der Vergabe von Produktlizenzen erfolgte die Auslandsfertigung über Lohnaufträge, so dass Henkel-Produkte von Fremdfirmen vor Ort produziert, verpackt und vertrieben werden konnten. Mehrheitsbeteiligungen und/oder die Übernahme bzw. Neugründung einer Produktionsgesellschaft bildeten schließlich den letzten Schritt beim Aufbau eines Auslandsgeschäfts. Nach diesem Modell wurde als erste Henkel-Tochtergesellschaft 1913 in Pratteln bei Basel die schweizerische Henkel & Cie. gegründet, der bis zum Ausbruch des Zweiten Weltkriegs eine Vielzahl an Gesellschaften folgen sollte.[8]

---

6 Leitzbach, Christian / Schröder, Asta, Die Entwicklung des Henkel-Auslandsgeschäfts, internes MS, Henkel Düsseldorf 1993. Siehe auch die jüngst erschienene Festschrift zum 125jährigen Bestehen des Unternehmens: Feldenkirchen, Wilfried / Hilger, Susanne, Menschen und Märkte. 125 Jahre Henkel KGaA, Düsseldorf 2001.

7 Darauf wies bereits Mira Wilkins in ihren bahnbrechenden Studien hin. So z.B. Wilkins, Mira, The Maturing of Multinational Enterprise: American Business Abroad from 1914 to 1970, Cambridge / Mass. 1974.

8 Gadient, Hansjörg, 75 Jahre Henkel & Cie. AG, Schweiz (Schriften des Werksarchivs, 22), Düsseldorf 1988.

Im Gegensatz zu dem umfangreichen Europa-Engagement hatte Henkel den US-amerikanischen Markt, der durch hohe Schutzzölle gekennzeichnet war, anderen überlassen: So verkaufte die Degussa, Henkels wichtigster Zulieferer, schon vor 1914 in kleinem Maßstab „Persil" nach Übersee. Henkel dagegen konzentrierte sich seit den 1920er Jahren auf das amerikanische Geschäft für Wasserglas, Glycerin und Industriereiniger. Insbesondere der damalige Juniorchef Hugo Henkel reiste regelmäßig in die USA, um Kontakte zu amerikanischen Firmen aufzubauen und sich verfahrenstechnische Anregungen zu holen.[9]

Über die beiden Henkel-Tochterfirmen Böhme und Dehydag, die seit den zwanziger Jahren einen regen Exporthandel mit Produkten der Fettchemie auch nach Übersee betrieben hatten, kam in den frühen 1930er Jahren der Kontakt zu dem amerikanischen Konsumgüterhersteller Procter & Gamble (P&G) zustande. Diese Geschäftsbeziehungen mündeten in bis zum Zweiten Weltkrieg bestehende Marktabsprachen, die die Henkel'schen Konsumgüterinteressen auf Europa und die von Procter auf Nordamerika und Großbritannien beschränkten.[10] Insbesondere im Bereich der Spezialitätenchemie verfügte Henkel damit schon vor dem Zweiten Weltkrieg durch Exportgeschäfte und Lizenzverträge über wichtige Kontakte zum US-Markt, der wegen seiner Größe und Vielfalt nahezu unerschöpfliche Möglichkeiten zu bieten schien. Diese kamen jedoch durch den Zweiten Weltkrieg weitgehend zum Erliegen.[11]

9 Leitzbach / Schröder, Auslandsgeschäft, S. 123, 128. Goosmann, Cornelia, Ein Jahrhundert Wasserglas von Henkel (Schriften des Werksarchivs, 17), Düsseldorf 1985. Schöne, Manfred, Es begann mit P3. Aus der Geschichte der P3-Produkte und Verfahren zur Reinigung, Entfettung und Desinfektion (Schriften des Werksarchivs, 2), Düsseldorf 1970, S. 11f. Siehe auch Barz, A., Von einer Idee zum Verfahren. Betrachtungen zum P3-Jubiläum, in: Blätter vom Hause (BvH) 32, 1954, S. 167–169. Auch nach 50 Jahren noch an der Spitze, in: Henkel-Blick 6/79, S. 6f.

10 Siehe auch die Zusammenstellung des Werksarchivs unter O 22 v. 20.9.94 bezüglich der Entwicklung der Beziehungen Henkels zu P&G. Das freundschaftliche Verhältnis zwischen Procter und Henkel vor dem Zweiten Weltkrieg basierte auf dem 1932 abgeschlossenen Lizenzvertrag zwischen Procter und Böhme-Dehydag über die Herstellung von Fettalkoholen/Gardinol, der bis 1946 bestand. Auch HA 022, undat. Schilderung Henkels gegenüber der britischen Militärregierung. HA 333/1, Wohlthat, Aktennotiz, 23.12.53: „Betr. Entwicklung der Beziehungen zu P&G".

11 HA, unverz. Bestand, Jurist. Unterlagen, Henkel & Cie. GmbH, undat. Bericht zum Auslandsgeschäft 1940. Während die Ausfuhr nach Übersee sowie das Europa-Geschäft, „soweit es sich um Feindstaaten handelte", restlos unterbunden worden war, sah sich Henkel in den nordeuropäischen Ländern wie auch in Holland und Belgien zu Beginn des Jahres 1940 noch englischen und amerikanischen Konkurrenzprodukten gegenübergestellt. Doch nach der Besetzung von Dänemark, Norwegen, Holland und Belgien waren die Importeure dieser Länder gezwungen, ihre Wareneinkäufe nur noch in Deutschland zu tätigen, da „die einheimische Industrie [...] mangels Rohstoffen nicht mehr voll lieferfähig war". Zwar waren Ausfuhrgeschäfte mit dem neutral verbliebenen europäischen Ausland z.T. noch bis Ende 1944 möglich, doch legte der Zusammenbruch das Geschäft restlos lahm und unterbrach auch den Verkehr mit den ausländischen Geschäftspartnern.

3. Die Ausgangssituation nach dem Zweiten Weltkrieg

Nachdem alliierte Truppen das Holthausener Werk im April 1945 besetzt hatten, wurden Mitglieder der Geschäftsführung im September 1945 verhaftet und das Werk unter Treuhänderschaft gestellt.[12] Gemäß Gesetz Nr. 52 des Alliierten Kontrollrates wurde im Oktober 1945 das Vermögen der Firma Henkel sowie der angegliederten Tochterfirmen „geblockt" und unter alliierte Aufsicht gestellt. In der Folgezeit verlor Henkel wie andere deutsche Firmen auch sämtliche im Ausland gelegenen Tochterfirmen und Beteiligungen, Patente, Lizenzen und Warenzeichen.[13]

Laut einem für die Militärregierung aufgestellten Konzernplan aus dem Jahre 1947 verfügte die Firma Henkel über 114 direkte und indirekte Beteiligungen, von denen 54 im Ausland, sechs im Gebiet östlich der Oder/Neiße, 19 im russischen Besatzungsgebiet und 35 in den westlichen Besatzungszonen lagen.[14] Daher drohten Henkel Dekonzentrationsmaßnahmen, die auf der Verordnung Nr. 96 des Alliierten Kontrollrates „zur Verhinderung übermässiger Machtanhäufung in der deutschen Wirtschaft" beruhten.[15] Sie richteten sich nach der Beschäftigtenzahl (mehr als 10.000) sowie nach der Kapitalausstattung des Unternehmens und seinem Marktanteil. Zwar hatte Henkel im letzten Vorkriegsjahr nicht mehr als 6.000 Personen beschäftigt, doch stellte das Düsseldorfer Unternehmen zusammen mit seinen Tochterfirmen rund 40 Prozent der deutschen Produktion an pulverisiertem Waschpulver her. Auch das nominelle Kapital in Höhe von 200 Mio. Reichsmark und die hohe Anzahl an Beteiligungen zog vorübergehend das Interesse der alliierten Entflechtungsbehörden auf sich. Grundlegende Konsequenzen für die Unternehmensstruktur folgten daraus letztendlich jedoch nicht.[16]

Im Gegensatz zur Politik nach dem Ersten Weltkrieg legten die Siegermächte des Zweiten Weltkriegs keine festen Reparationssummen fest, sondern entschlossen sich dazu, das industrielle Niveau Deutschlands zu beschränken, um eine erneute Aufrüstung zu verhindern. Zu diesem Zweck sollten Rüstungsbetriebe abgebaut, Produktionszweige verboten oder stillgelegt und andere auf ein bestimmtes Maß reduziert werden. Diese Maßnahmen dienten der wirtschaftlichen Entmilitarisierung ebenso wie der Entschädigung der beteiligten Mächte. Die Entnahme und der Transfer von industriellem Anlagevermögen erfolgte auf der Grundlage des im Frühjahr 1946 erlassenen

---

12 HA 153/1, Postprotokoll, 22.10.1945. In Haft genommen wurden damit auch Angehörige der Familie Henkel wie Hugo, Jost und Konrad Henkel, Willy Manchot und Reinhold Woeste. Siehe auch Bohmert, Friedrich, „Treuhänderschaft". Das Unternehmen Henkel zwischen April 1945 und November 1947, internes MS Henkel, Düsseldorf [1984], S. 12.

13 HA 273/48, P. Mundhenke an J. Henkel, 12.4.1945.

14 HA 289/1270, Schmelz, betr. Konzernentflechtung, 20.1.1947. Ebd., Aktennotiz, 3.6.1947.

15 HA 153/3, Postprotokoll, 11.6.1947.

16 HA 289/1270, Schmelz, Fragen der Kapitalentflechtung bei der Firma Henkel, 19.5.1947. Siehe auch ebd., Schmelz, Betr. Kapitalentflechtung. Bericht über die Besuche in Frankfurt / Main am 21. und 22. Mai 1947 bei der Metallgesellschaft, bei Degussa und Bankhaus Alwin Stefan. „Bei der Berechnung der Anzahl der Beschäftigten wird nicht nur die Muttergesellschaft, sondern es werden auch sämtliche Organgesellschaften mit Gewinnausschließungsverträgen und Beteiligungsgesellschaften mit mindestens 25% Beteiligung berücksichtigt."

Industrie-Plans, der eine Reduzierung der gesamten industriellen Tätigkeit Deutschlands auf 50 bis 55 Prozent des Wertes von 1938 vorsah. Da dies jedoch dem Wiederaufbau einer lebensfähigen Friedenswirtschaft zuwiderlief, wurde im August 1947 ein revidierter Industrieplan erlassen, der der Bizone ein höheres Produktionsniveau auf der Grundlage des Standes von 1936 zugestand, um die Selbstversorgung zu ermöglichen.[17]

Unter der laufenden Nummer 129 erschien auch die Firma Henkel in den Demontagelisten für die westlichen Besatzungszonen, die im Oktober 1947 veröffentlicht wurden.[18] Im Holthausener Stammwerk sollten die Anlagen zur Herstellung von Seifenpulver und zur Gewinnung von Glycerin zu 70 Prozent demontiert werden. Mit einer eindringlichen Öffentlichkeitskampagne wehrte sich Henkel gegen dieses Vorhaben und prognostizierte in drastischen Bildern („Tod durch Dreck“) die Folgen einer unzureichenden Versorgung der Bevölkerung mit Wasch- und Reinigungsmitteln.[19] Diese Strategie verfehlte ihr Ziel nicht: Zwar wurden Teile der Waschmittel-Produktion ebenso wie die Glycerin-Destillation zwischen 1948 und 1950 demontiert, doch war Henkel insgesamt wesentlich geringer von den Demontagemaßnahmen betroffen als befürchtet. Offenbar hatte sich bei der britischen Militärregierung die Auffassung durchgesetzt, „dass ein Werk wie Henkel [...] unbedingt notwendig ist und laufend gehalten werden” müsse, zumal in der britischen Zone eine deutliche Unterversorgung mit Waschmitteln herrschte.[20]

Obwohl Henkel in der Lage war, „das 4 bis 5fache der augenblicklichen Produktionsauflage herzustellen”, durfte die Firma aufgrund der knappen Kohle- und Sodavorräte lediglich für den Bedarf der britischen Zone produzieren und arbeitete unrentabel. Die Produktions- und Absatzmöglichkeiten wurden durch die bereits seit Ende 1945 zunehmende „starke Absonderung der Zonen” erschwert, die den Austausch von Rohstoffen und Produkten nahezu unmöglich machte.[21] Kam das Inlandsgeschäft

---

17 Krämer, Alan, Demontagepolitik in Hamburg, in: Foschepoth, Josef / Steininger, Rolf (Hrsg.), Britische Deutschland- und Besatzungspolitik 1945–1949, Paderborn 1985, S. 265-280. Zur Demontage in der britischen Besatzungszone siehe Köchling, Martina, Demontagepolitik und Wiederaufbau in Nordrhein-Westfalen, Essen 1995. Ahrens, Hanns D., Demontage. Nachkriegspolitik der Alliierten, München 1982. Hoebink, Hein, Demontage in Nordrhein-Westfalen 1947–1950, in: Westfälische Forschungen 30/1980, S. 47–59.

18 HA 455/27, Kobold, Aktennotiz, 25.10.1947.

19 Mundhenke, Paul, 75 Jahre Henkel-Werbung, in: BvH 31, 1951, S. 222. Auch BvH 25, 1947, S. 47, 67.

20 Direktor Fuchs auf der Weihnachtskonferenz 1946, in: BvH 25, 1947, S. 31. Siehe auch Sons, Hans-Ulrich, Gesundheitspolitik während der Besatzungszeit. Das öffentliche Gesundheitswesen in Nordrhein-Westfalen 1945–1949, Wuppertal 1983. HA, Ordner „Henkel 3“, Jost Henkel, Willy Manchot, Besprechungen in Minden, 15. u. 16.1.1947.

21 HA 455/104, Sitzung der Geschäftsleitung und der Betriebsvertretung, 15.1.1946. HA 273/48, Betriebs-Konferenz, 30.11.1945. Siehe auch ebd., Besprechung der Preisbildungsstelle Düsseldorf mit den interessierten Firmen über Fett- und Ölpreise am 9.8.1945. Bereits im August 1945 ging man davon aus, dass „im britischen Wirtschaftsraum [...] praktisch keine Rohstoffe vorhanden” seien. Der Mangel an Kohle und Strom lasse die Werke „weit unter Kapazität” arbeiten. Ebd., Bericht über eine von Herrn Ketels im Auftrage des englischen Wirtschaftsoffiziers für Seife, Waschmittel sowie industrielle Oele und Fette einberufene Sitzung in Hamburg am 24. und

durch die alliierte Besatzungspolitik, durch Rohstoffmangel und Transportprobleme in der frühen Nachkriegszeit weitgehend zum Erliegen, so hatte der Alliierte Kontrollrat deutschen Unternehmen mit Verfügung vom 20. September 1945 einen selbstständigen Außenhandel untersagt.[22] Henkel versuchte daraufhin, durch die Aufnahme von privatem Briefverkehr mit einstigen engen Geschäftspartnern, die Isolation zu durchbrechen. Von den Kontakten mit „befreundeten Unternehmen“ in den USA erhoffte sich die Eigentümerfamilie sogar Interventionen gegen Entflechtungs- und Entnazifizierungsmaßnahmen sowie gegen die Sozialisierungsversuche von Seiten der Gewerkschaften. Zeitweise wurde daran gedacht, einen großen internationalen Partner wie Procter & Gamble oder Solvay in das Unternehmen aufzunehmen, um den britischen Dekonzentrationsbestrebungen Paroli bieten zu können.[23]

Nachdem seit dem Frühjahr 1946 die restriktiven alliierten Exportauflagen gelockert worden waren, ließen die westlichen Besatzungsmächte Ende des Jahres auch die Geschäftskorrespondenz mit dem Ausland wieder zu, so dass deutsche Firmen offiziell wieder Kontakte zu ausländischen Geschäftspartnern herstellen konnten. Das ausschlaggebende Moment bildete dabei die Überzeugung, dass „ohne Ausfuhr keine Einfuhr möglich sei“.[24] Seit Ende 1946 kreisten die Überlegungen Henkels denn auch um die Rückkehr auf die Auslandsmärkte, um den weiteren Verlust von Marktanteilen zu verhindern. Bis zur Gründung der Bundesrepublik wurden Exportgeschäfte über die Joint Export Import Agency (JEIA) abgewickelt, die die westalliierten Besat-

---

25.9.1945. So auch die Einschätzung Dr. Gierlichs von der Preisbildungsstelle: „Produktionstechnisch scheinen sich nicht soviel Schwierigkeiten zu ergeben wie in der Materialbeschaffung.“ Ebd., Besprechung vom 8.11.1945. Die Henkel-Geschäftsleitung hatte in Gesprächen mit den Besatzungsbehörden mehrfach darauf hingewiesen, „dass Henkel größere Mengen Waschhilfsmittel noch herstellen kann“. Siehe im einzelnen zur Wirtschaftslenkung in der Chemieindustrie: Stratmann, Friedrich, Chemische Industrie unter Zwang? Staatliche Einflußnahme am Beispiel der chemischen Industrie Deutschlands 1933–1949 (ZUG-Beiheft, 43), Stuttgart 1985, S. 141–214.

22 Siehe zur Organisation und Bewirtschaftung des Außenhandels nach dem Zweiten Weltkrieg Jerchow, Friedrich, Die alliierte Deutschlandpolitik und die Anfänge des Neuaufbaus der Außenwirtschaft in Westdeutschland nach dem Zweiten Weltkrieg, Diss. Hamburg 1978. Wallich, Henry C., Triebkräfte des deutschen Wiederaufstiegs, Frankfurt / Main 1955, S. 216–245.

23 Die spürbare „Tendenz zur Sozialisierung der Betriebe“ in der britischen Besatzungszone wurde von der britischen Labour-Party und englischen Offizieren, die z.T. Gewerkschaftsmitglieder waren, unterstützt. So gab es Pläne, die Firma Henkel „in eine Art Konsumverein[s]“ umzuwandeln. HA, Ordner „Henkel 3“, Jost Henkel, Willy Manchot, Besprechungen in Minden, 15. u. 16.1.1947. HA, Ordner „Henkel 2“, Walter Kobold, Aktennotiz: Entwicklung der Firma Henkel, sowie Stimmung der Belegschaft seit dem 20.9.1945, 8.3.1946. Ebd., Aktennotiz, Betriebliche Richtlinien für die zu ergreifenden Maßnahmen, 17.2.1947. Vgl. ebd., K. Henkel an Kobold, 15.5.1947: „mein Nutzen für die USA“ und zur Haltung P&Gs gegenüber Henkel. Walter Kobold, Mitglied der Henkel-Geschäftsleitung und langjähriger Freund der Familie, äußerte das Vorhaben, die P&G-Direktoren Deupree und Brodie als Zeugen für die Freilassung der inhaftierten Familienmitglieder, insbes. Hugo Henkels, anzuführen bzw. sie um Intervention zu bitten. Ebd., Aktennotiz Walter Kobold, 2.10.1945. Auch HA, Ordner „Henkel 3“, Protokoll zur Besprechung, 18.11.1946: „Dabei wurde festgelegt, daß unsere Verbindung zu P&G engstens zu gestalten ist [...].“ Siehe auch ebd., Inhalt der Familienbesprechung v. Sept. 1946: „[...] überlegen, ob nicht Solvay gemeinsam mit P&G als Partner für Henkel auftreten soll.“

24 HA 273/48, Besprechung über Außenhandelsfragen, 14.3.1946.

zungsbehörden im Dezember 1946 errichtet hatten. Als Zwischeninstanz tätigte die JEIA die Geschäftsabschlüsse mit ausländischen Kunden, bestimmte den Preis und zog die eingehenden Devisen ein, während der deutsche Produzent lediglich den Gegenwert der Auslandslieferungen in Reichsmark erhielt.[25] Trotz derart rigider Auflagen hatten Produzenten wie Henkel die alliierte Außenhandelslenkung zunächst begrüßt, da sie „selbst keine Übersicht über die Auslandsmärkte", „die internationalen Warenbewegungen" oder „über die heute gültigen Preise" mehr besaßen. Die Geschäftsleitung verband mit den wie auch immer gearteten frühzeitigen Exportaktivitäten die Hoffnung, „Marktanteile für die Zukunft" sichern zu können, und vertraute darauf, dass exportierende Firmen eine bevorzugte Behandlung bei der Rohstoffzuteilung erfahren würden.[26]

1947 wurden die westdeutschen Außenhandelsbestimmungen so weit liberalisiert, dass exportinteressierte deutsche Unternehmen direkt mit ausländischen Käufern verhandeln und Kaufverträge unmittelbar abschließen konnten. Nachdem etwa die Einschränkungen im geschäftlichen Post- und Telefonverkehr mit dem Ausland aufgehoben und Auslandsreisen freigegeben worden waren, hatte auch Henkel wieder Kontakt mit Geschäftspartnern in Großbritannien, der Schweiz, Frankreich, Rumänien, Griechenland und der Türkei aufgenommen und Lieferaufträge aus Ägypten und Palästina vorliegen.[27] Doch hielt sich das Unternehmen „[...] gemessen an der Entwicklung [...] in den Vereinigten Staaten" für „[...] weit zurückgeblieben", da „seit 1936 die technisch und wirtschaftlich gebotenen Investitionen, Modernisierungen und Reparaturen" nicht mehr hatten vorgenommen werden können.[28] Wie schon in den zwanziger und frühen dreißiger Jahren unternahmen Mitglieder der Henkel-Geschäftsleitung nach dem Zweiten Weltkrieg daher wieder Reisen in die USA, um neue Produkte, Verfah-

---

25 Allerdings erfüllten sich die an die JEIA gestellten Erwartungen nicht. Die erhoffte Steigerung von Industrieexporten blieb weitgehend aus, da die westdeutsche Währung zerrüttet war und Exportanreize denkbar gering ausfielen. Buchheim, Christoph, Die Bundesrepublik in der Weltwirtschaft, in: Benz, Wolfgang, Die Geschichte der Bundesrepublik Deutschland, Bd. 2: Wirtschaft, Frankfurt / Main 1992, S. 169–209, hier S. 175. Knapp, Manfred, Die Anfänge westdeutscher Außenwirtschafts- und Außenpolitik im bizonalen Vereinigten Wirtschaftsgebiet (1947–1949), in: Ders. (Hrsg.), Von der Bizonengründung zur ökonomisch-politischen Westintegration, Frankfurt / Main 1984, S. 13–93. Hardach, Gerd, Die Rückkehr zum Weltmarkt 1948–1958, in: Schildt, Axel / Sywottek, Arnold (Hrsg.), Modernisierung im Wiederaufbau. Die westdeutsche Gesellschaft der fünfziger Jahre, Bonn 1993, S. 80–104, hier S. 89. Zur „Dollarklausel", die die Begleichung von Exporten aus den Westzonen in Dollar vorsah, s. Daniel, Ute, Dollardiplomatie in Europa. Marshallplan, kalter Krieg und US-Außenwirtschaftspolitik 1945–1952, Düsseldorf 1982, sowie Wallich, Aufstieg, S. 218f., 238ff.

26 HA 273/48, Besprechung über Außenhandelsfragen, 14.3.1946. Siehe auch ebd., Anweisungen der Militärregierung über Ausfuhrlieferung und deren Abrechnung, undat. [Jan. 1946]. Vgl. die Einschätzung von Britta Schellenberg, Art. Joint Export-Import Agency, in: Benz, Wolfgang (Hrsg.), Deutschland unter alliierter Besatzung 1945–1949/55. Ein Handbuch, Berlin 1999, S. 276f. Schmidt, Hubert G., The Liberalization of West German Foreign Trade, 1949–1951, o.O. 1952.

27 Schuster, Wilhelm, Unser zukünftiges Auslandsgeschäft, in: BvH 25, 1947, S. 151–153.

28 HA 289/1127, Aktennotiz, 8.6.1955. Ebd., Persil GmbH an Finanzgericht Düsseldorf, 24.2.1954.

ren und Technologien kennenzulernen, aber auch, um über den Austausch von Lizenzen zu verhandeln und technische Zusammenarbeit auf den Weg zu bringen.[29]

Erst durch die Währungsreform normalisierten sich die Bedingungen für das Auslandsgeschäft deutscher Firmen, weil der Exportanreiz durch die Reduzierung der Geldmenge und durch die Aufhebung von Bewirtschaftung und Preiskontrolle für die meisten Produkte wieder hergestellt worden war.[30] Obwohl Henkel von der sich anbahnenden Stabilisierung profitierte, war das Auslandsgeschäft fünf Jahre nach Kriegsende verglichen mit den Inlandsumsätzen noch verschwindend gering. Während die Investitionsgüterindustrien vom „Korea-Boom" profitierten, gestaltete sich das Markenartikelgeschäft auf den Auslandsmärkten schwieriger, weil dazu eine aufwendige Werbung „und die Aufstellung eines Vertreterstabes notwendig" war. Immerhin unterhielt das Unternehmen 1951 bereits wieder Außendienststäbe in zehn verschiedenen Ländern und konnte auf dieser Grundlage seine Auslandsaktivitäten, zunächst insbesondere mit Blick auf den Europäischen Markt (EWG, 1957), ab den 1950er Jahren sukzessive ausbauen.[31]

4. Henkel auf dem US-amerikanischen Markt nach 1945

Die Internationalisierung deutscher Unternehmen wurde durch die Auswirkungen des Zweiten Weltkrieges weitgehend eingeschränkt: Mit der Beschlagnahme des internationalen Vermögens gingen meist auch sämtliche Warenzeichen-Rechte im Ausland verloren. Der Mangel an Investitionskapital erklärt die vergleichsweise langsame Auslandsexpansion deutscher Unternehmen, insbesondere auch auf dem nordamerikanischen Kontinent.[32] Henkel gelang es erst im Laufe der fünfziger Jahre, teilweise unter schwierigen Verhandlungen und mit Hilfe hoher Ablösezahlungen, die überwiegende Anzahl seiner westeuropäischen Auslandsgesellschaften sukzessive zurückzugewinnen. Auf dieser Basis wurde die internationale Expansion des Unternehmens in Richtung USA vorangetrieben.[33]

---

29 Siehe etwa den Reisebericht der Henkel-Direktoren Fuchs und Kobold aus dem Jahr 1950: Karl Anton Fuchs und Walter Kobold, 25.000 km in 6 Wochen, in: BvH 29, 1950, S. 131–196. Auch beispielsweise HA 458/2, USA-Reise 1953, Besuchsbericht K. Henkel, O. Linn, B. Klöss, Sept./Okt. 1953.

30 Buchheim, Bundesrepublik, S. 175, 183.

31 BvH 30, 1950, S. 17.

32 Interview mit K. Henkel: Führen durch Überzeugen, in: Konrad Henkel spezial, Henkel-Blick, 25.10.95, S. 3f.

33 HA, unverz. Bestand, Gesellschafterausschuss Persil, Protokoll, 16.7.1953. Zum Auslandsvermögen nach dem Zweiten Weltkrieg siehe ebd., Protokoll, 17.10.1955. Siehe in Details auch Interview Prof. Sihler, 26.5.2000, S. 1 sowie Interview Dr. Winkhaus, 26.6.2000, S. 1, beide Protokolle in HA. Leitzbach / Schröder, Auslandsgeschäft, S. 63: Die Freigabe der UMA AG, in die Henkel die Mehrheit seines europäischen Vermögens eingebracht hatte, erfolgte im März 1952. Siehe Lenzinger, Hans W., Die deutschen Vermögenswerte in der Schweiz und ihre statistische Erfassung aufgrund des Abkommens von Washington vom 25.5.1946 und des Ablösungsabkommens vom 26.8.1952, Winterthur 1960.

Motive für den Markteintritt

Mit Abschluss des Londoner Schuldenabkommens 1953 normalisierten sich auch die wirtschaftlichen Beziehungen zwischen den USA und der Bundesrepublik. Dies dokumentiert die Ratifizierung des deutsch-amerikanischen Handelsvertrages im April 1953, der die Grundlage für die Aufnahme bilateraler Geschäftsbeziehungen bilden sollte.[34] Während US-Direktinvestitionen in der Bundesrepublik bereits in den sechziger Jahren Spitzenwerte erreichten, wurden die USA erst seit den siebziger Jahren zu einem herausragenden Zielland deutscher Direktinvestitionen. In der Bundesrepublik sorgten ein liberales Investitionsklima sowie steuerliche Vorteile für ausländische Unternehmen (Doppelbesteuerungsabkommen mit den USA) und vergleichsweise niedrige Lohnkosten für ein steigendes Engagement US-amerikanischer Unternehmen auf dem westdeutschen Markt. Im Gegensatz dazu blieb der US-Markt aufgrund der schwankenden Entwicklung des Dollarkurses, hoher Zollschranken und der so genannten „Buy-American“-Politik häufig unattraktiv für deutsche Investoren.[35] Die regionale Struktur des westdeutschen Außenhandels blieb somit bis in die 1960er Jahre hinein im wesentlichen auf Westeuropa gerichtet, während die Bundesrepublik im transatlantischen Handel nach wie vor ein hohes Defizit aufwies. Die westdeutsche Industrie hielt den amerikanischen Markt insbesondere aufgrund der knappen finanziellen Ressourcen, dem Mangel an Distributionskanälen, der abweichenden technischen Infrastruktur und ungewohnten Geschäfts- und Marketingmethoden „für besonders schwierig“.[36]

In geographischer Hinsicht blieb auch Henkel bis in die siebziger Jahre hinein stark auf das Inlandsgeschäft konzentriert. 1966 wurden auf dem bundesdeutschen

---

34 Buchheim, Christoph, Das Londoner Schuldenabkommen, in: Herbst, Ludolf (Hrsg.), Westdeutschland 1945–1955. Unterwerfung, Kontrolle, Integration, München 1986, S. 219–230. Kiesewetter, Hubert, Beasts or Beagles? Amerikanische Unternehmen in Deutschland, in: Pohl, Hans (Hrsg.), Der Einfluß ausländischer Unternehmen auf die deutsche Wirtschaft vom Spätmittelalter bis zur Gegenwart (ZUG-Beiheft, 65), Stuttgart 1992, S. 165–196.

35 Siehe im allgemeinen Deutsch-Amerikanische Handelskammer/Arthur Young International, Deutsche Unternehmen in den Vereinigten Staaten, New York 1986. Arthur Andersen & Co/ Landesgirokasse Stuttgart, Opportunities and Pitfalls, Chicago 1986. Kumar, Brij Nino, Deutsche Unternehmen in den USA, Wiesbaden 1986. Eggert, Jan A., Erfahrung und Strategie deutscher Unternehmen in den USA, in: Ders. / Gornall, John L. (Hrsg.), Handbuch USA-Geschäft, Wiesbaden 1989, S. 113–131. Itter-Eggert, Lucia von, Die deutsch-amerikanischen Wirtschaftsbeziehungen, in: Eggert / Gornall (Hrsg.), Handbuch USA-Geschäft, S. 97–111, S. 108f. 1966 investierten die USA allein 41 Prozent ihrer EG-Auslandsinvestitionen in der Bundesrepublik. Schwerpunkte des Engagements lagen in der Mineralölverarbeitung und -gewinnung, der elektronischen Datenverarbeitung und der Automobilindustrie. Siehe auch Majer, Helge, Die „technologische Lücke“ zwischen der BRD und den Vereinigten Staaten von Amerika, Tübingen 1973, S. 193–196, insbes. S. 195f.: Amerikanische Auslandsinvestitionen in Deutschland sorgten dafür, dass „ein wichtiger Fluß an technologischem Wissen und Technologie in die Bundesrepublik strömt, der indirekt über die Konkurrenz der Unternehmen und direkt über die Ausbildung und Weiterbildung von Fachkräften wirkt“.

36 Hardach, Rückkehr, S. 95, 102. Neebe, Reinhard, Technologietransfer und Außenhandel in den Anfangsjahren der Bundesrepublik Deutschland, in: VSWG 76, 1989, S. 49–75 sowie ders., Überseemärkte und Exportstrategien in der westdeutschen Wirtschaft 1945–1966, Stuttgart 1991.

Markt 66 Prozent der Umsätze und 79 Prozent der Gewinne erzielt, während der Auslandsumsatz zum größten Teil innerhalb Europas erzielt wurde und lediglich 4 Prozent aus dem Überseegeschäft stammten.[37] Doch hatte sich seit dem Zweiten Weltkrieg die Wettbewerbslage in der europäischen Konsumgüterindustrie durch das massive Eindringen internationaler Mitbewerber verändert. Im Kerngeschäft von Henkel spiegelte sich das Erscheinen der sogenannten „Big Soapers“, also vor allem Unilevers, Colgates und ab den späten fünfziger Jahren auch Procter & Gambles, in rückläufigen Umsatzzahlen wider. Auch in den USA beherrschten diese drei Hersteller den stark oligopolistisch strukturierten Wasch- und Reinigungsmittelmarkt wie die folgende Abbildung deutlich macht.[38]

Abbildung 3: Marktanteile auf dem amerikanischen Vollwaschmittel-Markt in Prozent, 1948–1966

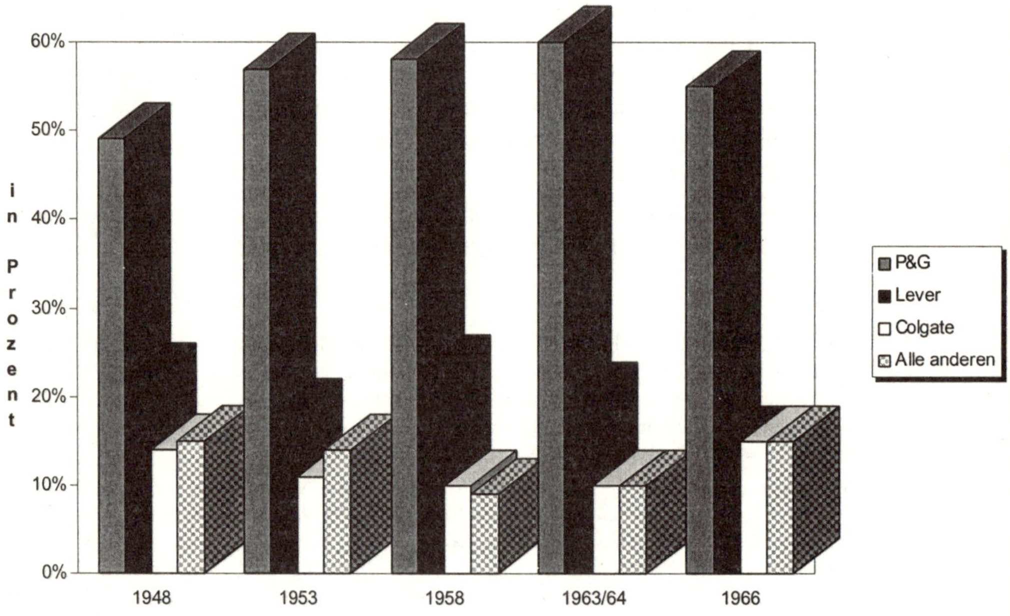

Quelle: HA 153/32, Postprotokoll, 7.3.1967.

37 HA 314/130, Untersuchungsbericht SRI, Bd. 1, Juli 1966, S. 43.

38 So auch die Einschätzung des SRI-Untersuchungsberichtes in HA 314/130, Untersuchungsbericht SRI, Bd. 1, Juli 1966, S. 64. „Die Aussichten von Persil/Henkel auf dem Gebiet der Wasch- und Reinigungsmittel müssen im Lichte des verschärften Konkurrenzdrucks gesehen werden.“ HA 333/1, Wohlthat, Aktennotiz, 23.12.1953, betr. Entwicklung der Beziehungen zu P&G.

Zu den wichtigsten Unternehmen der internationalen Industrie gehörte nach dem Zweiten Weltkrieg der amerikanische Konsumgüterkonzern Procter & Gamble, dessen Anteil am amerikanischen Waschmittelmarkt sich von 30 Prozent im Jahr 1925 auf 57 Prozent im Jahr 1953 erhöht hatte.[39] In den sechziger Jahren wurde das Unternehmen, dessen Geschäftspolitik durch eine aggressive Produkt-, Preis- und Vertriebspolitik gekennzeichnet war, zum stärksten Mitbewerber Henkels auf dem europäischen Wasch- und Reinigungsmittelmarkt.[40] Eine Möglichkeit, diesen Wettbewerbsdruck zu kompensieren, sah Henkel zunächst in der *„größtmögliche[n] Erweiterung“* der Produktpalette.[41] Seit den 1960er Jahren betrieb das Unternehmen im Inlands- und Europageschäft eine ausgedehnte Akquisitionspolitik in den Bereichen Klebstoffe, Kosmetik und chemische Grundstoffe, während das Wasch- und Reinigungsmittelgeschäft zurücktrat.[42]

Bald aber sollte sich die Henkel-Geschäftsleitung auch auf die geographische Diversifikation konzentrieren, da, wie Konrad Henkel es formulierte, Europa „für Henkel [...] nicht groß genug“ sei.[43] Die Wettbewerbssituation auf dem westdeutschen Markt stellte einen wichtigen Impuls für die Auslandsexpansion des Unternehmens dar, denn Marktreifegrad, Marktstruktur und das Marktverhalten der Mitbewerber ließen ein inländisches Wachstum im Stammgeschäft von Henkel kaum mehr zu.[44] Nach Investitionen in Europa und auf dem südamerikanischen Kontinent prüfte das Unternehmen ab Mitte der sechziger Jahre auch die Bedingungen für einen Markteintritt im amerikanischen Waschmittelgeschäft. Dabei wurde allzu deutlich, dass es für Henkel angesichts der oligopolistischen Marktstruktur „unmöglich“ war, „in diesen Markt hineinzugelangen“. Zwar hatte die Firma Ende der 1950er Jahre fünf Gesellschaften zum Schutz der Firmennamen Persil und Henkel in New York gegründet. Doch existierten die Persil Corporation of America oder die Henkel Corporation of America de facto nur auf dem Papier, um zu verhindern, dass die Namen von anderen Nutzern verwendet wurden.[45]

---

39 HA 153/9, Postbesprechung, 29.9. u. 13.10.1953.

40 HA 314/130, Untersuchungsbericht SRI, Bd. 1, Juli 1966, S. 66: „Obwohl Unilever umsatzmäßig auf dem europäischen Markt die stärkste Position einnimmt, wird die entscheidende Konkurrenz für Persil/Henkel zweifellos P&G sein – eines der erfolgreichsten Unternehmen der Welt auf dem Markt für Marken-Konsumartikel. P&G ist sowohl in den Vereinigten Staaten als auch in anderen Ländern für seine hervorragenden Marketing-Fähigkeiten und sein rücksichtsloses Vorwärtsdrängen bekannt.“

41 HA 153/17, Postprotokoll, 18.4.1961.

42 HA 251/1, SRI, Einführung einer verbindlichen Langfristigen Planung der Persil/Henkel-Gruppe – Phase I, April 1967. HA 455/57, F-UPE an ZGF-Sekretariat, 12.10.1970.

43 Zit. nach Leitzbach / Schröder, Auslandsgeschäft, S. 129f.

44 Nach Reichel setzt der Transfer deutscher Produkte ins Ausland ein, „wenn im Inland Konkurrenzprodukte die Monopolstellung und die Monopolrente auflösen“. Reichel, Richard, Direktinvestitionen deutscher Unternehmungen in den USA. Ein systematischer Ansatz zur Entscheidung deutscher Investoren über Markeintrittsmethode und Anteilseignerpolitik für Produktionsstätten in den Vereinigten Staaten von Amerika (Betriebswirtschaftliche Schriften zur Unternehmensführung, Auslandsinvestitionen 35), Gelsenkirchen 1982, S. 59 sowie S. 171–173, 177f.

45 Leitzbach / Schröder, Auslandsgeschäft, S. 131f.

Marktaktivitäten

Anstatt sich im Konsumgütergeschäft zu engagieren, knüpfte Henkel Kontakte zu Firmen der amerikanischen Grundstoffchemie. Wirtschaftsberater hatten der Geschäftsleitung geraten, „selbst in Amerika Fett-Alkohole" herzustellen und zu verkaufen, da dabei „mehr" zu „verdienen" sei.[46] Mit Blick auf den profitablen US-Markt für Chemiespezialitäten trug sich Henkel daher seit Mitte der fünfziger Jahre mit dem Gedanken, mit Hilfe einiger Partner, Spezialprodukte der Chemie in den USA herzustellen. Doch nachdem eine Reihe von Akquisitionsobjekten geprüft worden war, erwarb Henkel 1959 zunächst die US-amerikanische Vertriebsfirma Chambers Chemical Corp., die den Import von in Düsseldorf hergestellten fettchemischen Produkten übernehmen sollte.[47] Auf diese Weise gelang es Henkel, statt mit „Persil" erneut mit chemischen Spezialitäten wie Industriereiniger, Textil- und Lederhilfsmitteln sowie mit fettchemischen Produkten in den USA Fuß zu fassen.

Alle weiteren Bemühungen des Unternehmens, in den USA mit potenten Partnern ein gut gehendes Fettalkohol-Geschäft aufzubauen, blieben zunächst ohne Erfolg, obwohl Henkel im Jahr 1960 mit der Standard Chemical Products Inc. (SCP) in Hoboken im US-Bundesstaat New Jersey und Charlotte in North Carolina eine kleine Chemiefirma zur Herstellung von Textil- und Lederhilfsmitteln sowie von Klebstoffen erwarb. Doch kaum mehr als ein Brückenkopf zum Einstieg in den US-Markt, war die Firma aufgrund ihrer Größe für amerikanische Verhältnisse unbedeutend. Auch weitere Akquisitionen wie die Kepec Chemical Corporation, die Illinois Adhesives, die Eastern Industrial Oil Products Company oder die Textilana Corporation, die Henkel bis Mitte der siebziger Jahre in den Bereichen Textil- und Lederhilfsmittel sowie Klebstoffe tätigte, waren von geringem Umfang. Während Henkel in Europa eine immer stärkere Marktstellung erlangte, blieb die Bedeutung der erworbenen Aktivitäten in dem großen nordamerikanischen Markt gering. Die Position der chemisch-technischen Industrieprodukte ließ sich durch eigenes Wachstum gegen die etablierte Konkurrenz schwer entwickeln, so dass eine adäquate Marktstellung nur durch weitere größere Akquisitionen erreichbar erschien.[48]

1973/1974 nahm das Interesse westdeutscher Investoren an den USA sprunghaft zu, so dass die Vereinigten Staaten zum wichtigsten Zielland deutscher Investitionen wurden: Von einem Anteil von 6 Prozent an den deutschen Gesamtauslandsinvestitionen in 1973 schnellten die deutschen Auslandsinvestitionen in den USA 1974 auf 19 Prozent empor. Dies resultierte vor allem aus dem kontinuierlichen Wertverlust des Dollar gegenüber der D-Mark nach Aufgabe des Systems fester Wechselkurse im Jahr 1973.[49] Die Abwertung des Dollar verringerte die Investitionskosten um rund 50 Prozent und ermöglichte den vergleichsweise kostengünstigen Aufbau bzw.

46 Etwa HA 153/11, Postbesprechung, 1.2 und 6.9.1955. HA 153/12, Postbesprechung, 24.7.1956.

47 Leitzbach / Schröder, Auslandsgeschäft, S. 131f.

48 HA 153/16, Postbesprechung, 5.4.1960. Die „Henkel Incorporated" erschloss den US-Markt, in: Henkel-Blick 8/78, S. 4.

49 Itter-Eggert, Deutsch-amerikanische Handelsbeziehungen, S. 102f.

Erwerb von Produktionseinrichtungen in den USA, während sich die Exporte verteuerten.[50]

Die Interessen deutscher Unternehmen gingen mittlerweile über Investitionen zur Exportsicherung hinaus: Der Kostendruck im Inland, ein verschärfter Wettbewerb und die Notwendigkeit zur Erschließung neuer Märkte traten nun als Motive in den Vordergrund. Der bessere Zugang zu US-Technologien und Marketing-Know-how sowie die Inanspruchnahme der US-Kapitalmärkte waren auch für die Inlandsentwicklung deutscher Firmen von Vorteil, konnten doch die in den USA gewonnenen Erfahrungen zur Erhöhung der internationalen Anpassungsfähigkeit der Unternehmung beitragen.[51]

Doch gaben auch sicherheitspolitische Überlegungen den Ausschlag für verstärkte USA-Investitionen von deutschen Unternehmen, die aufgrund des „Kalten Krieges“ zunehmend Ausschau nach einer „sicheren“ wirtschaftlichen Basis weit entfernt von dem möglichen Krisenherd Europa Ausschau hielten. Auch bei Henkel kam die Anregung zu einer stärkeren Fokussierung des amerikanischen Marktes von Seiten der Eigentümerfamilie, die bedauerte, „in Amerika [...] nichts“ zu haben. Damit bildete somit neben den eigentlichen Marktinteressen der Schutz von Teilen des Unternehmensvermögens einen weiteren Anstoß für den Schritt nach Westen.[52]

Ab 1973 bereitete ein bei der Düsseldorfer Konzernzentrale gegründetes „Projektteam USA“, das die Aufgabe hatte, „über Lizenzverträge, Know-how-Transfer und Akquisitionsverhandlungen in möglichst vielen Märkten“ der USA zu sondieren, die weitere Expansion des USA-Geschäfts vor. Ergebnis war die Zusammenarbeit mit amerikanischen Firmen in den verschiedensten Marktsegmenten wie etwa Gummi-Metall-Klebstoffe mit Hughson-Chemical Corp., Lackharze mit General Electrics, Klebestifte mit Colgate oder Acetophosphate mit Monsanto. Mit dem amerikanischen Waschmaschinenhersteller Whirlpool pflegte Henkel einen regelmäßigen Erfahrungsaustausch über Neuentwicklungen auf dem amerikanischen Markt für Waschmittel, Waschmaschinen und Textilien.[53]

Zwar verzeichnete Henkel eine befriedigende Geschäftsentwicklung in den USA, doch war die amerikanische Henkel-Tochter nach wie vor nicht dazu in der Lage, aus eigener Kraft eine Größenordnung zu erreichen, die dem US-amerikanischen Markt angemessen gewesen wäre. Erst mit dem Erwerb der Chemiesparte von General Mills Chemicals Incorp. (GMCI), einem Mischkonzern aus Minneapolis/Minnesota, gelang

50 Vgl. Rosenberg, Emily S., Spreading the American Dream: American Economic and Cultural Expansion, 1890–1945, New York 1982, S. 23–28. Djelic, Marie-Laure, Exporting the American Model: The Post-War Transformation of European Business, Oxford 1998, S. 59.

51 Rother, Klaus, Das internationale Geschäft. Ziele, Marktforschung, Strategien, Marketing, Wien 1991, S. 79–96. Reichel, Direktinvestitionen, S. 39, 42f. Auch Blaich, Fritz, Amerikanische Firmen in Deutschland 1890–1918. US-Direktinvestitionen im deutschen Maschinenbau (ZUG-Beiheft, 30), Wiesbaden 1984, und für die amerikanische Automobil-, Elektro- und Chemieindustrie siehe auch Kümmel, Wirtschaftskooperation.

52 Interview Prof. Sihler, 26.5.2000. Interview Dr. Winkhaus, 26.6.2000, S. 2. Auch HA 153/44, Postprotokoll, 1.12.1970.

53 Siehe auch HA, unverz. Bestand, ST-UPE, Dr. Erdely, Die Aktivitäten Henkels im Gebiet der Akquisitionen/Kooperationen seit 1969, Juli 1973.

es Henkel 1977, in den USA in neue Marktdimensionen vorzudringen und zugleich das eigene Chemiegeschäft weiter zu diversifizieren. Das akquirierte Geschäft reichte von Kunstharzen für Klebstoffe über fettchemische Produkte und Erzeugnisse der Nahrungsmittelchemie bis hin zu Bergbauchemikalien. Henkel tätigte damit eine der bedeutendsten Akquisitionen in seiner Unternehmensgeschichte, denn durch den Erwerb der ausländischen Tochterfirmen von GMCI, etwa in Japan, Mexiko und Brasilien, wurde auch die Internationalisierung des Konzerns entscheidend vorangetrieben.[54]

Seit den 1980er Jahren wurden die Bereiche Klebstoffe, Oberflächentechnik/Hygiene und Chemieprodukte durch größere Akquisitionen gestärkt: Die Henkel of America, wie die amerikanische Tochter seit 1981 firmierte, expandierte durch den Erwerb von Firmen wie Ross Chemical Company in Detroit/Michigan (1980), Amchem Chemical Paint Company in Ambler/Pennsylvania (1980), Parker Chemical Company in Detroit/Michigan und Oxy Process Chemicals Inc. (Nopco) (1987), Emery in Cincinnati (1989), Novamax (1996), Manco (1998) und Dexter (2000), die in einzelnen Teilsegmenten zu den Weltmarktführern gehörten. Die Amchem besaß beispielsweise neben vier Produktionsstätten in Nordamerika ein weltweit verzweigtes Lizenznetz mit Lizenznehmern in mehr als 30 Ländern sowie Tochtergesellschaften oder Beteiligungen in Brasilien, Mexiko, Belgien und Südafrika.[55] Der Erwerb der Emery Group eröffnete dem Henkel-Geschäft in den USA 1989 den breiten Zugang zum US-amerikanischen Oleochemie-Markt mit neuen Technologien und Anwendungsgebieten sowie einer weitreichenden Marketing- und Service-Organisation. Dabei kam es auch zur Einrichtung länderübergreifender Produktionen etwa auf dem Fettalkohol- und Alkylpolyglycosid (APG)-Bereich sowie zur Entwicklung supranationaler Marken, die die Globalisierung der Gruppe seither vorantreibt.[56] Wie aus der folgenden Abbildung hervorgeht, erreichten die Akquisitionsaktivitäten von Henkel in den USA zu Beginn der 1980er Jahre die höchsten Erfolgsquoten im Hinblick auf die Realisierung des geplanten Bruttoergebnisses.

---

54 „Henkel gruppiert US-Firmen neu", in: Henkel-Blick 12/78, S. 1. HA, unverz. Bestand, Nachrechnungen von Akquisitionen, Bd. I, Fenselau / Nolte, Akquisitionsnachrechnung GMCI, USA, 15.01.1981.

55 Siehe zu Ross und Amchem HA, unverz. Bestand, Nachrechnungen von Akquisitionen, Bd. I. Siehe dazu auch „Neuer Auftakt in Amerika", in: Henkel-Blick 5/87, S. 3.

56 Henkel KGaA, Geschäftsbericht 1989, S. 22.

Abbildung 4: Henkel, Akquisitionen 1970–1982, Erfolgsquoten je Region in Prozent (gemessen an der Erreichung des geplanten Bruttoergebnisses)

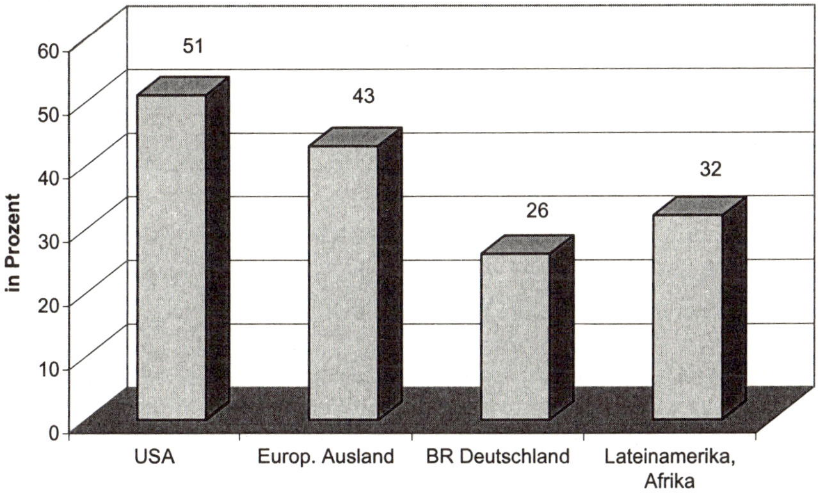

Quelle: Henkel-Archiv, unverz. Bestand, Nachrechnungen von Akquisitionen, Bd. I, Dr. Erdely, Akquisitionen 1970–1982. Eine Übersicht mit kritischer Kommentierung, ZGF Vortrag, Okt. 1983.

Markteintrittsalternativen

Die Struktur der internationalen Wirtschaftstätigkeit von deutschen Unternehmen begann sich nach dem Zweiten Weltkrieg grundlegend zu verändern. War das Auslandsgeschäft bis dahin primär über den Export von Gütern durch ortsansässige Verkaufsgesellschaften abgewickelt worden, so wurde mit der Liberalisierung des Niederlassungsrechts und der Erschließung neuer Finanzierungsquellen die internationale Geschäftstätigkeit um die Aufnahme von Produktionsaktivitäten im Ausland ergänzt. Direktinvestitionen flossen in eigene, fremde oder partnerschaftliche Niederlassungen, die nach dem Recht des Investitionslandes in einem abgestuften Grad wirtschaftlicher und rechtlicher Abhängigkeit organisiert waren und die Beschaffungs-, Produktions-, Absatz- und Finanzierungsfunktionen übernahmen.[57]

---

57 Mit dem Runderlass zur Außenwirtschaft vom 1.2.1952 hatte die Bundesregierung den rechtlichen Rahmen für Auslandsinvestitionen geschaffen. Nach diesem bis 1956 in Kraft bleibenden Runderlass waren Auslandsinvestitionen genehmigungspflichtig. Runderlaß Außenwirtschaft Nr. 15/52 betreffend VI,1: Niederlassungen im Ausland [...], in: Bundesanzeiger Nr. 20, 20.1.1952. Vgl. auch Fuß, Jörg (Hrsg.), Einstieg in Auslandsmärkte. Beispiele erfolgreicher Unternehmen, Heidelberg 1990.

Im Hinblick auf die Methoden des Markteintritts kann zwischen verschiedenen Anteilseignerpolitiken, nämlich den Alternativen Gründung oder Akquisition einer hundertprozentigen Tochtergesellschaft, dem Erwerb einer Mehr- oder Minderheitsbeteiligung (><50 Prozent) sowie Joint Ventures (50/50) und Kooperationen differenziert werden. Die am häufigsten angewandte Markteintrittsalternative war im Betrachtungszeitraum der Akquisitionsweg, der als „Kauf von Zeit" gegenüber der zeitintensiveren Errichtung einer Produktionsstätte als vorteilhafter galt. Nicht nur der Erwerb von Produkten und einer entsprechenden Absatzorganisation waren dabei von Vorteil, auch der Erhalt eines spezifischen Images konnte angesichts nationaler Auflagen („Buy-American-Act" bei öffentlichen Aufträgen) für den Erfolg eines ausländischen Unternehmens auf dem US-amerikanischen Markt von Bedeutung sein, obwohl deutsche Anbieter in einer Reihe von Märkten wie Maschinenbau, Automobil oder Chemie über ein traditionell hohes Godwill („Made in Germany") verfügten.[58]

Daneben trat nach dem Zweiten Weltkrieg auch die transnationale Kooperation von Unternehmen in ein neues Stadium. Gleichwohl hätte die europäische Industrie „[...] ohne die ungeheure Konkurrenz, die die amerikanischen Investitionen darstellen", in den sechziger und siebziger Jahren nicht in dem Maße von Zusammenschlüssen und Fusionen Gebrauch gemacht, „wie dies heute geschieht".[59] Kooperationen, Joint Ventures und Strategische Allianzen kennzeichneten demnach die internationale Wirtschaftsstruktur seit den 1970er Jahren zunehmend. Sie boten Optionen eines geringeren Kapitaleinsatzes bei breiterer Risikoverteilung, während Know-how, Personal und Vertriebsstrukturen gemeinsam genutzt werden konnten. US-amerikanische Unternehmen hatten „diesen Trend eingeleitet" und galten „als Vorreiter für Zusammenschlüsse jeglicher Art".[60] Angesichts steigender Ausgaben für Forschung und Entwicklung sowie Anwendungstechnik sahen sich insbesondere die Unternehmen der Chemieindustrie nach dem Zweiten Weltkrieg stärker als je zuvor dazu veranlasst, finanziell aufwendige Projekte in Zusammenarbeit mit anderen Anbietern durchzuführen.[61]

Wie häufig im Inlandsgeschäft entschied sich auch Henkel anstelle einer „mühevollen und kostspieligen Eigenentwicklung" zunächst vor allem für den Akquisitionsweg: Beteiligungen und Tochtergesellschaften, denen in aller Regel die Aufgabe eines „Vorpostens" zukam, sollten in den USA „den Markt [...] öffnen, [...] testen und

58 Itter-Eggert, Deutsch-amerikanische Wirtschaftsbeziehungen, S. 101. Rother, Das internationale Geschäft, S. 82f.

59 Zit. nach Servan-Schreiber, Herausforderung, S.45. Siehe auch die Einschätzung von Schaper-Rinkel, Wulf, Akquisitionen und strategische Allianzen. Alternative externe Wachstumswege, Wiesbaden 1998, S. 3: „In der Vergangenheit war die Zusammenarbeit mit anderen Unternehmen als Mittel zur Stärkung der eigenen Wettbewerbsfähigkeit, die heute von vielen als Notwendigkeit akzeptiert wird, [...] kaum als unternehmerische Option in Betracht gezogen" worden.

60 Steinöcker, Reinhard, Mergers and Acquisitions: Strategische Planung von Firmenübernahmen. Konzeption, Transaktion, Controlling, Düsseldorf 1998, S. 7. Rother, Das internationale Geschäft, S. 87–89. Interview Dr. Winkhaus, 26.6.2000, S. 15, 20. Eßlinger, Alfred E., Kooperationen: Strategisches Instrument in sich wandelnden Märkten, in: Zahn, Erich (Hrsg.), Europa nach 1992. Wettbewerbsstrategien auf dem Prüfstand, Stuttgart 1990, S. 81–92.

61 Henkel KGaA, GF-Sekretariat, Post ZGF Nr. 8, 26.2.1985.

im Markte Fuß [...] fassen".[62] Doch „[...] um auch in der Folgezeit an interessanten Märkten partizipieren zu können, ohne die eigenen Möglichkeiten zu überziehen", verstärkte Henkel ab den 1970er Jahren ebenso die Kooperationstätigkeit über Joint Ventures und Strategische Allianzen. Obwohl sich das Unternehmen bis dahin aus Gründen der Unabhängigkeit strikt gegen derartige Strategien ausgesprochen hatte und statt dessen Mehrheitsbeteiligungen favorisiert hatte, wurde nun auch der Erwerb einer Minderheitsbeteiligung oder ein Anteiletausch akzeptiert. Eine derartige Verbindung nahm Henkel in den USA erstmals 1974 mit der – bis heute bestehenden – Kooperation mit der Clorox Comp., Oakland/Californien, auf, einem der führenden amerikanischen Haushaltsreinigungshersteller. Die Minderheitsbeteiligung an Clorox sollte Henkel ursprünglich die Möglichkeit eröffnen, in den USA, Kanada und Puerto Rico „Henkel-Produkte" herzustellen. Clorox versprach sich davon Unterstützung gegen die starke Konkurrenz von P&G und Colgate.[63] Die Zusammenarbeit mit Clorox, die für Henkel bis heute ein reines Finanzengagement ohne eigene Geschäftstätigkeit ist, war profitabel genug, um das weitere US-Geschäft mit zu finanzieren, zumal Henkel seine Anteile an Clorox von zunächst 10 Prozent in 1974 auf 27,8 Prozent (1992) erhöhte.[64]

Auf diesen Erfahrungen aufbauend wuchs Henkel insbesondere seit Mitte der achtziger Jahre mit Hilfe von Strategischen Allianzen und Joint Ventures wie mit dem US-Klebstoff-Hersteller Loctite in Hartford/Conneticut (1985) oder Ecolab in St. Paul/Minnesota (1991), einem Hersteller von Großhygieneprodukten und -verfahren, in neue Unternehmensdimensionen hinein. In den 1990er Jahren stammte rund ein Drittel des US-Gewinns von Henkel aus Joint Ventures und Strategischen Allianzen.[65]

Markteintrittsbarrieren

Neben den wirtschaftlichen Rahmenbedingungen sorgen Markteintrittsbarrieren für erschwerte Bedingungen bei der Aufnahme der Geschäftstätigkeit in neuen Märkten. So gelten administrative Auflagen, kulturelle Barrieren wie Sprache und Mentalität der Amerikaner, ihre Geschäfts-, Management- und Arbeitsmethoden sowie ihre Verbrauchsgewohnheiten ebenfalls als ausschlaggebende Momente dafür, dass deutsche Unternehmen vor 1970 zurückhaltend auf ein Engagement in den USA reagier-

---

62 HA 455/76, R.M. Fries, Aktennotiz über ein Gespräch mit K. Henkel, 19.4.1968. HA 153/11, Postbesprechung, 1.2 und 6.9.1955.

63 „Henkel und Clorox vereinbaren Zusammenarbeit", in: Henkel-Blick 8/74, S. 2. HA 413/28, Clorox Comp., Bericht über einen Besuch dieser Firma in der Zeit vom 9. bis 12.7.1974. Allerdings traten bei der Verwendung von Henkel-Rezepturen „Schwierigkeiten auf, weil vielfach die dort verwendeten Rohstoffe in identischer Form auf dem amerikanischen Markt nicht erhältlich sind". HA 413/29, Besuch der Herren Dr. Heitland und Ochs bei der Fa. Clorox, 1. bis 12.12.1974. Wie der Besuch deutlich machte, waren die „Fabrikationsanlagen [...] praktisch kaum zur Herstellung von Produkten nach Henkel-Know-How geeignet". Stattdessen sollte „hier Produktentwicklung in weiterem Ausmaß" getrieben werden. Intern 6/74.

64 HA, unverz. Bestand, Verwaltungsrat Henkel GmbH, 2.4. und 17.12.1974. Auch Henkel KGaA, Geschäftsbericht 1992.

65 Leitzbach / Schröder, Auslandsgeschäft, S. 147.

ten.[66] Tatsächlich hatte auch die Geschäftsleitung von Henkel zumindest für den Bereich der Markenprodukte daran gezweifelt, den amerikanischen Markt mit einer angemessenen Produkt- und Marketingpolitik bearbeiten zu können. So hatte Jost Henkel mit Blick auf den amerikanischen Waschmittelmarkt schon im August 1945 konstatiert, dass dort kein Platz für ein weiteres sauerstoffhaltiges Waschmittel sei.[67]

Auch Publizitätsvorschriften oder die Vielzahl gesetzlicher Auflagen etwa in Bereichen wie Produkthaftung, Kartellrecht oder Umweltschutz konnten abschreckend auf Investoren wirken. Im wesentlichen richtete sich das US-Kartellrecht, das darauf zielte, wettbewerbsminderndes oder -verhinderndes Verhalten auszuschalten, gegen die unangemessene Akkumulation wirtschaftlicher Macht. Darunter fielen auch Preisabsprachen oder die Aufteilung von Märkten, Praktiken, die in Deutschland bis zum Zweiten Weltkrieg zu den traditionell anerkannten Maßnahmen zur Entschärfung des Wettbewerbs gehört hatten.[68] Mit zunehmendem Engagement in den USA wurde auch Henkel in Anti-Trust-Verfahren der Federal Trade Commission verwickelt, etwa als es um die Expansion des Klebstoffgeschäfts durch die Angliederung der Illinois Adhesives ging.[69]

Im Vergleich zu den USA wies die europäische Umweltschutzpolitik einen Timelag von fünf bis zehn Jahren auf. Die ersten Gesetze zum Umweltschutz wurden in den Vereinigten Staaten zu Beginn der sechziger Jahre kodifiziert und konfrontierten US-Unternehmungen wie ausländische Investoren gleichermaßen mit einer Vielzahl von Auflagen. Insbesondere die Verordnungen zur Luftemission und zur Wasserreinhaltung im Rahmen des Environmental Protection Act (EPA) drohten die Ansiedlung von Industrieanlagen zu verzögern.[70] Auf die Investitionsentscheidungen von Henkel in den USA wirkten sich diese Auflagen aber keineswegs hemmend aus. Ganz im Gegenteil: Ausgelöst durch die rigiden US-Bestimmungen entwickelte das Unternehmen konzernweit eine vorbildliche Umweltpolitik. Weil Henkel behördliche Auflagen und gesetzliche Verbote im Umweltbereich als „existenzbedrohende" Gefahren für das Unternehmen betrachtete, war „die sorgfältige Beobachtung und aktive Mitarbeit auf diesem Gebiet [...] von ausschlaggebender Bedeutung".[71] Daher fanden vorbeugende umweltstrategische Überlegungen auch Eingang in die 1972 formulierte Spartenstrategie für Waschmittel, dergemäß „die Sparte [...] defensive und offensive Umweltschutzprogramme im Unternehmen fordern und fördern" sollte.[72]

---

66 Barlow, I.R. / Wender, I.T., Foreign Investment and Taxation, Englewood Cliffs 1955, S. 192f.

67 HA 153/1, Postprotokoll, 31.8.1945.

68 Reichel, Direktinvestitionen, S. 338–349. Siehe auch in historischer Perspektive den Sammelband von Pohl, Hans (Hrsg.), Wettbewerbsbeschränkungen auf internationalen Märkten (ZUG-Beiheft, 46), Wiesbaden 1988.

69 Leitzbach / Schröder, Auslandsgeschäft, S. 137.

70 Reichel, Direktinvestitionen, S. 328–335. Siehe hierzu im allgemeinen Hansjürgens, Bernd, Umweltpolitik in den USA und in der Bundesrepublik Deutschland – Ein institutionenökonomischer Vergleich, in: Wentzel, Bettina und Dirk (Hrsg.), Wirtschaftlicher Systemvergleich Deutschland/USA anhand ausgewählter Ordnungsbereiche, Stuttgart 2000, S. 181–222.

71 HA 153/49, Post ZGF, 25.8.1970. Siehe dazu auch die Umweltberichte, die Henkel seit 1992 herausgibt.

72 HA 153/46, Gemeinsame Postbesprechung, 5.12.1972.

Finanzierungsengpässe

Die internationale Expansionstätigkeit von Unternehmen ist mit hohen Finanzierungsanforderungen verbunden, wie auch die folgende Graphik deutlich macht.

Abbildung 5: Henkel, Akquisitionen in den Jahren 1970–1982, regionale Verteilung nach Kaufpreis in MDM

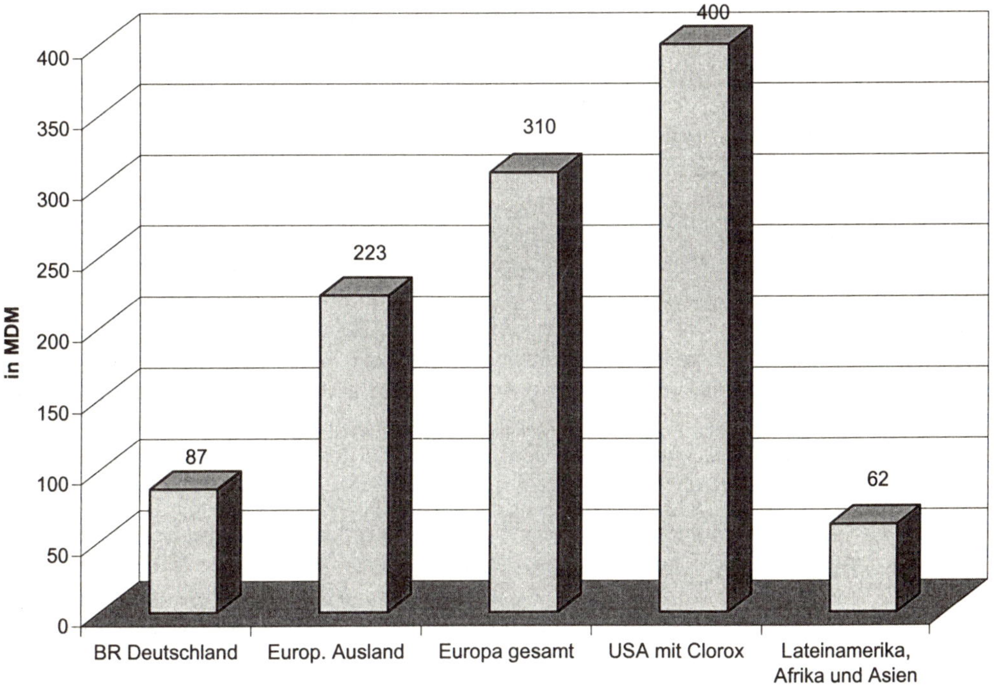

Quelle: Henkel-Archiv, unverz. Bestand, Nachrechnungen von Akquisitionen, Bd. I, Dr. Erdely, Akquisitionen 1970–1982. Eine Übersicht mit Kritischer Kommentierung, ZGF Vortrag, Okt. 1983.

Gerade im USA-Geschäft von Henkel stellte die Finanzierung von Projekten ein zentrales Problem dar, weil die Behandlung des in den USA angelegten Vermögens bis in die 1960er Jahre hinein ungeklärt blieb und dringend benötigte Mittel band.[73]

73 Dabei handelte es sich beispielsweise um Aktienpakete namhafter US-Firmen wie von P&G in Höhe von mehr als 17 Mio. US-Dollar, die nach dem Eintritt der USA in den Zweiten Weltkrieg requiriert worden waren. Siehe Kreikamp, Hans D., Deutsches Vermögen in den Vereinigten Staaten. Die Auseinandersetzung um seine Rückführung als Aspekt der deutsch-amerikanischen Beziehungen 1952–1962, Stuttgart 1979. Erst 1967 erhielt Henkel eine Vergleichszahlung für das einstige USA-Vermögen in Höhe von 1,5 Mio. US-Dollar.

Angesichts der anhaltenden Schwierigkeiten in der Entschädigungsfrage fragte sich Konrad Henkel sogar, ob das Unternehmen sich überhaupt noch einmal auf dem US-amerikanischen Markt engagieren sollte. Dennoch blieb er in der Folgezeit die treibende Kraft für das Amerikageschäft, während seinem Bruder Jost „der Laden" allmählich „viel zu groß" wurde.[74] Allerdings sah Henkel aufgrund der beschränkten Investitionsmöglichkeiten und des unzureichenden Zuganges zu den Kredit- und Kapitalmärkten sowie aufgrund der für amerikanische Verhältnisse unzureichenden Eigenkapitalausstattung des Unternehmens zunächst wenig Chancen für einen erfolgreichen Markteinstieg.[75]

Erst mit der Expansion des Europa-Geschäfts standen der Henkel-Geschäftsleitung mehr Mittel für internationale Aktivitäten zur Verfügung. Stets operierte das Familienunternehmen dabei mit Blick auf „das Machbare" und vermied unkalkulierbare Risiken, wie die angestrebte Eigenkapitalquote von 40 Prozent in den 1970er Jahren unterstreicht. Doch musste sich die Grundsatzentscheidung, „die [...] Fremdfinanzierung auf ein Minimum zu beschränken", ebenso wie „das Fehlen von Aktien, die im Falle einer Akquisition eingetauscht werden können" und die „Abneigung, sich an Gemeinschaftsunternehmen zu beteiligen" mittelfristig nachteilig auswirken.[76] Denn die beschränkten Finanzierungsmöglichkeiten der Familiengesellschaft trugen dazu bei, dass der „big deal" – also eine Akquisition, die den Einkauf in einen zukunftsträchtigen Markt ermöglichte – entweder überhaupt nicht oder nur in kleinen Schritten möglich war. Da man „auf interessanten Märkten tätig sein" wollte, „aber [...] nicht aus eigener Kraft entsprechende Größenordnungen erreichen" konnte, bediente sich Henkel, wie schon oben erwähnt, zunehmend der Partner- und Kooperationsstrategien.[77]

Zudem wurde das Stammkapital des Unternehmens mit Blick auf das rapide steigende Kapitalbedürfnis im Jahr 1973 „in Anpassung an das Unternehmenswachstum" aus Gesellschaftsmitteln (Umwandlung von Rücklagen) von 96 auf 150 Millionen DM erhöht. Damit konnten die Bilanzstruktur verbessert und „günstigere Voraussetzungen für die Aufnahme von Bankverbindlichkeiten oder Darlehen geschaffen" werden.[78] Ohne die Erschließung neuer Finanzierungsquellen, darüber waren sich die Mitglieder der Geschäftsleitung einig, war ein weiteres Wachstum mittelfristig nicht mehr zu realisieren. Wollte die Firma Henkel nicht den Anschluss an den Wettbewerb verlieren, so musste sie „vor allem auf den wichtigsten Auslandsmärkten" wie den USA, ihre Position „erheblich ausbauen".[79]

---

74 Zit. nach Leitzbach / Schröder, Auslandsgeschäft, S. 129f.

75 Z.B. HA 153/8, Post-Protokoll, 16.12.1952.

76 HA 251/1, SRI, Einführung einer verbindlichen Langfristigen Planung der Persil/Henkel-Gruppe – Phase I, April 1967.

77 Interview Prof. Sihler, 26.5.2000, S. 10f. Interview Dr. Winkhaus, 26.6.2000, S. 5. HA 153/48, Post ZGF, 9.3.1976. Henkel KGaA, GF-Sekretariat, Post ZGF Nr. 8, 26.2.1985.

78 HA 153/54, Post ZGF, 6.11.1973.

79 Auch Eglau, Hans Otto, Persil bleibt Persil. Der mühsame Wandel einer Familienfirma, in: Die Zeit, 22.8.1985. So auch Uebbing, Helmut, Die Persil-Aktie. Henkel geht an die Börse, in: Frankfurter Allgemeine Zeitung, 27.8.1985.

Zur Vorbereitung der Kapitalaufnahme an der Börse wurde die Henkel GmbH im Jahr 1975 in eine Kommanditgesellschaft auf Aktien (KGaA) umgewandelt, womit der Familiencharakter des Unternehmens jedoch nicht berührt wurde. Die KGaA galt als eine Gesellschaftsform, die „in besonderem Maße den Bedürfnissen und Vorstellungen einer großen Familiengesellschaft entspricht", weil sie auf der einen Seite durch die Einführung von stimmrechtslosen Vorzugsaktien „den Einfluss und die besondere Position der Familieneigentümer [sicherte], auf der anderen Seite [...] die Zuführung von langfristigem Kapital" erleichterte.[80] Der Börsengang der Henkel KGaA im Oktober 1985, demzufolge das Grundkapital der Gesellschaft um 200 Millionen DM auf 500 Millionen DM erhöht wurde, bereitete den Weg für eine angemessene Expansionstätigkeit der Henkel-Gruppe.[81]

5. Fazit

Die USA stellten nach dem Zweiten Weltkrieg für deutsche Unternehmen zunächst sicher keinen Markt der „unbeschränkten Möglichkeiten" dar. Zwar gab es bereits seit den späten 1940er und vor allem seit den 1950er Jahren wichtige Impulse für einen technologischen Austausch, etwa durch Lizenzabkommen, doch sollte es noch zwei Jahrzehnte dauern, bis sich durch die Flexibilisierung des Dollar-Kurses attraktivere Bedingungen für einen Markteintritt eröffneten. Im Gegensatz dazu gehörten US-amerikanische Anbieter bereits in den 1960er Jahren zu den herausragenden Investoren auf dem westdeutschen Markt. Die damit einhergehende Verschärfung des Wettbewerbs in Europa löste die geographische Expansion deutscher Unternehmen aus.

In den siebziger Jahren wurden die USA somit zu einem herausragenden Zielland von deutschen Direktinvestitionen, was vor allem auf die Wettbewerbsbedingungen auf den europäischen Märkten, die Veränderungen der Wechselkurse und die Qualität des US-Marktes zurückgeführt werden muss. Markteintrittsbarrieren wie juristische, administrative und steuerliche Auflagen, das finanzielle „Standing" oder kulturelle Aspekte wie Sprache und Geschäftsverhalten der Amerikaner empfanden deutsche Unternehmen nun weniger abschreckend als dies noch ein Jahrzehnt zuvor der Fall gewesen war.

Häufig jedoch verfügten deutsche Unternehmen zunächst noch nicht über die finanziellen Möglichkeiten, sich in ihren eigentlichen Stammärkten, die in aller Regel durch starke einheimische Anbieter dominiert wurden, zu engagieren. Sie konzentrierten sich stattdessen auf Marktnischen, um zumindest einen „Brückenkopf" in den USA zu etablieren. Aufgrund des Kapitalmangels kooperierten deutsche Investoren in den USA häufig mit starken einheimischen Partnern, nicht zuletzt auch, um so als

80 Siehe auch „Weichen für die Zukunft sind gestellt", in: Henkel-Blick 12/74, S. 1–3. Henkel KGaA, 1876–1976, Hundert Jahre Henkel, Düsseldorf o. J. [1976], S. 76.

81 1985: Henkel an der Börse, Düsseldorf 1985.

„amerikanische Anbieter" auftreten zu können.[82] Seit den 1970er Jahren gewannen zudem Kooperationen und Partnerstrategien an Bedeutung, weil sie einen höheren Grad an finanzieller und technologischer Flexibilität ermöglichten.

Während das Chemiegeschäft kontinuierlich ausgebaut wurde, blieb Henkel in den US-Märkten für Konsumartikel langfristig unterrepräsentiert. Da aber der Vertrieb von Markenartikeln in den USA zunehmend zu einer „Prestigefrage" wurde, begann die Düsseldorfer Geschäftsleitung 1998 durch die Akquisition des Haarpflegespezialisten DEP in Los Angeles mit der Erschließung des US-Kosmetikmarktes.[83] Ein Jahr später schreckte Henkel auch vor dem überaus wettbewerbsintensiven nordamerikanischen Waschmittelmarkt nicht mehr zurück: Aus dem Joint Venture mit der Dial Corporation in Scottsdale/Arkansas ging ein Gemeinschaftsunternehmen zur Entwicklung und Vermarktung hochwertiger Waschmittel in Nordamerika hervor.[84]

Damit gelang es Henkel in einem Zeitraum von mehr als zwanzig Jahren, auf dem amerikanischen Markt Fuß zu fassen. Der außerordentlich scharfe Wettbewerb, administrative Auflagen und ein abweichendes Verbraucherverhalten machten die USA zu einem Markt, der einen „langen Atem" erforderte.[85] Durch die Bearbeitung von Marktlücken, regionalen und produktspezifischen Teilsegmenten und durch eine gezielte Partnerschafts- und Akquisitionspolitik verfolgte Henkel eine Strategie der kleinen Schritte, die eine behutsame und solide Marktetablierung ermöglichte. Der Düsseldorfer Chemiespezialist entwickelte sich auf diese Weise in den USA von einem Zwergunternehmen und Nischenproduzenten zu einem international tätigen Chemieanbieter, der an die traditionelle Weltmarktorientierung der deutschen Chemieindustrie anknüpft.[86]

---

82 Rother, Das internationale Geschäft, S. 89.

83 Henkel KGaA, Geschäftsbericht 1999, S. 2. Siehe Henkel-Blick, 6/99, S. 7. Laut Geschäftsbericht 2000 war die Resonanz der US-Verbraucher auf die 1999 eingeführte Körperpflege-Serie der Marke „Fa" allerdings „sehr begrenzt". Henkel KGaA, Geschäftsbericht 2000, S. 8.

84 HA D 646, Henkel-Pressemeldung „Änderung im Dial/Henkel Waschmittel-Joint-Venture", 3.1.2001.

85 Eggert, Erfahrung und Strategie, S. 129, 131. Siehe auch Kichniawy, Gerd W., Erfolgreich Verkaufen in den USA, in: Eggert / Gornall (Hrsg.), Handbuch USA-Geschäft, S. 133–161.

86 Henkel KGaA, Geschäftsbericht 1999.

Felix Butschek

Grenzveränderungen als Wachstumsdeterminanten der österreichischen Wirtschaft

Die Auflösung der Donaumonarchie oder die neuen Grenzen

Kaum ein europäisches Land dürfte in seiner Wirtschaftsentwicklung während des letzten Jahrhunderts durch die Veränderung seiner Staatsgrenzen ähnlich stark beeinflusst worden sein wie Österreich. Dabei ist Veränderung von Grenzen in diesem Zusammenhang im weitesten Sinn zu verstehen, nicht nur als deren Entstehung, Beseitigung oder Verschiebung, sondern auch als Wandel ihrer politischen und ökonomischen Bedeutung.

Unter diesem Aspekt steht am Anfang dieser Analyse die Auflösung der Donaumonarchie. Der militärische und wirtschaftliche Zusammenbruch 1918 führte zu ihrem Zerfall. Auf dem ehemaligen Staatsgebiet bildeten sich entweder neue souveräne Staaten, wie Österreich – das heutige Bundesgebiet –, Ungarn sowie die Tschechoslowakei, oder Teile dieser Region gingen in anderen Ländern auf, nämlich in Italien, Jugoslawien, Polen und Rumänien.

Die politische Segregation bedeutete auch die Aufspaltung des Wirtschaftsraumes. Dieser hatte zuletzt 52 Mio. Menschen umfasst und war durch Zölle in beträchtlichem Ausmaß geschützt gewesen. Die erste ökonomische Konsequenz dieser Auflösung lag somit darin, dass die österreichischen Unternehmen ihre präferentielle Position in den Nachfolgestaaten verloren und der Konkurrenz aus Drittstaaten – insbesondere aus Deutschland – ausgesetzt waren.

Dazu kamen – zumindest mittelfristig wirksam – wirtschaftliche Repressionsmaßnahmen der Siegermächte. Auf die späte Beendigung der Blockade gegen Österreich-Ungarn im März 1919 folgte ein Verbot des regulären Handels zwischen Österreich und Ungarn mit den anderen Nachfolgestaaten. Die Friedensverträge von St. Germain (Österreich) und Trianon (Ungarn) untersagten eine gegenseitige Mehrbegünstigung und verpflichteten zu einer solchen gegenüber den Ententestaaten. Diese Ver- und Gebote wurden zwar durch den Abschluss von Kompensationsverträgen und ab 1920 durch Kontingentverträge umgangen, erschwerten aber die Abwicklung des gegenseitigen Handels und erhöhten damit die Transaktionskosten[1].

Wesentlich wirkte sich jedoch das Bestreben der Nachfolgestaaten aus, der politischen Trennung von den alten Zentren Wien und Budapest auch eine wirtschaftliche

---

1 Nautz, J., Die österreichische Handelspolitik der Nachkriegszeit 1918 bis 1923, Wien-Köln-Graz 1994, S.338.

folgen zu lassen[2]. Diesem Zweck diente nicht nur die „Nostrifikationsgesetzgebung" sowie das Betätigungsverbot für ausländische Banken, sondern auch die Errichtung massiver Zollbarrieren. Während Österreich in Erkenntnis seiner nunmehrigen Außenhandelsabhängigkeit zunächst einen relativ niedrigen Zolltarif ansetzte, erhöhten ihn die übrigen Nachfolgestaaten wesentlich. Auch diese Hindernisse ließen sich nur teilweise durch Handelsverträge überwinden.

Übersicht 1: Zolltarife ausgewählter europäischer Länder

	1913	1927	1931
		in % des Warenwertes	
Bulgarien	22,8	67,5	96,5
Spanien	37,0	49,0	68,5
Polen	72,5	53,5	67,5
Rumänien	30,3	42,3	63,0
Tschechoslowakei	22,8	31,3	50,0
Italien	24,8	27,8	48,3
Jugoslawien	22,2	32,0	46,0
Ungarn	22,8	30,0	45,0
Deutschland	16,7	20,4	40,7
Frankreich	23,6	23,0	38,0
Österreich	22,8	17,5	36,0
Schweden	27,6	20,0	26,8
Schweiz	10,5	16,8	26,4
Belgien	14,2	11,0	17,4

Q: Hertz (1947, S. 72).

Die große Bedeutung institutioneller Faktoren sowie die durch diese hervorgerufene „path dependence" der Wirtschaftsentwicklung dokumentieren sich daran, dass trotz aller dieser Schwierigkeiten in der ersten Hälfte der zwanziger Jahre weiterhin die Hälfte des österreichischen Außenhandels mit den Nachfolgestaaten abgewickelt wurde. Das war weit mehr, als den rein ökonomischen Außenhandelsdeterminanten entsprochen hätte. Diese versuchen die „Gravitationsmodelle" zu erfassen. Danach hängt die Intensität der Handelsbeziehungen von der Entfernung, der Bevölkerungszahl und dem Pro-Kopf-Einkommen der Partnerländer ab[3]. Die Schätzung eines solchen Modells für 1928 ergab, dass der Anteil der Nachfolgestaaten am österreichischen Export ungefähr doppelt so hoch war, wie ihrem „natürlichen" Volumen ent-

2 Walré de Bordes, J., The Austrian Crown – Its Depreciation and Stabilization, London, 1924, S.7; Hertz, F., The Economic Problems of the Danubian States. A Study in Economic Nationalism, London, 1947, S.65.

3 Linnemann, H., An Econometric Study of the International Trade Flows, Amsterdam, 1966.

sprochen hätte[4]. Die neuen Grenzen wirkten sich allerdings dahin aus, dass das gesamte Außenhandelsvolumen dramatisch schrumpfte.

Übersicht 2: Regionalstruktur des österreichischen Außenhandels zwischen den Kriegen

	1920	1924	1929	1932	1937
	Anteile in %				
Export					
Deutschland	17.0	13.1	15.7	16.5	14.8
Italien	27.8	10.1	9.0	9.9	14.0
Schweiz	7.5	6.6	5.7	8.0	5.1
Frankreich	1.4	2.5	3.4	4.1	4.3
Großbritannien	0.4	4.3	4.5	3.6	5.3
USA	1.5	2.1	3.4	1.9	2.5
Andere Länder	2.1	15.0	19.7	21.4	22.5
Monarchie-	42.3	46.3	38.6	34.6	31.5
Tschechoslowakei	*24,8*	*11,0*	*13,5*	*10,6*	*7,1*
Ungarn	*8,1*	*8,8*	*7,5*	*9,3*	*9,1*
Polen	*3,9*	*9,7*	*4,8*	*3,6*	*4,3*
Jugoslawien	*3,7*	*10,3*	*7,7*	*7,6*	*5,4*
Rumänien	*1,8*	*6,5*	*5,1*	*3,5*	*5,6*
Insgesamt	100.0	100.0	100.0	100.0	100.0
Import					
Deutschland	36.6	14.9	21.0	20.0	16.1
Italien	3.6	7.2	3.6	4.9	5.5
Schweiz	1.1	5.6	4.4	3.5	3.2
Frankreich	0.0	2.3	2.7	2.0	2.8
Großbritannien	0.3	2.8	2.8	2.5	4.5
USA	4.8	5.5	6.0	4.0	6.0
Andere Länder	3.4	13.0	14.9	17.0	23.4
Monarchie-	50.2	48.7	44.6	46.1	38.5
Tschechoslowakei	*37,6*	*22,6*	*18,1*	*15,2*	*11,0*
Ungarn	*3,2*	*11,7*	*9,9*	*9,8*	*9,0*
Polen	*5,7*	*7,5*	*8,8*	*7,6*	*4,6*
Jugoslawien	*3,5*	*4,4*	*4,0*	*7,7*	*7,9*
Rumänien	*0,2*	*2,5*	*3,8*	*5,8*	*6,0*
Insgesamt	100,0	100,0	100,0	100,0	100,0

Q: Bundesamt für Statistik. - 1) Tschechoslowakei, Ungarn, Polen, Jugoslawien, Rumänien.

Zwar existieren über den österreichischen Außenhandel vor dem 1. Weltkrieg keine Daten, da in der österreichischen Reichshälfte nur die Warenströme in das damalige Ausland sowie nach Ungarn erfasst wurden, nicht jedoch innerhalb dieser Region. In einer Völkerbundstudie wurde aber eine Schätzung versucht, die zu dem Ergebnis gelangt, dass der Export Anfang der zwanziger Jahre höchstens 60% des Vor-

4 Butschek, F., The Eastern Enlargement of the European Union and Austria – a Long and Multifacetted Story, in CEDIN (ed.), Issues on the European Economics. Proceedings 2nd International Workshop on European Economy, Vol.1, Lissabon, 1999, S.301.

kriegsniveaus erreicht habe[5]. 1924 betrug die Exportquote Österreichs 21,2%, die Importquote 37,1%; schätzt man die Außenhandelsquote für 1913 auf etwa 30%, dann müsste der Außenhandelsrückgang allein das BIP in der Größenordnung von 10% reduziert haben.

Die österreichische Wirtschaft partizipierte zwar auch am Aufschwung der zwanziger Jahre, konnte jedoch den Rückschlag des Weltkriegs und des Zerfalls der Monarchie nicht wettmachen. Österreich zählte auch zu jenen Ländern, die von der Weltwirtschaftskrise hart getroffen wurden. Ein Grund dafür lag im Zusammenbruch der Credit-Anstalt. Diese berühmte Bank geriet unter anderem deshalb an den Rand der Insolvenz, weil sie sich an Projekten in den Nachfolgestaaten engagiert hatte, welche unter den geänderten politischen Bedingungen viel zu riskant waren[6].

Da sich auch nach Überwindung der Krise die Wirtschaft nur sehr schleppend erholte, erreichte das österreichische BIP 1937 lediglich 90% des Niveaus von 1913, den schlechtesten Wert aller west- und mitteleuropäischen Staaten. Die katastrophale Entwicklung wurde sicherlich auch durch andere Ursachen herbeigeführt. So etwa durch die politischen und sozialen Spannungen, welche sich letztlich in einem Bürgerkrieg entluden, sowie durch den außenpolitischen Druck des nationalsozialistischen Deutschlands, der sich etwa in der „1000-Mark-Sperre“ zur Lähmung des österreichischen Fremdenverkehrs manifestierte, doch lässt sich nicht bezweifeln, dass der Zerfall der Habsburgermonarchie, die Entstehung neuer Grenzen – unter sehr ungünstigen politischen Bedingungen – an der deplorablen österreichischen Wirtschaftsentwicklung zwischen den Kriegen großen Anteil hatte.

Das Ende der Staatlichkeit

Die nächste Grenzveränderung resultierte aus der Annexion Österreichs durch das nationalsozialistische Deutschland im März 1938. Die österreichische Wirtschaft wurde in die bereits in beträchtlichem Ausmaß reglementierte deutsche integriert, was zu erheblichen kurz–, mittel– und langfristigen Folgen führte. Freilich resultierten diese weniger direkt aus dem Fortfall der Grenze gegenüber Deutschland, einem Land, das sich durch weitgehende Kontrolle des Außenhandels bereits in hohem Maße aus dem mehr oder minder freien internationalen Handelsverkehr ausgeschaltet hatte, sondern durch die deutsche Wirtschaftspolitik.

Denn es wäre verfehlt, den nunmehr einsetzenden Boom der aufrüstungsbedingten deutschen Nachfrage nach Rohstoffen und Halbfertigwaren zuzuschreiben. Wohl schnellten die Exporte nach Deutschland auf das Dreifache empor, da jedoch die Ausfuhr in Drittländer im gleichen Ausmaß schrumpfte, gingen per Saldo von der Auslandsnachfrage wenig expansive Impulse aus. Wesentlich für die österreichische Wirt-

---

5 Layton, W. T., Rist, Ch., The Economic Situation of Austria, Report Presented to the League of Nations, Geneva, 1925, S.29.

6 Schubert, A., The Credit-Anstalt Crisis of 1931, Cambridge, 1991, S.46.

schaftsentwicklung 1938 und 1939 wurde die Binnennachfrage, die durch eine Art keynesianischer Expansionspolitik charakterisiert war.

Die öffentliche Hand vergab 1938 Aufträge in der Höhe von 750 Mio. ATS[7], was fast 8% des BNP von 1937 entsprach. Der private Konsum wurde durch Gewährung zusätzlicher Sozialleistungen angeregt und die Investitionen durch Kapitalzuflüsse aus Deutschland ausgeweitet. Diese expansive Politik führte 1938 zu einem Anstieg des realen BNP (ohne die Landwirtschaft, welche stagnierte bzw. 1939 schrumpfte) von 15%, 1939 sogar von 16,3%[8].

Auch die Arbeitsmarktlage verbesserte sich dramatisch. 1938 expandierte die Beschäftigung um 10,7%, die Arbeitslosenquote sank von 21,7% auf 12,9%. 1939 wuchs die Beschäftigung um weitere 7,9% und mit 3,2% Arbeitslosenquote wurde schließlich die Vollbeschäftigung erreicht[9]. Die stürmische Expansion endete bekanntermaßen in Krieg und Zerstörung, dennoch zeitigte diese Epoche einige langfristige Auswirkungen.

Durch die Investitionen dieser Jahre verlagerte sich das Schwergewicht der österreichischen Industrie von der traditionellen Konsumgütererzeugung zu Grundstoffen, Halbfertigwaren, dauerhaften Konsumgütern und zur Bauwirtschaft. Die Kapazitäten der erstgenannten Bereiche gingen weit über die Inlandsnachfrage hinaus; diese Betriebe wurden daher die Träger des österreichischen Nachkriegsexports. Damit verschob sich die Betriebsstruktur in Richtung der effizienten Groß-industrie sowie in den Westen des Landes. Letzteres ermöglichte eine bessere Ausschöpfung des Arbeitskräftepotentials und schuf Vorteile für die internationale Wirtschaftsentwicklung nach 1945. Die Annexionszeit führte auch zu erheblichen Investitionen in Humankapital: Die Erfahrung eines kurzen, aber explosiven Booms, das Vertrautwerden mit der technisch-organisatorischen Basis der auf Hochtouren laufenden Wirtschaft einer industriellen Großmacht vermittelte Kenntnisse auf Verhaltenswiesen, die in der Nachkriegszeit wirksam wurden. Letztlich bedeutete diese Zeit auch eine Umstellung des österreichischen Außenhandels, eine Gewichtsverlagerung von Osten nach Westen. Dieser Prozess war in der Ersten Republik allmählich in Gang gekommen, beschleunigte sich aber nunmehr. Deutschland wurde 1938 mit 41% der Exporte und 35% der Importe zum dominierenden Außenhandelspartner. Das bedeutete freilich nicht, dass der Außenhandel mit den Nachfolgestaaten völlig abriss, 1938 entfiel auf diese immerhin noch 21,1% der Exporte und 28,9% der Importe, aber der Umstellungsprozess war in dieser Zeit eingeleitet worden und sollte sich nach 1945 endgültig durchsetzen[10]. Jedenfalls kamen zwischen 1938 und 1945 in Österreich eine Produktions-,

---

7 Monatsberichte des Wiener Instituts für Wirtschafts- und Konjunkturforschung, 2/3/1939.

8 Butschek, F., Die österreichische Wirtschaft 1938 bis 1945, Wien – Stuttgart 1978, S.65..

9 Butschek, F., Die österreichische Wirtschaft 1938 bis 1945, Wien – Stuttgart 1978, S.60; S.122.

10 Butschek, F., Eine Wiederkehr Mitteleuropas? Zur wirtschaftlichen Verflechtung der Nachfolgestaaten des Habsburgerreiches in der zweiten Hälfte des 20. Jahrhunderts am Beispiel Österreichs, in Henning, F.-W. (Hrsg.), Die Regionen des ehemaligen Habsburgerreichs und ihre heutigen Wirtschaftsbeziehungen, Frankfurt/Main, 1998, S.132.

Betriebs- und Außenhandelsstruktur sowie ein technisches Niveau zustande, welche die wirtschaftliche Aktivität Österreichs nach 1945 begünstigten[11].

Die Durchlässigkeit von Grenzen oder die Integration Westeuropas

Die Wiederrichtung der Grenzen gegenüber Deutschland führte zwar in den vierziger Jahren zu erheblichen Einbrüchen im Export dorthin, scheint aber die österreichische Wirtschaftsentwicklung nach 1945 nicht allzu sehr beeinträchtigt zu haben, vor allem deshalb, weil Österreich sehr rasch in den westeuropäischen Wirtschaftsraum integriert wurde, dessen weitere Entwicklung die ökonomische Funktion der Grenzen dieser Region nachhaltig bestimmte. Ein Grundelement der kapitalistischen Entwicklung liegt, wie das schon Adam Smith formuliert hat, in Arbeitsteilung und Marktausweitung. Dieser Prozess vollzog sich im Lauf der Geschichte in Abhängigkeit von den sich ändernden Transaktionskosten mit sehr unterschiedlicher Intensität. Nach 1945 setzte er sich massiv durch. Der schwere Schock der Weltwirtschaftskrise, neue ökonomische Paradigmen sowie der Wille der westlichen Siegermächte – insbesondere der USA – die Verantwortung für die Entwicklung der Weltwirtschaft zu übernehmen, führt zur Schaffung des Systems von Bretton Woods. Dieses beruhte grundsätzlich auf dem Prinzip des freien Flusses von Waren, Dienstleistungen und Zahlungen, auf einem bestimmten Verhaltenskodex für die nationale Wirtschaftspolitik und auf dem Grundsatz der gegenseitigen Hilfeleistung. Der Internationale Währungsfonds (IMF) und die Weltbank sowie das General Agreement on Tariffs and Trade (GATT) wurden Ausdruck dieser Intentionen. Das Ziel dieser Politik bestand eben darin, die – ökonomische – Durchlässigkeit der Grenzen Wetseuropas zu erhöhen.

Natürlich war vorerst nicht daran zu denken, diese Prinzipien durchzusetzen, da die vom Krieg verheerten europäischen Wirtschaften zuerst wiederaufgebaut werden mussten und zunächst auch alle ziemlich umfassend reglementiert waren. Auch hier ergriffen die USA die Initiative, zuerst durch Schaffung der UNRRA sowie durch Gewährung umfangreicher Dollarkredite. Es schien zunächst auch, als ob diese Hilfe ausreichte, um den Wiederaufbauprozess in Gang zu bringen. Der harte Winter 1947 demonstrierte jedoch die Fragilität der europäischen Wirtschaft.

Dieser Rückschlag sowie die Furcht vor der kommunistischen Bedrohung veranlassten die USA, mit dem „Marshallplan" zu reagieren, der nicht nur einen weiteren Schub an Hilfsleistungen für die westeuropäischen Länder mit sich brachte, sondern auch die ersten Schritte zur wirtschaftlichen Integration Europas, wofür mit der OEEC (und später OECD) das entsprechende Instrument geschaffen wurde. Dieser Prozess setzte sich in der Folge über die EGKS, EWG und EFTA, den EWR bis zur EU fort.

Das Spezifikum Österreichs lag zunächst darin, dass es sich als „special case" den von der OEEC initiierten Liberalisierungsschritten verzögert anschloss[12]. Von weit

---

11 Butschek, F., Die österreichische Wirtschaft 1938 bis 1945, Wien – Stuttgart 1978, S.60; S.112.

größerer Bedeutung für die österreichische Wirtschaft erwies sich die Entscheidung, der EFTA beizutreten. Obwohl Österreich den weitaus größten Teil seines Außenhandels mit der EWG abwickelte, sah sich die Regierung aus neutralitätspolitischen Gründen veranlasst, das lockere Integrationsgebilde der EFTA vorzuziehen, was zu spürbaren Konsequenzen für die Außenhandelsströme führte. In beiden Handelsblöcken wurden die Binnenzölle gesenkt, in der EWG jedoch zusätzlich die Außenzölle harmonisiert. Beide Faktoren veränderten die Kostensituation der Betriebe derart, dass es in der „ersten Integrationsperiode“[13] zu einer tiefgreifenden Veränderung der regionalen österreichischen Exportstruktur kam. Floss vor Beginn des Integrationsprozesses noch fast die Hälfte des Exports in EWG-Länder, so verringerte sich dieser Güterstrom bis 1968, mit welchem Jahr die Zollumstellung abgeschlossen war, auf nur mehr 40%. Umgekehrt stieg der Anteil der EFTA-Staaten von 10,9% auf 23,6%. Der österreichische Marktanteil in der EWG sank von 1,8% 1958 auf 1,12% 1968, in der EFTA dagegen stieg er von 0,6% auf 1,28%. Zwar nahm in diesem Zeitraum der Importanteil der EWG-Staaten infolge der steigenden Einfuhr aus Deutschland von 54,3% 1958 auf 57,4% 1968 noch zu, doch expandierte auch der EFTA-Anteil von 11,4% auf 18,4% – beides auf Kosten der USA, deren Anteil von 10,1% auf 3,3% schrumpfte.

Entscheidend beeinflusste die österreichische Wirtschaftsentwicklung, dass sich diese Umleitung der Handelsströme keinesfalls ausglich. Der Anteil Österreichs am OECD-Export sank und trotz günstiger Entwicklung des Ausländerfremdenverkehrs stagnierte die Exportquote. Dieser Umstand trug dazu bei, dass der Catching-up-Prozess der österreichischen Wirtschaft gegenüber den OECD-Staaten, der in den fünfziger Jahren eingesetzt hatte, unterbrochen wurde. Daran vermochten auch die – erfolgreichen – Bemühungen deutscher Unternehmer der Textil- und Bekleidungsbranche, die Zollbarrieren durch Gründung von Zweigbetrieben auf dem flachen Land zu überspringen, nichts zu ändern.

---

12 Breuss, F., Österreichs Außenwirtschaft 1945 bis 1982, Wien, 1983, S. 24.

13 Breuss, F., Österreichs Außenwirtschaft 1945 bis 1982, Wien, 1983, S. 92.

Übersicht 3: Regionale Verteilung des österreichischen Außenhandels 1958 und 1968

	Export		Import	
	1958	1968	1958	1968
	Anteile in %			
EWG (1972)	49,6	40,3	54,3	57,4
Deutschland	25,1	23,4	38,9	41,4
Italien	17,0	10,3	7,5	7,2
EFTA (1972)	10,9	23,6	11,4	18,4
Großbritannien	2,4	6,3	4,4	6,2
Schweiz	4,2	9,2	4,3	7,5
USA	4,9	4,6	10,1	3,3
Oststaaten	12,4	14,8	10,8	9,8
Entwicklungsländer	11,4	7,2	7,4	6,1

Q: WIFO-Datenbank.

Am Ende dieses Jahrzehnts gingen die integrationsbedingten Irritationen zu Ende, weil die internen Zollsenkungen der EWG 1968 abgeschlossen waren und sich die österreichische Außenhandelsposition dadurch nicht weiter verschlechtern konnte. Im Gegenteil, die EWG-Politik war seit Ende der sechziger Jahre darauf gerichtet, die Zolldiskriminierung gegenüber der EFTA abzubauen. Eine Reihe von EFTA-Staaten (Dänemark, Großbritannien, Irland) traten mit 1. Jänner 1973 der EWG bzw. den EG als Vollmitglieder bei, mit dem Rest kamen Freihandelsabkommen zustande. Österreich schloss bereits am 1. Oktober 1972 ein Interimsabkommen ab, welches bewirkte, dass das Land vorzeitig in den Genuss der ersten, dreißigprozentigen Zollsenkungsetappe kam.

Alle diese Veränderungen trugen dazu bei, dass sich seit 1968 das Wachstum des österreichischen Außenhandels wieder beschleunigte, die Exportquote zunahm und der Anteil an den OECD-Exporten 1974 mit 1,32% einen neuen Höhepunkt erreichte.

Ende der achtziger Jahre empfing der europäische Integrationsprozess neue Impulse. Durch die „Einheitlichen Europäischen Akte“ 1986 legten die EG ihren Weg zum Binnenmarkt und zur stärkeren politischen Integration fest. Diese Rückgewinnung der Initiative im Integrationsprozess bewirkte, dass die österreichische Bundesregierung ihre Position gegenüber den EG neu überdachte, weil der Staat sich nicht der Gefahr aussetzen wollte, von der zukünftigen Gestaltung Europas abgeschnitten zu werden. Sie vertrat nunmehr die Auffassung, die EG repräsentierten nicht mehr das kompakte Staatengebilde der fünfziger Jahre und erwartete – wie sich erwies, zu Recht – von der Sowjetunion mehr Verständnis für einen Beitritt als in den vergangenen Jahrzehnten. Daher überreichte sie 1989 den Beitrittsantrag in Brüssel.

Nach der Übergangsphase des „Europäischen Wirtschaftsraumes“ wurden im Frühjahr 1994 die Verhandlungen zwischen der EU-Kommission und den Beitrittskandidaten Österreich, Finnland, Norwegen und Schweden positiv abgeschlossen. Da die Mitgliedschaft bei der nunmehrigen „Europäischen Union" eine Änderung der österreichischen Bundesverfassung bedeutete, war eine Volksabstimmung darüber notwendig geworden. Diese ergab eine Zweidrittelmehrheit für den EU-Beitritt, welcher mit 1.1.1995 vollzogen wurde[14]. Damit waren die Grenzen in Westeuropa für den Wirtschaftsverkehr und – mit dem Schengener Abkommen – auch für den Personenverkehr gefallen.

Trotzdem verschiedene Studien positive Wachstumseffekte des EU-Beitritts für Österreich voraussagten, lassen sich solche, zumindest bezogen auf den Durchschnitt der Union, für die mittlere Frist nicht feststellen. Solches sollte auch nicht überraschen, da für den Bereich der Industrie schon seit dem Freihandelsabkommen mit den EG praktisch keine Handelsbeschränkungen mehr existierten.

Der Wandel der Grenzen im Osten

Unmittelbar nach 1945 schien es, als wolle sich eine ähnliche Außenhandelsstruktur für Österreich entwickeln, wie in der Zwischenkriegszeit. 1946 war der Handel mit Deutschland drastisch zurückgegangen und die Exporte in die Nachfolgestaaten erreichten wieder 25,3%, die Importe von dort 24,1%. Mit der politischen Teilung Europas sowie der Einführung des sozialistischen Wirtschaftssystems in diesen Ländern verlor jedoch der Wirtschaftsverkehr Österreichs mit dieser Region ständig an Bedeutung; 1955, im Jahr des österreichischen Staatsvertrages, unterschritt ihr Außenhandelsanteil bereits 10%.

In der Ära Chruschtschow trat anstelle der bisherigen Konfrontation eine Entspannung, eine gewisse Kooperation beider Systeme, welche sich auch auf den Außenhandel auswirkte. Es begann die Periode des „Osthandels", in welchem Österreich infolge der politischen (Neutralität) und geographischen Gegebenheiten einen besonderen Platz einnahm[15]. Der Außenhandelsanteil der Nachfolgestaaten expandierte deutlich und erreichte 1975 mit 16,3% der Exporte einen neuen Höhepunkt.

Im Lauf der achtziger Jahre setzte freilich wieder eine neue Entwicklung ein, welche durch die Finanzkrise des RGW ausgelöst wurde. Zwar versuchten die westlichen Staaten, wie auch Österreich, den Export in diese Region durch generöse Kreditgewährung zu erleichtern, doch war auch dadurch dessen Stagnation nicht zu vermeiden. 1988, als das politische und wirtschaftliche System des Kommunismus sich dem Zusammenbruch näherte, erreichte der Anteil der Nachfolgestaaten am österreichischen Export den historischen Tiefpunkt von 6,1%!

---

14 Butschek, F., Integration, Desintegration und Catching Up in Österreich: vom Zerfall der Habsburgermonarchie zur Europäischen Union, in Schremmer, E. (Hrsg.), Wirtschaftliche und soziale Integration in historischer Sicht, Stuttgart, 1996, S.236.

15 Butschek, F., Eine Wiederkehr Mitteleuropas? Zur wirtschaftlichen Verflechtung der Nachfolgestaaten des Habsburgerreiches in der zweiten Hälfte des 20. Jahrhunderts am Beispiel Österreichs, in Henning, F.-W. (Hrsg.), Die Regionen des ehemaligen Habsburgerreichs und ihre heutigen Wirtschaftsbeziehungen, Frankfurt/Main, 1998, S.136.

Abbildung 1: Die relative Einkommensposition Österreichs im Vergleich zu den EU-Staaten

BIP in jeweiligen Marktpreisen je Einwohner (Kaufkraftstandard)

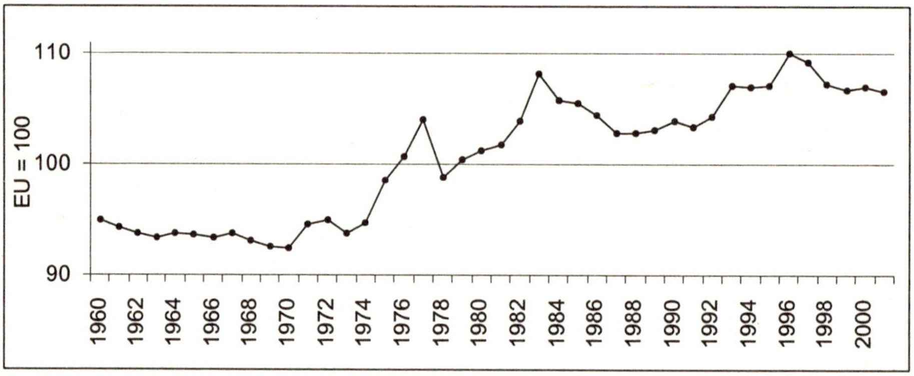

Q: Europäische Wirtschaft.

Der dramatische Catching-up-Prozess Österreichs nach dem Zweiten Weltkrieg, der das Land zum drittreichsten Staat der EU machte, vollzog sich im Rahmen Westeuropas. Die beschriebene politische und wirtschaftliche Teilung Europas schien diese Expansion in keiner Weise eingeschränkt zu haben – was bei näherer Betrachtung freilich nicht zutrifft. So erlitten zunächst die östlichen Landesteile durch die sowjetische Verwaltung des ehemaligen „Deutschen Eigentums" schwere Rückschläge. Diese Betriebe blieben auch nach ihrer Übertragung an Österreich mit den östlichen Märkten verflochten und vermochten sich nur teilweise zu regenerieren. Auch verharrte die wirtschaftliche Entwicklung der Regionen an der „toten Grenze" deutlich unter dem Durchschnitt, wie allgemein die Expansion Westösterreichs jene der östlichen Bundesländer übertraf.

Man war in den sechziger Jahren geneigt, dieses Zurückbleiben dem demographisch bedingten Mangel an Arbeitskräften in der Ostregion zuzuschreiben, doch erwies sich auch nach 1975, dass auch unter geänderten Arbeitsmarktverhältnissen die Ostregion stagnierte. Westösterreich war mit der expandierenden zentraleuropäischen Industrieregion verflochten, welche ständig gegenseitige ökonomische Impulse vermittelte. Solche fehlten in der Ostregion. Auch wenn diese zwischen 1955 und 1975 infolge der stürmischen allgemeinen Nachfrageentwicklung ein respektables Wachstum erzielte, blieb sie doch deutlich hinter dem Westen zurück.

Die Wende im Osten, die buchstäbliche Beseitigung des Eisernen Vorhangs an den östlichen Landesgrenzen zeitigte überraschend rasche und starke Auswirkungen. Man hätte ja einen Anstieg des Außenhandels mit den Nachfolgestaaten erwartet, angesichts der engen gegenseitigen Verflechtung aller RGW-Staaten, der Dauer des Transformationsprozesses und dem niedrigen Volkseinkommen dieser Länder jedoch allmählich. Es kam jedoch anders. Schon 1991 löste sich der RGW auf und mit ihm die wirtschaftliche Kooperation seiner Mitgliedstaaten. Die Umleitung der Handelsströme von Ost nach West vollzog sich in einem dramatischen Tempo.

Österreich profitierte zunächst von dieser Entwicklung am meisten. Sein Anteil am OECD-Export in die ost-mitteleuropäischen Staaten stieg von 9,82% 1988 auf 11,59% 1990. Dabei kam ihm die Vertrautheit mit den Verhältnissen in den Nachbarstaaten zugute. In den folgenden Jahren vermochten sich allerdings auch die anderen westeuropäischen Länder stärker in dieser Region zu etablieren, sodass der österreichische Anteil auf 7,8% zurückging. Möglicherweise hat zu dieser Entwicklung auch die ungeschickte österreichische Politik beigetragen. So wurde insbesondere die Straßenverkehrsinfrastruktur völlig vernachlässigt, und die Außenpolitik konzentrierte sich auf die Bekämpfung von Atomkraftwerken der Nachbarländer, wodurch sich die Beziehungen zu diesen deutlich abkühlten.

Dennoch wuchs der Exportanteil der ehemaligen Nachfolgestaaten vom Tiefpunkt 1988 mit 6,1% auf 1999 14,3%. Überdies erzielt Österreich im Handel mit dieser Region einen strukturellen Leistungsbilanzüberschuss, wogegen es in allen übrigen ein Defizit in Kauf nehmen muss. Aber nicht nur der österreichische Handel mit diesen Ländern erlebte einen Boom, sondern die österreichischen Unternehmer engagierten sich direkt in diesen Ländern. 2000 entfielen mit 7,1 Mrd. ATS fast die Hälfte der österreichischen Auslandsinvestitionen auf die Nachfolgestaaten[16]. In der Slowakei wie in Ungarn nehmen die österreichischen Auslandsinvestitionen den zweiten Platz des Gesamtvolumens ein.

Schließlich kam es auch zu einer Umkehr der regionalen Wirtschaftsentwicklung in Österreich selbst. Seit der Wende wachsen die östlichen Bundesländer, vor allem Burgenland und Niederösterreich ebenso rasch wie die westlichen. Offensichtlich beginnen die grenzüberschreitenden Impulse, welche in der Vergangenheit nicht wirksam werden konnten, auch an den östlichen Grenzen effektiv zu werden. Ein Phänomen, das keineswegs auf Österreich beschränkt bleibt. Auch in Ungarn expandieren die westlichen, grenznahen Komitate rascher als die übrigen Landesteile[17].

Die EU-Osterweiterung

In diesem Zusammenhang kann nicht vermieden werden, auf die voraussichtlichen Folgen der EU-Osterweiterung einzugehen. Offensichtlich wird Österreich, ebenso wie Deutschland, als Nachbarstaat Ost-Mitteleuropas davon stark betroffen sein. Doch dürften sich die Auswirkungen nach Sektoren sehr unterschiedlich erweisen. Im Außenhandel sind keine gravierenden Änderungen zu erwarten. Dieser wickelt sich faktisch bereits jetzt ungehindert ab. Seine ökonomischen Determinanten werden in unmittelbarer Zukunft keine entscheidenden Änderungen erfahren. In den vergangenen Jahren haben es mehrere Autoren unternommen, die Struktur des Außenhandels zwischen den OECD-Ländern und den ehemaligen RGW-Staaten mit den verschiedensten Methoden abzuschätzen, woraus sich allerdings für Österreich ganz

---

16 Stankovsky, J., Österreichische Direktinvestitionen im Ausland 2000, Internationale Wirtschaft, 2001, (3).

17 Siehe jeweils WIFO-Monatsberichte Nr. 5 der Jahre 1990 bis 2000.

unterschiedliche Werte ergeben[18]. Es scheint daher sinnvoll, sich an den historischen Daten zu orientieren. Geht man vom Exportanteil der späten vierziger Jahre aus, welcher sich in der Größenordnung von 20% bewegte und berücksichtigt man, dass seither die österreichische Wirtschaft eng mit der westeuropäischen verflochten ist, ebenso dass das Volkseinkommen im Osten sich nur sehr langsam jenem des Westens nähert, dann scheint das Handelspotential der Nachbarn bereits in beträchtlichem Maß ausgeschöpft zu sein. Zwar wird der Exportanteil dieser Länder weiterhin zunehmen, sich aber nur langsam über 15% hinausbewegen.

Was für den Außenhandel generell gesagt wurde, gilt allerdings nicht für den Agrarhandel. Dieser war nicht Bestandteil der „Interimsverträge" zwischen der EU und den ost-mitteleuropäischen Staaten. Erstere schützte sich bisher durch Zölle. Angesichts der niedrigen Arbeitskosten könnte man besonders für Stapelgüter beträchtlichen Druck auf die Produktion in der Gemeinschaft erwarten. Österreich würde davon in besonderem Maß betroffen sein, weil die Agrargebiete der Nachbarstaaten nahe zu den österreichischen Konsumzentren, wie Wien und Graz liegen, wodurch sie zusätzlich begünstigt sind. Bis jetzt freilich erwirtschaftet Österreich auch im Agrarhandel einen beträchtlichen Überschuss[19].

Von verschiedenen Seiten werden in Österreich negative Auswirkungen der Ostöffnung auf den Arbeitsmarkt befürchtet. Freilich hat sich die Situation in den letzten Jahren insofern entspannt, als die Arbeitslosigkeit zurückgegangen – die Arbeitslosenquote fiel 2000 auf 3,7% – und in manchen Bereichen der Wirtschaft bereits spürbarer Arbeitskräftemangel aufgetreten ist. Die demographische Entwicklung lässt eine weitere Entspannung des Arbeitsmarktes in den nächsten Jahren erwarten. Dennoch könnte ein plötzlicher Zustrom von Arbeitskräften Schwierigkeiten verursachen.

Ein exzessiver ist freilich aus mehreren Gründen nicht zu erwarten. Der deutsche wie der österreichische Bundeskanzler haben für die Freigabe des Personenverkehrs ab dem Beitritt der neuen Mitgliedstaaten der EU eine Übergangsfrist von 7 Jahren vorgeschlagen. Außerdem ist zu bedenken, dass die EU-Staaten gebunden sind, auch an ausländische Arbeitskräfte inländische Kollektivvertragslöhne zu zahlen, sodass sich der Lohndruck in Grenzen hielte. Überdies müsste der Ausländer die vergleichsweise hohen Lebenshaltungskosten in Österreich berücksichtigen. Das gilt freilich nicht für Pendler, für welche sich Österreich durch seine geographische Lage – der Nähe großer Zentren zur Grenze – als besonders attraktiv erweist. Die österreichischen Löhne könnten zu Wechselkursen getauscht und zu Kaufkraftparitäten ausgegeben werden.

---

18 Butschek, F., Eine Wiederkehr Mitteleuropas? Zur wirtschaftlichen Verflechtung der Nachfolgestaaten des Habsburgerreiches in der zweiten Hälfte des 20. Jahrhunderts am Beispiel Österreichs, in Henning, F.-W. (Hrsg.), Die Regionen des ehemaligen Habsburgerreichs und ihre heutigen Wirtschaftsbeziehungen, Frankfurt/Main, 1998, S.143.

19 Schneider, M., Folgen der EU-Osterweiterung für die Landwirtschaft, in Palme, G., Schremmer, Ch. (Hrsg.), Regionale Auswirkungen der EU-Integration der MOEL, WIFO/ÖIR, Wien, 1998, S.86.

Ähnliche Vorteile ergeben sich für Unternehmen mit Standort im Nachbarland, welche ihre Dienstleistungen grenzüberschreitend erbringen können. Nun hängt das Gewicht dieser Probleme nicht zuletzt von der Wirtschaftsentwicklung in den kommenden Jahren ab. Nur muß man dazu sagen, daß diese Befürchtungen genau aus jenen Vorteilen resultieren, welche sich durch den Wegfall von Grenzen ergeben!

Versucht man aus den konkreten historischen Abläufen in Österreich allgemeine Schlussfolgerungen über die Bedeutung von Grenzveränderungen auf die wirtschaftliche Entwicklung einer Region zu ziehen, so ließe sich etwa Folgendes sagen: Die prinzipiellen Überlegungen Adam Smith', dass Arbeitsteilung und Marktausweitung das Wirtschaftswachstum bestimmen – ebenso wie die Senkung der Transaktionskosten –, erweist sich auch in diesem Zusammenhang als richtig. Die Zerschneidung des Wirtschaftsgebietes der Habsburgermonarchie erwies sich als schwerer Schaden für alle Nachfolgestaaten, besonders aber für Österreich mit seiner relativ hohen Außenhandelsquote. Umgekehrt vermittelten Integrationsprozesse grundsätzlich expansive Impulse. Diese Aussage ist freilich dann zu relativieren, wenn durch die Entstehung verschiedener Wirtschaftsblöcke sich Handelsschaffung sowie Handelsumleitung kompensieren oder einen negativen Saldo aufweisen. Alle diese Effekte resultieren aus großräumigen Veränderungen und betreffen makroökonomische Aggregate.

Daneben zeigen sich jedoch sehr deutlich kleinräumige Effekte von Grenzveränderungen, die auch mikroökonomischen Charakter tragen. Wie sich ex post erwies, vermittelten die offenen Grenzen Westösterreichs dieser Region jahrzehntelang beträchtliche expansive Impulse, während sich die ostösterreichischen Regionen an der „toten Grenze" schleppend entwickelten. Mit der weitgehenden Öffnung der Grenzen nach 1989 entstanden auch dort – zu beiden Seiten der Grenze – deutliche Wachstumsimpulse. Selbst in diesem beschränkten regionalen Bereich vermitteln Marktausweitung und Arbeitsteilung, also auch verstärkter Wettbewerb, sowie Reduktion der Transaktionskosten spürbare Wachstumswirkungen.

Paul Thomes

Grenze als Herausforderung. Gedanken zur Charakteristik des Industrialisierungsprozesses der heutigen Euregio Maas Rhein[1]

Wir als im deutschsprachigen Raum angesiedelte Gesellschaft haben uns offensichtlich die Herausforderung Grenze zu eigen gemacht – auch wenn wir erst am Anfang eines Weges stehen. Denn wir müssen uns definitiv weiter öffnen; nicht nur über die Sprachgrenze hinaus, sondern in jeder Beziehung.

Das mag einige Überwindung kosten und auch Kosten verursachen; der Ertrag, der Gewinn aber, steht in keinerlei Verhältnis zum Aufwand, dessen bin ich sicher; und ich gehe davon aus, wir können dies bereits hier in Aachen, einer der europäischen Brückenstädte schlechthin, erleben. In diesem Zusammenhang sei ganz ausnahmsweise einmal eine persönliche Bemerkung erlaubt. Für mich kann ich sagen, dass ich die Herausforderung Grenze spätestens seit meinem Wechsel nach Aachen im wahrsten Wortsinne lebe, ja, sie mit Genuss und Gewinn lebe, und zwar nicht zuletzt, was die wissenschaftliche Arbeit angeht. Mehr noch: Dieser Gewinn ist kein einseitiger; wie auch jegliche physische oder mentale Grenzüberschreitung kein irgendwie gearteter imperialer Akt sein darf. Im Gegenteil: Der Akt der Grenzüberschreitung muss auf Einvernehmlichkeit, auf Gegenseitigkeit beruhen, auf dass alle Beteiligten davon profitieren. Ich sage auch bewusst Beteiligte und nicht Betroffene, denn ein solcher Prozess kann nicht von „oben" verordnet werden. Wenn ihm Erfolg beschieden sein soll, muss eine möglichst breite Basis aktiv daran mittun. Das gilt generell, aber auch speziell für unsere Gesellschaft, sprich: für die Wissenschaftsgemeinde.

Dass ein solcher Ansatz funktionieren kann, dokumentiert nicht zuletzt die Anwesenheit unseres Kollegen aus Maastricht, Ad Knotter. Wir haben uns zusammen mit unseren Kollegen aus Liège daran gemacht, gemeinsam nationale, mentale, sprachliche und methodische Barrieren zu überschreiten, um persönlich und fachlich voneinander und miteinander zu profitieren, um gemeinsam europäische Geschichte für die Euregio Maas-Rhein in ihren wirtschafts- und sozialhistorischen Dimensionen zu erschließen. Auf das erste Ergebnis dieser Kooperation, eine multiperspektivische Wirtschafts- und Sozialgeschichte der Euregio, sind wir ungemein gespannt. In diesem Sinne hoffe ich sehr, und ich spreche damit nicht zuletzt im Namen des Vorstandes der Gesellschaft, dass diese Tagung das Signal setzen kann für den Beginn einer noch intensiveren inter- bzw. transnationalen Kooperation, welche über die wechselseitige Teilnahme an Tagungen weit hinausgeht.

Und besonders freute es mich natürlich, wenn unser Tagungsort Aachen den Ausgangspunkt einer solchen Entwicklung bildete. Vielleicht ist ja kaum ein anderer Ort aufgrund seiner Vergangenheit, auch wenn sie nicht immer ruhmreich war, so prädestiniert dazu, Türen aufstoßen, um neue Dimensionen des Zusammenarbeitens zu er-

---

1 Eröffnungsvortrag des gastgebenden Hausherrn.

schließen. Denn hier in Aachen ist die Herausforderung Grenze in vielerlei Hinsicht bereits zur überaus bereichernden Alltagsübung geworden, wie Sie zweifelsohne noch feststellen werden.

Der heutige Eröffnungsvortrag unterscheidet sich etwas vom Gewohnten, er weist sehr bewusst auch nach vorne. Der Entscheidung für diese inhaltliche Ausrichtung ging allerdings nur ein kurzer Moment des Zögerns voraus. Zu verlockend schien die Gelegenheit, das Motto der Tagung zu aktualisieren und zu instrumentalisieren, um uns – Gesellschaftsmitglieder und andere – zum Nachdenken anzuregen, vielleicht zu inspirieren. Im übrigen haben die Mitglieder vor zwei Jahren in Innsbruck den zukünftigen Veranstaltern ja aufgetragen, ihren Eröffnungsvortrag fortan dem jeweiligen Generalthema zu widmen; dem komme ich heute in meiner Interpretation nach.

Also zurück zum Thema Grenzen und zu ein paar scheinbaren Allgemeinplätzen. Grenzen existieren allenthalben und auf vielfältige Art und Weise, sie existieren in ihrer mentalen bzw. methodischen Variante bspw. auch innerhalb von Hochschulen, sogar; zwischen Fakultäten, aber auch innerhalb derselben.

Und in der Tat können uns eben letztlich nur Methodenvielfalt und Interdisziplinarität den entscheidenden Schritt weiterbringen: breites Wissen gepaart mit Neugier, Inspiration, Witz, Kommunikationsfähigkeit und Kritikvermögen, inklusive des Vermögens zur Selbstkritik. Es gilt nicht nur international, transnational, sondern auch interdisziplinär zusammenzuarbeiten, und zwar so, dass alle ihr spezielles Wissen, ihren Sachverstand als Puzzlestein in den Erkenntnisprozess einbringen. Von daher müssen – und wir wissen das alle – eine Wissenschaftlerin, ein Wissenschaftler immer auch Wanderer zwischen den Welten sein, unruhige Geister, ständig im Aufbruch, Grenze als Herausforderung im besten Sinne des Wortes begreifend.

Es gibt erfreulicherweise noch weitere harte Indizien dafür, dass wir bezüglich unseres Themas auf dem richtigen Weg sind: die Anwesenheit von Kollegen aus der Philosophischen Fakultät und den Ingenieurwissenschaftlichen Fakultäten, die Anwesenheit des Leiters des Stadtarchivs, der uns gleich im Anschluss die spannende Geschichte des Rathauses näher bringen wird, die Anwesenheit des Leiters des Museums für Industrie-, Wirtschafts- und Sozialgeschichte in Stolberg, das im Zentrum unserer Exkursion stehen wird, sowie nicht zuletzt die Anwesenheit von Repräsentanten aus Politik und Wirtschaft – alle bereit, Grenzen zu überschreiten. Vielleicht sind wir ja tatsächlich auf dem richtigen Weg! Gleichwohl besteht kein Grund zur Selbstgefälligkeit. Es existieren noch große Defizite, und wir sind auch nicht die ersten, die sich auf diesen lohnenswerten Weg gemacht haben, wie unter anderem die Geschichte des Dreiländerecks sehr anschaulich belegt.

Sie kann zweifelsohne mit zahlreichen passenden Beispielen für den produktiven Umgang mit der Herausforderung Grenze – nicht nur auf politische Grenzen bezogen – aufwarten. Die Phase der Industrialisierung, als markante historische Situation, scheint besonders geeignet dies zu demonstrieren, weil sie maßgeblich das sozioökonomische Gesicht der Grenzregion mitgeprägt hat und in ihren Nachwirkungen bis heute prägt.

Dazu möchten wir unser Leitthema personalisieren und die Herausforderung Grenze am Wirtschaftsstil zweier Personen demonstrieren. Für diesen Zugriff spricht einiges: nicht das überkommene Motto „Männer machen Geschichte", sondern die Tatsache, dass es ja letztlich Menschen waren und sind, die Grenzen schaffen, sich mit Grenzen auseinandersetzen, sie instrumentalisieren, sie räumlich und inhaltlich definieren, sie auch überwinden bzw. wieder abbauen. Im übrigen ist bereits angeklungen, dass sich hier leicht zahlreiche Menschen finden lassen, welche die Herausforderung Grenze annahmen bzw. annehmen – wie in allen durchgrenzten Räumen, seien sie künstlich oder durch die Natur definiert.

Wer sind unsere Protagonisten, deren Umgang mit Grenzen – in Bezug auf unser Tagungsthema und in anderer Hinsicht – wir hier vorstellen möchten. Nein, Karl der Große zählt ausnahmsweise nicht dazu, obwohl auch er zugegebenermaßen ein gutes Beispiel abgäbe in seiner faszinierenden Zerrissenheit.[2] Wir wollen uns aber gar nicht soweit zurück bemühen, was nebenbei den Vorteil haben könnte, dass wir die Dinge, die Zusammenhänge dann möglicherweise etwas klarer, realitätsnäher sehen.

Beide Protagonisten sind im gleichen Jahr in eine überaus spannende Epoche hinein geboren, im Jahr 1790; sie stammen nicht aus der Gegend. Sie sind – vielleicht nicht unwichtig – zugezogen. Darüber hinaus ist ihnen die prägende, grenzüberschreitende und nicht zuletzt grenzverändernde Gestaltungskraft gemein. Die eine Persönlichkeit ist David Hansemann, neben Karl dem Großen der andere halbwegs bekannte Aachener.[3] Die etwas saloppe Formulierung sei hier verziehen, weil sie den Kern der Situation trifft, denn der lange kaiserliche Schatten in seiner ihm eigenen einnehmenden Geschichtsmächtigkeit lässt anderen Individuen nun einmal wenig Entfaltungsspielraum in Aachen. Es musste also wohl ein Zugereister kommen, um ihn in seiner lokalen, nationalen, europäischen Bedeutung neu zu entdecken. Und in der Tat kann ich nicht umhin zu gestehen, dass David Hansemann zwischenzeitlich zu einem meiner historischen „Lieblingshelden" avanciert ist, aller kritisch-wissenschaftlichen Distanz zum Trotz, vielleicht aber auch gerade deswegen. Denn Hansemanns Disposition, sein Wirken und sein Werk halten, so scheint es, selbst kritischster Betrachtung stand; und zwar ex ante wie ex post.

Hansemann repräsentiert den Typus des unternehmenden, und damit innovativen, weitsichtigen Menschen schlechthin. Er hatte sein eigenes Interesse sehr wohl im Au-

---

2 Zu Karl dem Großen vgl. u.a. M. Becker, Karl der Große, 2. durchgesehene Aufl. München 2000; M. Kerner (Hg.), Der verschleierte Karl. Karl der Große zwischen Mythos und Wirklichkeit, Aachen 1999; ders., Karl der Große. Entschleierung eines Mythos, Köln 2000.

3 Die nachfolgenden Informationen sind ursprünglich der umfassenden Biographie von A. Bergengrün, David Hansemann, Berlin 1901, entnommen. Zu Hansemanns Person und Wirken vgl. des weiteren W. Däbritz, David Hansemann und Adolph von Hansemann, Krefeld 1954; B. Poll (Hg.), David Hansemann 1790-1864-1964. Zur Erinnerung an einen Politiker und Unternehmer, Aachen 1964. H. Malangré, David Hansemann 1790-1864. Beweger und Bewahrer, Aachen 1991; dort findet sich, S. 139f., auch eine Zusammenstellung der Hansemann'schen Schriften. Einen guten Einblick in Hansemanns zeitgenössische Sichtweise der Dinge gibt die von ihm verfasste Denkschrift „Preußen und Frankreich. Staatswirtschaftlich und politisch, unter vorzüglicher Berücksichtigung der Rheinprovinz", 2. verb. und verm. Auflage, Leipzig 1834.

ge, aber ebenso sehr auch das allgemeine, ohne welches auch das private bekanntlich nicht gedeihen kann. Hansemann mag als Virtuose der Grenzüberschreitung in mehrerer Hinsicht gelten, als inspirierender und prägender Wanderer zwischen politischen, ökonomischen, gesellschaftlichen und kulturellen Welten.

Die gleiche Charakterisierung trifft auf den zweiten Protagonisten unserer historischen Analyse zu: John Cockerill, der Unternehmer, ohne den sich die Industrialisierung des europäischen Kontinents kaum denken lässt.[4] Der eine war mehr Kaufmann, Organisator und Mittler, der andere stärker Produzent, während beide selbstredend auch die Eigenschaften des anderen in sich vereinten. Beide waren sie Unternehmer, die sich permanent Herausforderungen von unterschiedlichster Art stellten und so jeder auf seine Weise dafür sorgten, dass die heutige Euregio Maas-Rhein zur transnationalen industriellen Pionierregion des Kontinents mutieren konnte.

Zum Beleg der These in Bezug auf das Motto unserer Tagung seien beide Persönlichkeiten einander gegenübergestellt, und zwar nicht Rücken an Rücken sondern mit Blickkontakt zueinander, den es auch in der Realität gab, so dass beide von ihrem Standpunkt aus den jeweils anderen quasi zu beobachten in der Lage waren. Was die Methodik anbelangt, beziehen wir zum besseren Verständnis der Disposition der Handelnden bewusst ihren persönlichen Hintergrund in die Überlegungen mit ein, wobei zu bedenken bleibt, dass wir nur eine kleine, zugegebenermaßen subjektive Auswahl uns wichtig erscheinender Kriterien ansprechen können.

4 Zur Familie Cockerill vgl. die ausführliche Biographie von Suzy Pasleau, John Cockerill. Itinéraire d'un géant industriel, Liège 1992 ; für eine zeitgenössische Schilderung der Persönlichkeit vgl. S. 69. Informationen speziell über die Aachener Aktivitäten finden sich auch bei C. Bruckner, Zur Wirtschaftsgeschichte des Regierungsbezirks Aachen, Köln 1967, passim.

David Hansemann, 1790 - 1864[5]

David Hansemann war nahe Hamburg nicht nur in das vergehende Ancien Régime sondern auch in den mit den Gegebenheiten recht gut harmonierenden, wohl behüteten, christlichen Kosmos einer evangelischen Pfarrersfamilie hinein geboren. Die dort gelebte und absorbierte Grundprägung bestimmte Hansemanns Persönlichkeitsbildung und damit sein Handeln nachhaltig, und zwar auch noch als er sich geographisch von seiner Familie abgenabelt hatte. Hansemann hat an anderer Stelle einmal vor dem Hintergrund des lebenslangen intensiven Schriftwechsels mit seiner Mutter geäußert, diese Prägung habe keine Chance besessen, sich zu verflüch-tigen.[6]

Andererseits scheint dieser Befund wiederum für die Atmosphäre des Elternhauses zu sprechen, welches er 1804, im Alter von 14 Jahren, verließ, vielleicht besser: verlassen musste, um eine kaufmännische Lehre zu beginnen. Zugleich markiert dieser Schritt eine erste grundlegende Grenzerfahrung. Nicht nur, dass er quasi vom privaten in den öffentlichen Raum wechselte. Hansemann tauschte den beschaulichen

5 Quelle: Poll, Hansemann.

6 P. Thomes, Vorsorge statt Fürsorge – Überlegungen zum Wirtschaftsethos von David Hansemann, in: Zeitschrift für die Gesamte Versicherungswirtschaft, 2000, 4, S. 509-518.

kulturellen Kosmos gleich mit aus, um in die geradezu exotische, aufgewühlte französisch-revolutionäre Welt einzutauchen. Denn sein Lehrherr fungierte – wenn auch nur in Rheda – als „maire", als französisch revolutionärer Bürgermeister.

Eine Art Kulturschock? Vielleicht. Dem jungen Hansemann scheint er freilich nicht geschadet zu haben; im Gegenteil. Die kolportierte rasche Aneignung der französischen Sprache bspw. scheint uns ein starkes Indiz für seine Aufgeschlossenheit der neuen realen und geistigen Welt gegenüber, die im Haushalt und Geschäft seines Patrons von Gegnern und Befürwortern leidenschaftlich diskutiert worden sein wird. Anno 1809, mit neunzehn Jahren überschritt er dann die Grenze der trotz allem behüteten Lehrlingswelt in die unbehütete Freiheit, wieder auch verbunden mit einem Ortswechsel – ins Linksrheinische.

Napoleon hatte politische Grenzen gewaltsam nivelliert; er hatte – auch dies ein Akt von enormer Symbolik – effiziente Schneisen in die gewundene Verkehrsinfrastruktur geschlagen, und er hatte damit und mittels zahlreicher begleitender Maßnahmen aller Wirren und kriegsbedingten Rückschläge zum Trotz den Kontinent in einen großen, durch die Kontinentalsperre nach außen hin zollgeschützten, boomenden Markt transformiert, wie er in dieser spezifischen Art und Weise nie zuvor existiert hatte. Und was tat unser Protagonist? Wir ahnen es bereits. Er erschloss sich diesen Markt, indem er das napoleonische Europa als Handlungsreisender Monschauer und Elberfelder Unternehmer in Sachen Tuch durchquerte. [7] Leicht nachvollziehbar, entwickelten sich seine Persönlichkeit, seine Wahrnehmung und sein Denken in jenen Jahren einmal mehr entscheidend, konfrontierte ihn sein Broterwerb doch nicht zuletzt mit sämtlichen, zum Teil sehr gegensätzlichen Seiten einer „deregulierten" Wirtschaft und Gesellschaft, mit ausgeprägten regionalen Eigenheiten – und mit noch mehr Meinungen und Erfahrungen dazu.

Wenn Hansemann seinerzeit die Familie Cockerill wohl auch noch nicht persönlich gekannt haben dürfte, so wusste er doch mit einiger Sicherheit von ihr. John Cockerill, als Unternehmer der zweiten Generation, hatte andere und doch ähnliche, vielleicht noch etwas intensivere Grenzerfahrungen durchlebt. Sein Vater, William, hatte in den 1790er Jahren England verlassen und kam über Russland, Schweden und Hamburg mit zweien seiner drei Söhne in die florierende europäische Textillandschaft zwischen Maas und Rhein.[8] Dort entdeckte der begabte Mechaniker intuitiv den Zu-

---

7 Auch die Berufsbezeichnung Comptoirist, wie die mit schriftlichen Arbeiten betrauten Commis eines Handelsgeschäfts bezeichnet wurden, findet sich in der Literatur.

8 Zum hoch entwickelten Tuchgewerbe der Region und den Geschäftsbeziehungen vgl. C. Bruckner, Zur Wirtschaftsgeschichte des Regierungsbezirks Aachen, Köln 1967, S. 320-327; D. Ebeling (Hg.), Protoindustrie in der Region. Europäische Gewerbelandschaften vom 16. bis zum 19. Jahrhundert, Bielefeld 1997; ders. (Hg.), Aufbruch in eine neue Zeit. Gewerbe, Staat und Unternehmer in den Rheinlanden des 18. Jahrhunderts, Köln 2000; G. Gayot, Kaufleute aus Westeuropa auf den Leipziger Messen. Kommerzielle Interessen und internationale Konjunkturen (1750-1830), in: H. Zwahr u.a. (Hgg.), Leipzigs Messen 1497-1997, Bd. 1, Köln 1999, S. 243-258, 8 Bildtafeln; ders., Les rétombées imprévues de la modernisation économique à Eupen et à Verviers, premiers centres drapiers de la France du Directoire, in: H. Leuwers (Hg.) Du Directoire au Consulat, Bd. 2, Lille 1999, S. 239-252; P. Lebrun, L'industrie de la laine à Verviers pendant le XVIIIe siècle. Contribution à l'étude des origines de la révolution industrielle, Liège 1948; vgl. dort auch zum folgenden.

kunftsmarkt für die Maschinen, deren Eigenschaften er aus England bereits bestens kannte. Überzeugt vom Standort an der Meuse[9], holte er bald auch den dritten Sohn, John, aus England herüber, und so überquerte zu Beginn des 19. Jahrhunderts der jüngste Cockerill nicht nur die natürliche Grenze des Kanals, sondern auch diejenige zwischen den heftigst miteinander konkurrierenden Staaten Großbritannien und Frankreich. Der Schritt in ein neues Leben war vollzogen. Fortan bewegten sich Hansemann und Cockerill quasi auf dem gleichen Terrain und doch noch weit voneinander entfernt.

Der Zerfall des napoleonischen Imperiums verursachte sicherlich bei beiden äußerst gemischte Gefühle. Denn die französische Niederlage öffnete nicht nur die kontinentalen Märkten den in vielerlei Hinsicht überlegenen englischen Waren. Darüber hinaus drängten die Ergebnisse des Wiener Kongresses John Cockerill – inzwischen mit einem seiner Brüder für die Unternehmen in Verviers und Liège verantwortlich – unversehens auch in eine ungewisse politische Grenzlage: zwischen den misstrauischen Kontrahenten Preußen und Frankreich, während ein Teil der Familie, u.a. diejenige der beiden Ehefrauen der Brüder aus der Aachener Unternehmerdynastie Pastor, im nunmehr preußischen Ausland lebte.[10] Kaum minder ungewiss stellte sich die Situation von Hansemanns Arbeitgebern dar. Zum einen ging ihnen mit dem französischen Staat ein wichtiger Kunde verlustig, während Frankreich gleichzeitig seinen Markt mit einer hohen Zollmauer abschottete. Zum anderen hatten sich die regionalen Textilprodukte infolge des zusammengebrochenen Zollschutzes des napoleonischen Imperiums, man erinnere sich der Kontinentalsperre, starker britischer Konkurrenz zu erwehren.

---

9 In Verviers konstruierte er seit 1798 für das Unternehmen Simonis & Biolley Spinn- und Kardiermaschinen; 8 Jahre später kam in Liège eine Fabrikation für Webmaschinen hinzu; Pasleau; John Cockerill, S. 14ff. und 87.

10 Vgl. dazu Bruckner, Wirtschaftsgeschichte, S. 176ff; E. Arens/W.L. Jansen, Geschichte des Club Aachener Casino, 2. Aufl. Aachen 2000, S. 130. Der älteste Sohn William heirate in die Monschauer Textildynastie Scheibler und ging von dort in die Lausitz, wo er sich ebenfalls große Verdienste um die Tuchindustrie erworben haben soll.

John Cockerill, 1790 – 1840[11]

Nach 1815 galt es also für unsere beiden Protagonisten, sich neu zu orientieren. Bezeichnenderweise aber gaben sie ihren bisherigen Standort nicht auf, sondern sie blieben; allerdings keineswegs abwartend, in Lethargie verharrend. Vielmehr agierten sie beide; und zwar nicht erst, als sich eine günstige Entwicklung absehen ließ, sondern im Krisenjahr 1817, und zwar quasi im Gleichschritt: Grenze als Herausforderung![12]

11 Quelle: Pasleau, John Cockerill, S. 69.

12 Zur allgemeinen Situation und Entwicklung vgl. Bruckner, Wirtschaftsgeschichte, passim; K. van Eyll, Der Aachener Wirtschaftsraum in der ersten Hälfte des 19. Jahrhunderts. Aspekte der Frühindustrialisierung im preußischen Westen, 2 Teile, in: IHK Nachrichten 12, 1979, S. 684-690 und 1/1980, S. 12-17; G. Fehl u.a. (Hg.), Mit Wasser und Dampf. Zeitzeugen der frühen Industrialisierung im belgisch-deutschen Grenzraum, Aachen 1991; S. 258-263; F. Schinzinger/I. Zapp (Hg.), Prägende Wirtschaftsfaktoren der Euregio Maas Rhein. Historische und aktuelle Bezüge, Aachen 1987, S. 16-24.

John Cockerill mag nicht wirklich eine Wahl gehabt haben. In der Krise ließen sich umfängliche Fabrikationsstätten, in denen zwischenzeitlich mehrere tausend Personen Beschäftigung fanden, nicht vorteilhaft liquidieren. Hansemann aber war relativ frei, hatte weder Kapital noch sein Herz hier in der Region gebunden. Und doch: Unseres Erachtens gründete er sein erstes eigenes Geschäft nicht zufällig in Aachen, sondern er traf eine ganz bewusste und konsequente Standortentscheidung; eine Standortentscheidung, in welche die politische Grenze als sehr wohl kalkulierbarer Risikofaktor mit einfloss.

Cockerill, der „anglais passionnée“[13], wie ihn ein Lütticher Bankier seinerzeit immer noch bezeichnet haben soll, handelte ganz ähnlich. Er erwarb – ebenfalls anno 1817 – von der niederländischen Krone das ehemalige fürstbischöfliche Schloss in Seraing, nahe Liège, und stampfte dort, quasi auf der grünen Wiese, binnen kurzem die wohl größte Schwerindustrieanlage des Kontinents aus dem Boden, mit einer tiefen vertikalen Struktur, am Fertigungsende spezialisiert auf die Konstruktion krafterzeugender Maschinen, also exakt das Produkt, welches die auf dem Sprung zur Industrialisierung stehende Wirtschaft brauchte. Die Cockerill'schen Unternehmen verkörperten den Hightechsektor der Industrialisierung schlechthin, dessen große Zukunft mit der Eisenbahn erst noch kommen sollte.

Die Cockerill'schen Werksanlagen in Seraing nach 1843[14]

Während also der Techniker und Fabrikant John Cockerill daran ging, Industrialisierungsgeschichte zu schreiben, stellte der Kaufmann und Wollhändler Hansemann sich überdies den wirtschaftlichen und gesellschaftlichen Herausforderungen der von den Cockerill'schen Maschinen in die Aachener Tuchfabrikation gebrachten tiefgreifenden Veränderungen des Alltags der Masse. Wir sehen ihn als Mitglied des Stadtrates, wir sehen ihn als Mitglied und Präsidenten der noch von Napoleon ins Leben gerufenen Industrie- und Handelskammer. Nicht zuletzt sehen wir ihn als Initiator eines

13 Zitiert nach Bruckner, Wirtschaftsgeschichte, S. 177.

14 Quelle: Pasleau, John Cockerill, S. 92f.

bis heute überaus erfolgreichen Versicherungsunternehmens und damit in Zusammenhang als Gründer des soziale Ziele verfolgenden Aachener Vereins zur Beförderung der Arbeitsamkeit. Die überkommenen Quellen lassen eine Persönlichkeitsstruktur erahnen, die sich von derjenigen der Mehrheit seiner Zeitgenossen wohl in vielerlei Hinsicht abhob. In der heutigen Terminologie dachte er quer, nicht immer zur Freude des städtischen Establishments, und füllt damit, ganz wie John Cockerill, fast perfekt das Klischee des nonkonformistischen innovativen Unternehmers aus.

Vor diesem Hintergrund lässt sich auch die Gründung des Vereins zur Beförderung der Arbeitsamkeit allenfalls bei oberflächlicher Betrachtung als „Placebo" interpretieren. Die gründlichere Analyse legt Hansemanns tiefe Überzeugung frei, die Interessen von Arbeitgebern und Arbeitnehmern zum Wohle des ganzen auszugleichen: gerade in der Phase der vom beharrlichen Herkommen lebenden Restauration eine gesellschaftspolitische Herausforderung ohnegleichen. Im übrigen sah sich auch Cockerill im Einvernehmen mit seiner Belegschaft und vice versa; „C'est da nos tot seu" – es gehört uns allein, ist über dem Werkstor in Seraing zu lesen. [15]

Dass zumindest Hansemann entschlossen war, an überkommenen Strukturen zu rütteln bzw. an der Formierung neuer zeitgemäßer Sicherungs- bzw. Herrschaftssysteme mitzuwirken, zeigt nicht zuletzt sein überzeugtes Engagement im Zuge der 1848er Revolution, die ihm als Freigeist keine andere Wahl als die des Mitwirkens gelassen haben dürfte. Auch nationale politische Grenzen suchte David Hansemann immer wieder zu überschauen, um zu vergleichen, zu lernen und zu verändern. „Preußen und Frankreich. Staatswirtschaftlich und politisch"[16], eine schonungslos sezierend vergleichende Abhandlung, machte in den restaurativen 1830er Jahren nicht nur in Preußen Furore.

---

15 S. Pasleau, Industries et populations: l'enchaînement des deux croissances à Seraing au XIXe siècle, Liège 1998, S. 90; in Zusammenhang mit dem Rückkauf von Anteilen an dem Werk durch Cockerill.

16 D. Hansemann, Preußen und Frankreich. Staatswirtschaftlich und politisch, unter vorzüglicher Berücksichtigung der Rheinprovinz, Leipzig 2. verbesserte und vermehrte Aufl. 1834; erstmals 1833 veröffentlicht.

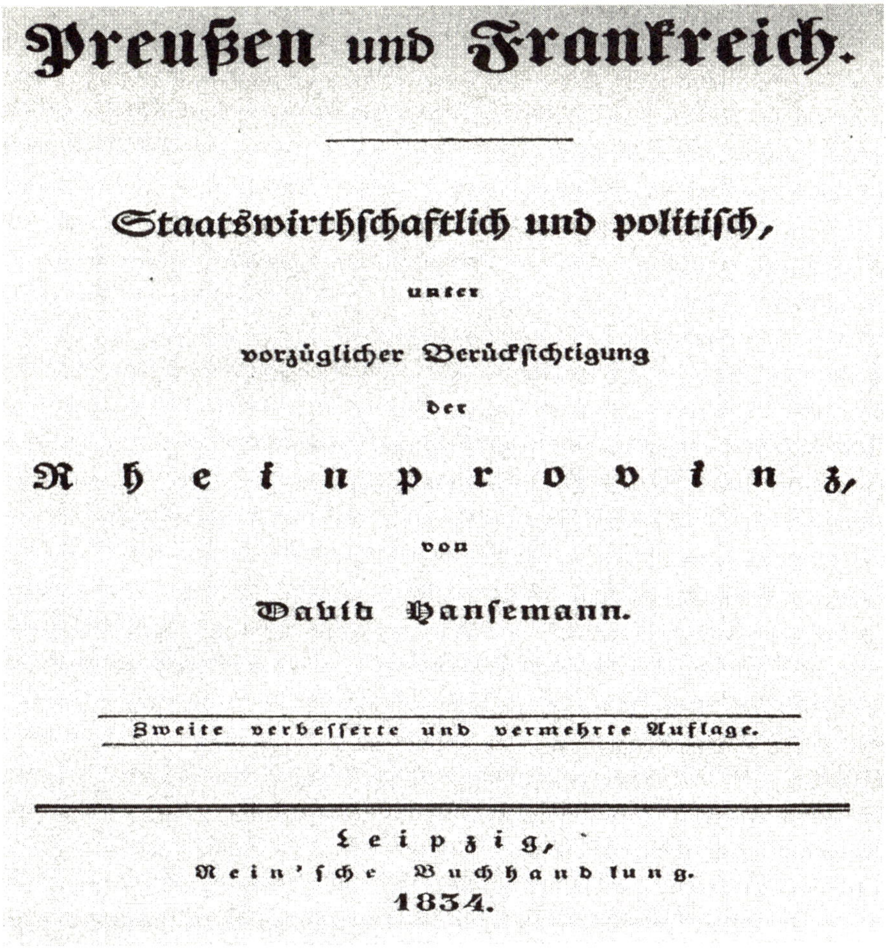
Preußen und Frankreich.

Staatswirthschaftlich und politisch,

unter

vorzüglicher Berücksichtigung

der

Rheinprovinz,

von

David Hansemann.

Zweite verbesserte und vermehrte Auflage.

Leipzig,

Rein'sche Buchhandlung.

1834.

Ein weitere Herausforderung sah Hansemann in der Optimierung der Verkehrssituation des Aachener Raumes; zwar zwischen Rhein und Maas gelegen, aber doch zu weit ab, um von den einstweilen unvergleichlichen Standortvorteilen der großen Wasserstraßen zu profitieren. Konsequent widmete er deshalb während seiner Aachener Zeit seine ganze Kraft dem Bau einer überbrückenden Eisenbahnverbindung, welche seinerzeit alleine im Stande war, die politische wie natürliche Grenzlage des Raumes zwischen Maas und Rhein zu neutralisieren.[17]

17 Vgl. weiterführend K. van Eyll, David Hansemann und die Frühzeit der rheinischen Eisenbahn, in: Mitteilungen der Industrie- und Handelskammer zu Köln, 19, 1964, S. 567-572. Des weiteren vgl. dies., Camphausen und Hansemann, zwei rheinische Eisenbahnunternehmer 1833 bis 1844, in: Tradition 1966, S. 218-231; K. Kumpmann, Die Entstehung der Rheinischen Eisenbahn-Gesellschaft 1830-1844, Essen 1910; L.-H. Meyer, 150 Jahre Eisenbahnen im Rheinland. Entwicklung und Bauten am Beispiel der Aachener Bahnen, Köln 1989.

Das effizienteste zeitgenössische Verkehrsmittel sollte zum einen die natürliche infrastrukturelle Schwachstelle, die fehlende Wasseranbindung zum Rhein, kompensieren. Zum anderen ging es ihm und seinen Mitstreitern darum, eine leistungsfähige Verbindung zum Hightechzentrum Liège und von dort weiter nach Bruxelles bzw. zur Nordsee herzustellen. Beide Protagonisten fanden hier zumindest auf der Interessenebene zusammen.

Hansemanns grenzüberschreitendes Interesse entsprang also primär wirtschaftspolitischen Intentionen regionalen Ursprungs, was dem vorrangig als Industriellen agierenden John Cockerill nur recht sein konnte. Abgesehen davon, dass ihn die Eisenbahn schneller und kommoder zum Aachener Zweig seiner Familie beförderte, bedeutete sie für ihn die „cash cow", das Produkt, welches es seinem Unternehmen erlauben würde, in völlig neue Dimensionen vorzustoßen.[18] Indirekt unterstützten das Eisenbahnprojekt auch Cockerills in die 1820er Jahre datierenden, zunächst wegen Finanzierungsproblemen ohne Erfolg bleibenden Bemühungen um den Bau einer Brücke über die Maas, welche eine effiziente Verkehranbindung zwischen Seraing und Liège schaffen sollte und natürlich auch den internationalen Warenaustausch entscheidend erleichtert hätte.[19] Unterstützung für ihre Bestrebungen fanden beide 1830/39 im gegründeten belgischen Staat, der auf diese Weise gedachte, einen Teil des Rheinhandels für sich, sprich: den Seehafen Antwerpen, gewinnen zu können. Nicht von ungefähr trat Cockerill in eben jenem Jahr als Gründer der „Société anonyme pour l'établissement d'un chemin de fer Bruxelles- Antwerpen" in Erscheinung.[20]

Wir kennen das Ergebnis der Bemühungen: Die Rheinische Eisenbahn wurde gebaut, und zwar über Aachen – unter anderem Dank des unermüdlichen Einsatzes eines David Hansemann, der zum Erreichen dieses für die Stadt vitalen Ziels nichts unversucht ließ. Sie wurde auch gebaut unter namhafter Beteiligung belgischen Kapitals, und es war erneut kein anderer als Hansemann, welcher in der Wirtschafts- und Finanzkrise des Jahres 1839 die offensichtlich entscheidenden Verhandlungen in Bruxelles führte.[21]

Im übrigen ließen sich die Initiatoren auch durch unüberwindlich scheinende natürliche Hindernisse wie die Ronheider Rampe, nicht beeindrucken. Der steile Anstieg an der Peripherie Aachens war seinerzeit nur mittels einer aufwendigen stationären, dampfbetriebenen Liftanlage zu überwinden.[22] Und wenn letztlich auch Cockerill'sche Loks auf deutscher Seite nicht zum Zuge kamen, so stammte augenscheinlich doch immerhin Schienenmaterial aus den Werken in Seraing.[23] Im übrigen beschränkten sich Cockerills unternehmerische Aktivitäten keineswegs auf Belgien oder das Gebiet der heutigen Euregio, sondern er investierte quasi in ganz Europa.

---

18 Zum Engagement des Aachener Zweigs der Familie Cockerill vgl. Bruckner, Wirtschaftsgeschichte, S. 18 ff.

19 Pasleau, John Cockerill, S. 91 f.

20 Bruckner, Wirtschaftsgeschichte, S. 178.

21 Vgl. Kumpmann, Entstehung, S. 208 ff.; Bergengrün, Hansemann, S. 215.

22 Kumpmann, Entstehung, S. 383 ff.

23 Zu seinen frühen Lokomotivbauten vgl. Pasleau, John Cockerill, S. 60-65.

Die 1843 fertiggestellte Brücke über die Maas zwischen Seraing und Liège[24]

Beider Leben endete im übrigen nicht in der Region, in der sie soviel bewegt hatten, sondern – bezeichnenderweise – auf der Suche nach neuen Grenzen und Herausforderungen. John Cockerill starb 1840 während einer Russlandreise in Warschau, bei der Exploration neuer Märkte für seine Produkte, während sein Unternehmen in einer existenziellen Krise taumelte.[25] David Hansemann verlagerte seinen Wirkungskreis in der zweiten Hälfte der 1840er Jahre nach Berlin. Dort und anderswo sollte er noch über viele Jahre hinweg versuchen, in exponierter Stellung, in der ihm eigenen beharrlich offenen Art, als gern und viel gefragter, unabhängiger, nonkonformistischer Experte Politik und Wirtschaft den Erfordernissen der Zeit anzupassen; mit durchaus wechselndem Erfolg übrigens, aber immer kreativ, geradlinig und seinen Überzeugungen treu.[26] War es der Zufall, der auch Hansemanns Wege gegen Ende seines Lebens nach Russland führte? Wir glauben es nicht. Denn Russland spielte in der zweiten Hälfte des 19. Jahrhunderts die Rolle des erwachenden Riesen; es verkörperte den Zukunftsmarkt der westeuropäischen Produzenten und bedurfte organisatorischen Rats;[27] Grenze als Herausforderung, einmal mehr.

---

24 Quelle: Pasleau, John Cockerill, S. 91.

25 Am 19. Juni 1840; Pasleau, Industries, S. 91; dies., John Cockerill, S. 71-80.

26 Vgl. zusammenfassend Malangré, David Hansemann, S. 91 ff.

27 Hansemann beriet 1863 in Petersburg die russische Regierung in Eisenbahnfragen bezüglich Verstaatlichung und Ausbau des Streckennetzes, am 4. August starb er während einer Kur in Schlangenbad im Taunus.

Enden soll unsere kleine historische tour d'horizon, die auch für den Autor eine Grenzerfahrung bedeutete, mit den Motti unserer Protagonisten. „Courage to the last"[28] hatte sich Cockerill auf seine Fahnen geschrieben. Die Überzeugung „Rast ich, so rost ich" trieb Hansemann voran. Zwei Motive, die sich trefflich ergänzen und vor deren Hintergrund der unerschrockene, in mancher Hinsicht geradezu spielerische Umgang mit Grenzen jeglicher Art nicht mehr erstaunt. Umbruch erscheint in diesem Kontext in der Tat als Akt der schöpferischen Zerstörung und Grenze erhält unter diesem Aspekt eine weitere Dimension als Stimulans des Fortschritts; nicht nur im Kontext des Jahres 1815, davor und danach viele Male mehr.

Die Frage liegt nahe: Was ließe sich aus dem Szenario ableiten für uns heute, was ließe sich vielleicht lernen? Zunächst bestätigt das historische Beispiel einen Gemeinplatz; dass nämlich Rand- oder Grenzlagen jeglicher Art unter dem Strich den in jenen Bereichen operierenden Subjekten vergleichsweise hohe komparative Kosten verursachen. Positive natürliche Faktoren wiederum können den grenzlagebedingten Standortnachteil mildern, ja überkompensieren. Man denke hier etwa an Bodenschätze oder eine Flusslage, wobei letzterer natürlich ebenfalls wieder eine Art Grenzcharakter innewohnt. Letztlich aber zwingt die Grenzlage, unter der Prämisse erfolgsorientierten Handels, stärker als anderswo zu innovativer, kreativer Aktion. Letztere kann bzw. wird in kostensenkende Organisations- bzw. Produktionsformen münden. In diesen Kontext fallen Stichworte wie Maschinisierung oder Spezialisierung, verbunden mit einem Vorsprung an Know-how. Sie kann sich nicht zuletzt in Form innovativer Lösungsansätze bzw. qualitätsmäßig hervorstechender Erzeugnisse, in unserem Fall bspw. Maschinen und Textilien, äußern. Produktivität und Qualität repräsentieren in einem solchen Szenario konstituierende Standortfaktoren.

Darüber hinaus wird sich grenzlagebedingte Kreativität in dem Bemühen der Akteure niederschlagen, die wie auch immer definierte Grenzlage selbst positiv zu beeinflussen bzw. zu optimieren. Zwei Strategien bieten sich dazu im Prinzip an:

a. national orientierte und damit die Grenze akzeptierende bzw. konturierende Handlungsmuster; sie zielen mittels der bekannten Instrumente auf eine bessere Anbindung an die Binnenwirtschaft bzw. auf eine politisch herbeigeführte Kompensation des Standortnachteils bei gleichzeitiger Abschottung nach außen.

b. eine auf die Überwindung der Grenzlage zielende Strategie, im Rahmen derer sich wie auch immer getrennte Wirtschaftsräume einander zuwenden, Brücken bauend auch im übertragenden Sinne und damit zugleich ebenso raumbildend wie neue Grenzlagen neuer Dimensionen definierend; Grenze als ebenso ambivalenter wie mehrdimensionaler Prozess.

Selbstverständlich müssen die Handelnden als Voraussetzung bereit sein, sich den situativen Herausforderungen zu stellen, und viele haben dies getan und werden dies tun, wobei es eine enge Wechselwirkung zu geben scheint zwischen einer sehr weit zu definierenden Grenzerfahrung der Akteure und der Annahme der Herausforderung.

---

28 Für das Motto vgl. Pasleau, John Cockerill, S. 71; dies., Industries, S. 91. Nach Cockerills Tod wurde der Satz, in englischer Sprache wohlgemerkt, zum Motto der AG, in der das industrielle Erbe Cockerills 1842 aufging.

Diese spezielle Situation hinterließ und hinterlässt in der Tat Spuren, überwiegend positive Spuren – wenn denn gewaltsame Nivellierungsversuche keine unheilbaren Narben hinterlassen haben. Solche Narben brauchen unter Umständen viel Zeit zu heilen, wie die großen Kriege des 20. Jahrhunderts schmerzhaft gezeigt haben. Dessen ungeachtet lässt, das dokumentieren nicht nur die Geschichten Cockerills und Hansemanns, das Leben mit und an Grenzen in den Menschen eine ganz spezifische Kultur des Handelns und des Wirtschaftens – charakteristische Wirtschaftsstile - erwachsen, geprägt von Eigenschaften wie Aufgeschlossenheit und geistiger Wendigkeit, geprägt von hohem Kommunikationsvermögen sowie von der Fähigkeit und dem Willen zur Innovation. Da stellen Cockerill und Hansemann keine Ausnahmen dar.

Im übrigen kann nicht totale Nivellierung das Ziel Grenzen überschreitender Aktivität sein. Vielmehr ist eine Art regionaler Interdisziplinarität gefordert, die Partner tragen ihren Teil zu einem Gesamtertrag bei, ohne ihre Identitäten aufzugeben. Der Maastrichter Kollege Knotter hat in diesem Zusammenhang den trefflichen Begriff des Paradoxons der Grenze geprägt. Und wie gesagt, Grenze ist kein statischer Zustand. Die Dinge fließen. Von daher gehen auch die Herausforderungen nicht aus, und wir hier im Dreiländereck dürfen gespannt sein auf die Ergebnisse der aktuellen euregionalen Entwicklungen.

Zum Schluss sei die Frage erlaubt, was dies in wissenschaftlicher Perspektive bedeuten könnte. Auf jeden Fall sollten wir Grenzbereichen bzw. Grenzsituationen jeglicher Art noch mehr Aufmerksamkeit als bisher schon schenken, nicht zuletzt, da sie ein hohes Innovationspotential bergen und entsprechende Wirtschaftsstile kreieren. Darüber hinaus sollten wir selbst zu Grenzgängern werden, falls wir es nicht bereits längst sind.

Hisashi Watanabe

Euregios und Urwirtschaftsräume – Führt die Relativierung der Staatsgrenzen Europas zur Gestaltung neuer Wirtschaftsräume?

1 Staatsgrenzen und Grenzraumpolitik[1]

1-1

Regionale Dynamik in Westeuropa nach dem zweiten Weltkrieg ist vor allem von stetiger Abschwächung der Trennwirkungen der Staatsgrenzen bzw. von wesentlicher Relativierung ihrer Bedeutung geprägt, was einen krassen Kontrast gegen ihre unübersteigbare Barrierefunktion im vorhergehenden nationalstaatlichen Zeitalter bildet. Allerdings ist es nicht zu übersehen, daß es in den Debatten über die optimale Raumordnungseinheit des integrierten Europas noch eine Diskrepanz zwischen den beiden Postulaten „Europa der Nationalstaaten“ und „Europa der Regionen“[2] gibt. Diese I-

1 Herzlich bedankt sich der Verfasser bei allen folgenden Mitwirkenden für ihre Unterstützungen seiner Arbeit, indem sie ihm Interviews gewährt haben beziehungsweise ihm teure Akten zur Verfügung gestellt haben. AGEG: **Herrn Generalsekretär Jens Gabbe;** Ministerium für Wirtschaft und Mittelstand, Technologie- und Verkehr des Landes Nordrhein-Westfalen: **Herrn Dipl.-Kaufmann Karl Schulze Althoff,** Leiter (dam.) der Referates Finanzierungshilfen für den Gewerblichen Mittelstand, Interreg; Eems Dollard Regio: **de heer algemeen secretaris Drs. R. C. Eric Neef und Herrn Projektmanager Armin Gallinat;** Euregio Rhein-Waal: **Herrn Geschäftsführer Erwin Schmitz, de heer ex-algemeen secretaris Drs. M. S. F. Spierts, Herrn Projekt- und Finanzkoordinator Helmut Kersten und Frau Anja Sturme;** euregio rhein-maas-nord: **de heer Stellvertretendem Vorsitzender** Drs. **M. G. M. Sprengers, Herrn Geschäftsführer Dr. Wulf-Henrich Reuter und Herrn Leiter der Geschäftsstelle Wolfgang Koch;** Euregio Maas-Rijn: **Herrn Koordinator August Kohl und de heer ex-coördinator Jef Wouters;** EuRegio SaarLorLuxRhein a.s.b.l.: **Madame secretaire generale Laurence Ball;** Innergemeinschaftliches Regional-Institut a.s.b.l.: **Herrn Generalsekretär Christian Glöckner;** Chambre de Commerce du Grand-Duche de Luxembourg: **Monsieur Directeur Paul Hippert.** Der Verfasser ist auch **Herrn Prof.** Dr. **Günter Heiduk,** Gerhard-Mercator-Universität Duisburg, dafür sehr dankbar, daß er jenem bei jener Vorbereitung zur Interviewreise jeweils zur Seite gestanden hat. Nicht zuletzt ist der Verfasser **Herrn Prof.** Dr. Dr. **habil. Jürgen Schneider,** Ex-Vorsitzender der GSWG, dafür aufrichtig verbunden, daß er jenem die Gelegenheit gewährt hat, auf der Arbeitstagung der GSWG in Aachen ein Referat mit dem vorliegenden Thema zu halten.

2 Wohl aus Anlaß von der erstmaligen Konferenz *„Europa der Regionen“* im Oktober 1989 in München ist dieses Konzept ein aktueller Schlagwort geworden. Bayern hatte sich aber frühzeitig mit seiner Entwicklung aktiv befaßt. Joachim Bauer, *Europa der Regionen, z.* Aufl., Berlin 1992, S. 9 u.119; Hubert Hierl (Hrsg.), *Europa der Regionen,* Bonn 1995, S.5. So früh *wie* im Mai 1967 jedoch wurden Gespräche zwischen Grenzregionen auf dem Europa Kongreß in Bocholt zum Thema *„Europa* der *Regionen“* schon einmal geführt. http://www.aebr-ageg.de. Auch der französische Terminus „l'Europe des Regions“ wurde bereits Ende 1960er Jahre verwendet. Silvia Raich, *Grenzüberschreitende und* interregionale Zusammenarbeit *in einem)) Europa der Region ((*

deenspannung weist doch schon darauf hin, daß der Fortbestand der Staatsgrenzen in (West) Europa nicht mehr als unantastbare Selbstverständlichkeit gilt.

Die Ebbe der Staatsgrenzen ist an doppelten Aspekten zu beobachten, sowohl als Leistungen der raumpolitischen Initiativen der Behörden verschiedener Instanzen als auch als Ergebnisse des Wandels durch den vor sich gehenden Wirtschaftsprozeß. Bei den ersteren findet der Abbau der Staatsgrenzen in entgegengesetzten Richtungen statt. Nämlich von oben verringern Staatsgrenzen ihre souveräne Gewalt in dem Maße, wieweit die Vertiefung der Integration der Europäischen Union vorangeht. Von unten nehmen die absperrenden Effekte der Staatsgrenzen durch immer zunehmende wirtschaftsgeographische Kontiguitätseffekte kraft der grenzübergreifenden regionalen Zusammenarbeit umso ab.

1-2

Was die Regionalpolitik überhaupt von oben anbelangt, ergriff der Europarat unter den internationalen Organisationen am frühesten Initiative, indem er sich seit den 1950er Jahren mit den regionalen Problemen der Mitgliedsstaaten befaßt. Im Rahmen des regionalpolitischen Anliegens veranstaltete seine Beratende Versammlung mit der ständigen Konferenz der Gemeinden und Regionen Europas zusammen seit 1972 mehrmals die Europäische Konferenzen der Grenzregionen. Im November 1979 nahm die Beratende Versammlung des Europarates das *„Europäische Rahmenübereinkommen über die grenzüberschreitende Zusammenarbeit zwischen Gebietskörperschaften" an, das* vom Ministerkomitee im Mai 1980 in Madrid geschlossen wurde und im Dezember 1981 in Kraft trat. Ferner setzte der Europarat 1987 einen besonderen Ausschuß für die Erörterung der Probleme der grenzüberschreitenden Zusammenarbeit ein.[3]

Hingegen galten der Europäischen Gemeinschaft regionale Angelegenheiten bis zu den 1970er Jahren nicht als zu ihrer eigenen Zuständigkeit, sondern als zu derjenigen jedes Mitgliedsstaates gehörend. Erst 1975 richtete die EG den Europäischen Fonds für Regional-Entwicklung (EFRE) ein, womit auch die Regionalpolitik der EG nun anlief. Es war doch nach Annahme des „Delors-Paketes" durch den Europäischen Rat im Jahre 1988, in dessen Rahmen der Strukturfonds verdoppelt wurde, daß die Regionalpolitik wesentlich aktiviert wurde.[4] Was die Förderung der grenzüberschreitenden Zusammenarbeit anbelangt, forderte zunächst das Europäische Parlament 1976 die Schaffung neuer Rechtsinstrumente dazu und veröffentlichte im August 1981 ei-

---

Dargestellt anhand der Fallbeispiele Großregion Saar-Lor-Lux, EUREGIO und)) Vier Motoren für Europa ((-Ein Beitrag zum Europäischen Integrationsprozeß, Baden-Baden 1995, S.25.

3 AGEG (Hrsg.) , Europäischer Charta der Grenz- und grenzüberschreitenden Regionen: Ziele und Aufgaben der Arbeitsgemeinschaft Europäischer Grenzregionen (unten: Charta/Ziele), s.a., S.17-19. Die Charta wurde im November 1981 angenommen und ihre Neufasssung wurde im Dezember 1995 verabschiedet. AGEG, 30 Jahre Gemeinschaftsarbeit (unten: 30 Jahre), 2001, S. 12; Raich, op.cit., S.31ff.

4 Desmond Dinan, Art. „Cohesion Policy", in: do., Encyclopedia of the European Union, Boulder 1998, S. 46-51.

nen Bericht über die Vertiefung der grenzüberschreitenden Zusammenarbeit.[5] Im Oktober 1981 sprach die Kommission der EG die Empfehlung aus, in den Grenzgebieten des EG-Inneres gemeinsame grenzüberschreitende Aktionsprogramme für den Durchbruch der Engpässe zu erstellen, die der Entwicklung dieser Grenzgebiete im Wege stehen."[6] 1989 förderte die Kommission der EG nach dem Artikel 10 EFRE mit rd. 21 Mio. ECU erstmals 14 grenzübergreifende Pilotprojektgruppen. Im August 1990 dann legte dann die Kommission die Leitlinien für eine Gemeinschaftsinitiative für Grenzgebiete INTERREG fest. Sie wurde auf der Grundlage von 31 Operationellen Programmen an den EU-Binnen- und Außengrenzen durchgeführt.

Anschließend 1994 verabschiedete die Europäische Kommission die Leitlinien für INTERREG II (1994-1999) , die drei Ausrichtungen enthielten: IIA mit Schwerpunkt auf der grenzübergreifenden Zusammenarbeit, IIB zur Vervollständigung von ausgewählten Energienetzen(ehemalige Regen-Initiative) und 1996 eingeführte IIC für die transnationale Zusammenarbeit. Im Rahmen von INTERRREG IIA wurden 59 Operationelle Programme (35 an den Binnen- und 24 an den Außengrenzen) nun gefördert. Im Jahr 2000 legte die Europäische Kommission die Leitlinien für INTERREG III (2000-2006) fest, die auch drei Ausrichtungen enthalten: IIIA für grenzüberschreitende Zusammenarbeit als eine Fortsetzung von INTERREG I und IIA, IIIB für transnationale Zusammenarbeit als eine Erweiterung von IIC und IIIC für interregionale Zusammenarbeit, die vorher von Programmen vom Typ RECITE (Regions and Cities for Europe) und ECOS-OUVERTURE (European City Cooperation Scheme-Cooperation between EU Regions and Regions in Central and Eastern Europe) abgedeckt wurde.[7] Endlich sieht der Amsterdamer Vertrag über die Europäischen Union vom 2.10.1997 mit seinem Art. 2 „Schaffung eines Raums ohne Binnengrenzen" vor, womit die grenzüberschreitende Zusammenarbeit erstmals in einem Vertrag verankert worden ist.[8]

Seit 1990, wo die Gemeinschaftsinitiative INTERREG für finanzielle Unterstützung der Zusammenarbeit der Grenzgebiete auf das grenzfreie Europas eingerichtet wurde, nimmt die Zahl der diesbezüglichen Vereinigungen immer zu, so daß sie bis zum Jahr 2000 auf 150 anwuchs.[9] Es scheint doch problematisch zu sein, ob die Vorreiter vor der Einrichtung der INTERREG und die Nachkommen danach als zu derselben Kategorie gehörend zu betrachten sind, da die ersteren auf wesentlich bürgerliche Initiative hin von unten entstanden , wohingegen die letzteren eher unter Leitung und Förderung der EU, also in Wirklichkeit von oben gegründet wurden. Immerhin wurde die Aktivierung der Grenzregionspolitik der EU seit Ende 1980er Jahre sicher von ausreichender Akkumulation der Pionierleistungen der grenzübergreifen-

---

5 http://www.aebr-ageg.de

6 Grenzregio Rhein-Maas-Nord, Grenzüberschreitendes Aktionsprogramm für die Grenzregio Rhein-Maas-Nord (deutsche Version) (unten: Aktionsprogramm Grenzregio), August 1986, S.7.

7 AGEG, Die EU-Initiative INTERREG und Zukünftige Entwicklungen (unten: EU-Initiative), Dez.1997, S.6-7; AGEG, Praktisches Handbuch zur Grenzübergreifenden Zusammenarbeit (unten: Praktisches Handbuch), 3. Aufl. 2000, S. 38-40.

8 Beck-Texte im dtv, EU-Vertrag, 5. Aufl., 2001, S.3.

9 30 Jahre, S.8-9.

den Zusammenarbeit der der INTERREG vorhergehenden innovativen Vereinigungen angeregt und lehnt organisatorisch und operationell an deren Muster an,[10] wenn gleich es dabei auch nicht zu übersehen ist, daß die neue raumpolitische Perspektive durch Umwälzung im Zentralund Osteuropa nun aktuelles Interesse der EU an den Grenzräumen überhaupt angeregt haben muß.

1-3

Vom erweiterungs- und vertiefungsstrategischen Standpunkt der EU aus werden die Staatsgrenzen heutzutage zunächst in Binnen- und Außengrenzen klassifiziert. Die Außengrenzen sind wieder in vier Kategorien untergliedert: (1) Grenzen an den EFHZ-Staaten, vor allem an der Schweiz und Norwegen; (2) Grenzen an den Staaten Mittel- und Osteuropas, (3) Grenzen an den Staaten der Gemeinschaft Unabhängiger Staaten und (4) Grenzen an außereuropäischen Staaten wie Marokko.

Unter ihnen ist die Kategorie (2) zwar angesichts des derzeitigen Anliegens der EU-Erweiterung nach Osten von strategischer Priorität. Die Binnengrenzen, vor allem die Westgrenzen Deutschlands, sind immer noch als Muster in Geltung.

Bezüglich der Zusammenarbeit über nationale Grenzen hinweg ist unter den drei Arten zu unterscheiden: (1) Grenzübergreifende Zusammenarbeit als unmittelbare nachbarschaftliche Kooperation der regionalen und lokalen Instanzen entlang einer Grenze in allen Lebensbereichen unter Einschaltung aller Akteure, (2) Transnationale Zusammenarbeit als Kooperation prinzipiell zwischen Staaten zu einem Fachthema bezogen auf große zusammenhängende Räume und (3) Interregionale Zusammenarbeit als Kooperation zwischen regionalen und lokalen Instanzen überwiegend in einzelnen Sektoren und mit ausgewählten Akteuren“[11]

Nach den organisatorischen Merkmalen sind drei Typen der Grenzübergreifenden Zusammenarbeit wieder zu unterscheiden: (1) Euroregionen (oder Euregios) und ähnliche Körperschaften, (2) Arbeitsgemeinschaften (communaute de travail/working community) und andere Zusammenschlüsse und (3) spezifische Strukturen für *INTERREG oder* andere EU-Programme.[12]

Nach den raumpolitisch thematischen Merkmalen aber sind auch vier Typen von Gebieten in der grenzübergreifenden Zusammenarbeit zu unterscheiden: (1) Grenzregionen in Ziel-l-Gebieten, deren Pro-Kopf-BIP weniger als 75% des EU-Durch-

---

10 Die älteste grenzübergreifende Zusammenarbeitsstruktur in Europa, die EUREGIO, die 1958 gegründet wurde (siehe unten), erarbeitete bereits im Jahr 1972 mit finanzieller Hilfe der EG und der nationalen Wirtschaftsministerien ein erstes regionales grenzübergreifendes Entwicklungskonzept, was doch kaum auf eigentliche Aktivierung der Grenzregionspolitik der EG hinweisen dürfte. Praktisches Handbuch, S.57.

11 ibid., S.14.

12 LACE, Institutionelle Aspekte der grenzübergreifenden Zusammenarbeit (unten: Institutionelle Aspekte), September 1998, S.9-13. LACE (Linkage Assistancce and Cooperration for the European Border Regions) wurde als ein Observatorium der EG für grenzüberschreitende Zusammenarbeit 1990 geschaffen.

schnitts beträgt, (2) Grenzregionen im Inneren der EU in Ziel-2-Gebieten mit sektoralen Strukturproblemen und in Ziel-3-Gebieten mit anderen Problemen, (3) Grenzregionen an den Außengrenzen der EU und (4) Grenzregionen an maritimen Grenzen.[13]

Nun konzentriert sich das Interesse der vorliegenden Arbeit auf sechs Euregios an den deusch-beneluxstaatlichen Grenzen, die neben den euregioähnlichen Strukturen in Skandinavien eben als die geschichtlichen Prototypen unter den insgesamt 85 Euroregion und euroregionähnliche Strukturen im Jahre 2000 gelten.[14] Allerdings haben die AGEG/LACE die Hauptkriterien für eine Euroregion an ihrer Organisation, Arbeitsweise und Inhalten schon zusammengestellt.[15] Es dürfte doch noch offenbleiben, eine Typologie der sechs klassischen Euregios vom wirtschaftsgeschichtlichen Aspekt aus zu versuchen.

2 Euregios an den deutsch-beneluxstaatlichen Grenzen

2-1

Tab. 1 gibt einen Überblick der sechs Euregios an den deutsch-beneluxstaatlichen Grenzen, woraus eine gewisse Verschiedenheit darunter zu ersehen ist.[16] Die *EUREGIO* aber hat als der Vorreiter der grenzüberschreitenden Zusammenarbeit in der Hinsicht der Organisationen und Funktionen auf seine Nachkommen an den deutschbeneluxstaatlichen Grenzen Modelleffekte ausgewirkt hat.[17]

Wenn auch die *EUREGIO* de jure 1958 gegründet wurde, entstand schon 1954 als ihr Prototyp und ihre erste Komponente die *Interessengemeinschaft Rhein-Ems* (seit 1962 *Kommunalgemeinschaft Rhein-Ems)* auf deutscher Seite. Ihr folgte 1960 auf niederländischer Seite de *Belangengemeenschap Twente-Oost-Gelderland* (heute: het

---

13 Praktisches Handbuch, S.16.

14 ibid., S.38-40, wonach es 32 Euroregionen, 19 euroregionähnliche Strukturen in Skandinavien und den Baltischen Staaten und 34 euroregionähnliche Strukturen in Mittel- und Osteuropa zählt, die zwischen 1990/2000 gegründet werden. Dabei ist eine gewisse Tendenz zu bemerken, je jünger entstanden sind, desto eher Euroregion heißen zu wollen. Nämlich bezeichneten sich 13 Strukturen Euregio (darunter 2 EuRegios und 1 Regio) und 8 Strukturen Euroregion (daunter 4 Regionen) unter insgesamt 32 Euroregionen und euroregionähnliche Strukturen im Jahre 1998, wohingegen sich 21 Strukturen Euregio (daunter 2 EuRegios, 2 Regios und 1 Euroregio) und 47 Strukturen Euroregion (darunter 4 Regionen) im Jahre 2000 bezeichneten. Vgl. Institutionelle Aspekte, S.15. Heutzutage benutzen sowohl die AGEG als auch die EU Euroregion als Appelativ. Daher klingt die Euregio etwa wie Eigennomen. Da die Gerbrauchsfälle der letzteren doch in den klassischen Gebieten der grenzübergreifenden Zusammenarbeit mehr als diejenigen der ersteren vorkommen, dürfte wohl Euregio als die allgemeine Bezeichnung für die dortigen Strukturen benutzt werden, erst recht weil sie als solche früher an die Öffentlichkeit trat. Vgl. Art. „Euregio“, in: Brockhaus-Enzyklopädie, 19.Aufl., Bd.6, 1988.

15 EU-Initiative, S. 36.

16 Die Tabelle befindet sich am Ende des Beitrages.

17 Einen Überblick gibt : EUREGIO, EUREGIO: Das alltägliche Europa in der Praxis, (unten: Alltägliches Europa) September 1995.

Samenwerkingsverband Twente) und kurz danach het *Samenwerkingsverband Oost-Gelderland. Aus* diesen drei Kommunalgemeinschaften besteht die kommunale Arbeitsgemeinschaft *EUREGIO.*[18] Nach der Organisationsreform Ende 1990er Jahre gehören der *EUREGIO* nun 128 Mitglieder (NL:Gemeenten; D: Kreise, Städte und Gemeinden) an und es gibt fünf Organe: (1) die *Mitgliederversammlung* besteht aus den Vertretern der 128 Mitglieder und tagt mindestens einmal im Jahr; (2) der *EUREGIO-Rat* ist als grenzübergreifende parlamentarische Versammlung mit grenzüberschreitenden Fraktionen das höchste politische Organ der *EUREGIO* und besteht aus je 41 Mitgliedern von den beiden Seiten; (3) der *Vorstand* mit einer Mehrheit von Hauptverwaltungsbeamten bzw. von leitenden Beamten in der *EUREGIO* ist u.a. zuständig für die Durchführung der Beschlüsse der Mitgliederversammlung und für die Vorbereitung und Ausführung der Beschlüsse des *EUREGIO-Rates und* besteht aus je 15 Mitgliedern von den beiden Seiten; (4) die EUREGUIO-Arbeitskreise bearbeiten die unterschiedlichen thematischen Bereiche, wie Raumordnung und Verkehr, Wirtschaft, Arbeitsmarkt, Umwelt und Landwirtschaft, Kultur, Gesundheitswesen, Katastrophenschutz und Rettungswesen und erörtern praktische Angelegenheiten/ Probleme. Sie leisten technische Hilfe bei grenzübergreifenden Programmen und Projekten, einschließlich derer, die mit Hilfe von INTERREG finanzieren werden. Jeder Arbeitskreis setzt sich aus Vertretern des öffentlichen und privaten Sektors sowie der Wirtschafts- und Sozialpartner von den beiden Seiten der Grenze zusammen; die *EUREGIO-Geschäftsstelle* führt die laufenden Verwaltungsgeschäfte in der grenzübergreifenden Region, leistet Öffentlichkeitsarbeit und Bewußtseinbildung, unterstützt professionell, geschäftsmäßig und koordinierend die Arbeitskreise und die *EUREGIO* Gremien. Außerdem hilft sie bei der Entwicklung von Projektideen, der Umsetzung von Projekten sowie der Suche und Vermittlung zwischen potentiellen Partnern. Ferner hat die *EUREGIO* Sitz und Stimme im *INTERREG-Lenkungs- und Begleitungsausschuß, zu* dem außer ihr noch die EU, Wirtschaftsministerien der Niederlande, der Bundesrepublik und der beiden Länder Nordrhein-Westfalen und Niedersachsen, Provincies und Bezirksregierungen gehören.[19]

Immerhin ist es als ein symbolisches Ereignis für den Anlauf des Integrationsprozesses Westeuropas zu betrachten, daß der Pionier der grenzübergreifenden Zusammenarbeit gleichsam wie die Zwillingsschwester mit der EWG zusammen ins Leben gerufen wurde. Die Gleichzeitigkeit der Geburten der auf ein grenzfreies Europa gezielten Organisationen von *oben und von unten* dürfte doch kein Zufall sein. Im allgemeinen ist gemeint, daß Aussöhnungs- und Normalisierungsdränge der beiden mächtigsten Völker Europas, der Franzosen und der Deutschen, als die ursprünglichen Ansätze zum Integrationprozeß Westeuropas nach dem zweiten Weltkrieg gelten, da sie sich miteinander seit der frühen Neuzeit mehrere Jahrhunderte hindurch um die Identifikation ihrer Ost (bzw. West-)grenze, also um die „Nationalität" des Rheins erbfeindlich konfrontiert hatten, nämlich ob er für „Deutschlands Strom, aber nicht Deutschlands Grenze" (M. E. Arndt) oder für die deutsch-französische natürliche

18 ibid., S.26; Raich, op.cit.,S.141-143.

19 Praktisches Handbuch, S.57-60; Über die aktuellsten Daten der EUREGIO, siehe http://www.euregio.de/euregio/frameset/frameset_euregio.php?1c=de.

Grenze (la notion des frontieres naturelles) zu halten sei. Zum Integrationsprozeß auf den lokalen und regionalen Ebenen demgegenüber wurde der erste Schritt eher aus der deutschniederländischen bürgerlichen Initiative getan. Schließlich standen Deutsche also damals in Westen den zwei Aussöhnungsfronten gegenüber. Ohne gleichzeitige Anläufe und parallele Fortgänge der doppelten Normalisierungsprozesse wäre ein Vorankommen des Abbaus der Trennwirkungen der Staatsgrenzen in der Mitte des EG-Raums kaum denkbar gewesen.

2-2

Beim Versuch einer Typologie der Euregios gilt diejenige Aussicht wohl als das ausschlaggebende Kriterium, ob die werdende Dynamik einer Euregio unter ihren geschichtlich und geographisch gegebenen Bedingungen die wirkliche Regiongestaltung mit einer gewissen Kohäsion erreichen kann, sei es eine wesentlich eigenständige Region, sei es eine Subregion des vorrangigen größeren Raums. Bei der Untersuchung dieser Perspektive soll berücksichtigt werden, daß keine Euregio, also sogar die allerälteste *EUREGIO,* eine räumlich stabilisierte Endgestalt erzielt hat, sondern sich immer in ihrem dynamischen Wachstumsprozeß befindet. Darüber hinaus ist auch nicht außer Acht zu lassen, daß sich die Gebiete der Euregios teilweise überschneiden und auch daß es die Fälle der Doppelmitgliedschaft der Industrie- und Handelskammern bei den angrenzenden Euregios gibt.[20] Daraus ist zu ersehen, daß die Euregio wohl mit Absicht vermeidet, den Umriß ihres geographischen Gebietes eindeutig und ausschließlich zu befestigen. Insofern aber mag Konkurrenz unter den benachbarten Euregios unvermeidbarerweise verursacht werden und es ist sogar die Möglichkeit einer teilweisen „Übernahme und Fusion“ nicht auszuschließen.[21] Daher soll bei der Prüfung der Aussicht der Regiongestaltung einer Euregio ungleichartige Probleme von einander unterschieden werden, also das Problem, das auf die der Euregio strukturell immanente Faktoren zurückzuführen ist und dasjenige, das eher durch unvollkommene Phase noch wachsender Körperschaft bzw. Unbestimmtheit ihres geographischen Gebietes zu erklären ist.

Ferner gibt es noch ein anderes Problem, das sich auf das organisatorische Prinzip der Euregio als einer regionalen Körperschaft bezieht. Zum Beispiel unterstreicht die *EUREGIO,* daß sie weder neue Verwaltungsebene noch behördliche Instanz, sondern eine grenzüberschreitende *Drehscheibe* (bzw. *Grenzplattform)* für Gemeinden, Städte und Kreise, für Bürger, Instanzen, Verbände, Kulturträger innerhalb und außerhalb der

---

20 Mitte 1994 gehörten 3 Gemeinden in Kreis Emsland sowohl der Eems Dollard Regio als auch der EUREGIO und 8 Gemeinden in Kreis Kleve sowohl der Euregio RheinWaal als auch der euregio rhein-maas-nord an. Ferner gehört die Niederrehinische Industrie- und Handelskammer Duisburg-Wesel-Kleve zu Duisburg sowohl der Euregio Rhein-Waal als auch der euregio rhein-maas-nord an. EUREGIO, z. Fortschrittsbericht EG-Gemeinschaftsinitiative INTERREG für die EUREGIO Förderung aus dem Europäischen Fonds für Regionalentwicklung, Juni 1994, Anhang; Dr. Paul G. Jansen: BRO Adviseurs, INTERREG-I Projekt: Euregio-Plan: Grenzüberschreitende Räumliche Entwicklungsperspektive für die eurgio rhein-maas-nord, (unten: Euregio-Plan) Januar 1995, S.20.

21 Alltägliche Europa, S.42.

Region ist.[22] Die Selbstbeschränkung ihrer Arbeitsweise impliziert, daß die EUREGIO etwaige Kompetenz- und Strukturkonflikte mit den betreffenden Behörden vermeiden will. Infolgedessen soll die Umsetzung der grenzübergreifend getroffenen Entscheidungen prinzipiell nicht durch die *EUREGIO* selbst, sondern auf nationaler Ebene gemäß den beiderseits der Grenze jeweils geltenden Verfahren geschehen.[23] Auf der anderen Seite jedoch hält sich die *EUREGIO* gar nicht für eine einfache Ad hoc-Arbeitsgemeinschaft, sondern stellt sich auf multidimensionale grenzübergreifende Zusammenarbeit in allen Lebensbereichen mit der Einbindung aller Kräfte in der Region, der politischen Beteiligung und langfristiger Entwicklungsstrategie ein. Für diesen Zweck sind sozial-kulturelle und wirtschaftlich-infrastrukurelle Zusammenarbeit gleichermaßen von Belang. Dementsprechend soll die Euregio parlamentarische Versammlung, ständiges Sekretariat, Fach- und Verwaltungspersonal und eigene finanziele Mitteln haben. Insofern ist es kaum zu verleugnen, daß die Gründung einer Euregio mindestens in ihrer Zielsetzung als Anlaß zur Gestaltung einer De facto-Region gilt. Wenn gleich es dabei von der Schaffung einer neuen Verwaltungsebene keine Rede sei, könnte die De facto-Region immerhin sogar als Modell für das spätere vereinte Europa angesehen werden.[24]

3 Arbeitsgemeinschaft Europäischer Grenzregionen

3-1

Am 30. November 1996 trafen die Ministerpräsidenten der Niederlande, Wim Kok, des Landes Nordrhein-Westfalen, Johannes Rau und des Landes Niedersachsen, Gerhard Schröder in De Lutte gegenüber Gronau zusammen, um das 25. Jubiläum der EUREGIO-Mozer-Kommission zu feiern. In der Erklärung des Gipfeltreffens lautet

„[Die niederländische Regierung und die Regierungen der Länder Nordrhein-Westfalen und Niedersachsen] werden die Zusammenarbeit insbesondere im sozialen und *kulturellen Bereich* in der EUREGIO und in den anderen Grenzregionen ... weiterhin unterstützen. Sie betonen zugleich die große Bedeutung des INTERREG-Programms für die wirtschaftliche und soziale Entwicklung aller Grenzgebiete in der Europäischen Union." Daraus ist zu ersehen, daß das sozial-kulturelle sowie das wirtschaftlich-soziale Anliegen nebeneinandergestellt werden. Dabei dürfte der Abbau der Staatsgrenzen für das erstere eher als Ziel, für das letztere aber eher als *Mittel gelten.* Wenn auch solch eine dichotonomische Ziel-Mittel-Denkweise durch das Vermittlungskonzept im sozialen Bereich gedämpft wird, ist doch latente Diskrepanz der

22 EUREGIO, ALMANACHIALMANAK 1998/1999 (unten: ALMANACH), S.32.

23 EU-Initiative, S.36; Institutionelle Aspekte, S.10.

24 Alltägliches Europa, S.26.

Schwerpunktlegung in der grenzübergreifenden Zusammenarbeit nicht zu übersehen.[25]

Immerhin ist es der Inititative von Alfred Mozer (1905-79) zuzuschreiben, daß die Zusammenarbeit im weitestgreifenden sozial-kulturellen Bereich institutionalisiert ist. Mozer ist bekannt als einer der „Europäer" der ersten Stunde, die sich insbesondere für die Aussöhnung zwischen Niederländern und Deutschen widmeten. Der Ausspruch „Grenzen sind Narben der Geschichte" stammt von ihm. Gewiß dürfte dies keine rhetorische Phrase gewesen sein, da er geborener Ungar war und ihm seine deutsche Staatsangehörigkeit von der NSDAP-Regierung entzogen wurde. Seit 1958 war er als Kabinettchef des Kommissars Sicco Mansholt für Generaldirektion Landwirtschaft der angelaufenen EWG tätig. Nach seiner Pensionierung fand Mozer nun sein neues Aktivitätenfeld in der *EUREGIO. 1971* wurde die Kommission für soziokulturelle Angelegenheiten eingerichtet, die nach ihm EUREGIO-Mozer-Kommission benannt wurde. Sie hält für ihre Hauptaufgabe, vielfältige Austauschprogramme zwischen Niederländern und Deutschen mit der finanziellen Unterstützung zu fördern, die vom Ministerie van Volksgezondheit, Welzijn en Sport, den Pronvincies Gelderland, Overijssel und Drenthe, dem Ministerium für Bundes- und Europaangelegenheiten des Landes Nordrhein-Westfalen sowie dem Niedersächsischen Ministerium der Justiz und für Europaangelegenheiten gewährt wird.[26]

3-2

Das Interesse von Mozer war keineswegs auf die *EUREGIO* beschränkt, sondern er war auch stark darin engagiert, Erfahrungsaustausch und gemeinsame Interessenvertretung für alle Grenz- und grenzübergreifende Regionen Europas zu fördern. Auf seine Initiative wurden Gespräche der Politiker und Planer aus den Grenzregionen *1971* in Anholt gehalten. Infolgedessen wurde dort die *Arbeitsgemeinschaft Europäischer Grenzregionen (AGEG)* gegründet. Mozer wurde zu deren Gründungspräsidenten gewählt und bekleidete dieses Amt bis *1976.* Zwar war die *AGEG* als ein nicht eingetragener Verein mit Sitz Bonn/Straßburg gegründet worden, aber sie wurde nach Änderung ihrer Satzung *1994* ein eingetragener Verein mit Sitz in Gronau *(EUREGIO* übernimmt seit *1987* die Aufgabe des ständigen Sekretariates der AGEG).[27]

Die Zahl der ordentlichen Mitglieder wuchs von *9 (1976)* auf *78* (2000) an, worunter 5 als großräumige staatlich-regionale Zusammenschlüsse, *40* als grenzübergreifende regional-lokale Zusammenschlüsse und 33 als Grenzregionen gelten. In den Gründungsjahren der *AGEG* konzentrierten sich Euregios und derartige Strukturen fest auf den Einbezug des Rheinstroms und die großräumigen Regionen in Skandinavien. Um die Jahrhundertwende doch verbreiten sie sich von Skandinavien in Norden

---

25 Erklärung anläßlich des Treffens der Ministerpräsidenten des Königsreichs der Niederlande und der Länder Nordrhein-Westfalen und Niedersachsen am 30. November 1996.

26 Alltägliches Europa, S.18; EUREGIO, EUREGIO Mozer Commissie/Kommission 25jaar-Jahre,1996; ALMANACH, S.36.

27 Charta/Ziele, S.14-17; 30 Jahre, S.16-21.

bis der Iberischen Halbinsel in Süden, von Irland in Westen bis den Grenzen an Ukraine in Osten.[28]

Die Hauptsziele der *AGEG* liegen darin, die Zusammenarbeit der Grenz- und grenzübergreifenden Regionen in der *AGEG zu* initiieren, zu unterstützen und zu koordinieren und ihre Erfahrungen und Informationen auszutauschen. Im Rahmen dises Zielsetzung etablierte die *AGEG 1990* mit Hilfe der EG-Kommission LACE-Observatorium für grenzüberschreitende Zusammenarbeit. Es gilt auch als eines der Hauptziele der *AGEG,* Gesamtinteressen der Grenz- und grenübergreifenden Regionen gegenüber nationalen und internationalen Parlamenten, Organen, Behörden und Institutionen wahrzunehmen. Demzufolge wurde die *AGEG* vom Ministerkomitee des Europarates *1978* in die Liste der nichtgouvernementalen Organisationen mit beratendem Status beim Europarat aufgenommen.[29]

Also hat die *AGEG* von Anfang an vor allem mit dem Europarat immer in engem Kontakt gestanden, dann später auch die Beziehungen zu den Organen der EG/EU allmählich verstärkt, so daß die *AGEG* heute gleichsam wie die Verbindungsstelle zwischen den internationalen Organisationen und den Grenzregionen funktioniert. Insofern ist die Aktivierung der Grenzregionpolitik der EU seit Ende der 1980er Jahre wohl auch als durch Aktivitäten der AGEG stark angeregt und gefördert zu betrachten, was darauf hinweist, daß die neue Gründungswelle der euroregionähnlichen Strukturen insbesondere an den Außengrenzen der EU seit Anfang der 1990er Jahre gewissermaßen auch auf indirekte Initiative der AGEG von unten verursacht worden ist, obwohl sie anscheinend durch die Gemeinschaftsinitiative eher von oben zustande gekommen ist.

3-3

Es war ein Hauptteil der Aktivitäten der AGEG, sich mit den Rechtsfragen zu befassen und die Mitgliedsstaaten der EG und des Europarates aufzufordern, für die Euregios die öffentlich-rechtliche Grundlage zu schaffen. Daher gilt es wohl als ein Erfolg der AGEG, daß das deutsch-niederländische Abkommen über grenzüberschreitende Zusammenarbeit zwischen Gebietskörperschaften und anderen öffentlichen Stellen zwischen dem Land Nordrhein-Westfalen, dem Land Niedersachsen, der Bundesrepublik Deutschland und dem Königreich Niederlande am 23. Mai 1991 in Anholt unterzeichnet wurde, das fünf Euregios an der deusch-niederländischen Grenze betrifft. Die Vereinbarung zielt auf Schaffung der Möglichkeit für die betreffenden Euregios, auf der Grundlage des öffentlichen Rechtes im Rahmen des oben erwähnten Madrider Rahmenübereinkommens des Europarates zusammenzuarbeiten. Nun sind drei juristische Formen für grenzüberschreitende Zusammenarbeit möglich: (1) öffentlich-rechtlicher Zweckverband, (2) öffentlich-rechtliche Vereinbarung, wonach eine Stelle Aufgaben einer anderen Stelle wahrnimmt und (3) Kommunale Arbeitsgemeinschaft, die gemeinsame Angelegenheiten berät. Das Anholter Abkommen wurde 1993

28 30 Jahre, S.8-11.

29 Charta/Ziele, S.22; 30 Jahre, S.16.

ratifiziert und Euregio *Rhein-Waal wurde* der erste Zweckverband. Ihr folgte dann Eems Dollard Regio.[30]

4 Urwirtschaftsräume

4-1

Nun kommt es zur Frage, ob und wieweit sich eine Euregio das Minimum der notwendigen euregionalen Kohäsion aneignen wird, damit sich eine positive Perspektive für die Regiongestaltung eröffnen kann. Zwar läßt sich die euregionale Kohäsion keineswegs direkt beweisen. Es ist doch für das Zentralkriterium für diese grundlegende Fragestellung anzusehen, was für eine Lage im Spannungsfeld der umgebenden vorrangigen Wirtschaftsräumen die Euregio hat, also wie stark und in welcher Richtung sich die Sogeffekte aus Umfeldern auf sie auswirken. Um sich mit dieser Frage zu befassen sind doppelte methodische Vorbereitungen nötig, die sich auf die beiden Komponente des Kriteriums, nämlich Lage und Wirtschaftsraum beziehen.

Zunächst ist das Konzept des Wirtschaftsraum als maßgebliches Umfeld einer Euregio zu behandeln. Als solches könnte vom Urwirtschaftsraum (UWR) die Rede sein, der ursprünglich für konsequente Interpretation der auffälligen räumlichen Differenzierungen der geschichtlichen Struktur der deutschen Wirtschaft vom Verfasser konzipiert ist.[31]

Dabei geht er davon aus, daß die historische Raumstruktur der sogenannten *deutschen Volkswirtschaft* eher als eine lose Aggregation der folgenden wirtschaftsräumlichen Kategorien zu betrachten ist, nämlich: (1) drei *Urwirtschaftsräume: i.e. UWR Oberrhein, UWR Niederrhein* und *UWR Oberelbe;*(2) *mindestens fünf* eigenständige wirklich oder quasi stadtstaatliche *Metropolenräume* wie München, Nürnberg, Frankfurt a. M., *Hamburg* und Berlin und (3) *Lückenstreifen wie dünnbesiedelte Küstengebiete bzw.* unterentwickelte landesinnere Räume meistens je mit einer größeren Stadt als Oberzentrum. Unter diesen drei Kategorien ist der Urwirtschaftsraum allerdings von primärer Bedeutung.

Auf solch ein Wirtschaftsraumsystem dürfte wohl der Grund zurückzuführen sein, warum der Wachstumsprozeß der „deutschen" Volkswirtschaft trotz jener wiederholten Umwälzungen der Staatsgrenzen seit der Auflösung des Heiligen Römischen Reiches (1806) bis zur Auflösung der DDR(1990) durch fast zwei Jahrhunderte hinduruch tendenziell nie gehemmt worden ist. Die eigentümliche *Weichstruktur* des deutschen Wirtschaftsraumsystems hat wirklich eine außergewöhnliche Elastizität gegen

---

30 Charta/Ziele, S.4 u.8; Institutionelle Aspekte, S.4; 30 Jahre,S.20; Euregio Rhein-Waal, Abkommen über grenzüberschreitende Zusammenarbeit zwischen Gebietskörperschaften und anderen öffentlichen Stellen, 1991.

31 Hisashi Watanabe, Rainno Sangyoukakumei: Genkeizaikenno Keiseikatei (Die Industrielle Revolution am Rhein: Gestaltungsprozeß eines Urwirtschaftsraums), Tokyo 1987.

intermittierende Metamorphosen der politisch-territorialen Zusammensetzung bewiesen.

4-2

Der Urwirtschaftsraum wird von einer dauerhaften Stabilität' seiner Ausdehnung gekennzeichnet, nachdem er eine bestimmten Phase seines Industrialisierungsprozesses aus eigenem Potential einmal erreicht hat. Freilich zeigt sich sein Umriß keineswegs als linienförmig, sondern als streifenförmig, der als mehr oder weniger breite Übergangszone das Innere des Urwirtschaftsraums umgibt. Demzufolge können sich angrenzende Urwirtschafträume auf der Übergangszone teilweise einander überschneiden. Andererseits aber mag ein dünnbesiedelter und unterentwickelter Lückenstreifen gleichsam wie ein Keil benachbarte Urwirtschaftsräumen voneinander trennen.

Der Ansatz der Gestaltung eines Urwirtschaftsraums ist der Dynamik der geschichtlichen interindustriellen Relationen zuzuschreiben. Wenn ein industrieller Keim auf dem durch vorindustrielle gewerbliche Akkumulation fruchtbar bestellten Boden treibt, wird Anlaß dazu gegeben, daß der endogene Industrialisierungsprozeß nun anläuft und sich die Branchendiversifikation insbesondere durch Kopplungseffekte sowohl nach vorne als auch nach hinten vollzieht, was auch als Genese und Wachstum eines eigenständigen Wirtschaftsraums anzusehen ist.

Wenn die Entfaltung der geschichtlichen interindustriellen Relationen aber eine gewisse Phase erreicht, wo es von unmündiger struktureller Anfälligkeit kraft der Diversifikation und Binnenverflechtung der Wirtschaftsstruktur nun kaum Rede ist und der neugestaltete Wirtschaftsraum sich ausreichende Widerstandskraft gegen negative Auswirkungen von außen angeeignet hat, stößt der Erweiterungsprozeß des Wirtschaftsraums auch auf seine Grenze. Seine Erweiterungsweise durch weitere interindustriellen Dynamik bleibt weder mehr kontinuierlich noch flächenmäßig wie bisher, sondern wandelt sich nun zu diskontinuierlichen und vernetzungsmäßig um, also nicht mehr in derjenigen einfach extensiven Richtung wie im vohergehenden Prozeß, sondern auch in der Richtung der Intensivierung des Binnenraums, erst womit das bedeutendeste Gewicht nun dem eigentlichen Binnenmarkt beigemessen werden kann. Infolgedessen stabilisieren Lage, Gestalt und Ausdehnung des Wirtschaftsraums trotz des interindustriellen Perpetuum mobile innerhalb und außerhalb dessen. Solch einer geschichtlich-strukturellen Wirtschaftsrsaum ist wohl als *Urwirtschaftsraum zu* definieren.

4-3

Demgegenüber entsteht die sekundäre Kategorie, der *Metropolenraum,* eher aufgrund seines Standortvorzuges wegen eines Knotenpunktes des europaweiten bzw. weltweiten Verkehrssystems. Da diesbezügliche industrielle Branchen auch hier notwendigerweise anwachsen, zeigt sich der Metropolenraum meistens als ein industrielles Agglomerationsgebiet. Es ist wohl als seine Hauptfunktion anzusehen, Interdependenzen der Urwirtschaftsräume zu vermitteln und sie in großräumige Vernetzung einzuflechten, da er auf dem Lückestreifen zwischen den Urwirtschafträumen oder auf deren sich überlagernden Übergangszone seine Lage hat.

Allerdings ist es nicht auszuschließen, daß sowohl das Einzugsgebiet des Kerns eines Urwirtschaftsraums als auch das Umland des Oberzentrums des Metropolenraums potentiell die Staatsgrenze überschreiten kann.

5 Urwirtschaftsräume als Kriterium für Typisierung der Euregios

Als die zweite methodische Vorbereitung kommt es dann dazu, die Typen der Euregios zu erörtern, und zwar sie in bezug auf ihre Lagen im Spannungsfeld der Urwirtschaftsräume zu klassifizieren. Aus dem Schema, das in der Abb. 1 gezeigt wird,[32] sind folgende Typen abzuleiten:[33]

Typ 1: α **ab-Kombination**, die als grenzübergreifende Zusammenarbeit der beiden Lückenstreifen **a** und **b** und des Großstadtraums α gilt. In dem Maße, wie stark der Sogeffekt aus α sich auf **a** und **b** auswirkt, wird die euregionale Kohäsion dementsprechend zunehmen. Daher ist dieser Typ für einen Teilprozeß der grenzüberschreitenden Erweiterung des Großstadtraums α zu halten. Wenn derartige Urbanisierung fortdauert, könnte er unter Umständen sogar in Aussicht haben, aus dem dünnbesiedelten ländlichen Gebietes mit größerem Oberzentrum vom größeren Oberzentrum des zu einem Metropolenraum zu werden.

Typ 2: **ab-** bzw. **ij-Kombination**, die als die grenzübergreifende Zusammenarbeit der beiden Lückenstreifen **a** und **b** bzw. **i** und **j** gilt. Hier fehlt es ihnen doch an derjenigen wirtschaftsgeographischen Grundlage, erst worauf eine gewisse euregionale Kohäsion hervorzubringen ist. Daher wäre es hier schwierig, eine Regiongestaltung zu erlangen.

Typ 3: **cd-Kombination** gilt als die grenzübergreifende Zusammenarbeit des Raums **c**, der dem Urwirtschaftsraum **A** angehört, und des Raums **d**, der auf der doppelten Übergangszone liegt, wo die beiden Urwirtschaftsräume **A** und **B** miteinander zusammenfallen. Allerdings sind die Auswirkungen von **A** und **B** auf **d** im Gleichgewicht. Da **c** doch nur **A** angehört, bekommt die Neigung dieser Kombination zu **A** das Übergewicht derjenigen zu **B** gegenüber. Solch intensivierte räumliche Neigung wirkt als euregionale Kohäsion.

---

32 Abbildungen am Ende des Beitrages.

33 Diese Typisierung gilt als eine Ausarbeitung des Entwurfs, der vom Verfasser einmal gemacht wurde. H. Watanabe, Ekkyousuru Chiiki: Euregio to Genkeizaiken (Grenzüberschreitende Regionen: Euregios und Urwirtschaftsräume) , in: The Kokumin-Keizai Zasshi (Journal of Economics and Business Administration), Vol.180, No.4, 1999. Allerdings könnten verschiedene Kriterien für Typisierung der Grenzräumen von Nutzen sein. Die vorliegende Studie versucht, ein wirtschaftsgeschichtliches Kriterium vorzulegen. Vgl. Christiasn Schultz, Interkommunale Zusammenarbeit im Saar-Lor-Lux-Raum: Staatsgrenzenüberschreitende lokale Integrationsprozesse, Saarbrücken 1998, S.20-21.

Typ 4: **gh-Kombination,** die als die grenzübergreifende Zusammenarbeit derjenigen beiden Räume gilt, die eigentlich zu demselben Urwirtschaftsraum **B** gehören, was doch wegen des Vorhandenseins territorialer Trennlinien bisher nur Latenz geblieben ist. Daher könnte die euregionale Kohäsion um so sichtbarer werden, je weiter die Bedeutung der Staatsgrenze abnimmt. Die zunehmende Kohäsion würde dann um so klarer illustrieren, daß der Urwirtschaftsraum **B** die Staatsgrenze überschreitet.

Typ 5: **ef-Kombination,** die als die grenzübergreifende Zusammenarbeit der Räume **e** und **f** gilt, die in derjenigen Zone nebeneinander liegen, wo sich die Urwirtschaftsräume **A** und **B** überschneiden. Freilich könnte die Interdependenz von **A** und **B** durch diese Kombination intensiviert werden. In diesem Kraftfeld doch rufen die Spannungen der Sogeffekte in entgegengesetzen Richtungen unstabile Auswirkungen auf die Euregio hevor, so daß die euregionale Kohäsion hier nicht immer stabil bleiben kann. Insofern die Sogeffekte von **A** und **B** im Gleichgewicht sind, könnte euregionale Kohäsion auf Regiongestaltung günstig wirken. Andererseits aber wirkt schwingendes Ungleichgewicht als Zentrifugalkraft auf diesen Typ der Euregio.

Typ 6: **ghij-Kombination,** die als Zusammensetzung von **Typen 2** und **4** gilt, wodurch die Lückenstreifen **i** und **j** nach dem Urwirtschaftsraum **B** angezogen werden. Demzufolge würde die Übergangaszone von **B** hier erweitert.

Typ 7: **efgh-Kombination,** die als Zusammensetzung von **Typen 4** und **5** gilt. Hier wird der Sogeffekt vom Kerngebiet des Urwirtschaftsraums **B** aus überwiegender, was eine gewisse Kohäsion dieser Kombination bewirkt.

6 Typisierung der deutsch-beneluxstaatlichen Euregios

6-1

Nach der bisherigen doppelten methodischen Vorbereitungen sei nun die Typisierung der sechs Euregios in Angriff zu nehmen. Bezüglich des Rheinstromgebietes ist ermittelt, daß es hier mindestens drei Urwirtschaftsräume mit der gemeinsamen Rheinachse gibt: *UWR Hochrhein, UWR Oberrhein* und *UWR Niederrhein* wie in **Abb. 2** gezeigt.[34] Daher muß es konstatiert werden, was für eine Lage jede der sechs Euregios an den deutsch-beneluxstaatlichen Grenzen in Bezug auf die Ausdehnung des UWR *Niededrrhein hat.*

Freilich ist die Typisierung der Euregios erst nach eingehenden Untersuchungen der einzelnen Fälle und vorsichtigen synchronisch-diachronischen Vergleichen deren

[34] Was den UWR Hochrhein anbelangt, verdankt der Verfasser die Illustrierung dessen Lage und Gestalt total den Pionierleistungen von Herrn Takafumi Kurosawa (Universität Kyoto). Hier ist vor allem anzugeben: do., Kourainchiikino Kokkyoukan-Keizaikankei: Sangyoukakumeikino Menkougyouwo chuushinni(Grenzüberschreitende Wirtschaftsbezieungen in der Region Hochrhein: Unter besonderer Berücksichtigung der Baumwollindustrie in der Periode der Industriellen Revolution) , in: Shakai- Keizaishigaku (Socio-Economic History), Vo1.62, No.4, 1996.

Ergebnisse möglich. Da es sich in der vorliegenden Studie doch eher um Vorlegung einer Arbeitshypothese handelt, dürfte wohl zunächst eine grobe Skizzierung des Überblicks genügen. Dabei müssen aber die folgenden Kriterien insbesondere berücksichtigt werden: (1) zentralörtliche Gliederung der Euregio, (2) Wirtschaftsstruktur und intraeuregionale industrielle Verflechtung und (3) Hauptrichtung des Grenzpendlerstroms sowohl über Außengrenze der Euregio (auf jedem Teilraum an eigenem Land) als auch über Staatsgrenze (innerhalb der Euregio).

(1) Eems Dollard Regio gilt als **Typ 1**. Das dünn besiedelte Gebiet der *EDR* ist einerseits von der ländlichen Struktur geprägt. Andererseits aber spielt der sekundäre Sektor hier eine bedeutende Rolle. Diese widersprechende Erscheinung ist doch auf die Relevanz der Primärenergiegewinnung, in erster Linie des Erdgases zurückzuführen.[35]

Immerhin ist die Arbeitslosenquote in jedem Teilraum höher als in eigenem Land (Stand:1997). Die Bevölkerung beträgt 1,75 Millionen, von denen eine Million im niederländischen Teilraum wohnt. Mit der größten Bevölkerung 171,000 Einwohnern (1995) und mehreren tausend Tagespendlern aus Drenthe zeigt sich die Stadt Groningen als der übermächtigste Zentralort des EDR-Raums. Woraus läßt sich folgern, daß der demographische Schwerpunkt der EDR im niederländischen Teilraum liegt.[36]

Was die Grenzpendler anbelangt, ermittelten die Ergebnisse der Umfrage beim anscheinend für grenzüberschreitende Zusammenarbeit aussichtsreichen Metallsektor, die 1997 im Rahmen des EURES-Programms geführt wurde, daß schätzungsweise gut 80 Metallbetriebe in der EDR insgesamt etwa 190 Arbeitnehmer aus dem Nachbarland beschäftigten. Dabei beschäftigten 25 Betriebe insgesamt 130 „echte" Pendler, wovon 110 Deutsche und 20 Niederländer waren. Dieses Ergebnis wurden für überraschend hinsichtlich der weit verbreiteten Annahme bezüglich des Grenzpendlerstroms zwischen den Niederlanden und Deutschland gehalten. 60 Arbeitnehmer bei den übrigen 55 Betrieben wohnten im Land ihres Arbeitsortes. Das war fast 1 auf 1. Zwar „verhielt sich es 1997 derart, dass zwischen Groningen und Deutschland sieben Mal mehr Niederländer zum Arbeiten nach Deutschland pendelten als umgekehrt. In der Provinz Drenthe waren es zur gleichen Zeit immer noch viereinhalb mal so viele Niederländer wie Deutsche." Mittlerweile doch kamen die Grenzpendlerströme ins Gleichgewicht. Zwischen 1995-1990 verfünffachte sich die Bewegung in Richtung Niederlande. 1999 überquerten schätzungsweise 2000-2500 Einpendler täglich die Grenze in die Niederlande.[37]

---

35 EDR, Eins Dollart Region, Programm im Rahmen der Gemeinschaftsinitiative INTERREG 111 2000-2006 (unten: EDR), April 2000, S.13.

36 Eurostat, Portrait of the Regions (unten: Portrait), Vol.l, 1993, S.90-91, 196-201, 208-213; EDR/EURES-Crossborder, Die Ems-Dollart-Region: eine Zukunft ohne Grenze? (unten: Crossborder), 1998, S.9-12.

37 ibid., S.13-19; EDR, S.18-19.

Nun ist eine gewisse euregionale Kohäsion im EDR-Raum zu bemerken, die schließlich auf den Sogeffekt aus der Metropole Groningen zurückgeführt werden könnte.

(2) *Euregio Rhein-Waal* gilt als **Typ 3**. Hier ist die Bevölkerungsverteilung nicht gleichmäßig, sondern bipolarisiert sich. Der *Knotenpunkt Arnhem-Nijmegen* (het *KAN)* mit 670.000 Einwohnern bildet den nordwestlichen Pol, wo das Dienstleistungsgewerbe relativ stark vertreten ist. Den anderen Pol bildet am südöstlichen Rand der *ERW* die Stadt Duisburg mit 535.000 Einwohnern als ein Teil des Agglomerationsraums Rhein-Ruhr, wenn auch dessen Wirtschaftsstruktur noch im Wandel steht. Von diesem Strukturwandel ist auch die Stadt Duisburg besonders durch Stahlkrise hart betroffen worden, so daß sie von Ende 1950er Jahre bis Mitte 1990er Jahre etwa ein Drittel des Arbeitsplätze eingebüßt hat.[38] Allerdings scheint der Bevölkerungsschwerpunkt der *ERW* im der niederländischen Teilraum zu liegen, deswegen konvergiert die euregionale Kohäsion anscheinend auf die Zentralität des KAN.[39] Das ländliche Regiosinnere (Kreise Kleve und Wesel) ist aber als das Einzugsgebiet des Raums Rhein-Ruhr anzusehen. Der Verdichtungsraum KAN gilt als die größte Konzentration geschäftlicher Dienstleistung außerhalb der Randstad in den Niederlanden und das Absatzgebiet von zwei Dritteln der Dienstleistungsunternehmen in dieser Region außerhalb der Region liegt.[40] Woraus läßt sich annehmen, daß die Anziehungskräfte sowohl aus Randstad als auch aus dem Raum Rhein-Ruhr hier miteinander balancieren, nämlich daß der KAN sich eben in der Übergangszone des *UWR Niederrhein* befindet.

Bezüglich der Grenzpendler betrug 1992 ihre Zahl aus dem niederländischen Teilgebiet 1650, demgegenüber betrug die umgekehrte Zahl 170. Das Verhältnis 10:1 entsprach etwa den nationalen Zahlen.[41] Von den Ergebnissen der Befragung nach den Grenzgängern in der Euregio Rhein-Waal und der euregio rhein-maas-nord, die 1997 im Rahmen des EURES-Programms geführt wurde, stellt sich heraus, daß 141 Betriebe [24%] von 598 auf der deutschen Seite einen Mitarbeiter aus den Niederlanden in Dienst hatten, wohingegen es auf der niederländischen Seite 109 [9%] von 1.171 Betrieben vorkamen. Aus diesen Ermittelungen ist zu vermuten, daß der Grenzpendlerstrom von den Niederlanden in Richtung Deutschland langfristig stärker als in umgekehrter Richtung, wenn sich auch der Arbeitskräftestrom vom deutschen nach dem niederländischen Teilraum durch den jüngsten Wirtschaftsaufschwung in den Niederlanden wesentlich intensiviert haben muß. Bei der Verteilung der Betriebe mit niederländischen Beschäftigten über die beiden Euregios zeigte sich ein deutliches

38 Portrait, S.220-225; Euregio Rhein-Waal, INTERREG-2 Programm 1994-1999 (unten: INTERREG-2) , Oktober 1994, S.19-25; Euregio Rhein/Rijn-Waal, Monographien Europäischer Witschfaftsgebiete, Oldenburg, 1997, S.24, 55 u.72.

39 euregio rhein-maas-nord/rijn-maas-noord, Operationelles Programm der euregio rhein-maas-nord im Rahmen der Gemeinschaftsinitiative INTERREG-II (unten: Operationelles Programm euregio), September 1994, Karte 3, S.11; Euregio-Plan, S.17.

40 INTERREG-2, S.22.

41 J.Kropman/H.Katteler, Grenzüberschreitender öffentlicher Personenverkehr in der Euregio Rhein-Waal, 1993, S.72-73; INTERREG-2, S.19.

Ungleichgewicht *(ERW* 78%: *euregio* 22%).[42] Wenn die konjunkturelle Verschiebung einmal ausgeklammert ist, dürfte wohl auch aus der langfristigen Tendenz der grenzüberschreitenden Arbeitsmobilität zu folgern sein, daß die Anziehungskraft aus dem Raum Rhein-Ruhr, nämlich aus dem Kernbereich des UWR Niederrhein, hier in der *ERW* überwiegender als diejenige aus der Randstad ist.

(3) *EUREGIO* und *euregio rhein-mass-nord* gelten als **Typ 4**.

(1) Bezüglich der *EUREGIO* hat sie als Ganzes einen ländlichen Charakter und ist im Gleichgewicht der Bevölkerungsverteilung in den beiden Teilräume (Stand: 1994). Was die Bevölkerungsdichte anbelangt aber, gab es ein bedeutendes Ungleichgewicht zwischen 289 Einw./qkm im niederländischen Teilraum und 197 Einw./qkm im deutschen Teilraum. Überdies gilt die niederländische Stadt Enschede (Stand 1997: 148.000) als das Oberzentrum. Der „Twentse stedenband" (Almelo, Hengelo und Enschede) ist ein wichtiges Industriezentrum. Insofern ist es anzunehmen, daß der Bevölkerungsschwerpunkt auf dem niederländischen Teilraum liegt.[43] Der Umkreis der deutschen Seite ist doch einwohnerstärker, erst recht nachdem die beiden Städte Münster und Osnabrück dieser Jahre in die *EUREGIO* eintraten.[44]

In der Wirtschaftsstruktur waren trotz der münsterländischen Landschaft sowohl der deutsche als auch der niederländische Teilraum noch Ende 1992 gleichmäßig vom sekundären Sektor geprägt. Nämlich gemessen nach den Beschäftigten war sein Anteil 52,5% im deutschen Teilraum und 34,9% in dem niederländischen Teilraum. Bezüglich des verarbeitenden Gewerbes verzeichnete 1992 im deutschen Teilraum der Maschinen- und Fahrzeugbau mit 23,0% den größten, dann das Textil- und Bekleidungsgewerbe trotz seiner jahrzehntelangen Strukturkrise mit 19.8% den zweitgrößten Anteil, denen das Baugewerbe mit 15,6% und das Holz-, Papier- und Druckgewerbe mit 12,8% folgten. Im niederländischen Teilraum demgegenüber stand 1993 das Baugewerbe mit 24,0% auf der Spitze, dem der Maschinen- und Fahrzeugbau sowie das Holz-, Papier- und Druckgewerbe je mit 11,7% und das Nahrungs- und Genußmittelgewerbe mit 10,5% folgten. Die in Twente einst herrschende Branchen Textil- und Bekleidungsgewerbe sowie die Eisen- und Metallerzeugung nahmen im niederländischen Teilraum nur noch je 6,8% bzw. 8,2% ein.[45]

Bezüglich des grenzüberschreitenden Pendlerverkehrs, betrug die Zahl der Grenzpendler rd. 3000 im Jahre 1992 in beiden Richtungen. Darunter pendelten 2,500 Niederländer zu ihrer Arbeit nach Deutschland, was auf einige Niederlassungen von niederländischen Firmen, insbesondere aus der Metallverarbeitung und Baubranche in Deutschland zurückzuführen ist.[46] Wenn auch keine direkte Vermutung über den

---

42 Jos Frietman/Gert Busse, Studie zur Arbeitsmöbilitat in der Euregio Rhein-Waal und der euregio rhein-maas-nord (unten: Arbeitsmobilität), März 1999, S. 70-71, 85 u.104. Bezüglich der EURES siehe C1V1 EURES-Crossborder, in: LACE, 4. Ausgabe, März 1998.

43 Portrait, S. 215-219; EUREGIO, Operationelles Programm für die EUREGIO 1994-1999 im Rahmen von INTERREG-II (unten: Operationelles Programm EUREGIO), s.a. (1994?) , S.5-6.

44 Operationelles Programm ermn, S.11; Praktisches Handbuch, S.57-59.

45 Portrait, S.102-103 u. 214-219; Operationelles Programm EUREGIO, S.14-16.

46 Operationelles Programm EUREGIO, S.21.

Hauptrichtung des Grenzpendlerstroms in der *EUREGIO* aus solch einem Fall erlaubt wird, weist es doch auf eine gewisse grenzüberschreitende unternehmerische Verflechtung hin, die besonders von der Textilindustrie seit dem vorindustriellen Zeitalter gepflogen wurde. In dieser Hinsicht ist eine solche industrielle Verflechtung nicht zu übersehen, daß die hiesige blühende moderne Baumwollindustrie seit Mitte 19. Jahrhundert mit der unerläßlichen Kohle von den Ibbenbürener und Ruhrrevieren versorgt wurde.[47] Die Aussicht der euregionalen Kohäsion läßt sich wohl auf die Lage der *EUREGIO* im UWR *Niederrhein zurückführen.*

(2) Die Typisierung der euregio *rhein-mass-nord ist* nicht so umständlich wie bei den benachbarten Euregios. Die Bevölkerungsverteilung der euregio weist schon deutlich darauf hin, daß der Verdichtungsraum Rhein-Ruhr, vor allem aber die Stadt Düsseldorf, den stärksten Einfluß auf das euregio-Gebiet ausübt. Unter 1,79 Mio. Einwohnern kommen 75% auf den deutschen und 25% auf den niederländischen Teilraum vor. Der erstere mit 673 Einw./qkm mehr als doppelt so hoch verdichtet wie der letztere mit 312 Einw./qkm, was eben als umgekehrte Verhältnisse gegenüber bei *EUREGIO* erscheint. Darüber hinaus ist der Umkreis der deutschen Seite wesentlich einwohnerstärker. Daher liegt der Bevölkerungsschwerpunkt ohne Zweifel im östlichen Ballungsgebiet der euregio Mönchengladbach-Krefeld als die Oberzentren, das selbst als ein Bestandteil des Raums Rhein-Ruhr gilt.[48]

Die Wirtschaftsstruktur der euregio ist vom sekundären Sektor geprägt. Sowohl im deutschen als auch im niederländischen Teilraum liegt der Beschäftigtenanteil des sekundären Sektors je weit über das Durchschnitt eigenes Landes. Allerdings hat die weiteste Diversifikation des sekundären Sektors eine Intensivierung der interindustriellen Verflechtung und konkurrenzfähiger Branchenmix mit sich gebracht. Auf der anderen Seite aber zeigt sich eine dominierende Position des verarbeitenden Gewerbes vor allem im deutschen Teilraum, 40,2% gegenüber dem Durchschnitt des Landes NRW 37,0% nicht mehr als regionalwirtschaftliche Stärke. Daher steht die Wirtschaft der euregio längst im Prozeß der Umstrukturierung und der sektoralen Vesrschiebung. Auf der anderen Seite ist die Landwirtschaft gemessen nach dem Anteil des BIP auch nicht unbeträchtlich. Der Agri-Business-Sektor im Gartenbau, die intensive Viehaltung und der Ackerbau ist teilräumlich, insbeondere in Noord-Limburg und Südteil des Kreises Kleve hoch entwicklet und die Auktionen der Agrarprodukte in Grubbenvorst, Straelen, Neuss und Geldern-Lüllingen spielen eine zentrale Rolle. Es ist auch nicht zu übersehen, daß Venlo mit dem 1982 eröffneten Europa Container Terminus (ECT) für den kombinierten Güternverkehr zwischen Rotterdam und dem Raum Rhein-Ruhr eine immer wichtigere Rolle spielt.[49]

---

47 Rainer Fremdling, Per spoor de grens over: niederländisch-deutsche Eisenbahnbeziehungen, 1853-1938, in: J.C.G.M.Jansen (RED.), Wirtschaftliche Verflechtungen in Grenzräumen im industriellen Zeitalter, 1750-1965, Leeuwarden/Mechelen, 1996, S.55f.

48 Opera tionelles Programm euregio, S.8-11.

49 Aktionsprogramm Grenzregio, S.39-40; Portrait, S. 262-267; Operationelles Programm euregio, S.22-30.

Von den Ergebnissen der Befragung nach der räumlichen Verteilung der Einkäufe bzw. Umsätze im Jahre 1991 wurde ermittelt, daß die deutschen Unternehmen 9% der Vorleistungen aus den Niederlanden (außerhalb der euregio) bezogen und 3% ihrer Leistungen dort absetzten, wohingegen die niederländischen Unternehmen 19 % der Vorleistungen aus Deutschland (außerhalb der euregio) bezogen und 14% ihrer Leistungen dort absetzten. Daraus stellt sich heraus, daß die niederländischen Unternehmen relativ stärker auf Deutschland sowohl als Beschaffungs- als auch als Absatzmarkt orientiert sind denn umgekehrt, wenn auch sich jeder Teilraum der euregio insgesamt wesentlich stärker auf den eigenen nationalen Markt orientiert.[50] Dieser Wirtschftsstruktur entspricht auch die Beschäftigungstruktur. Über 90 % aller Erwerbstätigen finden ihre Arbeitzplätze innerhalb der euregio. Somit weist die euregio eine relativ hohe Kohäsion des Arbeitsmarktes auf.[51]

Bezüglich der Grenzpendler ist es der Fall auch bei der euregio, was schon bei der Euregio *Rhein-Waal von* den Ergebnissen der Befragung im Rahmen des EURES-Programms im Jahre 1997 herauskam. Auch bis zu Anfang der 1990er Jahre war der Grenzpendlerstrom in der euregio relativ schwach. Die Hauptrichtung war von den Niederlanden nach Deutschland und der Faktor betrug etwa 10:1. Wenngleich die Intensität der grenzüberschreitenden Arbeitsverflechtungen zwischen den Niederlanden und Nordrhein-Westfalen zunehmen wird, ist es immerhin zu erwarten, daß mehr Niederländer in Nordrhein-Westfalen auch in Zukunft arbeiten als umgekehrt.[52]

Nun läßt sich wohl schlußfolgern, daß der euregio-Raum im großen und ganzen als zum UWR *Niederrhein* gehörend zu betrachten ist, wenn auch nicht zu übersehen ist, daß der „Stedenring Centraal-Nederland", vor allem der Verdichtungsraum Eindhoven, von Westen und Norden auf den niederländischen Teilraum den größten Einfluß ausübt.[53]

(4) Die Euregio *Maas-Rijn* gilt wohl als **Typ 5**. Daher ist er eingehender zu erörtern. Die EMR liegt zwischen dem Dreiländereck BAG (Brüssel/Antwerpen/Gent) -Gebiet in Westen und dem Agglomerationsraum Rhein-Ruhr in Osten, deren Anziehungskräfte sich hier im Gleichgewicht zu halten scheinen. Unter den fünf Euregios an den deutsch-niederländischen Grenzen gilt die EMR als die größte im Hinblick auf Gemeindeanzahl, Fläche und Bevölkerung. Darüber hinaus weist die EMR insgesamt den stärksten Urbanisierungsgrad mit den Verdichtungsräumen *MHAL* (Maastricht/Heerlen, Hasselt/Genk, Aachen und Liège) aus. Dabei gelten Maastricht, Aachen und Liège als Zentrale Orte der Klasse 1, Heerlen, Hasselt, Düren und Verviers als der Klasse 2 und Genk sowie Sittard als der Klasse 3.[54]

In der Hinsicht der Bevölkerungsdichte standen 1998 die Regio Aachen mit 353Einw./qkm auf der östlichen Seite und Provincie Limburg (B) mit 323Einw./qkm

---

50 Euregio-Plan, S.60-62.

51 Operationelles Programm euregio, S.21; Euregio-Plan, S.94 u. 99.

52 Euregio-Plan, S.175-176.

53 ibid., S.21.

54 EMR, „Grenzüberschreitendes Aktionsprogramm" für die Euregio Maas-Rhein (unten: Aktionsprogramm EMR), 1986, S.38-39; Euregio-Plan, S.21.

sowie Province de Liège (B) mit 314 Einw./qkm auf der westlichen Seite etwa im Gleichgewicht. Die Provincie Limburg (NL: Zuid-Limburg), die den nördlichen Teil des Mittelstreifens der EMR bildet, ist mit 808 Einw./qkm am einwohnerstärksten, wohingegen die dessen südlichen Teil bildende deutschsprachige Gemeinschaft mit 82 Einw./qkm am geringsten besiedelt ist.[55] Solch symmetrische räumliche Bevölkerungsverteilung weist auf die Entstehung einer gewissen Zentripetalkraft hin, die auf der Grundlage der geschichtlich-landschaftlichen Homogenität dieser Grenzregion seit dem Mittelalter relativ stärkere euregionale Kohäsion mit sich bringen wird.

In der Hinsicht der Umwandlung der Wirtschaftsstruktur der *EMR* ist sie vor allem von erheblicher Schrumpfung des Kohlenbergbaus seit den 1960er Jahren, dann später auch der Metall- und der Textilindustrie gekennzeichnet. Daher steht die *EMR* im Restrukturierungsprozeß ihrer Wirtschaft. Noch Ende 1970er Jahre war die sektorale Struktur der *EMR* als Ganzes stark industrialisiert. Vor allem bei der Provincie Limburg sowie dem Kreis Aachen übertraf der Anteil des produzierenden Gewerbes gemessen an der Bruttowertschöpfung jeweils 50%. Trotzdem war die industrielle Struktur insgesamt eher als ausgewogen zu bezeichnen. Bei der Verteilung der Beschäftigten im verarbeitenden Gewerbe war 1982 die branchenmäßige Konzentration in den beiden belgischen Provinzen am stärksten, nämlich in der Provincie Limburg auf Kohlenbergbau, Fahrzeugbau und Metallerzeugung, in der Province de Liege auf die Metallerzeugung und -verarbeitung. Demgegenüber war die Industriestruktur in Zuid-Limburg vergleichweise vielfältig, unter andern aber galten Chemie, Holz und Papier sowie Steine/Erden/Glas als die wichtigsten Branchen. Die Regio Aachen war mit einer wesentlich ausgewogeneren Wirtschaftsstruktur bezeichnet, wenn auch der Anteil der größten Branchen, Metallerzeugung und -Verarbeitung, Bergbau sowie Holz und Papier insgesamt 40% betrug.[56]

Der Wirtschaftsstruktur der Regio Aachen wurde in den 1980er Jahren immer mehr tertiärisiert. Bis 1987 sank der Anteil des sekundären Sektors gemessen nach den Beschäftigten in jedem Kreis der Regio Aachen unter 50% (Stadt Aachen:28%; Kreis Aachen 48%). 1998 verzeichnete er nur noch 39,7%, wenn auch dieser Anteil immer noch am höchsten im Vergleich mit den anderen Teilräumen in der *EMR* galt. Immerhin stieg der Anteil der tertiären Sektors 1998 auf 59,5%, worunter die Branche der finanziellen und gewerblichen Dienstleistungen mit 32,8% die größte Rolle spielte und der Anteil der öffentlichen Dienstleistungen demgegenüber niedrig war.

Die Provincie Limburg (Zuid) war Anfang 1990er Jahre mit der Umstrukturierung des seit Mitte 1960er Jahre unaufhaltsam schrumpfenden Steinkohlenbergbaus teilweise noch nicht fertig. Trotzdem war Zuid-Limburg 1998 mit den Anteilen des sekundären Sektors 29% und des tertiären Sektors 69% in der Tertiärisierung weiter als die Regio Aachen vorangekommen. Als wichtige Branchen des sekundären Sektors

---

55 EMR, Programm für die Gemeinschaftsinitiative INTERREG III Euregio Maas-Rhein 2000-2006 (unten: INTERREG III EMR), August, 2000, S.3. Dabei sind die 5 gemeenten der Regio Midden-Limburg: Echt, Maasbracht, Rourdalen, Ambt Montfort und Roermond nicht berücksichtigt, da sie auch der euregio angehören. EMR, EUROPA CONCRETE 1999, 1998, S.5.

56 Aktionsprogramm EMR, S.15 u 17-18.

galten die Papier-, die Chemie-, die Metall-, die Kunststoff- sowie die Elektrogeräte- und Transportmittelindustrie. Auch ihre vergleichweise ausgewogenere Branchenverteilung des tertiären Sektors wies darauf hin, daß der Umstrukturierungsprozeß von der Provincie Limburg (Zuid) die Perspektive sektoraler Diverisifizierung mit einem vorzüglicheren Branchenmix mit sich gebracht hatte.

Auch in der Province de Liège ging die Umstrukturierung der Wirtschaftsstrukrur wegen des Zugrundegehens der beiden Rückgratbranchen, des Kohlenbergbaus und der Textilindustrie (Verviers) vor sich. Die Metall- und die landwirtschaftliche Industrie galten noch als wichtige Branchen des sekundären Sektors. Demzufolge sank der Anteil der Beschäftigten der sekundären Sektors 1989 auf 31% und 1996 sogar auf 26,8%. Demgegenüber stieg der Anteil des tertiären Sektors auf 72,8%, der höher als bei den allen anderen Teilräumen und fast gleich mit dem nationalen Durchschnitt Belgiens war. Der Anteil des öffentlichen Dienstes war aber mit 40,8% außergewöhnlich hoch.

Die Provincie Limburg und die deutschsprachige Gemeinschaft befanden sich 1997 mit dem Anteil des sekundären Sektors je 34,3% bzw. 33,1% zwischen der Regio Aachen und der Province de Liège. Also blieb die Provincie Limburg noch stark industrialisierter im Vergleich mit der Province de Liège. Trotzdem war die Arbeitslosenquote der ersteren wesentlich niedriger als diejenige der letzteren. Die Industrie war vor allem durch die Branchen Metall und Transport vertreten. Dabei ist auch zu bemerken, daß die Provincie Limburg mit 4,3 % noch einen relativ höheren Anteil des primären Sektors und unter den bis auf die Province de Liege über dem jeweiligen Landesdurchschnitt exportorientierten Teilräumen der *EMR* die höchste Exportquote der Industrieprodukte verzeichnete (1983: 78%) , wohingegen sich die grenzüberschreitenden Lieferbeziehungen innerhalb der *EMR,* nach den übereinstimmenden Meinungen unter den befragten Experten, eher schwach entwickelten.[57]

Was nun den grenzüberschreitenden Pendelverkehr anbelangt, waren von der Ermittelung im Jahre 1982 die zwei Hauptrichtungen West-Ost sowie Süd-Nord zu bemerken, nämlich von Belgisch- nach Niederländisch-Limburg bzw. von dort und vom Arrondissement Verviers in die Regio Aachen einerseits und von der Provincie Limburg in die niederländische Provincie Noord-Brabant. Ende 1980er Jahre gingen auch noch mehrere tausend Pendler jeden Tag von Belgien und Zeeland nach dem südlichen Teil der Provincie Noord-Brabant, was gut illustrieren kann, daß diese niederländische Provincie immer in starker Verbindung mit dem flämischen Teil von Belgien gestanden hat. Also wirkt sich ein gewisser Sogeffekt von Norden aus als eine Zentrifugalkraft auf den Teilraum der *EMR* aus. Immerhin bleiben die Hauptrichtungen der Pendelströme fast gleich bis heute. Nach den Ergebnissen einer jüngsten Untersuchung pendeln von den beiden belgischen Teilräumen 4.681 Personen in die Regio Aachen ein. Von der Provincie Limburg (B) aus pendeln 9840 in die Provincie Limburg (Zuid) (umgekehrt nur 660 Personen) ein. Von dort aus pendeln gut 6300 Personen in die Regio Aachen aus (umgekehrt nur 440) . Von den Gesamtbeschäftig-

---

57 ibid., S.21; EMR, Operationelles INTERREG-Programm 1991-1993 für die Euregio Maas-Rhein, Februar 1991, S.8; Portrait, 5.101, 178-179 u. 262-267; INTERREG III EMR, S. 13-15.

ten in der Deutschsprachigen Gemeinschaft arbeiten 36% außerhalb eigenen Teilraums. Dabei pendeln 5.400 Personen in die Regio Aachen, 2.900 Personen in die restlichen Teile Belgiens und 50 Personen in die Provincie Limburg (Zuid).[58] Insofern wirkt sich der innereuregionale Sogeffekt der Regio Aachen auf die anderen Teilräume der *EMR* aus. Es ist auffällig, wenn es berücksichtigt wird, daß die Regio Aachen mit 8,9% nach der Province de Liège mit 12,2% 1998 die zweithöchste Arbeitslosenquote verzeichnete, und zwar die Regio Aachen der einzige Teilraum war, wo die Arbeitslosenquote zwischen1993-1998 zugenommen hatte.[59]

Wenn auch die *EMR* als historische Landschaft eine starke kulturelle Homogenität aufweist, ist ihre wirtschaftsräumliche Kohäsion doch nicht als ganz endogen zu betrachten. Die Sogeffekte von den weit überwiegenden Ballungszentren Rhein-Ruhr, Randstad und BAG aus wirken als Zentrifugalkräfte in entgegengesetzten Richtungen auf dieses Spannungsfeld aus. Infolgedessen wird die Stabilität der euregionalen Kohäsion nicht immer vom eigenem Potential garantiert, sondern ist vielmehr davon abhängig, ob Zentrifugalkräfte in verschiedenen Richtungen im Gleichgewicht bleiben können. Daher läßt sich wohl folgern, daß sich die *EMR* eben im Kraftfeld der vorrangigen Agglomerationsräumen befindet, einer von denen nicht anders als der Kernraum der UWR Niederrhein ist.

(5) *EuRegio SaarLorLuxRhein scheint* ein merkwürdiger Fall zu sein, da sie als keiner unter den obengenannten Typen gilt. Tatsächlich gehört sie kaum zur Kategorie der grenzübergreifenden Zusammenarbeit, sondern eher zur Kategorie der großräumigen grenzübergreifenden Zusammenarbeit. Unter den Teilräumen der *EuRegio gelten* freilich „die grenznahen westlichen Gebiete des Landes Rheinland-Pfalz sowie die an das Großherzogtum Luxemburg angrenzenden Gebiete Belgiens“ als Grenzgebiete im eigentlichen Sinne. Luxemburg ist aber ein souveräner Staat, Saarland ist ein Bundesland und Lothringen ist eine „Région décentralisée“, der die umfangreichen Kompetenzen durch die Gesetze von 1982/83 übertragen sind. Angesichts des eigenartigen räumlichen Charakteristikums der *EuRegio muß* sie gesondert behandelt werden.

7 EuRegio SaarLorLuxRhein oder Mosel-Saar Urwirtschaftsraum?

7-1

Die *EuRegio SaarLorLuxRhin wurde* 1988 als grenzüberschreitende Arbeitsgemeinschaft kommunaler Gebietskörperschaften der Großregion SaarLorLuxRheinlandPfalz zunächst mit Teilnahme der 35 Gebietskörperschaften in Saarland, Lothrin-

---

58 Aktionsprogramm EMR, S.20-21; Portrait, S. 256 u. 259; INTERREG Ill EMR, S.9. Nach der freundlichen Auskunft von Dr. phil., Dipl.-Ing. Norbert Gilson, Aachen, pendelten 1.164 Berufstätige und 1.065 Auszubildende von Belgien und 1.535 Berufstätige und 818 Auszubildende von den Niederlanden je in die Stadt Aachen ein (Stand: 20. Juni 1968) . Der Verfasser bedankt sich bei ihm für seine teure Information.

59 INTERREG III EMR, S. 10.

gen, Luxemburg und Rheinland-Pfalz gegründet und hieß ursprünglich *COMREGIO*. Im Februar 1995 wurde die *COMREGIO* eine association sans but lucratif nach luxemburgischem Recht als eine gemeinnützge Vereinigung mit dem Namen *EuRegio SaarLorLuxRhein* a.s.b.l. . Als ihre Gebiete umfaßte die *COMREGIO* „Lothringen, Luxemburg, Bergisch-Luxemburg, Rheinland-Pfalz und Saarland". Nun umfaßt die *EuRegio „das* Großherzogtum Luxemburg, die Region Lothringen, das Saarland, die grenznahen westlichen Gebiete des Landes Rheinland-Pfalz sowie die an das Großherzogtum Luxemburg angrenzenden Gebiete Belgiens". Nach dem Stand am 1. Febrar 2002 gehören der *EuRego* 36 Gebietskörperschaften an, worunter doch keine des belgischen Gebietes zu finden ist.[60]

Die Bezeichnung *„Saar-Lor-Lux" für* das „Montandreieck" (Luxemburg-Saarbrücken-Nancy) besteht seit Ende 1960er Jahre.[61] Wenn auch sich vielfältige Formen der grenzüberschreitenden Zusammenarbeit im Raum Saar-Lor-Lux überlagern, stimmen ihre Abgrenzungen keineswegs miteinander überein. Diese Formen zeigen sich vierschichtig, nämlich die Zusammenarbeit auf der parlamentarischen Ebene, auf der Ebene der Exekutiven, der Gebietskörperschaften und der Verbände und Organisationen. Zum Beispiel gehören zur 1971 gegründeten Regionalkommission Saar-Lor-Lux-Rheinland-Pfalz (1978: Regionalkommission Saar-Lothringen-Luxemburg-Rheinland/Pfalz; 1991: Regionalkommission Saarland-Lothringen-Luxemburg-Trier/Westpfalz) mit 4,90 Mio. Einwohnern und 36.700 qkm weder der Rest des Landes Rheinland-Pfalz außer dem Regierungsbezirk Trier, der Planungsregion Westpfalz und dem Landkreis Birkenfeld noch die belgische Provinz Luxemburg. Der 1990 entstandenen Arbeitsgemeinschaft der Industrie- und Handelskammern des Saar-Lor-Lux-Raumes gehörten zunächst vier Kammern, nämlich die Chambre de Commerce et d'Industrie de la Moselle, die Chambre de Commerce du Grand-Duche de Luxembourg, die Industrie- und Handelskammer des Saarlandes und die Industrie- und Handelskammer Trier an. 1997 aber traten drei Kammern, also Chambre de Commerce et d'Industrie de Meurthe-et-Moselle, Chambre de Commerce et d'Industrie du Luxembourg Belge und Industrie- und Handelskammer für die Pfalz bei, womit die Arbeitsgemeinschaft nun 5,07 Mio. Einwohner und 41.000 qkm umfaßt. Demgegenüber gehören dem 1986 gegründeten Interregionalen Parlamentarier-Rat (IPR) das Großherzogtum Luxemburg, das Land Saarland, das Land Rheinland-Pfalz, die Region Lothringen und die belgische Provinz Luxemburg mit 7,6 Mio Einwohnern und 53.000

60 COMREGIO, Rapport d'Activites/Geschäftsbericht COMREGIO 1992, S.7; EuRegio SaarLorLuxRhein asbl/SaarLorLuxRhin asbl, Rapport d'activitesl Geschäftsbericht 2001, (unten: Geschäftsbericht 2001), S.26-28 u.31. Es wurde bemerkt: „Das Defizit von Mitgliedern insbesondere in Lothringen und Belgien ist gegenwärtig die Schwäche der EuRegio" (Geschäftsbericht 2001, S.5) . Immerhin sind „die grenznahen westlichen Gebiete des Landes Rheinland-Pfalz sowie die an das Großherzogtum Luxemburg angrenzenden Gebiete Belgiens" als je das rheinland-pfälzische Gebiet der Regionalkommission Saar-Lor-Lux-Trier/Westpfalz bzw. die belgische Provinz Luxemburg anzusehen. Schulz, op.cit., S.59. Die Stagnation der Mitgliederzahl der EuRegio weist daraf hin, daß sie einer für sie ungünstigen Situation eventuell aus der Heterogenität der Großregion immer noch gegenüberstehen muß. Dabei ist unter anderen von der mißtrauischen Haltung der rheinland-pfälzischen Regierung die Rede. Vgl. Raich, op.cit., S.16-17; Schulz, op.cit., S.60.

61 Raich, op.cit., S.101; Schulz, op.cit., S.50.

qkm an. Inzwischen wurde das Gebiet des IPR auf ganz Wallonien ausgedehnt. Infolgedessen entstand die Großregion Saar-Lor-Lux-Rheinland/Pfalz-Wallonien mit 11,1 Mio Einwohnern und 65,400qkm (Stand 1997).[62]

Seit 1995 besteht der Gipfel der Großregion, daran der luxemburgische Premierminister, die Ministerpräsidenten der Länder Rheinland-Pfalz und Saarland, der Präsident des lothringischen Regionalrates, die Präsidenten der Generalräte der Départments Moselle und Meurthe-et-Moselle, der Gouverneur der belgischen Provinz Luxemburg sowie der Ministerpräsident der Deutschsprachigen Gemeinschaft Belgiens teilnehmen.[63]

7-2

Der Raum *SaarLorLux* begann ihre sprunghafte industrielle Entwicklung seit Anfang 1870er Jahren aus Anlaß der technologischen Innovation in der Eisen- und Stahlindustrie und der Annexion Lothringens vom Deutschen Reich. Nach dem zweiten Weltkrieg gelang es dem Raum *SaarLorLux,* seine Rekonstruktionsphase dank des Aufschwungs seiner Kohlen- und Stahlindustrie früh hinter sich zu bringen, der gewissermaßen auch der Förderung durch die internationalen Organisationen wie die *UEBL* (Union economique belgo-luxembourgeoise seit 1922), den Zollverein Benelux (seit 1948) und die EGKS (seit 1952) zuzuschreiben war. Anfang der 1960er Jahre langte doch der Raum *SaarLorLux* wie andere Schwerindustriezentren Westeuropas bei einem Wendepunkt an. Mit dem Rückgang der Schwerindutrie seit 1962 nahm die Bevölkerung unaufhaltsam ab. Dabei waren doch unterschiedliche Entwicklungen zu bemerken.

Dem Saarland gelang es seiner traditionellen quasi-monokulturellen Abhängikeit von Kohle und Stahl vor allem kraft der Diversifizierung durch Entstehung des Fahrzeugbaus, Maschinenbaus, der Elektrotechnikindustrie und des Ernährungsgewerbes relativ früh zu entkommen. Das Anlaufen der Stahlstandorte Dillingen und Burbach-Völklingen anlässlich des Ausbaus der Saar zur Großschiffahrtsstraße bis Saarbrücken trug zur Rationalisierung und Restrukturierung der Schwerindustrie bei. Infolgedessen können der Kohlenbergbau und die Stahlindustrie heute noch führende Rolle spielen. Diese positive industrielle Entwicklung hat doch keineswegs eine unmittelbare Verbesserung des Arbeitsmarktes mit sich gebracht. Wenn auch die Arbeitlosenquote im Saarland nach dem höchsten Stand 1985 mit knapp 11 % bis 7% im

---

62 Bruno Aust, Die staatliche Raumplanung im Gebiet der Saar-Lor-LuxRegionalkommission, Saarbrücken 1983, Karte: Stand 1983; Industrie- und Handelskammer des Saarlandes et al., Saar • Lor • Lux A Few Figures, s.a.; Innergemeinschaftliches Regional-Inistitut a.s.b.l., Weissbuch der Grossregion SaarLorLuxRheinlandPfalz: Bestandsaufnahme und Entwicklungsperspektiven Ein Beitrag zur Diskussion (unten: Weissbuch), 1993, S.1-4 u. 40-62; Raich, op.cit., S.107ff.; Schulz, op.cit., S.51-56; Saar-Lor-Lux-Rheinland-Pfalz-Wallonie (unten: SaarLorLux), 1998, S.3-7.

63 Weissbuch, S.126; Schulz, op.cit., S.56-57.

Jahre 1990 abnahm, stieg sie doch 2000 wieder auf 9,8%. Darüber hinaus leidet das Saarland unter schwerer Verschuldung.[64]

Am härtesten wurde Lothringen durch die Strukturkrise getroffen. Bis Anfang der 1960er Jahre erlebte die Wirtschaft Lothringens mit Kohle, Stahl, Kohlenchemie, Salzchemie, Textil-, Bekleidungs- und Holzindustrie eine Hochkonjunktur. Infolgedessen galt Lothringen damals als eine der dynamischesten Regionen Frankreichs. Dabei gab es zwei industrielle Schwerpunkte in Lothringen, nämlich im Norden (Départements Moselle und Meurthe-et-Moselle) den Standort des Kohlenbergbaus, des Eisenerzbergbaus und der Stahlindustrie und im Süden (Département Vosges) der Textilindustrie. Seit Mitte 1970er Jahre aber leidet die Wirtschaft Lothringens unter der dauernden Strukturkrise. Schon seit 1962 setzt sich ein Auswanderungsprozeß fort, was eine unaufhaltsame Abnahme der lothringischen Bevölkerung bis Anfang der 1990er Jahre mit sich brachte. Zwischen 1984-88 verzeichnete Lothringen die niedrigste Wachstumsrate unter den Regionen Frankreichs und die durchschnittliche Arbeitslosenquote zwischen 1994-96 war 10,6%, also mehr als im Saarlandes mit 9,1% im gleichen Zeitraum.[65]

Das Großherzogtum Luxemburg konnte frühzeitig und mit großem Erfolg die einstige Stahlindustrieorientierte quasi-monokulturelle Wirtschaftsstruktur hinter sich zu bringen. Der eigentliche Strukturwandel begann doch erst 1977 mit dem Ansatz der Restrukturierungspolitik. Infolge der intensiven Infrastrukturinvestitionen, unter anderen des Ausbaus des Flughafens Luxemburg mit einer 4 km langen Piste, der Elektrifizierung der Eisenbahnlinie auch nach Norden, der Beteiligung an der Kanalisierung der Mosel und Ausbau des Autobahnnets, sowie der Diversifizierung der verarbeitenden Industrie, des sprunghaften Wachstums des tertiären Sektors, vor allem der Finanzbranche durch Ansiedlung von über zweihundert Finanzinstituten aus aller Welt (1998: 209 Firmen), des Kommunikationswesens und nicht zuletzt Niederlassung nicht weniger Organe der EG/EU (EGKS, EuGH, EUROSTAT, EIB, Europäischer Rechnungshof usw.) wurde das Großherzogtum Luxemburg der unumstrittene Wachstumspunkt der EuRegio. Der Anteil der sekundären Sektors gemessen nach dem BIP war 35,2% (darunter Stahlindustrie: 11,1%) im Jahr 1980, aber nur noch 21,1% (Stahlindustrie: 2,5%) im Jahr 1997, was die Dynamik der Umstrukturierung der luxemburgischen Wirtschaft am deutlichsten illustriert, wenn auch die Stahlindustrie immer noch als eine ihrer Säulen gilt.[66]

Die Wirtschaftsstruktur der belgischen Provinz Luxemburg zeigte Anfang der 1990er Jahre insgesamt einen relativ ländlichen Charakter, da 10% der Erwerbstätigen in der Landwirtschaft waren. Der südliche Teil der Provinz ist doch industrialisiert und verdichtet. Auch hier begann der Strukturwandel durch den Abbau der grenzüber-

---

64 Portrait, S.120-125; Weissbuch, S.29 u. 37; SaarLorLux, S.9; Statistisches Bundesamt, Statistisches Jahrbuch 2001 für die Bundesrepublik Deutschland (unten: Statistisches Jahrbuch), S.32-33.

65 Portrait, Vol.2, 1993, S.50-55; Weissbuch, S.28; SaarLorLux, S.10 u.16-17.

66 Portrait, S.277; Weissbuch, S.28; SaarLorLux, S.11; statec:Luxemburg in figures 1999 (unten: statec), S.15 u.21.

schreitenden Stahlindustrie seit den späten 1970er Jahren gezielt auf die Diversifikation der Verarbeitungsindustrie.[67] Die Wirtschaft des Landes RheinlandPfalz war einst von der Landwirtschaft stark geprägt. Im Jahre 1950 entfielen 36% der Erwerbstätigen auf die Landwirtschaft, im Jahre 2000 doch nur 3,0% (BRD: 2,7%) und der Anteil des produzierenden Gewerbes war 2000 demgegenüber 34,5% (BRD: 33,1%). Also gilt das Land Rheinland-Pfalz heute insgesamt als eines der stark industrialisierten Bundesländer, und zwar ist der Industriesektor weit diversifiziert. Die hiesige Wirtschaftsstruktur ist aber keineswegs gleichmäßig. Im Gegensatz zum stark industrialisierten Gebiet den Rhein entlang zeigt der Westen, also fast gleich mit dem Gebiet Trier/Westpfalz, einen ländlichen Charakter. Die Bevölkerungsdichte des Landes war 202 Einw./qkm im Jahre 1996, demgegenüber nur 132 Einw./qkm in Trier/Westpfalz. Bezüglich des verarbeitenden Gewerbes finden sich die Tabakverarbeitung in Trier, der Maschinen- und Fahrzeugbau in Kaiserslautern, die Schuhmacherei in Pirmasens und das Schmuck- und Edelsteingewerbe in Idar-Oberstein.[68]

Außer Luxemburg verzeichneten die Teilregionen der EuRegio sowohl am Prokopfeinkommen als auf an der Arbeitslosenquote schlechtere Zahlenwerte als der jeweilige nationale Durchschnitt. Die Arbeitslosenquote in Luxemburg blieb ausnahmsweise nur 3,2% als Durchschnitt von 1994 bis 1998, wenn auch sie im Vergleich mit 0,7% (1980) und 1,3% (1990) wesentlich „verschlechtert" war .'

7-3

Bei den demographischen Bewegungen sind beträchtliche Unterschiede unter den Teilräumen der *EuRegio zu* bemerken. Von 1970 bis 1997 verzeichneten Saarland minus 3,8%, Lothringen plus 0,1 %, Trier/Westpfalz plus 3,4%, demgegenüber Luxemburg plus 22,9%.68) Wenn auch der Anteil vom Großherzogtum Luxemburg an der Gesamtbevölkerung der *EuRegio* nur 8% ist, wirkt sich Luxemburg beachtlich auf die demographische Dynamik der EuRegio aus. Daher sei ein kurzer Einblick in die Bevölkerungsstruktur von Luxemburg. 1999 verzeichnete die Gesamtbevölkerung Luxemburgs 429,2 tausend Einwohner und 35,6% wovon waren Ausländer. Der Nationalität nach waren gut ein Drittel der Ausländer Portugiesen, denen Italiener mit großem Abstand folgten, dann Franzosen, Belgier und Deutsche. Der Anteil der Netto-Einpendler an den Inlandbeschäftigten betrug 1998 schätzungsweise 26,4%. Unter insgesamt 70,8 tausend Einpendlern kamen 37,4 tausend Arbeitsnehmer (1980: 5,3 tausend; 1990:15,3 tausend) aus Frankreich, 20,4 tausend (1980: 6,4 tausend; 1990: 12,3 tausend) aus Belgien und 13 tausend (1980: 1,7 tausend; 1990: 6,1 tausend) aus Deutschland.[69]

1996/97 überschritten insgesamt 114.300 Berufspendler innerhalb der Großregion Saar-Lor-Lux-Rheinland-Pfalz-Wallonien die Staatsgrenzen. Dabei nahm Luxemburg

---

67 Portrait, S.180-181; Weissbuch, S.28-29.

68 Portrait, 5.116-117; Weissbuch, S.29; SaarLorLux, S.12; Statistisches Jahrbuch, S. 32-33.

69 Weissbuch, S. 30; SaarLorLux, S.16; statec, S.10. 68) SaarLorLux, S.6-7, 14-15. 69) statec, S.10. 70) SaarLorLux, S.22. 71) Weissbuch, S.30-31. 72) Geschäftsbericht 2001, S.9.

als Zielgebiet die erste Stelle mit 59.700 Einpendlern ein, dann das Saarland mit 37.500 und Rheinland-Pfalz mit 13.200 Einpendlern. Als Herkunftsgebiet nahm Lothringen mit 54,400 Auspendlern die erste Stelle, dann Rheinland-Pfalz mit 28.200 und das Saarland mit 13.700 Auspendlern. Also ist die Pendelmobilität deutlich bipolarisiert. Luxemburg als der Pull-Pol und Lothringen als der Push-Pol stehen sich einander gegenüber. In diesem Spannungsfeld steht Saarland näher zu Luxemburg, dagegen Rheinland-Pfalz sowie Wallonien näher zu Lothringen. Die gleiche Bipolarisierung erschien schon 1988, wo 43.100 Berufspendler innerhalb der Großregion zählten. Luxemburg nahm mit 25.500 Einpendlern als Zielgebiet die erste Stelle ein. Demgegenüber zeigte sich Lothringen mit 26.800 Netto-Auspendlern als das exzessive Herkunftsgebiet.

Nun stellt sich heraus, daß sich die beiden deutschen Teilräume der *EuRegio* gegenüber Luxemburg als unverkennbare Push-Gebiete zeigen. Also wirkt sich der Sogeffekt von Luxemburg als das übermächtigste Pull-Zentrum gleichmäßig auf die umgehenden Teilräume der *EuRegio* aus, wodurch die negativen Wirkungen der unter langfristiger Strukturkrise leidenden lothringischen Wirtschaft genug kompensiert werden. Daher ist die euregionale Kohäsion hier auf eigenes räumliches Potential zurückzuführen.

7-5

Freilich ist es nicht leicht, das Erklärungsbündel dafür aufzufassen, warum sich Luxemburg als die leistungsfähigste Lokomotive der Wirtschaft des Raums *SaarLor-Lux* beweisen kann. Immerhin muß es auf die Dynamik der luxemburgischen Wirtschaft günstig gewirkt haben, daß Luxemburg optimal *klein* ist, so daß ein Effekt etwa der *„Kompaktheitsvorteile"* entstehen kann. Wohl könnte eine andere Erklärung aber auch darin bestehen, daß die Versorgung der ausreichenden hochqualifizierten Arbeitskräfte aus Lothringen zum fortwährenden Wachstum der luxemburgischen Wirtschaft wesentlich beigetragen hat. In diesem Sinne ist der Aufschwung von Luxemburg und die Depression von Lothringen für komplementäre Erscheinungen anzusehen. Daher ist es als notwendige Initiative der *EuRegio anzusehen,* daß sie seit 1997 für die Koordinierung sowie die technische und administrative Begleitung der Luxemburgisch-Sprachkurse in Lothringen in enger Partnerschaft mit den luxemburgischen Behörden beauftragt ist. Im Jahr 2001 wurden mehr als 150 Zertifikaten überreicht. Im Schuljahr 2001/2002 wurden 17 Kurse (für Anfänger und Mittelstufe) in 9 Kommunen organisiert und besuchten mehr als 300 Personen die Luxemburgisch-Sprachkurse. '2'

Dabei dürfte es doch übertrieben sein, wenn die strukturelle Flaute der lothringischen Wirtschaft einfach auf ihre „monosektorale" industrieintensive Tradition zurückgeführt würde, da eine gewisse Entwicklung der geschichtlichen interindustriellen Relationen unter den Schlüsselbranchen, nämlich dem Kohlen- und dem Eisenerzbergbau sowie der Stahlindustrie und der diversifizierten Textilindustrie auch hier zu vermuten ist. Also ist nun eine gewisse Ähnlichkeit der Wirtschaftstruktur zwischen dem Raum *SaarLorLux* und dem Agglomerationsraum Rhein-Ruhr zu bemerken. Mit anderen Worten zeigt sich der Raum *SaarLorLux* gleichsam wie ein „kleiner Rhein-

Ruhr-Raum“. Bezüglich der Bevölkerungszahl erreicht das ganze Gebiet der *EuRegio* mit 5,2 Mio. Einwohnern die Größenordnung etwa von Dänemark oder Finnland. Die Großregion mit über 10 Mio. Einwohnern erreicht sogar diejenige von Baden-Württemberg oder Belgien.

Nun läßt sich schließen, daß die euregionale Kohäsion der EuRegio von anderer Art als bei den übrigen fünf Euregios ist. Diese Beobachtung regt eine Spekulation an, ob sich die Möglichkeit der Gestaltung eines grenzüberschreitenden Urwirtschaftsraums mit der Flußachse Mosel-Saar eventuell hier nicht versteckt, dessen wahrscheinliche Stand und Ausdehnung zunächst wie in Abb. 2 illustriert werden könnten. Allerdings sind noch vielseitige Überprüfungen benötigt, um Aussicht auf die Kristallisierung eines latenten Urwirtschaftraums zu haben. Dabei ist vor allem davon die Rede, auf was für Weise die Übergangszonen des verborgenen Urwirtschaftsraums abzugrenzen sind und auf was für einer Grundlage und inwiefern die Stabilität der Kohäsion des Raums *SaarLorLux* standhalten wird. Für diese Betrachtung dürfte es auch von Nutzen sein, die *Großregion SaarLorLuxRheinland-PfalzWallonien* mit dem *Nordisk Ministerraad zu* vergleichen, der als die Grundlage der großräumigen grenzübergreifenden Zusammenarbeit unter Dänemark, Finnland, Island, Norwegen und Schweden gilt.

Tabelle 1: Euregios an den deutsch-beneluxstaatlichen Grenzen

Euregio (Jur. Form)	*Gj*	*Geschäftsstelle*	*Einw.*	*Gebiete*
Eems Dollard Regio Ems Dollart Region (Zweckverband)	1977	Nieweschans	1,75 Mio (1997)	*NL:* Prov.: Groningen en Drenthe *D:* LK: Emsland, Leer, Aurich, Wittmund u. Cloppenburg (teils); KfSt Emden
EUREGIO (Öffentl.-rechtl. eingetragener Verein)	1958	Gronau	3,20 Mio (2002)	*NL:* Prov.: Gelderland (Regio Achterhoek), Overijssel (Regio Twente en Noordoost-Overijssel (teils)) en Drenthe (teils) *Nds:* LK: Grfsch.Bentheim, Emsland (teils) u. Osnabrück; KfSt Osnabrück *NRW:* Kr.Borken, Coesfeld, Steinfurt u. Warendorf; KfSt Münster
Euregio Rhein-Waal Euregio Rijn-Waal (Zweckverband)	1963	Kleve	2,60 Mio (1994)	*NL:* Regio:Achterhoek (teils), West-Veluwe/Vallei (teils), Arnhem-Nijmegen, Noord Limburg (teils) , Noordoost Brabant en Rierengebied (teils) *NRW:* Kr.:Wesel u. Kleve (teils); KfSt Duisburg
euregio rhein-maas-nord euregio rijn-maas-noord (Freiwillige Arbeitsgemeinschaft)	1978	Mönchengladbach	1,79 Mio (1993)	*NL:* Noord Limburg en Midden Limburg *NRW:* KfSt: Mönchengladbach u. Krefeld: Kr.: Neuss, Viersen u. Kleve (Südteil)
Euregio Maas-Rijn Euregio Maas-Rhein Euregio Meuse-Rhin (Stichting nach niederl. Recht)	1976	Maastricht	3,79 Mio (1998)	*NL:* Prov. Limburg (Zuid Limburg + 5 gemeenten van Midden Limburg) *B:* Prov. Limburg, Prov. de Liege u. Deutschsprachige Belgiens *NRW:* Regio Aachen
EuRegio SaarLorLuxRhein EuRegio SaarLorLuxRhin (association sans but lucratif nach lux. Recht)	1988	Luxembourg	5,21 Mio (1997)	*L:* Grand-Duché du Luxembourg *F:* Region Lorraine*:* Saarland, Grenznahe westliche Gebiete *D:* des Landes Rheinland-Pfalz *B:* territoires belges frontaliers du Grand-Duché du Luxembourg

Abbildung 1: Schema der Euregios und Urwirtschaftsräume

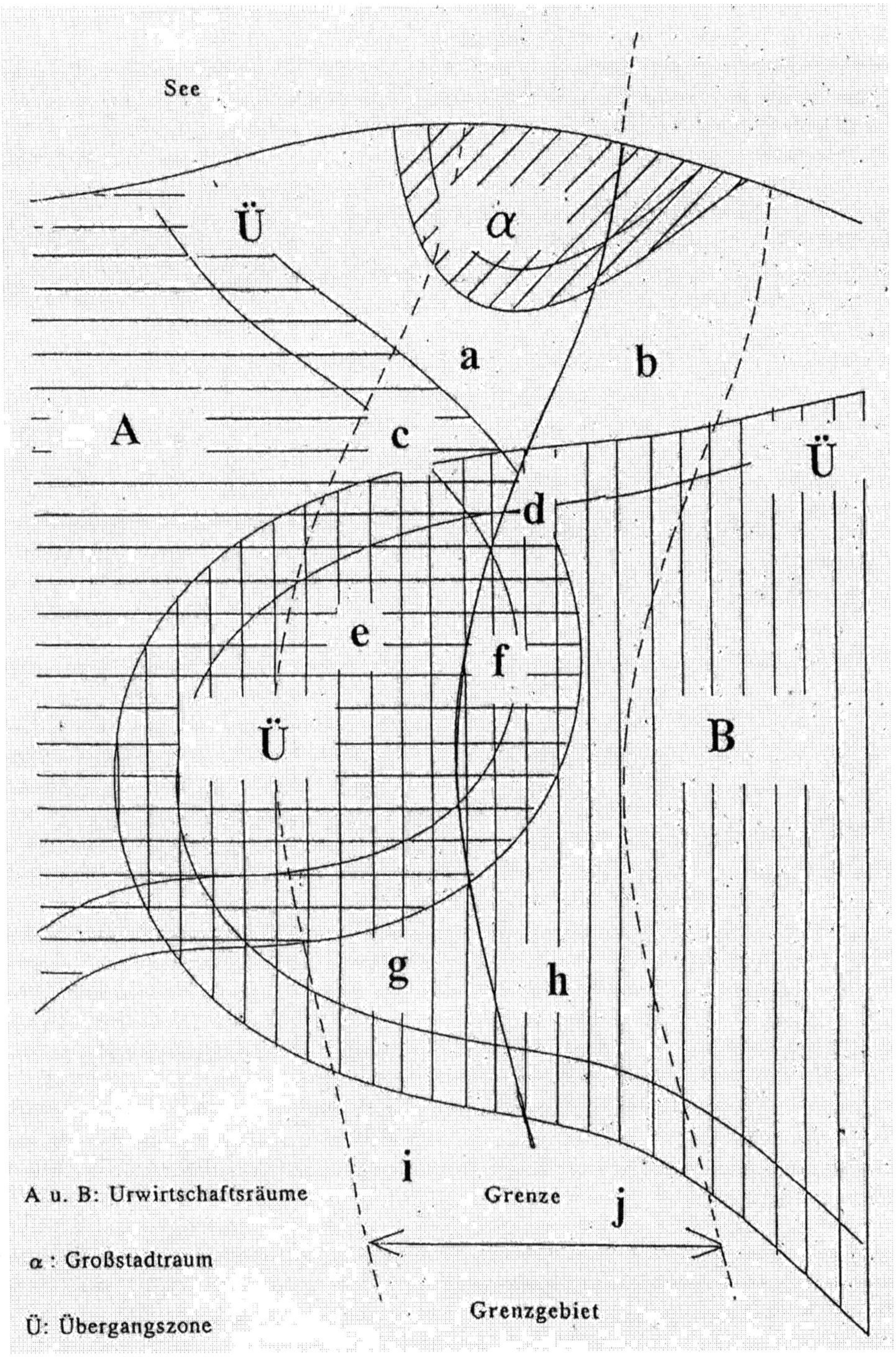

Abbildung 2: Urwirtschaftsräume im Rheinstromgebiet

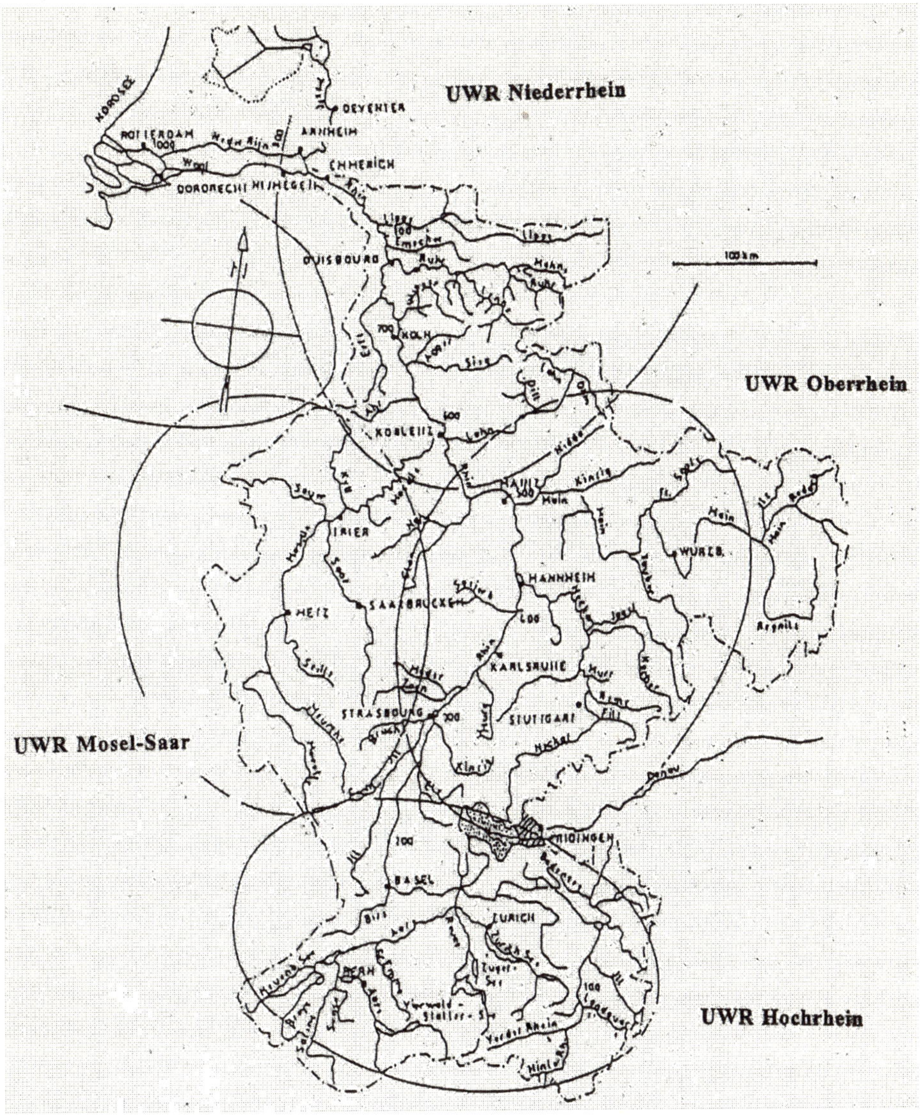

Anm.:

1) Die Skizze des *UWR Hochrhein* ist der Ermittelung von Takafumi Kurosawa zu verdanken. Siehe Fußnote 33.

2) Die Karte des Einzuges des Rheins ist Gerard Criqui, Le régime hydraulique les crues et les inondations du Rhin, in: Pierre Ayçoberry et Marc Ferro (direction), *Une histoire* du *Rhin*, Paris 1981, p. 318, zu verdanken.

VIERTELJAHRSCHRIFT FÜR SOZIAL- UND WIRTSCHAFTSGESCHICHTE (VSWG) BEIHEFTE

Herausgegeben von **Günther Schulz, Christoph Buchheim, Gerhard Fouquet, Rainer Gömmel, Friedrich-Wilhelm Henning, Karl Heinrich Kaufhold, Hans Pohl**

---

63. **Hans Pohl: Die Portugiesen in Antwerpen (1567–1648).** Zur Geschichte einer Minderheit. 1977. X, 439 S., 2 Faltktn., kt., 2380-1; Ln. 2381-X
64. **Hannah Rabe: Das Problem Leibeigen-schaft.** Eine Untersuchung über die Anfänge einer Ideologisierung und des verfassungsrechtlichen Wandels von Freiheit und Eigentum im deutschen Bauernkrieg. 1977. XII, 128 S., kt. 2678-9
65. **Franz Irsigler: Die wirtschaftliche Stellung der Stadt Köln im 14. und 15. Jahrhundert.** Strukturanalyse einer spätmittelalterlichen Exportgewerbe- und Fernhandelsstadt. 1979. VIII, 413 S. m. 7 Ktn. u. 15 Graphiken, kt. 2743-2
66. **Ludolf Kuchenbuch: Bäuerliche Gesellschaft und Klosterherrschaft im 9. Jahrhundert.** 1978. XVI, 443 S., 20 Ktn., 1 Abb., 4 Tab., kt. 2829-3
67. **Jörg Jarnut: Bergamo 568–1098.** Verfassungs-, Sozial- und Wirtschaftsgeschichte einer lombardischen Stadt im Mittelalter. 1979. X,330 S., 6 Ktn., kt. 2789-0
68. **Erich Maschke: Städte und Menschen.** Beiträge zur Geschichte der Stadt, der Wirtschaft und Gesellschaft 1959–1977. 1980. XX, 532 S., kt. 3329-7
69. **Helmut Grieser: Die ausgebliebene Radikalisierung.** Zur Sozialgeschichte der Kieler Flüchtlingslager im Spannungsfeld von sozialdemokratischer Landespolitik und Stadtverwaltung 1945–1950. 1980. XII, 185 S. m. 1 Taf., kt. 3110-3
70. **Reinhard Liehr: Sozialgeschichte spanischer Adelskorporationen.** Die Maestranzas de Caballería (1670–1808). 1981. X, 380 S. m. 4 Abb., 4 Ktn. u. 3 Schaubilder, kt. 2923-0
71. **Wilfried Reininghaus: Die Entstehung der Gesellengilden im Spätmittelalter.** 1981. X, 361 S., kt. 3428-5
72. **Wolfgang Hartung: Die Spielleute.** Eine Randgruppe in der Gesellschaft des Mittelalters. 1982. VIII, 112 S. m. 5 Abb., kt. 3690-3
73. **–: Süddeutschland in der frühen Merowingerzeit.** Studien zu Gesellschaft, Herrschaft, Stammesbildung bei Alamannen und Bajuwaren. 1983. X, 227 S., kt. 3418-8
74. **Marian Biskup / Klaus Zernack,** Hrsg.: **Schichtung und Entwicklung der Gesellschaft in Polen und Deutschland im 16. und 17. Jahrhundert.** Parallelen, Verknüpfungen, Vergleiche. 1983. VIII, 310 S., kt. 3805-1
75. **Rudolf A. Helling †: Socio-Economic History of German-Canadians.** They, too, founded Canada. A research report by Rudolf A. Helling, Jack Thiessen, Fritz Wieden, Elizabeth and Kurt Wangenheim, Karl Heeb. Edited and with a preface by **Bernd Hamm.** 1984. 156 S. m. 1 Abb. u. 2 Tab., kt. 4014-5
76. **Reinhard R. Doerries: Iren und Deutsche in der Neuen Welt.** Akkulturationsprozesse in der amerik. Gesellschaft im späten 19. Jh.. 1986. 363 S., kt. 4102-8
77. **Josef Rosen: Verwaltung und Ungeld in Basel 1360–1535.** Zwei Studien zu Stadtfinanzen im Mittelalter. 1986. 231 S. m. 12 Tab., kt. 3348-3
78. **Hans Pohl,** Hrsg.: **Gewerbe- und Industrielandschaften vom Spätmittelalter bis ins 20. Jahrhundert.** Referate der 10. Arbeitstagung der Gesellschaft für Sozial- und Wirtschaftsgeschichte vom 5.–9.April.1983 in Graz. 1986. 497 S. m. 73 Ktn., 7 Graph., 2 Diagr. u. zahlr. Tab., u. 6 Faltktn, kt. 4392-6
79. **Anselm Faust: Arbeitsmarktpolitik im Deutschen Kaiserreich.** Arbeitsvermittlung, Arbeitsbeschaffung und Arbeitslosenunterstützung 1890–1918. 1986. VIII, 338 S., kt. 4422-1
80. **Hans Pohl** Hrsg.: **Die Auswirkungen von Zöllen und anderen Handelshemmnissen auf Wirtschaft und Gesellschaft vom Mittelalter bis zur Gegenwart.** Referate der 11. Arbeitstagung der Gesellschaft für Sozial- und Wirtschaftsgeschichte vom 9. – 13. April. 1985 in Hohenheim. 1987. 397 S. m. 21 Abb. u. 14 Ktn., kt. 4739-5
81. **Werner Abelshauser,** Hrsg.: **Die Weimarer Republik als Wohlfahrtsstaat.** Zum Verhältnis von Wirtschafts- und Sozialpolitik in der Industriegesellschaft. 1987. 337 S., kt. 4738-7
82. **Toni Pierenkemper: Arbeitsmarkt und Angestellte im Deutschen Kaiserreich 1880–1913.** Interessen und Strategien als Elemente der Integration eines segmentierten Arbeitsmarktes. 1987. 391 S. m. 53 Tab. u. Schaubildern, kt. 4747-6
83. **Uta Lindgren,** Hrsg.: **Alpenübergänge vor 1850.** Landkarten – Straßen – Verkehr. Symposium am 14. und 15. Februar 1986 in München. 1987. 188 S., 26 Abb., kt. 4847-2
84. **Hermann Kellenbenz / Hans Pohl,** Hrsg.: **Historia socialis et oeconomica.** Festschrift für **Wolfgang Zorn** zum 65. Geburtstag. 1987. 369 S., kt. 4959-2
85. **Renate Pieper: Die spanischen Kronfinanzen in der zweiten Hälfte des 18. Jahr-hunderts.** Ökonomische und soziale Auswirkungen. 1988. 333 S., 27 Tab., 17 Abb., 144 Tab. i. Anh., kt. 5086-8
86. **Ulrich Kluge: Bauern, Agrarkrise und Volksernährung in der europäischen Zwischenkriegszeit.** Studien zur Agrargesellschaft und -wirtschaft der Republik Österreich 1918 bis 1938. 1988. 515 S., kt. 4802-2
87. **Hans Pohl,** Hrsg.: **Die Bedeutung der Kommunikation für Wirtschaft und Gesellschaft.** Referate der 12. Arbeitstagung der Gesellschaft für Sozial- und Wirtschaftsgeschichte vom 22.–25.April 1987 in Siegen. 1989. 485 S., kt. 5320-4
88. **Rüdiger vom Bruch / Rainer A. Müller,** Hrsg.: **Formen außerstaatlicher Wissenschaftsförderung im 19. und 20. Jahrhun-dert.** Deutschland im europäischen Vergleich. 1990. 304 S., kt. 5337-9
89. **Hans Pohl,** Hrsg.: **The European Discovery of the World and its Economic Effects on Pre-Industrial Society, 1500–1800.** Papers of the Tenth International Economic History Congress. Edited on Behalf of the International Economic History Association. 1990. X, 330 S., kt. 5546-0
90. **Peer Schmidt: Die Privatisierung des Besitzes der Toten Hand in Spanien.** Die Sä-kularisation unter König Karl IV. in Andalusien (1798–1808). 1990. 356 S. m. 22 Abbildungen, zahlreichen Tabellen und Karten., 1 Faltplan, kt. 5585-1
91. **Brigitte Maria Wübbeke: Das Militärwesen der Stadt Köln im 15. Jahrhundert.** 1991. 308 S., kt. 5702-1

92-94. **Hermann Kellenbenz †: Kleine Schriften**

92. **I. Europa, Raum wirtschaftlicher Begegnung.** 1991. 441 S., kt. 5805-2
93. **II. Dynamik in einer quasi-statischen Welt.** 1991. 300 S., kt. 5854-0
94. **III. Wirtschaftliche Leistung und gesellschaftlicher Wandel.** Aus dem Nachlaß hrsg. sowie mit einem Nachwort, einem Schriftenverzeichnis des

Verfassers und einem Register für alle 3 Bände versehen von **Rolf Walter**. 1991. VI, 534 S., kt. 5896-6

95. **Hans Pohl**, Hrsg.: **Staatliche, städtische, betriebliche und kirchliche Sozialpolitik vom Mittelalter bis zur Gegenwart.** Referate der 13. Arbeitstagung der Gesellschaft für Sozial- und Wirtschaftsgeschichte vom 28.3.–1.4.1989 in Heidelberg. 1991. 395 S., kt. 5824-9
96. **Ursula Beyenburg-Weidenfeld: Wettbewerbstheorie, Wirtschaftspolitik und Mittelstandsförderung 1948–1963.** Die Mittelstandspolitik im Spannungsfeld zwischen wettbewerbstheoretischem Anspruch und wirtschaftspolitischem Pragmatismus. 1992. 413 S. m. 25 Tab., kt. 5799-4
97. **Wolfram Pyta: Landwirtschaftliche Interessenpolitik im Deutschen Kaiserreich.** Der Einfluß agrarischer Interessen auf die Neuordnung der Finanz- und Wirtschaftspolitik am Ende der 1870er Jahre am Beispiel von Rheinland und Westfalen. 1991. 157 S., kt. 5883-4
98. **Ian Blanchard / Anthony Goodman / Jennifer Newman**, Ed.: **Industry and Finance in Early Modern History.** Essays presented to **George Hammersley** on the occasion of his 74th birthday. 1992. 272 S. m. 10 Abb., 18 Tab., 5 Ktn., kt. 5806-0
99. **Markus Bittmann: Kreditwirtschaft und Finanzierungsmethoden.** Studien zu den wirtschaftlichen Verhältnissen des Adels im westlichen Bodenseeraum 1300-1500. 1991. 303 S., kt. 5914-8
100. **Wolfgang Zorn: Wirtschaftlich-soziale Bewegung und Verflechtung.** Ausgewählte Aufsätze. 1992. 530 S. m. 2 Faltktn. u. 29 Abb., geb. 6135-5
101. **Dietrich Ebeling: Der Holländerholzhandel in den Rheinlanden.** Zu den Handelsbeziehungen zwischen den Niederlanden und dem westlichen Deutschland im 17. und 18. Jahrhundert. 1992. 241 S. m. 33 Abb., 3 Ktn., 2 Tab., kt. 5972-5
102. **Ruth M. Vornefeld: Spanische Geldpolitik in Hispanoamerika 1750-1808.** Konzepte und Maßnahmen im Rahmen der bourbonischen Reformpolitik. 1992. 300 S. m. 5 Abb., 14 Tab., kt. 6015-4
103. **Manfred Pix / Hans Pohl**, Hrsg.: **Invention – Innovation – Diffusion.** Die Entwicklung des Spar- und Sparkassengedankens in Europa. Zweites Europäisches Kolloquium für Sparkassengeschichte am 28./29. Mai 1990 in München. 1992. 236 S., kt. 6104-5
104. **Peter Lewek: Arbeitslosigkeit und Arbeitslosenversicherung in der Weimarer Republik 1918-1927.** 1992. 483 S. m. 23 Tab., kt. 6008-1
105. **Christian Windler: Lokale Eliten, seigneurialer Adel und Reformabsolutismus in Spanien (1760–1808).** Das Beispiel Niederandalusien. 1992. 577 S., kt. 6212-2
106. **Eckart Schremmer**, Hrsg.: **Geld und Währung in der Neuzeit vom 16. Jahrhundert bis zur Gegenwart.** Referate der 14. Arbeitstagung der Gesellschaft für Sozial- und Wirtschaftsgeschichte vom 9. bis 13. April 1991 in Dortmund. 1993. 343 S., kt. 6220-3
107. **Karlheinz Wiegmann: Textilindustrie und Staat in Westfalen 1914-1933**. 1993. 289 S., kt. 6194-0
108. **Hartmut Benz: Finanzen und Finanzpolitik des Heiligen Stuhls.** Römische Kurie und Vatikanstaat seit Papst Paul VI. 1993. 183 S., kt. 6204-1
109. **Siegfried Epperlein: Waldnutzung, Waldstreitigkeiten und Waldschutz in Deutschland im hohen Mittelalter.** 2. Hälfte 11. Jahrhundert bis ausgehendes 14. Jahrhundert. 1993. 108 S., kt. 6305-6
110. **Rudolf Holbach: Frühformen von Verlag und Großbetrieb in der gewerblichen Produktion (13.–16. Jahrhundert).** 1994. 764 S., geb. 5820-6
111. **Karl-Heinz Spieß: Familie und Verwandtschaft im deutschen Hochadel des Spätmittelalters** 13. bis Anfang des 16. Jahrhunderts. 1993. XIV, 627 S., kt. 6418-4
112. **Lambert F. Peters: Der Handel Nürnbergs am Anfang des Dreißgjährigen Krieges.** Strukturkomponenten, Unternehmen und Unternehmer. Eine quantitative Analyse. 1994. 694 S., geb. 6288-2
113. **Thomas Südbeck: Motorisierung, Verkehrsentwicklung und Verkehrspolitik in der Bundesrepublik Deutschland der 1950er Jahre.** Umrisse der allgemeinen Entwicklung und zwei Beispiele: Hamburg und das Emsland. 1994. 379 S. m. 14 Abb., 62 Tab, kt. 6488-5
114. **Eckart Schremmer**, Hrsg.: **Steuern, Abgaben und Dienste vom Mittelalter bis zur Gegenwart.** Referate der 15. Arbeitstagung der Gesellschaft für Sozial- und Wirtschaftsgeschichte vom 14. bis 17. April 1993 in Bamberg. 1994. 247 S. m. 8 Abb., kt. 6518-0
115. **Ekkehard Westermann**, Hrsg.: **Vom Bergbau- zum Industrierevier.** Montandistrikte des 17./18. Jahrhunderts auf dem Wege zur industriellen Produktionsweise des 19. Jahrhunderts. III. Ettlinger Tagung zur europäischen Bergbaugeschichte, 19.-25. September 1993. 1995. 492 S., zahlr. Abb., kt., 6469-9
116. **Ian Blanchard**, Ed.: **Labour and Leisure in Historical Perspective, Thirteenth to Twentieth Centuries.** Papers presented at Session B-3a of the Eleventh International Economic History Congress, Milan 12th-17th September 1994. 1994. 198 S., kt. 6595-4
117. **Markus Schreiber: Marranen in Madrid 1600–1670.** 1994. 455 S. m. 2 Ktn., kt. 6559-8
118. **Paul Thomes: Kommunale Wirtschaft und Verwaltung zwischen Mittelalter und Moderne.** Bestandsaufnahme - Strukturen - Konjunkturen. Die Städte Saarbrücken und St. Johann im Rahmen der allgemeinen Entwicklung (1321-1768). 1995. 446 S., Kartenmappe m. 3 Faltktn., 17 Tab., kt. 6555-5
119. **Karl Christian Führer: Mieter, Hausbesitzer, Staat und Wohnungsmarkt.** Wohnungsmangel und Wohnungszwangswirtschaft in Deutschland 1914–1960. 1995. 463 S., kt. 6673-X

120a. **Wilfried Feldenkirchen, Frauke Schönert-Röhlk und Günther Schulz** (Hg.): **Wirtschaft – Gesellschaft – Unternehmen.** Festschrift für **Hans Pohl** zum 60. Geburtstag. 1. Teilband: Wirtschaft.

120b. **Wilfried Feldenkirchen, Frauke Schönert-Röhlk und Günther Schulz** (Hg.): **Wirtschaft – Gesellschaft – Unternehmen.** Festschrift für **Hans Pohl** zum 60. Geburtstag. 2. Teilband: Gesellschaft, Unternehmen. 1995. Zus. XIV, X, 1249 S., geb. 6646-2

121. **Albrecht Jockenhövel**, (Hrsg.): **Die Arbeiten der Montani und Silvani – Auswirkungen auf Mensch und Umwelt.** Internationaler Workshop (Dillenburg, 11.–15. Mai 1994. Wirtschaftshistorisches Museum „Villa Grün"). 1996. 298 S., kt. 6644-6
122. **Rolf Straubel: Kaufleute und Manufakturunternehmer.** Eine empirische Untersuchung über die sozialen Träger von Handel und Großgewerbe in den mittleren preußischen Provinzen (1763 bis 1815). 1995. 588 S., kt. 6714-0
123. **Mark Spoerer: Von Scheingewinnen zum Rüstungsboom. Die Eigenkapitalrentabilität der deutschen Industrieaktiengesellschaften 1925–1942.** 1996. 236 S., kt. 6756-6
124. **Achim Knips: Deutsche Arbeitgeberverbände der Eisen- und Metallindustrie, 1888–1914.** 1996. 319 S., kt. 6748-5

125. **Natalie Fryde: Ein mittelalterlicher deutscher Großunternehmer.** Terricus Teutonicus de Colonia in England, 1217–1247. 1996. 246 S., kt. 6817-1
126. **Hildegard Adam: Das Zollwesen im fränkischen Reich und das spätkarolingische Wirtschaftsleben.** 1996. 270 S. m. 1 Kte., kt. 6806-6
127. **Dieter Ziegler: Eisenbahnen und Staat im Zeitalter der Industrialisierung.** 1996. 604 S. m. 21 Abb., kt. 6749-3
128. **Eckart Schremmer,** (Hrsg.): **Wirtschaftliche und soziale Integration in historischer Sicht.** Arbeitstagung der Gesellschaft für Sozial- und Wirtschaftsgeschichte in Marburg 1995. 1996. 364 S., kt. 6924-0
129. **Hans-Liudger Dienel/Barbara Schmucki,** Hrsg.: **Mobilität für alle.** Geschichte des öffentlichen Nahverkehrs in der Stadt zwischen technischem Fortschritt und sozialer Pflicht. 1997. 267 S., kt. 6892-9
130. **Ekkehard Westermann,** Hrsg.: **Bergbaureviere als Verbrauchszentren.** Fallstudien zu Beschaffung und Verbrauch von Lebensmitteln sowie Roh- und Hilfsstoffen in Montandistrikten des vorindustriellen Europa (13. bis 18. Jahrhundert). 1997. 494 S., kt. 7005-2
131. **Angela Verse-Herrmann:** Die „Arisierungen" in der Land- und Forstwirtschaft 1938–1942. 1997. 202 S., kt. 6895-3
132. **Hans-Jürgen Gerhard,** Hrsg.: **Struktur und Dimension.** Festschrift für **Karl Heinrich Kaufhold** zum 65. Geburtstag. Band 1: Mittelalter und Frühe Neuzeit. 1997. XXVI, 525 S., geb. 7065-6
133. **Hans-Jürgen Gerhard,** Hrsg.: **Struktur und Dimension.** Festschrift für **Karl Heinrich Kaufhold** zum 65. Geburtstag. Band 2: Neunzehntes und Zwanzigstes Jahrhundert. 1997. XVIII, 608 S., geb. 7066-4
134. **Cord Ulrichs: Vom Lehnhof zur Reichsritterschaft.** Strukturen des fränkischen Niederadels am Übergang vom späten Mittelalter zur frühen Neuzeit. 1997. 222 S., kt. 7109-1
135. **Dieter Schott,** Hrsg.: **Energie und Stadt in Europa.** Von der vorindustriellen ‚Holznot' bis zur Ölkrise der 1970er Jahre. 1997. 207 S., kt. 7155-5
136. **Hans Pohl,** Ed.: **Competition and Cooperation of Enterprises on National and International Markets (19th–20th Century).** 1997. 176 S., kt. 7142-3
137. **Sabine Lorenz-Schmidt: Vom Wert und Wandel weiblicher Arbeit.** Geschlechtsspezifische Arbeitsteilung in der Landwirtschaft in Bildern des Spätmittelalters und der Frühen Neuzeit. 1998. 310 S., 31 Taf., kt. 6988-7
138. **Marcel Boldorf: Sozialfürsorge in der SBZ/DDR 1945–1953.** Ursachen, Ausmaß und Bewältigung der Nachkriegsarmut. 1998. 254 S., kt. 7237-3
139. **Markus A. Denzel: Professionen und Professionisten.** Die Dachsbergsche Volksbeschreibung im Kurfürstentum Baiern (1771–1781). 1998. 517 S., kt. 7244-6
140. **Astrid Petersson: Zuckersiedergewerbe und Zuckerhandel in Hamburg im Zeitraum von 1814 bis 1834.** Entwicklung und Struktur zweier wichtiger Hamburger Wirtschaftszweige des vorindustriellen Zeitalters. 1998. 315 S., kt. 7265-9
141. **Andreas Otto Weber: Studien zum Weinbau der altbayerischen Klöster im Mittelalter.** Altbayern – Österreichischer Donauraum – Südtirol. 1999. 479 S. m. 20 Ktn., 7 Taf., kt. 7290-X
142. **Hans Cymorek: Georg von Below und die deutsche Geschichtswissenschaft um 1900.** 1998. 374 S., kt. 7314-0
143. **Oskar Schwarzer: Das ordnungspolitische Experiment der sozialistischen Zentralplanung am Beispiel der SBZ/DDR.** Eine Effizienz-Analyse (1945–1989). 1999. XII, 422 S., kt. 7379-5
144. **Birgit Buschmann: Unternehmenspolitik in der Kriegswirtschaft und in der Inflation.** Die Daimler-Motoren-Gesellschaft 1914–1923. 1998. 453 S., kt. 7318-3
145. **Eckart Schremmer** (Hg.): **Wirtschafts- und Sozialgeschichte. Gegenstand und Methode.** 17. Arbeitstagung der Gesellschaft für Sozial- und Wirtschaftsgeschichte in Jena 1997. 1998. 228 S., kt. 7385-X
146. **Michel Hubert: Deutschland im Wandel.** Geschichte der deutschen Bevölkerung seit 1815. 1998. 368 S., kt. 7392-2
147. **Hans-Jürgen Teuteberg und Cornelius Neutsch** (Hg.): **Vom Flügeltelegraphen zum Internet.** Geschichte der modernen Telekommunikation. 1998. 480 S., kt. 7414-7
148. **Karl Heinrich Kaufhold und Bernd Sösemann** (Hg.): **Wirtschaft, Wissenschaft und Bildung in Preußen.** Zur Wirtschafts- und Sozialgeschichte vom 18. bis zum 20. Jahrhundert. 1998. 233 S., kt. 7424-4
149. **Rolf Sprandel: Von Malvasia bis Kötzschenbroda.** Die Weinsorten auf den spätmittelalterlichen Märkten Deutschlands. 1998. 207 S., kt. 7425-2
150. **Anne Aengenvoort: Migration – Siedlungsbildung – Akkulturation.** Die Auswanderung Nordwestdeutscher nach Ohio, 1830–1914. 1999. 371 S., kt. 7423-6
151. **Reinhold Reith: Lohn und Leistung.** Lohnformen im Gewerbe 1450–1900. 1999. 476 S., kt. 7512-7
152. **Thomas Rhenisch: Europäische Integration und industrielles Interesse.** Die deutsche Industrie und die Gründung der Europäischen Wirtschaftsgemeinschaft. 1999. 276 S., kt. 7537-2
153. **Angela Schwarz: Der Schlüssel zur modernen Welt.** Wissenschaftspopularisierung in Großbritannien und Deutschland im Übergang zur Moderne (ca. 1870–1914). 1999. 423 S., kt. 7520-8
154. **Wolfgang König: Geschichte der Konsumgesellschaft.** 2000. 509 S., geb. **7650-6**
155. **Christoph Bartels / Markus A. Denzel** (Hg.): **Konjunkturen im europäischen Bergbau in vorindustrieller Zeit.** Festschrift für Ekkehard Westermann zum 60. Geburtstag. 2000. 272 S., kt. 7684-0
156. **Jürgen Schneider** (Hg.): **Öffentliches und privates Wirtschaften in sich wandelnden Wirtschaftsordnungen.** Referate der 18. Arbeitstagung der Gesellschaft für Sozial- und Wirtschaftsgeschichte vom 7. bis 9. April 1999 in Innsbruck. 2001. II, 266 S., kt. 7868-1
157. **Elisabeth Weinberger: Waldnutzung und Waldgewerbe in Altbayern im 18. und beginnenden 19. Jahrhundert.** 2001. 315 S., kt. 7610-7
158. **Dagmar Bechtloff: Madagaskar und die Missionare.** Technisch-zivilisatorische Transfers in der Früh- und Endphase europäischer Expansionsbestrebungen. 2002. 258 S., geb. 7873-8
159. **Rainer Gömmel u. Markus A. Denzel** (Hg.): **Weltwirtschaft und Wirtschaftsordnung.** Festschrift für Jürgen Schneider zum 65. Geburtstag. 2002. XVI, 410 S., geb. 8043-0
160. **Kristina Winzen: Handwerk – Städte – Reich.** Die städtische Kurie des Immerwährenden Reichstags und die Anfänge der Reichshandwerksordnung. 2002. 206 S., kt. 7936-X